KB210523

도서출판 대장간은
쇠를 달구어 연장을 만들듯이
생각을 다듬어 기독교 가치관을
바르게 세우는 곳입니다.

대장간이란 이름에는
사라져가는 복음의 능력을 되살리고,
낡은 것을 새롭게 풀무질하며, 잘못된 것을
바로 세우겠다는 의지가 담겨져 있습니다.

www.daejanggan.org

얼마 헤스Erma Hess와
루스앤 밀러Ruthann Miller에게

추천의 글

명료함이 돋보이는 브롱크의 갈라디아서는 노련한 교사의 선물입니다. 이 책은 율법과 복음의 관계를 자세히 다루면서 거짓 사도들에 맞서 복음을 담대하게 변호하는 바울의 모습을 강조합니다. '예수 그리스도의 믿음' 또는 '예수 그리스도에 대한 믿음'이라는 논쟁의 여지가 많은 번역 문제에 대한 브롱크의 기여는 『로마서』 주석에서 같은 주제를 다룬 존 토우스의 논의에 자극적인 보완책이 될 것입니다.
–윌라드 스와틀리, AMBS 명예 교수, 『요한복음』, 『여성, 전쟁, 안식일, 노예』의 저자

브롱크는 이 초기 기독교 서신에 대한 일반적인 이해에 도전하는 새로운 통찰을 제공합니다. 이 주석은 다년간의 강의에서 얻은 통찰을 활용하여, 전통적으로 믿음으로만 의롭게 된다는 개신교적 이해에 도전합니다. 또한 그리스도 중심의 신앙과 성령 안에서의 삶에 대한 총체적인 이해에 도전합니다. 강력히 추천합니다.
–폴 M. 제르, 동부 메노나이트 신학교/EMU 신약학 명예 교수

여기 교회를 위한 일차적인 주석이 있습니다. 이 주석은 바울의 '혁명적 선언'을 훌륭하게 해명하고, 바울의 주장을 더 넓은 바울서신과 신약의 맥락에서 찾아냅니다. 그리고 21세기 교회에 대한 바울의 메시지를 평가합니다.
–도로시 진 위버, 동부 메노나이트 신학교/EMU 신약학 교수

브롱크는 바울 복음의 핵심인 그리스도 중심의 신앙과 그리스도 중심의 삶을 다시 연결할 수 있는 강력한 도구를 제공합니다. 그는 예수님과의 살아있는 만남은 가장 좋은 의미에서 개인적으로 변혁적이고, 사회적으로 파괴적이라고 지적합니다. 갈라디아서에서 그리스도께서는 은혜의 잔치를 위해 모든 사람을 가족의 식탁으로 초대하십니다.
–메건 L. 굿, 목사, 알바니 메노나이트 교회

브롱크는 1세기 문맥을 조명하고, 책망과 요청의 문학적 구조를 따르며, 21세기 교회에 예리한 분별력으로 주제를 적용함으로써 갈라디아서를 명쾌하고 박식하게 해석합니다. 저는 특히 그리스도 안에서 모든 사람의 평등과 성령 안에서 모든 사람의 자유에 대한 그의 분명한 비전에 큰 용기를 얻었습니다.
–G. 월터 한센, 풀러 신학교 교수

BELIEVERS CHURCH BIBLE COMMENTARY

Old Testament

Genesis, by Eugene F. Roop, 1987
Exodus, by Waldemar Janzen, 2000
Leviticus, by Perry Yoder, 2017
Deuteronomy by Gerald E. Gerbrandt, 2015
Joshua, by Gordon H. Matties, 2012
Judges, by Terry L. Brensinger, 1999
Ruth, Jonah, Esther, by Eugene F. Roop, 2002
1 & 2 Kings, by Lynn Jost, 2021
1 & 2 Chronicles by August H. Konkel, 2016
Psalms, by James H. Waltner, 2006
Proverbs, by John W. Miller, 2004
Ecclesiastes, by Douglas B. Miller, 2010
Isaiah, by Ivan D. Friesen, 2009
Jeremiah, by Elmer A. Martens, 1986
Lamentations/Song of Songs by Wilma Ann Bailey, Christina Bucher, 2015
Ezekiel, by Millard C. Lind, 1996
Daniel, by Paul M. Lederach, 1994
Hosea, Amos, by Allen R. Guenther, 1998
Joel, Obadiah, Micah, by Daniel Epp-Tiessen , 2022

New Testament

Matthew, by Richard B. Gardner, 1991
Mark, by Timothy J. Geddert, 2001
Luke, by Mary H. Schertz , 2023
John, by Willard Swartley, 2013
Acts, by Chalmer E. Faw, 1993
Romans, by John E. Toews, 2004
1 Corinthians, by Dan Nighswander, 2017
2 Corinthians, by V. George Shillington, 1998
Galatians by George R Brunk III, 2015
Ephesians, by Thomas R. Yoder Neufeld, 2002
Philippians by Gordon Zerbe, 2016
Colossians, Philemon, by Ernest D. Martin, 1993
1–2 Thessalonians, by Jacob W. Elias, 1995
1–2 Timothy, Titus, by Paul M. Zehr, 2010
1–2 Peter, Jude, by Erland Waltner and J. Daryl Charles, 1999
1, 2, 3 John, by J. E. McDermond, 2011
Revelation, by John R. Yeatts, 2003

*진하게 표시된 주석은 한국어로 번역이 된 것임.

Old Testament Editors

Elmer A. Martens, *Mennonite Brethren Biblical Seminary, Fresno, California*
Douglas B. Miller, *Tabor College, Hillsboro, Kansas*

New Testament Editors

Willard M. Swartley, *Anabaptist Mennonite Biblical Seminary, Elkhart, Indiana*
Loren L. Johns, *Anabaptist Mennonite Biblical Seminary, Elkhart, Indiana*

Editorial Council

David W. Baker, *Brethren Church*
W. Derek Suderman, *Mennonite Church Canada*
Christina A. Bucher, *Church of the Brethren*
John Yeatts, *Brethren in Christ Church*
Gordon H. Matties, *Mennonite Brethren Church*
Paul M. Zehr (chair), *Mennonite Church USA*

회중교회 사역자,

교회학교 교사,

선교단체의 리더,

그룹성경공부 구성원,

학생,

목회자,

연구자.

이 읽기 쉬운 주석 시리즈는

성서의 원래 메시지와 그 의미를

오늘날 더 온전히 이해하려는

모든 이들을 위한 것이다.

신자들의 교회 성서주석
갈라디아서

지은이	조지 브롱크 George R. Brunk III
옮긴이	황 의 무
초판발행	2024년 5월 28일
펴낸이	배용하
책임편집	배용하
등록	제364-2008-000013호
펴낸곳	도서출판 대장간
	www.daejanggan.org
등록한곳	충청남도 논산시 가야곡면 매죽헌로1176번길 8-54
대표전화	전화 : 041-742-1424 전송 : 0303-0959-1424
분류	주석	신약	갈라디아서
ISBN	978-89-7071-679-4
	978-89-7071-386-1 (세트 04230)

 값 25,000원

신자들의 교회 성서주석

갈라디아서

조지 브롱크 3세
황의무 옮김

차 례

차 례

시리즈 서문

신자들의 교회 성서주석시리즈는 기본적인 성서공부를 위한 새로운 도구를 사용할 수 있게 한다. 이 시리즈는 성서의 원래 메시지와 그 의미를 오늘날 더욱 풍부하게 이해하고자 하는 모든 사람들―주일학교 교사들, 성경공부그룹, 학생, 목회자 등―을 위해 발간되었다. 이 시리즈는 하나님께서 여전히 듣고자 하는 모든 이들에게 말씀하시며, 성령께서는 하나님의 뜻을 알고 행하고자 하는 모든 이들을 위해 말씀으로 권위 있는 산 지침을 삼으신다는 신념에 기초하고 있다.

저자들은 가능한 넓은 층의 독자들을 도우려는 열망으로 참여를 결정했다. 성서본문을 선택함에 있어 어떤 제한도 없으므로, 독자들은 가장 익숙한 번역을 계속 사용할 수도 있다. 이 시리즈의 저자들은 비교를 위한 기준으로 NRSV역과 NIV역을 사용한다. 이들은 어떤 본문을 가장 가까이 따르고 있는지, 그리고 자신들만의 번역을 하는 부분이 어디인지를 보여준다. 저자들은 혼자서 연구한 것이 아니라, 정선된 조언가들, 시리즈의 편집자들, 그리고 편집위원회와 협의했다.

각권은 성서를 조명하여 필요한 신학적, 사회학적, 그리고 윤리적 의미들을 제공해주며, 일반적으로 "고르지 않은 땅을 매끄럽게" 해주고 있다. 비평적 이슈들을 피하지 않되, 그것을 학자들 간의 논쟁이 일어나는 전면에 두지도 않았다. 각각의 섹션들은 주를 달아, 이후에 "성서적 맥락에서의 본문"과 "교회생활에서의 본문"이라는 집중된 글들이 따라오게 했다. 이 주석은 해석적 과정에 도움을 주지만 모이는 교회 속에서 분별되는 말씀과 성령의 권위를 넘어서려 하지는 않는다.

신자들의 교회라는 용어는 교회의 역사 속에서 자주 사용되어 왔다. 16세기 이후로, 이 용어는 흔히 아나뱁티스트들에게 적용이 되었으며 후에는 메노나이트 및 형제교회를 비롯해 유사한 다른 그룹들에게도 적용되었다. 서술적인 용어로, 신자들의 교회는 메노나이트와 형제교회 이상의 것을 포함하고 있다. 신자들의 교회는 이제 특수한 신학적 이해들을 나타내고 있는데, 예를 들면 신자의 침례, 마태복음 18:15-20에 나타나는 교회 회원이 되기 위해 필수적인 그리스도의 통치에 헌신하는 것, 모든 관계들 속에서 사랑의 힘을 믿는 것, 그리고 자발적으로 십자가의 길로 그리스도를 따라가고자 하는 의지이다. 저자들은 이런 전통 속에 이 시리즈가 설 수 있도록 선정되었다.

신자들의 교회 사람들은 항상 성서의 단순한 의미에 순종하는 것을 강조한다고 알려져 있다. 이 때문에 그들은 깊이 있는 역사비평적 성서학문의 역사가 길지 않다. 이 시리즈는 고고학과 현재 진행되는 성서연구를 진지하게 취하면서 성서에 충실하고자 한다. 이런 작업의 의미는 다른 많은 좋은 주석들에서 발견될 수 있는 해석들과 저자들의 해석이 질적으로 크게 다르지 않다는 뜻이다. 그러면서도 이 저자들은 그리스도, 교회와 선교, 하나님과 역사, 인간의 본성, 그리스도인의 삶, 다른 교리들에 대한 기본적인 신념을 공유한다. 이런 가정들이 저자의 성서해석을 이루고 있다. 따라서 이 시리즈는, 다른 많은 주석처럼, 하나의 구체적인 역사적 교회의 전통 속에 서 있는 것이다.

이러한 교회의 흐름 속에서 많은 사람은 성경공부에 도움될만한 주석의 필요를 역설해 왔다. 이 필요에 대한 응답이 신자들의 교회성서주석을 소개하는 데 충분한 정당성이 될 것이다. 그럼에도, 성령께서는 어떤 전통에도 묶이지 않으신다. 이 시리즈가 전 세계 그리스도인들 사이의 벽을 허물며 말씀의 완전한 이해를 통한 순종 속에서 새로운 기쁨을 가져다주기를 바라는 바이다.

〈BCBC 편집위원회〉

저자 서문

나는 신학교 교수로 있는 동안 정기적으로 갈라디아서 원어 석의 과목을 가르쳤다. 바울의 갈라디아서는 필자가 교수로 있는 동안 가장 관심을 가졌던 분야다. 본 갈라디아서 주석의 집필은 상당히 오랜 기간 이루어졌다. 본 주석의 원고 작업은 대부분 이스턴메노나이트신학교Eastern Mennonite Seminary에서 교수 사역과 행정 일을 맡아 할 때 두 차례의 안식년과 틈틈이 나는 시간을 활용했다. 작업이 간헐적으로 이루어지다 보니 본 주석 시리즈의 독자를 위한 주요 신약성경 문헌을 광범위하게 접할 기회가 적었다는 아쉬움이 남는다. 반면에, 출판이 늦어지면서 바울 연구에 대한 새로운 통찰력과 창의적인 관점이 발전적으로 제시됨으로써 많은 유익을 얻을 수 있었다.

나는 가능한 인용문을 최소화하려고 노력했지만, 갈라디아서 및 바울신학과 관련된 광범위한 문헌으로부터 많은 도움을 받았음을 밝힌다. 본 주석을 집필하면서 가장 많이 참고한 자료는 롱게네커Longenecker, 던Dunn, 위더링턴Witherington의 주석이다. 특히 마르첼로 부세미A. Marcello Buscemi의 이탈리아어 주석은 정확한 헬라어 문법을 비롯하여 큰 유익을 주었다. 나는 그 외에도 벳츠Betz, 브루스Bruce, 버튼Burton, 라이트풋Lightfoot, 마틴Martyn의 주석도 찾아보았으며, 특히 마이클 고먼Michael Gorman의 바울 연구는 매우 인상적이었다. 갈라디아서에 대한 관점의 상당 부분은 필자의 헬라어 과목을 듣는 신학생들과 함께 정립한 것이다. 나와 함께 바울의 문하생이 되어 연구했던 그들 모두에게 감사를 드린다. 끝으로, 나는 이 책의 독자이자 수년간 신학 교육을 함께 해온 동료 엘리아스Jacob Elias의 귀한 조언에 감사드린다.

나는 첫 번째 아내 헤스Erma Hess의 도움에 감사드린다. 그는 세상을 떠나기 전까지 초기 집필 과정에 많은 격려가 되었다. 이 책의 마무리 단계에 함께 해준 지금의 배우자, 밀러Ruthann Miller의 공도 잊을 수 없다. 두 사람에게 깊은 감사와 함께 이 책을 바친다.

조지 브롱크 3세 George R. Brunk III.
버지니아주 해리슨버그

갈라디아서 서론

최근 수십 년간, 바울서신에 대한 연구는 새로운 역동성을 경험하고 있으며, 학자들 사이에는 '바울에 대한 새로운 관점' New Perspective on Paul이 보편적 소재로 등장하는 모습을 볼 수 있다. 이처럼 바울의 글에 대한 새로운 관심이 부쩍 늘어남에 따라 갈라디아서 주석도 쏟아져나오고 있다. 대부분 이 시대의 대표적 신약학자들이 저술한 이 주석들은 주로 역사 연구 및 신학 연구의 전문가들을 위한 것이다. 본 주석은 다른 방향에 초점을 맞추었다. 이 책의 전체적인 틀은 오늘날 갈라디아서 해석에 기초했지만, 갈라디아서와의 대화를 추구하는 특정 신앙 전통에 새로운 통찰력을 부여함으로써 교회와 그들의 신앙고백을 섬기려는 실제적 목적이 있다.

이 책의 목적 및 저술 동기는 두 가지다. 첫째로, 본 주석 시리즈의 목적에 따라 갈라디아서에서 다루는 중요한 신학적, 윤리적 이슈들을 특정 신학적 전통에 소개하는 것이다. 시리즈의 제목에 명시된 대로, 이 전통은 급진적 개혁주의에 속한 아나뱁티스트 계열에 뿌리를 둔 신자들의 교회believers church다. 내가 아는 한, 이 전통의 갈라디아서 주석은 독일의 설교가 프리츠 카이퍼Fritz Kuiper가 갈라디아서의 자유라는 주제를 2차 세계대전 당시 독일의 상황에 적용한 소책자참고 문헌을 보라뿐이다. 따라서 이 소책자는 특정 신앙 전통을 반영하는 변증서로 보기 어렵다. 그러나 한편으로 카이퍼의 책은 이 전통에서 갈라디아서가 차지하는 미미한 위상을 고려할 때 그들의 관점을 바로잡을 수 있는 일종의 교정본이라고 할 수 있다.

둘째로, 본 주석은 교회에서 성경을 가르치고 설교하는 지도자들을 위한 책이다. 그러므로 나는 텍스트의 원래적 상황과 오늘날 교회 상황의 괴리를 메우기 위해 노력했으며, 주석을 적용하는 방법에 초점을 맞추었다. 이러한 접근은 불가피하게, 갈라디아서가 기록된 신앙 전통과 저자의 상황이 판단의 중심이 되는 상황 중심적 주석이 되게 했다. 나는 이러한 특수성조차 많은 독자에게 유익이 되기를 바란다. 사실 이 시대는 어느 때보다 모든 전통이 서로의 관점에 귀를 기울이고 상호 배우려는 도전이 필요한 때다. 나는 본 주석을 통해 가능한 그런 대화를 시도하고자 했다.

이 책의 수준은 독자층을 고려하여, 해석의 역사를 조명하고 그것에 대한 반응을 소개하는 정도이며 그 이상의 깊은 내용에 대해서는 다루지 않았다. 같은 이유로 나는 학계의 광범위한 문헌 자료도 제공하지 않았다. 나는 가능한 성경의 원래적 관점에 도움이 되는 자료를 직접적 문구로 인용했다. 또한 특정 이슈에 대한 독자 나름의 판단을 돕기 위해 텍스트에 대한 다양한 해석학적 대안들을 제시했으며, 동시에 특정 입장을 소개하고 변증했다. 더욱 상세한 정보를 원하는 독자는 참고 문헌에 열거한 보다 전문적인 주석을 찾아보기 바란다.

갈라디아서의 역사적 영향

일부에서는 바울의 갈라디아서를 기독교 역사상 가장 중요한 문헌 가운데 하나로 본다. 갈라디아서는 기독교 교회사와 신자의 경험에 지대한 영향을 미쳤다. 이 짧지만 강력한 서신은 역사의 중요한 전환점에서 중요한 역할을 했다. 갈라디아서는 인간의 삶과 역사를 바꾸는 힘을 가진 일종의 혁명적 선언문이다.

갈라디아서는 기독교가 유대교 내의 메시아 분파에서 이방인이 주도하는 종교 운동으로서 유대교의 대안으로 부상하는 과정에 결정적인 기여를 했다. 바울은 유대인이 율법^{가령, 할례}을 준수하지 않아도 예수의 제자가 될 수 있는 이방인 교회를 세운 핵심 인물이다. 갈라디아서는 예수 그리스도의 새 교훈과 모세의 옛 교훈의 관계 및 유대인과 이방인의 관계에 대한 초기 신자들 간의 논쟁을 보여주는 가장 오래된 증언이다. 갈라디아서는 하나님의 역사적 목적의 일관성을 확인하는 동시에 예수와 성령을 모세의 율법에 우선하는 최종적 권위자로 삼는 신앙의 정당성을 논증함으로써 새로운 방향을 제시한다. 이 이슈에 대한 논쟁은 신약성경 여러 곳에서 나타나지만, 갈라디아서는 우리가 가진 텍스트 가운데 가장 오래되고 격렬한 논쟁을 보여준다.

갈라디아서가 역사적으로 두드러지게 부각된 또 한 차례의 중요한 시점은 종교개혁이 일어난 16세기다. 바울의 로마서와 갈라디아서는 인간의 공로가 아닌 믿음으로 하나님과의 바른 관계를 맺을 수 있다는 마틴 루터의 획기적인 이신칭의 개념을 뒷받침하는 한편, 당시 교회의 신학과 실천에 대한 비판의 근거가 되었다. 갈라디아서는 루터가 성경을 강론할 때 선호하는 본문이었다. 따라서 아나뱁티스트를 포함하여 개신교 진영 전체는 어느 정도 갈라디아서의 영적 능력에 대한 루터의 재발견에 의존했다.

개신교 내에서 아나뱁티스트 운동은 루터가 발견한 이신칭의에 대한 이중적 입장을 견지했다. 아나뱁티스트는 기본적으로 그의 주장을 받아들였으나, 이신칭의 교리가 도덕적 삶의 전환으로 명확히 연결되지 않는 부분에 대해서는 비판적 입장을 취했다. 이러한 양면성은 그들의 글에 갈라디아서가 제한적으로 사용된다는 사실에 잘 나타난다. 16세기 논쟁의 한쪽 극단에 서 있는 아나뱁티스트는 신약성경의 가르침 가운데 간과되었다고 생각한 새로운 삶의 방식, 즉 제자도를 강조했다. 갈라디아서는 그들의 이해와 모순되지 않았다. 다만 강조점이 그들의 상황에서 우선하여 다루어야 할 사안이 아니었을 뿐이었다. 한 가지 흥미로운 사실은 광범위한 아나뱁티스트의 저서에 나타난 갈라디아서에 대한 언급이 주로 바울이 반대자들에 대한 저주를 호소한 본문갈 1:8-9을 중요한 사례로 제시한다는 것이다. 이 것은 확실히 당시 논쟁이 얼마나 치열한 방식으로 전개되었는지를 잘 보여준다. 바울의 강 렬한 논쟁적 스타일은 그들에게 성경적 근거를 제공한 것으로 보인다.

최근에는 갈라디아서가 교회 내 사회적 문제들 및 사회 전반에 영향을 미쳤다. 그리스도 안에는 남자나 여자나 다 하나라는갈 3:28 바울의 논제는 오랜 기독교 역사를 특징으로 자리 잡아 온 남성 지배적 교회 생활과 가부장제의 해체를 위한 노력의 지렛점이 되었다. 신약 시대에는 동일한 갈라디아서 본문이 종이나 자유인이나 하나라는 주장에 기초하여 노예제 도를 무너뜨린 바 있다. 이러한 사례들이 보여주듯이, 갈라디아서는 그리스도 중심 복음의 근본적 본질을 제시함으로써 압제적 사회 구조 및 시설을 비판하는 힘을 가지고 있다.

우리는 갈라디아서에서 세계를 변화시키는 힘과 함께 개인적인 힘도 감지할 수 있다. 바 울은 갈라디아서를 기록하면서 복음에 대한 개인적 경험을 감추지 않았다. 사실 바울은 그 러한 경험을 독자들을 설득하기 위한 전략으로 사용한다. 이러한 특징은 성경이 계시하는 하나님과의 밀접한 관계를 원하는 신자들에게 호소한다. 갈라디아서 2장 19-20절과 같 은 본문"내가 그리스도와 함께 십자가에 못 박혔나니 그런즉 이제는 내가 사는 것이 아니요 오직 내 안에 그리스도께서 사시는 것이라"은 그리 스도 안의 삶에 대한 증거에 자주 인용되는 영적 고전이다. 이와 유사한 언급은 4장 4-6 절, 9절, 19절 및 5장 22절이다. 따라서 이러한 텍스트의 변화시키는 힘은 신앙적, 윤리적 차원의 삶은 물론 개인적, 사회적 차원의 삶에도 적용된다.

종교개혁 이후, 갈라디아서 해석은 전반적으로 주류 개신교의 관점에서 전개되었다. 이 신칭의 교리는 인간의 선행으로 구원을 얻는다는 교리에 대한 대안으로 이해되는 칭의 개 념과 함께, 거의 배타적인 핵심적 주제가 되었다. 수십 년 전까지만 해도, 신학적 입장이나 강조점이 주류 개신교와 다른 그룹들까지 대체로 이런 식의 이해를 받아들였다. 그들 가운 데는 아나뱁티스트 계열이 있다. 이 그룹과, 거룩한 삶이나 성화를 강조하는 단체는 모든 삶에서 그리스도를 따르는 헌신을 통해 윤리선행를 강조한다. 그들은 적어도 지배적 해석이 생각하는 바 울의 가르침보다 산상수훈과 같은 예수의 가르침에 더 친근함을 느끼는 경향이 있다.

불행히도 바울에 대한 이러한 경향은 특별히 선호하는 몇 구절을 제외하면 대체로 갈라 디아서를 무시하는 결과로 나타났다. 이러한 결과에 대해 "불행히도"라는 표현을 사용한 것은 어느 정도 확신이 있기 때문이다. 왜냐하면 최근의 해석은 갈라디아서와 바울신학 전반에 대한 새로운 통찰력을 받아들이고 있기 때문이다. 새로운 통찰력은 칭의를 선행과 근본적으로 대조되는 개념으로 보지 않는다. 오히려 칭의는 경건하고 의로운 새로운 삶과 전적으로 일치하며 그러한 삶을 끌어낸다. 이 관점에 따르면, 바울은 행위 자체를 반대하는 것이 아니라 행위에 대한 특정 이해를 반대한다. 본 주석은 바울에 대한 새로운 이해^{New Perspective on Paul}에 비판적으로 접근하는 해석을 제시하며, 아나뱁티스트 전통의 신학적 통찰력과 경험적 삶에 역시 비판적으로 의존한다.

저자, 독자, 작성 연대

본 주석 시리즈의 목적을 고려하여, 저자와 독자와 작성 연대에 대해서는 최소한의 주의만 기울이고자 한다. 다른 주석이나 성경 해설서에는 이러한 문제에 대해 다룬 자료가 광범위하게 제시된다. 여기서는 독자가 이러한 서론적 이슈에 대비하기 위한 준비 자료로서, 그리고 갈라디아서에 대한 해석학적 정보를 제공하는 가설들에 대한 요약으로서, 간략히 제시할 것이다.

저자

바울이 갈라디아서의 저자라는 것은 신약성경 연구에서 가장 큰 공감대를 형성한 논제 가운데 하나다. 이 서신은 서두의 인사말에서 바울이 저자임을 구체적으로 밝힌다. 바울은 끝부분에서 이 서신이 자신의 글임을 밝히기 위해 친필로 기록한다. 서신의 본론^{논증} 부분, 특히 1장과 4장에 나타나는 강력한 자서전적 진술은 당시의 역사적 정황, 특히 초기 기독교 운동과 관련하여 우리가 알고 있는 역사와 정확히 일치하는 시간과 장소와 관계를 제시한다. 더구나 이 서신 전반에 나타나는 서술의 직접성과 진지한 열정은 누군가 가명으로 기록했거나 독창적으로 내러티브를 구성했을 가능성을 차단한다. 이러한 이유로, 대부분 학자는 갈라디아서를 바울의 생애와 1세기 교회사를 재구축할 수 있는 탁월한 출발점으로 본다.

원래의 독자

갈라디아서의 서두는 수신인을 "갈라디아 여러 교회들"이라고 부른다. 따라서 이 편지는 어느 면에서 갈라디아라는 묘사에 공통으로 해당하는 다수의 교회^{아마도 가정 교회}에 보내는 지역 서신이라고 할 수 있다. 이 지리적 용어는 어느 정도까지 정확한 언급인가? 신약성경

시대에 이 용어가 가리키는 지역은 두 곳이며, 이러한 모호성은 중요한 쟁점으로 부상한다. 갈라디아인이라는 용어는 유럽에서 흑해 남쪽 소아시아 북부 및 중앙으로 이주한 갈릭 Gallic 사람이나 켈틱Celtic 사람을 지칭하는 말로 처음 사용되었으며, 그들이 정착한 땅은 갈라디아라고 불렸다. 그러나 바울이 선교할 당시 갈라디아는 앞서 언급한 민족적 영지에 소아시아 남부의 여러 지역이 결합하여 형성된 로마의 행정 구역을 가리킨다. 따라서 문제는 바울이 말한 갈라디아가 영토에 대한 언급이냐, 행정 구역에 대한 언급이냐는 것이다. 두 지역 모두 오늘날 튀르키예의 영토에 해당한다.

사도행전에 따르면, 바울은 첫 번째 선교 여행에서 지역 이름을 언급하지 않은 채 갈라디아 지역의 남부를 복음화한다.행 13-14장 여기에는 비시디아 안디옥, 이고니온, 루스드라 및 더베가 포함된다. 사도행전 16장 6절 및 18장 23절에는 바울이 후기 선교 여행 당시 갈라디아를 방문했다는 언급이 분명히 제시된다. 많은 사람은 이 언급에 대해, 사도행전에는 자세한 설명이 없지만 바울이 북쪽에 있는 인종적 갈라디아에서 선교할 당시에 대한 언급이라고 생각한다. 따라서 갈라디아서를 연구하는 학자들은 언급된 이름들이 북부 갈라디아에 속하냐 남부 갈라디아에 속하냐에 따라 북부 갈라디아설과 남부 갈라디아설로 나뉜다. 교회사에 나타난 다수 의견은 북부 갈라디아설을 선호한다. 그러나 오늘날 학자들의 경우, 대등한 분포를 보인다. 본 주석은 남부 갈라디아 관점이 더욱 설득력 있는 주장이라고 생각하지만, 특정 관점에 국한된 해석은 피할 것이다.아래 참조

작성 연대

갈라디아서의 기록 연대는 앞서 살펴보았던 갈라디아인에 대한 규명과, 바울의 생애 가운데 편지를 기록했을 가능성이 가장 큰 시기가 언제냐에 달려 있다고 보는 것이 합리적이다. 후자의 경우, 우리가 바울의 생애와 사역의 연대를 어떻게 이해할 것인가에 따라 달라진다. 우리의 관심은 사도행전에서 바울이 예루살렘을 방문한 시기와 갈라디아서에 언급된 시기를 어떻게 조화시킬 것인가라는 것이다. 여기서 중요한 것은 갈라디아서 2장 1-10절의 방문을 사도행전 15장 1-30절에 나타난 예루살렘 공회와 연결해야 하느냐, 아니면 전자의 방문이 시기적으로 앞선 것으로 보고 바울이 부조를 위해 예루살렘을 방문했다는 사도행전 11장 30절 및 12장 25절과 연결해야 하느냐라는 것이다.

갈라디아서 2장 1-10절의 예루살렘 방문그리고 2:11-15의 안디옥 사건이 사도행전 15장의 예루살렘 공회에 앞서 일어났다면, 갈라디아서의 작성 연대는 주후 48-49년경으로 볼 수 있다. 이 경우, 갈라디아서는 신약성경의 초기 저서들 가운데 하나가 될 것이며 가장 일찍 기록되

었을 가능성도 배제할 수 없다. 그러나 갈라디아서 2장 1-10절과 사도행전 15장이 동일한 방문에 대한 묘사라면, 갈라디아서의 작성 연대는 남부 갈라디아설과 함께 50년대 초반으로 보거나, 북부 갈라디아설과 함께 그로부터 몇 년 후로 볼 수 있을 것이다.

바울의 생애에 관련된 연대기 문제는 사도행전과 갈라디아서의 차이로 말미암아 확실한 결론을 내기 어렵다. 갈라디아서에 나오는 사건의 연대나 사건을 기록한 시기에 대해서는 어떤 만족할만한 언급도 찾을 수 없다. 초기 세대부터 지금까지의 지배적 관점은 바울이 북부 갈라디아에 있는 교회들에게 편지를 썼으며, 갈라디아서 2장에 나오는 예루살렘 방문은 사도행전 15장의 사건과 연결할 수 있다는 것이다. 이 관점에 따르면, 갈라디아서의 작성 연대는 주후 50년대 중반이 된다. 이런 지배적 관점은 놀랍지 않다. 로마의 행정 구역으로서 갈라디아는 곧 재편성되어 새로운 이름으로 바뀌었다. 따라서 초기 해석자들조차 행정 구역이 아니라 지명으로서 갈라디아만 알았을 가능성이 있다. 더구나, 사도행전 15장과 갈라디아서 2장 1-10절의 모임은 유사한 사건에 대한 유일한 내러티브이자 공통점이 있으므로 자연스럽게 연결될 수 있다.

그러나 본 주석은 갈라디아서가 그보다 빠른 시기에 작성되었다는 주장과 남부 갈라디아설을 선호한다. 이것은 바울이 이 편지를 사도행전 15장의 예루살렘 공회 이전에 작성했다는 뜻이다. 따라서 갈라디아서 2장에 나오는 예루살렘 지도자들과의 만남은 할례에만 국한된 것이 아니라 바울의 이방인 선교 전반에 대한 정당화에 초점을 맞춘, 다른 사건이다. 중요한 것은 갈라디아서 2장에서 바울이 진술하고 있는 예루살렘 방문이나 안디옥 사건은 갈라디아서와 예루살렘 공회[행 15장]가 초점을 맞추고 있는 할례 문제에 관한 최종적 결정에 대한 언급이 아니라는 것이다. 그처럼 분명한 결정이 이루어졌다면, 안디옥 사건[갈 2:11-15]에서 그런 설명이 생략된 것이나 갈라디아인에 대한 논박에서 어떤 호소도 없었다는 사실이 이해되지 않는다. 그러나 많은 사람은 사도행전 15장과 갈라디아서는 같은 모임에 대한 언급이지만, 누가가 이 모임의 목적과 결과에 대해 다른 관점에서 접근하며 할례에 대한 공감대를 형성한 사실에 초점을 맞추었을 뿐이라는 대안을 선호한다. 이 문제는 주석의 본론에서 심도 있게 다루겠지만, 날짜나 연대기 문제는 갈라디아서의 중요한 신학적 주장에 대한 해석에 영향을 미치지 않는다.

갈라디아서의 문학적 형식 및 구조

갈라디아서의 문체는 서간체로, 당시 헬라 서신의 일반적인 특징이 드러난다. 편지의 서두와 맺음말에는 그리스 로마 사회의 일반적 서신에서 찾아볼 수 있는 관용적 표현이 나타난다. 신약성경에 들어 있는 바울의 글은 모두 이러한 문구를 가지고 있으며 고도의 일관성을 보여준다. 이러한 일관성 위에, 주어진 서신의 특정 필요에 따른 변이나 바울의 즉흥적 멘트가 가미되기도 한다.

따라서 갈라디아서는 확실히 규범적인 문학적 형식이나 장르를 반영한다. 서신은 폭넓은 사회적 기능을 제공했다. 그것은 저자와 청중이 멀리 떨어져 있어 구두 전달이 불가능할 때 의사소통을 할 수 있게 하는 기능이었다. 서신 형식은 우정, 추천, 충고, 칭찬또는비난, 정보제공, 사업, 공식적 의사소통과 같은 다양한 목적이나 관심사를 담을 수 있다. 초기 기독교 운동의 지도자들은 흩어져 있는 신자들과 교제하는 수단으로 편지를 활용했다. 그들은 이런 식으로 회중을 대면하지 않고도 영적 지도를 계속할 수 있었다.

전통적인 관점에서 볼 때, 갈라디아서는 자서전적 내러티브1-2장, 신학적 논증3-4장, 실천적 교훈5-6장의 세 부분으로 구성된다. 그러나 신학적 논증과 실천적 교훈을 나누는 경계선에 대해서는 논쟁이 되고 있다. 4:12; 4:31; 5:1; 5:13 가운데 어느 곳인가? 이러한 구분은 각 부분의 전반적 특징과 부합하지만, 문제점도 드러난다. 우선 "신학적" 부분에는 실천적 내용이나 개인적 자료에 가까운 단락들이 있다. 3:1-5; 4:12-20 하갈과 사라에 대한 비유는 사후에 추가된 내용으로 보이며, 신학적 논증에 나타나는 다른 주장과의 연속성이 명확하지 않다. 게다가 "실천적" 부분에는 사실상 신학적 논증으로 볼 수 있는 내용이 들어 있다. 5:2-6, 13-24 신학과 실천적 교훈윤리 사이의 이처럼 모호한 구분으로 인해, 많은 해석가는 5장과 6장이 갈라디아서의 주목적과 특별한 관계가 없는 것으로 보았다. 그들은 바울이 기독교 신자라면 누구에게나 필요한 몇 가지 권면을 덧붙임으로써 서신 작성의 일반적 관습을 따랐을 뿐이라고 생각한다. 그러나 사실 5-6장 부분은 이 서신의 핵심 주제를 계속하고 있으며 절정에 이르고 있다.

따라서 가장 바람직한 접근은 이 서신에 명확히 나타나는 책망/권면이라는 요소에서 이 서신의 기본적 구조에 대한 단서를 취하는 것이다. 이 요소는 헬라 서신의 일반적인 형식을 반영한다. Literary and Rhetorical Features of Galatians, p. 314 갈라디아서에서 책망 부분은 1장 6절부터 4장 11절까지고, 권면 부분은 4장 12절부터 6장 10절까지다. 후자의 본문은 연속적으로 사용되는 명령형 동사에 의해 명확히 구분된다. 이 구조는 전반적으로 (1) 갈라디아 교회의 오류에 대한 논박으로부터, (2) 바른 행위로 옮겨간다. 그러나 5장 2-7절의 책망하는 어조에서 볼 수 있는 것처럼 이러한 흐름이 절대적인 것은 아니다. 그러나 이 구조는 바울이 자서전적 요소와 신학적 요소와 실천적 요소를 하나로 묶는 '자유'라는 개념에 대해 충분히 인식하게 한다. 이 편지의 각 부분은 율법이 아니라 믿음에 기초한 삶의 방식에 대한 바울의 변증에 직접 기여한다.

바울은 자신의 목적을 달성하기 위해 당시^{지금도 마찬가지다}에 회자하던 모든 설득 수단을 강구한다. 철학자 아리스토텔레스는 설득의 방식^{수사학}을 세 가지로 제시한다. 그것은 화자의 성품이나 도덕성에 대한 호소^{에토스}와 논리에 대한 호소^{로고스}, 그리고 청중의 감정에 대한 호소^{파토스}다. 갈라디아서에는 이 세 가지 방식이 모두 뚜렷이 나타난다. 바울은 갈라디아서 전체를 통해 한 방식에서 다른 방식으로 옮겨가며 설득한다. 자신의 인격에 대한 호소는 주로 1장과 2장에 나타나지만, 다른 곳에서도 발견된다.^{가령, 4:12-16} 논리나 이성에 대한 호소는 3장과 4장에서 가장 두드러지게 나타나지만, 그곳에만 한정된 것은 아니다. 감정에 대한 호소는 1장 6절, 8-9절, 2장 5절, 3장 1절, 4장 19-20절, 5장 12절, 6장 17절 등 여러 본문에 분산되어 나타난다.

바울은 자신의 목적을 위해 헬라의 서간체 형식뿐만 아니라 그리스 로마의 수사학도 사용한다. 최근 들어 갈라디아서는 그리스 로마 문화의 규범적 수사학에 철저히 비교되는 대상으로 자리 잡았다. 확실히 갈라디아서에는 법정에서의 변호를 위해 사용된 법정적 형식이나 변증적 형식의 흔적이 남아 있다. 바울은 자신과 복음을 옹호하기 위한 변증을 시작한다. 그러나 권면과 교정을 목적으로 하는 정교한 수사학적 증거도 나타난다. 오늘날 대부분의 주석가는 갈라디아서를 바울이 일정한 변증적 요소를 사용하여 정교하게 작성한 서신이라고 생각한다. Literary and Rhetorical Features of Galatians, p. 314

결국 우리는 갈라디아서의 저자가 문학적 관습이나 논증의 규칙을 엄격히 따른 것은 아니라는 결론을 내릴 수 있다. 바울의 수사학 배후에는 이슈 자체와 함께 독자를 변화시키려는 바울의 열정이 있다. 헬라와 유대라는 두 가지 문화를 배경으로 가진 바울은 복음을 촉구하기 위해 자연스럽게 당시의 문학적, 수사학적 방식을 이용했다.

갈라디아서의 수사학에 대한 규명은 편지 해석에 매우 중요하다. 모든 독자는 본문에 반영된 강력한 감정과 확신을 인식한다. 바울에게 있어서 이러한 생각과 마음의 상태는 갈라디아 신자들을 변화시키고 싶다는 강력한 열망과 함께 상대를 설득하기 위한 모든 언어적 수단을 동원하게 했을 것이다. 그러므로 우리는 저자가 자신의 논지를 더욱 강력히 제시하기 위해 과장된 표현이나 편향된 주장까지 사용했을 것이라는 생각을 할 수 있다. 갈라디아서를 해석하는 사람은 수사학에 과민반응하는 덫에 걸려들기보다 이러한 가능성에 귀를 기울이려는 노력이 필요할 것이다. 다행히 바울은 다른 본문에서 훨씬 안정된 상태에서 유사한 주제에 대해 다룬다. 우리는 이러한 본문들을 통해 자신이 얼마나 이해하고 있는지 점검해볼 수 있다. 특히 바울의 사역이 성숙한 단계에 이른 시점에 비교적 덜 논박적인 상황에서 동일한 주제를 다루고 있는 로마서는 통찰력을 점검해보기에 좋은 도구가 될 수 있다.

갈라디아서의 현대적 중요성

우리는 앞서 서신의 영향력에 대한 개관을 통해, 바울이 갈라디아인에게 보낸 서신이 오늘날 교회에 중요하다는 사실을 살펴보았다. 갈라디아서가 서신의 작성 동기가 되는 특정 사건에 국한되지 않고 광범위한 영향을 미쳤다는 사실은 갈라디아서의 역사적 영향을 통해 확인한 바 있다.

바울은 갈라디아서에서 참된 삶의 궁극적 근원을 추적한다. 그는 하나님 앞에서의 삶의 본질에 대해 규명하기 위해 노력하고 있다. 이러한 바울의 확신은 갈라디아 회중이 알아야 할 실천적 문제들을 끄집어내어 매듭을 짓도록 돕는다. 바울의 글, 특히 갈라디아서는 기본적 진리로부터 실천적 삶에 이르기까지 모든 이슈를 다루려는 전략을 보여준다. 바울은 갈라디아서를 통해 진정하고 일관성 있는 삶을 가능하게 하는 복음의 진수를 찾아나선다.

갈라디아서에서 이러한 핵심적 열정은 바울이 독자에게 믿음의 기원이 되는 영적 실체^{성령/역주}에 머물러 있으라고 권면한 3장 1-5절에 분명히 제시된다. 이 핵심적 실체를 지탱하지 못하는 어떤 것도 거짓이며 복음의 진리에 위협이 된다. 바울의 글에서 이러한 본질에 대한 추구가 다른 방식으로 제시된 곳은 바울과 그의 독자에게 기본으로 돌아갈 것을 권면하는 요약적 진술이다. 갈라디아서 5장 5절에는 이러한 요약적 진술의 탁월한 사례를 찾아볼 수 있다. 이 구절은 갈라디아서 전체의 핵심 주제를 요약한다. "우리가 성령으로 믿음을 따라 의의 소망을 기다리노니."

바울은 지금까지의 교회사와 개인적 경험에서 드러나듯이 우리가 부차적 문제에 매달려 육체적 방법으로 영적 목적을 추구할 것이라는 사실을 이미 알고 있었다. 우리가 추구하는 선과 유익이 본질을 흐리게 할 것이다. 상부구조가 기초와의 연결이 끊어진 상태가 될 것이다. 한 마디로 형식과 모양은 있으나 영은 없다는 것이다.

바울은 자신이 이해하고 있는 믿음의 본질에 대해 어떤 의심의 여지도 남기지 않는다. 갈라디아서는 신앙의 중심이자 참된 삶의 근원이며 한평생 따라야 할 예수 그리스도를 한결같이 변호한다. 바울은 갈라디아서에서 다양한 방식으로 설명하고 논증하며, 오늘날의 논증 방식까지 이용한다. 그러나 중요한 것은 이 모든 주장의 배경이 되는 근원이 무엇이냐는 것이다. 그리스도의 인격과 일치하는 것은 무엇인가? 핵심에 위치해야 하는 것은 개념이 아니라 인격이다. 바울은 복음에 대한 자신의 이해가 그런 기준에서 판단 받기를 원한다.

성령의 역할은 이러한 그리스도의 핵심적 역할과 어깨를 나란히 한다. 전통적으로, 갈라디아서에서 성령에 대한 강조는 칭의나 자유와 같은 주제에 가려졌다. 성령이 그리스도와 함께 바울의 복음 중심에 위치한다는 사실은 4장 4-6절에 잘 나타난다. 세상에 대한 하나님의 구속 사역은 두 가지 유사한 행위에 기초한다. 그것은 아들^{그리스도}을 보내심과 아들의 영^{성령}을 보내심이다. 성령이라는 주제는 3장 이후에 두드러지게 나타난다. 바울에게 있어서 진정한 신앙적 경험의 핵심은 하나님의 가정에서 친교의 언어를 가르치고^{4:6} 신자들에게 인간의 힘으로 불가능한 것들을 성취하게 하시는 성령과의 친밀한 관계다.

이러한 핵심 주제에 대한 바울의 열정에 비추어 볼 때, 우리는 진리, 즉 복음의 진리^{2:5, 14}에 대한 그의 관심을 이해할 수 있다. 진리는 바른 이해와 바른 행위의 문제다. 바울은 논리적 일관성^{바른 개념}도 중시하지만, 그것 자체가 목적은 아니다. 진리의 목적은 진실하게 행하는 일관성 있는 삶이다. 진리에 대한 이해와 진리를 드러내는 진실한 삶은 상호의존적이다. 그러므로 진리에 대한 바울의 관심사는 본질에서 실존으로 옮기려는 그의 관심사와 병행한다.

오늘날 갈라디아서는 진리를 거부하는 포스트모던 시대의 회의론에도 불구하고 우리에게 진리를 찾고 고백하라는 도전을 준다. 바울은 진리를 거부하는 인간의 회의론에 동의하지 않는다. 그는 성령이 우리를 진리 가운데로 인도하실 것이라는^{요 14:26; 16:13 참조} 요한복음의 약속에서 자신감과 용기를 얻는다.

바울은 이러한 핵심적 관심사로부터 보편타당한 여러 가지 실천적 진리를 도출하여 갈라디아의 상황에 적용한다. 그리스도 안의 풍성한 진리에 대한 고백은 자연스럽게 그리스도와 연합한 백성의 온전한 하나 됨을 인정하게 한다. 갈라디아서의 직접적 관심사는 유대인과 이방인의 하나 됨이지만, 이러한 관심은 모든 인간의 장벽을 허무는 보편적 연합으로 확장된다.^{3:28} 하나 됨과 밀접하게 연결된 또 하나의 추론은 평등이라는 주제다. 동등한 입장에서 한 그리스도^{one Christ}를 고백하는 자는 서로에 대해서도 그와 똑같은 하나 됨의 고백을 할 수 있어야 한다. 바울에 따르면, 참된 자유는 이처럼 그리스도에 기초한 하나 됨과 평등에서 찾을 수 있다. 그리스도와 하나 됨을 이루지 못한 종살이나 복종에는 자유가 없다. 이러한 하나 됨 안에서의 자유는 그리스도에 대한 복종과 함께 그리스도를 따르는 자들이 서로를 사랑으로 섬기는 복종을 포함한다.^{5:13}

바울 시대나 이어지는 교회사에서 갈라디아서에 반짝이는 복음의 위대한 비전이 성취되어 꾸준히 실현된 사례는 없는 것으로 보인다. 그러나 이러한 성취가 실재하기 위해서는 먼저 비전이 있어야 한다. 갈라디아서의 영속적 기능은 우리에게 그러한 비전을 제시하는 것이다. 갈라디아서는 이처럼 고상한 비전을 제시한다는 점에서, 언제나 새로운 도전으로 비전을 성취하도록 고무하고 격려하는 힘이 있다.

이 책의 특징

본 주석에 주로 사용된 성경 역본은 NRSV이다. 다른 텍스트를 사용할 경우 별도의 언급을 할 것이다. 갈라디아서의 핵심 주제는 율법이다. 독자는 이 책이 모세의 법_{구약성경의 모} ^{세오경 또는 토라}을 가리키는 "율법"과 일반적인 의미의 "법"이라는 용어를 구분해서 사용한다는 사실을 알아야 한다. "법"은 두 가지 의미로 설명할 수 없을 만큼 복잡하다. 이 주석_{및 시} ^{리즈}에 반영된 전통적 신앙고백적 교회에 대한 언급은 달라질 수 있다. 따라서 신자들의 교회와 급진적 개혁주의와 아나뱁티스트라는 용어는 동일한 개념으로, 상호 대체가 가능하다.

나는 이 책 여러 곳에서 독자에게 다소 낯선 제2성전 시대나 제2성전 유대교에 대해 언급할 것이다. 이 용어들은 제2성전이 존재하던 시대, 즉 바벨론 유수 이후 성전이 재건된 주전 520-515년경부터 성전이 로마에 의해 함락된 주후 70년까지의 기간을 가리킨다. 후기 제2성전 유대교 시대는 서기^{CE} 이전 마지막 세기나 두 세기 전부터 주후 70년까지를 가리킨다. 바울이 갈라디아서를 기록한 시점은 후기 제2성전 시대 끝 무렵이다. 후기 제2성전 시대라는 다소 긴 문구는 갈라디아서에 언급되고 바울이 직접 교제했던 유대교가 성전 함락 후 발전된 랍비 유대교와 다르다는 사실을 분명히 보여준다. 후기 제2성전 유대교의 문학으로는 다니엘, 구약성경 위경, 요세푸스_{정확히는 성전 함락 후에 기록되었다}, 필로, 사해사본, 외경, 바울서신 등이 있다.

독자는 본 주석의 관점과 신자들의 교회 성서 주석 시리즈의 로마서 주석과 대조해보기를 바란다. 두 자료는 일치하는 부분도 많지만 관점의 차이도 나타나기 때문에 더욱 많은 정보와 비판적인 사색이 필요할 것이다. 지각력 있는 독자라면, 바울신학에 대한 필자의 접근방식이 존 토우즈^{John Toews}의 방식과 다르며, 본서가 이 시리즈에서 로마서 주석의 대화 상대의 역할을 한다는 사실을 알게 될 것이다. 특히 나는 피스티스 크리스투^{pistis Christou}에 대한 해석 문제_{'그리스도에 대한 믿음' 이냐 '그리스도의 믿음' 이냐}에 있어서 토우즈와 견해를 달리하며, 그가 바울 연구의 새로운 관점을 그대로 받아들인 것과 달리_{예세이: 예수 그리스도의 믿음} 나의 입장은 중도적이다. 그럼에도 불구하고, 토우즈의 글은 바울의 어휘와 개념을 광범위하게 다루기 때문에 갈라디아서의 주제와 직접적인 관련이 있는 내용이 많으며, 따라서 유익한 자료다.

갈라디아서 1장 1-5절

편지를 열며

사전검토

갈라디아서는 그리스 로마 사회의 보편적 통신 수단인 편지 또는 서간체 형식이다. 이 형식은 오늘날까지 서간체의 특징을 유지하고 있어서 현대의 독자는 이 형식의 요소들을 쉽게 규명할 수 있다. 공식적 서두는 발신인과 수신인을 밝히고 인사말을 통해 개인적 관계를 정립한다. 공식적 맺음말에는 여러 가지 요소가 포함되지만, 행복을 기원하는 표현은 항상 들어간다.

초기 기독교 저자들은 일반적 형식을 존중했으나, 어휘를 자신이 사용하는 신앙 용어로 임의로 바꾸기도 했다.[1:3 주석 참조] 그뿐만 아니라 바울은 기본적 구조를 확장하여 서신의 관용적 표현들까지 본론의 목적에 기여할 수 있게 했다. 갈라디아서에서 이러한 확장은 서신의 어조를 확립하고 독자에게 자신이 말하려는 의제에 주목하게 하는 기능을 한다. 당시의 전형적 서신은 서두에 수신인과 관련된 감사를 포함한다. 바울은 대체로 이러한 관습에 따랐다. 이것은 발신인과 수신인의 관계 정립에 도움이 되었다. 그러나 갈라디아서에서는 감사가 현저히 생략된다. 이것은 바울이 본론에서 드러낼 실망과 책망의 효과를 높이려는 의도임이 분명하다.

개요

저자, 1:1-2a

수신인, 1:2b

인사말, 1:3-5

주석

저자 1:1-2

이 서신은 발신인이 여러 명임을 밝힌다. "바울은… 함께 있는 모든 형제와 더불어…" 바울은 자신을 다른 사람과 구별하여 가장 먼저 내세움으로써 그가 주 저자임을 보여준다. 이 편지 전체에 지배적으로 나타나는 1인칭 단수 형태와, 맺음말에서 자신의 손으로 직접 썼다는 표현^{6:11}은 이러한 사실을 뒷받침한다. 다른 사람들이 함께 발신자로 언급된 것은 갈라디아서의 관점을 지지하는 공동체가 있음을 보여준다. 사도로서 바울의 권위는 이 편지의 중요한 요소이기 때문에 다른 사람에 대한 언급은 큰 의미가 있다. 바울은 광범위한 신앙공동체에 기초하여 사도직과 권위를 행사한다.^{2:2 참조} "모든"은 바울의 입장에 대한 확고한 지지를 암시함으로써 설득력을 강화한다. 갈라디아서에서 작동하고 있는 책임의 구조는 공동체^{갈라디아 교회들}에 대한 개인^{사도적 지도자}의 구조뿐만 아니라 공동체에 대한 공동체^{바울과 함께 있는 신자들}의 구조를 볼 수 있다.^{고전 11:16; 14:33b 참조}

바울은 헬라어 이름이며, 그의 유대 이름은 사울이다.^{행 13:9} 바울은 편지를 시작할 때 일반적으로 사도라는 호칭을 사용한다. 이것은 우리가 가진 서신이 신생 교회를 지도하는 바울의 사역 중 하나라는 점에서 이해가 된다. 바울의 사역에 대한 언급은 그가 독자에게 보낸 편지에 더욱 큰 의미를 부여한다. 사도라는 단어는 헬라어 동사 "보내다"와 관련이 있다. 신약성경에서 이 명사는 다른 사람을 위한 임무를 가지고 보냄을 받은 사람에게 사용된다. 이방인에 대한 사도로서^{2:7-8} 바울의 생애와 메시지는 하나님의 보내심을 받았다는 바울의 강력한 자의식을 보여준다. 이러한 지위는 편지를 통한 목양을 포함한 그의 사역 전반에 권위를 부여한다.

이제 바울은 신중한 어휘 선택을 거친 긴 수식어와 함께 호칭을 확장한다. 바울의 설명은 그의 사도직의 근거와 관계가 있으며, 따라서 저자로서 그의 신뢰성을 확립하고 있다. 신적 위임을 통해 사도가 되었다는 바울의 주장은 부정어를 사용한 소극적 주장에 이어지는 적극적 주장을 통해 뒷받침된다. 바울은 사람의 명령이나 사람의 권위에 의해 사도가 된 것이 아니다. 정확히 말하면, "사람들에게서 난 것도 아니요 사람으로 말미암은 것도"^{1:1a} 아니라는 것이다. 이 구절의 강조점은 "~에게서"와 "~으로 말미암은"이라는 두 개의 전치사에 있다. 바울이 말하려는 것은, 인간은 사도직의 기원이 될 수 없으며 다른 행위자^{여기서는 하나님}를 대신하는 중간 매체의 역할도 할 수 없다는 것이다. 바울은 갈라디아의 신자들이 이 진술에서 특정 인물이나 사건을 연상하기를 기대한 것 같지는 않다. 이곳의 용어는 과거의 특정 사건을 암시하기에는 지나치게 일반적이다.

인간적 요소는 제거되었으나, 바울의 사도직에 대한 신적 기반은 확고해진다. 바울은 "예수 그리스도와 하나님 아버지로 말미암아"[1:1b] 사도가 되었다. 놀랍게도 바울은 앞 절의 "~에게서"와 "~으로 말미암은"이라는 전치사와 정확한 평행을 이루는 "예수 그리스도로 말미암아 하나님 아버지에게서 온"이라는 표현을 사용하지 않는다. 신약성경에서 흔히 볼 수 있는 이 표현은 신적 목적의 성취에 있어서 하나님 아버지는 원천이 되시고 예수 그리스도는 행위자가 되심을 보여준다. 사실 이곳의 본문에는 이런 사상이 배후에 깔려 있다. 그러나 여기서 특정 형식의 표현이 사용된 것은 사도직을 부활하신 예수의 위임과 직접 연결한 초기 기독교 사상[바울도 자신의 경험을 통해 그렇게 믿었다] 때문이다. 따라서 예수 그리스도가 먼저 언급된 것이다. 그러나 바울은 궁극적인 원천이 "그를 죽은 자 가운데서 살리신 하나님 아버지"[1:1c]께 있음을 보여주고자 한다. 바울의 사도직은 궁극적으로 하나님 아버지에게서 왔으며, 그리스도로 말미암아 주어졌다는 것이다. 또한 바울은 하나의 전치사를 통해 아버지와 아들[그리스도]의 연합을 보여주고 싶었는지도 모른다.[1:3의 동일한 패턴 참조]

그러므로 부활에 대한 언급은 단순히 서신의 서두에 사용되는 관용구가 아닐 수 있다. 우리가 아는 한, 사도라는 용어는 부활하신 예수의 현현을 경험한 자에게 사용되는 것이 정상적이다. 사도직의 위임은 부활하신 예수의 현현에 이어지는 부수적 사건이며, 부활과 사도직은 상호의존적 관계에 있다. 부활은 선포와 검증을 위해 사도의 증거가 필요하며, 사도는 부활하신 예수께서 부여하시는 권위가 필요하다. 따라서 바울은 지금 예수께서 다메섹 도상에서 나타나신 사실에 대해 암시하고 있다. 이러한 사실은 1장 12절에 더욱 명백히 제시된다. "예수 그리스도의 계시로 말미암은 것이라"[사도로서 바울에 대한 상세한 설명은 TBC를 참조하라]

2절에 언급된 공동 발신인은 누구를 가리키는가? "함께 있는"[1:2a]은 바울이 편지를 작성할 당시 방문 중인 회중을 가리킨다고 보기에는 어색한 표현이다. 이 문구는 바울의 선교 여행에 동참하고 있는 일행을 가리키는 것으로 보인다. 예를 들면, 빌립보서 4장 21-22절은 바울과 "함께 있는" 자[지금의 본문에서처럼]와 바울이 머물고 있는 교회를 가리키는 "모든 성도"를 구분한다. 우리는 바울이 이 편지를 언제 작성했으며, 따라서 사도행전에 기록된 선교 여정 가운데 어디쯤 해당하는지 정확히 모르기 때문에[서론 참조] 이 일행이 누구인지 알 수 없다.

수신인[1:2b]

갈라디아서는 "갈라디아 여러 교회들"에게 보낸 편지다. 이것은 한 회중이 아니라 다수의 회중을 가리킨다. 우리는 발신인이 여럿이라는 사실을 간과하듯이, 수신인이 다수라는 사실도 쉽게 놓칠 수 있다. 바울이 이 편지에서 논박하고 있는 잘못된 가르침은 지역적 현상이다. 아마도 순회 교사들은 지역 회중을 돌아다니며 같은 가르침을 전파하고 있었을 것이다. 본문의 "교회들"이라는 단어는 신자들의 지역 모임을 가리킨다. 이 단어는 1장 13절의 "하나님의 교회"에서처럼 광의의 의미로 사용되기도 한다. 이 교회들에 대해서는 구체적인 언급이 없으며, 따라서 교회가 위치한 장소에 관한 문제는 논쟁이 되고 있다. 바울 시대에 갈라디아로 불릴 수 있는 지역은 두 곳 이상이라는 사실은 이 문제를 더욱 복잡하게 한다. 장소에 대한 상세한 논쟁은 서론을 참조하라 바울은 일반적으로 수신인을 "성도"나 "하나님의 사랑을 받은 자"라는 긍정적 묘사로 미화한다. 그러나 여기서는 이런 묘사를 찾아볼 수 없는데 이것은 그들에 대한 바울의 태도가 상당히 부정적임을 보여준다. 우리는 여러 회중을 수신인으로 지칭한 사실에서 갈라디아서가 회람용 서신이라는 결론을 내릴 수 있다.

인사말1:3-5

3절은 공식적인 인사말이다. 이것은 편지의 서두에 나타나는 일반적 특징 가운데 세 번째 요소에 해당한다. '은혜'와 '평강'을 결합한 인사말"은혜와 평강이…"은 초기 교회의 관행과 일치한다. 이것은 '기뻐하다'라는 동사카레인를 포함한 헬라의 관용구를 변형한 것이다. 신약성경 기자들은 이것을 '은혜'라는 뜻의 유사한 동사카리스로 바꾸고 여기에 샬롬평화이라는 유대인의 인사를 덧붙였다. 첫 세대 신자들은 이런 식으로 복음의 핵심을 인사말에 담았으며, 반복되는 일상적 인사를 통해 그것을 고백했다. 어떻게 '은혜'가 복음을 요약한 개념이 될 수 있는지는 1:6의 "그리스도의 은혜"를 참조하라. 은혜는 복음의 실체적 근원을 보여주며, 평화는 그 열매를 보여준다. 그러나 복음의 궁극적 원천은 하나님이시며, 이어지는 1장 3절에는 "우리 하나님 아버지와 주 예수 그리스도"cf. 1:11라는 구절이 다시 한번 나타난다. 바뀐 것은 예수 그리스도에 대해 "주"라는 호칭이 첨가된 것이다. 이 호칭은 첫 세대 신자들의 통상적 고백이었다. 이것은 예수께서 부활하신 후 하나님 우편에 앉기까지 높아지신 것을 가리키며롬 1:4; 빌 2:9-11, 특히 11절, 교회와 세상을 주관하는 그의 권세를 확인한다. 1절, 3절, 5절에 "아버지"라는 표현이 세 차례나 반복된 것은 놀랍다. 이것은 바울의 생각이 하나님에 대한 익숙하고 친밀한 이해로 가득 차 있음을 보여준다. 4:6 주석 및 아래 TLC 참조

저자에 대한 언급이 부가적인 설명을 통해 확장된 것처럼, 인사말도 4절과 5절을 통해 더욱 확장된다. 이 확장 부분은 사실상 그리스도에 대한 진술이며 신앙고백적 확신이 잘 드러난다. 신약성경 서신서에는 이러한 형식의 관용구를 쉽게 찾아볼 수 있다. 이 관용구

는 일반적으로 주어가 그리스도이며, 간결하고 세련된 문체를 특징으로 한다.롬 1:3-4; 빌 2:6-11; 골 1:15-20; 딤전 3:16 이것은 초기 교회의 신앙이 그리스도 중심적이었다는 사실을 분명히 보여준다.

바울이 독자도 알고 있는 기존의 관용구를 사용했다는 사실을 보여주는 몇 가지 지표들이 있다. 첫째로, 평범한 표현을 독특한 개념으로 사용한 어휘가 존재한다. "건지다"와 같은 동사나 "이 악한 세대"와 같은 구문은 바울이 다른 곳에서 사용하지 않는 표현이다. 둘째로, 신앙고백적 구문은 저자와 독자가 알고 받아들이는 전통적 자료에 대한 호소로 보인다. 바울서신 가운데 서두에 이런 관용구가 나타나는 것은 로마서와 갈라디아서뿐이다. 로마서에서 신앙고백적 진술은 바울이 한 번도 만난 적이 없는 신자들의 믿음을 강화한다. 갈라디아서에서는 이 진술이 갈라디아 사람들의 오류에 대한 논박의 기초가 될 수 있는 보편적 신앙을 환기시킨다. 따라서 인사말은 갈라디아 사람들에게 익숙한 교리를 되돌아보며 갈라디아서에서 발전시킬 주제들을 예시한다. 이처럼 익숙한 주제로부터 논쟁적 주제로 옮겨가는 방식은 이 편지의 주장을 더욱 설득력 있게 만든다.

"우리 죄를 대속하기 위하여 자기 몸을 주셨으니"1:4a라는 구절은 그리스도와 그의 사역이라는 관점에서 복음의 진수를 보여준다. 자기 몸을 주셨다는 것은 바울의 핵심 주제인 그리스도의 십자가 죽음을 가리킨다. 그리스도의 죽음은 인간의 죄 문제를 다룬다. 그의 생명을 내어주신 것은 우리 죄 때문이다. 죄를 복수 형태sins로 제시한 것은 우리가 하나님의 뜻에 미치지 못하며 그의 뜻을 어긴 특정 방식들을 강조한다. 죄 문제는 이런 식으로 모든 개인에게 초점을 맞춘다. 결과적으로 우리의 죄our sins를 대속하기 위한 구원은 개인의 상황에 초점을 맞춘 개별적 사역이다. 그러나 한편으로 이 표현은 인간 공동체 전체의 집합적 죄를 가리키기도 한다.

이제 이 사상은 죄 문제 자체를 넘어 하나의 목표로 향한다. 그리스도의 자기희생의 궁극적 목적은 "이 악한 세대에서 우리를 건지시려고"1:4b이다. 이 목적절은 각 개인을 넘어 개인과 인간 공동체 전체의 상황에 대한 언급이다. 그것은 현실 세계 전체의 사회적, 우주적 차원에 해당한다. 죄 문제는 죄사함을 통해서뿐만 아니라 "이 악한 세대에서" 건지심또는 구원을 통해 해결된다. "세대"age는 정해진 기간뿐만 아니라 특별한 행동이나 사고방식을 특징으로 하는 사회적 상황을 가리킨다.

비록 믿는 자와 신자 공동체는 이 세상에서 물리적으로 벗어날 수는 없지만, 삶에 대한 새로운 이해와 새로운 가치관과 새로운 삶의 방식으로 변화된다. "너희는 이 세대를 본받지 말고"라는 로마서 12장 2절에는 같은 사상이 나타난다. 이 구절은 문자적으로 "너희는 이 세대의 삶의 방식을 본받지 말고"라는 뜻이 있다. 구원 개념에는 잘못된 예속 상태로부터 풀려나 바람직한 상태로 옮긴다는 뜻이 내포되어 있다. 따라서 바울은 이러한 전통적 관용구를 통해 초등학문 아래에서의 종노릇4:1-10과 그리스도 안에서의 자유2:4; 5:1, 13라는 주제를 다룬다.

그리스도는 구원 사역에서 단순한 하나님의 수동적인 도구가 아니다. 그는 자신을 내어 주셨다. 동시에 그리스도에게 일어난 일은 "하나님 곧 우리 아버지의 뜻을 따라"1:4c 일어났다. 이 구절은 아버지와 그리스도가 함께 언급된 1절과 3절에 나타나는 아버지와 아들의 하나 됨을 더욱 강조한다. 그리스도께서 자기 몸을 주신 사실에 대한 강조는 세상을 긍휼히 여기시는 하나님의 사랑과 은혜에 그리스도께서 능동적으로 동참하심을 보여준다. 또한 이 강조는 순종하는 아들히 5:8의 진정한 모범을 보여준다.

이처럼 압축된 신앙고백적 진술에 덧붙여 하나님에 대한 찬양이 터져나온다. "영광이 그에게 세세토록 있을지어다 아멘"1:5 이러한 찬양의 분출은 인사말의 흐름을 독자에서 하나님에게로 바꾼 것으로, 다른 서신의 서두에서는 찾아볼 수 없다. 그러나 이 찬양은 요한계시록의 인사말1:6과 함께 나타난다. 동시에, 우리는 바울서신 다른 곳롬 11:33-36; 16:27; 빌 4:20 등에서 이와 유사한 형태의 즉흥적 찬양의 사례를 찾아볼 수 있다. 이런 찬양 뒤에는 으레 하나님이 신자에게 베푸신 은혜에 대한 언급이 따른다. 이것은 이곳의 찬양이 구원의 은혜를 찬양한 이전의 신앙고백적 관용구에 기초하고 있다는 사실을 말해준다. 따라서 우리는 여기서 실제적 경험에서 우러나온 신조를 고백하는 바울의 강력한 개인적 신앙을 확인할 수 있다. "영광"은 하나님의 임재의 눈부신 시현으로, 신적 권능과 위엄을 가리킨다. 하나님께 영광을 돌린다는 것은 이 놀라운 하나님의 위엄을 인정하는 동시에, 그것이 우리의 삶과 피조세계에 가지는 절대적 중요성을 받아들인다는 것이다.

성서적 맥락에서의 본문

사도 서신으로서 갈라디아서

갈라디아서와 같은 바울서신은 당시 통신 수단의 전형적 형식을 가지고 있다. 당시의 서신은 특정 상황우발적에 대한 반응을 통해 특정 목적을 달성하기 위해과제 지향적 쓰였다. 이런 편지는 일반 독자를 위한 훌륭한 문학작품이 되기를 원하지 않는다. 한편으로, 당시의 희랍용 서신은 공적인 성격의 문서에 해당한다. 바울을 비롯한 신약성경 서신서 저자들 가운데 의식적으로 영원한 진리의 규범정경에 포함될 편지를 쓰겠다고 생각한 사람은 없다.

그러나 이 편지들은 복음에 대해 근본적으로 증거하는 기능을 한다. 서신서는 예수 그리스도를 통한 하나님의 궁극적 행위에 대한 증거로서, 복음과 그것이 교회와 온 세상에 대해 가지는 함의를 나눈다. 따라서 이 편지들은 복음의 특별하고 최종적인 형성에 동참한다. 서신서는 이러한 토대 위에서 독특하고 영원한 성경적 권위를 가진다. 특히 갈라디아서에서는 성경적 권위가 중요한 요소가 된다. 갈라디아서는 사도직과 함께, 그것과 복음의 진리[2:5 참조]와의 관계에 특별한 초점을 맞춘다. 권위 문제는 이 편지의 여러 곳에서 찾아볼 수 있다. 따라서 사도 바울의 권위와 갈라디아서, 최종적으로는 성경의 권위 사이에는 연결이 있다. 갈라디아서 1장과 2장 주석[아래]은 이러한 문제들에 대해 상세히 살펴볼 것이다.

갈라디아서 서두의 특별한 기능

일반적으로 편지의 서두는 통상적인 절차에 지나지 않는다. 그러나 갈라디아서는 다르다. 여기서는 서신의 기본적 형식에 대한 모든 확장이 중요한 의미를 가진다. 우리는 이러한 확장이나 부가 설명을 통해 저자의 관심사를 파악할 수 있다. 이러한 관심사는 본론의 주제로 이어질 것이라는 기대를 할 수 있으며, 실제로 그런 식으로 전개된다. 서론은 이어질 주제와 어조를 준비한다. 수신인에 대한 칭찬이 생략되었다는 것은 이 서신의 어조가 어떻게 흘러갈 것인지를 보여준다. 독자의 미덕이나 업적에 대한 감사가 없다는 것은 바울의 어조가 더욱 냉담하고 차가워질 것임을 보여준다. 이 어조는 편지의 본론에서 이어질 비판과 책망을 준비한다. 우리는 서론을 통해, 이어질 주제가 사도직과 예수 그리스도의 십자가와 종노릇에서의 해방이라는 세 가지 요소에 초점을 맞출 것임을 예상할 수 있다. 바울은 1장 1절[사도직]과 1장 4절[십자가와 자유]에서 이러한 주제들에 대해 다룬다.

사도직

바울은 갈라디아에서 일어난 일을 자신의 사도직에 도전으로 본다. 어떤 사람들이 갈라디아인에게 새로운 사상을 전하려 한 것은[1:7] 바울에 대한 존경심을 저해했음이 분명하다. 메시지와 메신저는 상호의존적 관계로 연결되어 있다. 바울이나 그의 대적은 둘 다 이러한 연결을 인식했을 것이다. 바울은 이 편지의 첫 번째 주요 단원에서 자신의 메신저 자격에 대해 옹호하고 메신저와 메시지의 관계에 관한 생각을 피력한다. 그는 이곳 서두에서 한 가지 중요하고 기본적인 주장을 제시한다. 그것은 자신의 사도직이 인간의 인정이 아니라 하나님으로 말미암았다는 것이다.

초기 교회에서 '사도'라는 용어는 예수님의 삶과 죽음과 부활을 목격하고 예수 그리스도로부터 복음을 전파하라는 명령을 직접 받은 제자들을 지칭하는 협의의 의미로 사용되었다. 나중에 '사도'는 교회를 대신하여 선교하는 대표단을 가리키는 말로도 사용되었다. 고후8:23 바울은 자신이 첫 번째 사도 그룹의 일원임을 확실하게 주장한다. 바울의 사도적 지위에 대한 논쟁은 충분히 이해할 수 있다. 1 바울은 예수님의 지상 사역에 함께하지 않았다. 행1:21-22 참조 2 바울은 예수님 승천 후에 등장한 인물이다. 그는 후자에 대해, "만삭되지 못하여 난 자"고전 15:8라는 표현을 통해 인정한다. 갈라디아의 적대적 교사들은 이러한 취약점을 이용했다.

따라서 한편으로 바울은 자신이 사도로 부름을 받았다는 사실을 나눈다. 그러나 다른 한편으로 바울은 이 일에서 인간적 요소를 배제한다. 신적 소명은 다른 사람을 도구로 사용하여 전달될 수도 있지만, 바울은 이런 중재를 배제한다. 바울의 사도직은 "사람들에게서"1:1, 12 난 것이 아니다. 우리는 1장 11절 ~ 2장 14절에 대한 주석 편에서 이러한 바울의 주장과 이 주장이 갈라디아서의 쟁점에 어떤 기능을 하는지에 대해 상세히 다룰 것이다.

십자가 구원의 은혜

인간의 죄를 대속하기 위한 예수님의 희생에 대한 간략한 진술은 그것에 담긴 근본적인 통찰력을 보여주려는 것이 아니다. 이 진술의 중요성은 기독교 신앙의 첫 번째 단계에 나타나는, 그리스도의 죽음을 통한 구원 사역에 대한 믿음을 증거하는 데 있다. 왜냐하면 갈라디아서는 가장 초기에 작성된 신약성경 가운데 하나이며, 이 진술은 갈라디아서 이전에 존재했던 모든 표지, 즉 십자가 사건 이후 15-20년 동안 신자들의 육성을 통해 전달된 내용이 모두 담겨 있기 때문이다. 고린도전서 15장 3절에는 언어적으로나 기원에 있어서 이곳과 매우 유사한 구절이 나타난다. 이 신앙에 대한 가장 그럴듯한 설명은 첫 번째 제자들이 예수님의 가르침에서 인간의 죽음에 대한 이처럼 놀라운 주장을 찾았다는 것이다.Bruce: 77; Lognenecker: 7 이 가르침은 마가복음 10장 45절이나 14장 24절과 같은 본문에 기록되어 있다. 구약성경의 희생적 개념과 이사야 53장특히 4-6절과 12절의 고난받는 종은 이러한 사상과 언어적 틀을 제공한다.

4절은 그리스도의 죽음이 가지는 대속적 유익에 대한 진술을 시작한다. 죄에는 수직적 영역과 수평적 영역이 있으며, 성경적 관점에서 죄는 하나님과 이웃에 대한 잘못된 행위를 포함한다. 이 시점에서는 개인의 죄라는 상황에 초점이 맞추어진다. 이것은 바울에게 중요한 요소다. 그러나 본문은 이 관점을 확장한다. 구원은 개인을 대상으로 하늘에서 은밀히 이루어지는 작업만은 아니다. 그것은 죄가 장악한 종말론적 세상으로부터 모든 신자를 건지는 작업이기도 하다. 우리는 여기서 사회적, 우주적 차원에서의 구원을 볼 수 있다. 인간의 문제는 잘못된 세계의 한 부분이다. 개인은 사회적, 문화적, 자연적 환경과 복잡하게 얽혀 있으며, 환경을 조성하기도 하고 그것의 지배를 받기도 한다. 구원은 사람과 개인과 자연을 장악하고 있는 악의 네트워크에 대한 것이어야 한다. 이러한 구원관은 인간과 환경의 복잡한 상호작용을 이해한다. 바울은 로마서 8장 18-25절에서 이 확장된 구원관에 대해 다룬다.

예수님과 첫 번째 제자들은 이 상황을 설명하기 위해 현재의 악한 세상과 장차 올 의로운 세상에 대해 예언한 유대의 묵시 언어를 사용했다. 초기 유대 신자들은 온 세상이 악의 파괴적 영향을 받았다는 공감대를 형성했다. 그러나 그들은 메시아께서 오심으로 장차 올 세계의 힘이 이미 작동하기 시작했다고 주장으로써 다른 유대인 신자와 이견을 보였다. 이 개념은 신약성경에서 나온 것이다. 가장 직접적인 표현은 히브리서 6장 5절과 같은 본문이다. 이 구절은 신자들이 "내세의 능력을 맛보고도…"라고 진술한다. 예수는 그의 사역을 통해 하나님의 미래적 통치를 가져오신 탁월한 대리인메시아이시다. 예수의 부활과 성령의 임재는 장차 올 세대의 사건들이 이미 시작되었음을 보여준다. 베드로는 사도행전 2장에서 이에 대해 매우 구체적으로 언급한다. 부활은 하나님이 죽은 자를 살리는 재창조를 시작하셨음을 보여준다는 것이다. 성령 세례는 모든 신자에게 이와 같은 새로운 삶을 가능하게 한다. 이곳의 본문은 이러한 관점에 따라, 그리스도께서 자기 생명을 내어주심으로 우리를 하나님에게서 멀어지게 한 죄를 대속하셨으며, 우리를 악의 덫에서 건져내고 새로운 삶을 주셨다재창조하셨다고 진술한다.6:15 이러한 사실은 3장 13절, 특히 4장 1-11절에 잘 나타난다.

그리스도 중심

이 서두에는 첫 번째 신자들의 그리스도 중심적 신앙이 분명히 나타난다. 우리는 4절의 신앙고백적 관용구를 통해, 메시아로서 예수님의 사역이 어떻게 이러한 해방을 가져올 수 있었는지를 볼 수 있다. 갈라디아서를 통해 볼 수 있는 것처럼, 바울은 이러한 신앙을 가지고 있다. 바울은 그리스도 중심적 관점에서, 신학과 실천의 과거와 현재에 대해 재조명한다. 모든 신앙은 그리스도와 일치하는 일관성을 유지해야 한다는 것이다. 갈라디아서에서 볼 수 있는 것처럼, 바울이 부족하다고 생각한 것은 바로 이러한 일관성이며, 이런 이유로 소위 변질된 복음에 대한 강력한 책망1:6-7이 이어진다.

바울은 두 곳에서 예수 그리스도를 하나님 아버지와 완전한 평행적 관계로 제시한다. 하나님과 예수님의 사역은 마치 동일인의 사역처럼 함께 이루어진다. 권위의 인간적 원천을 신적 원천과 대조하는 이 본문에서 바울은 그리스도를 사람이 아닌 신적 존재로 제시한다. 따라서 이 본문은 그리스도의 신성을 명확하게 확인한다. 개종하기 전의 바울이라면, 사람을 하나님과 같은 반열에 놓는다는 것은 상상할 수도 없는 신성모독이었을 것이다. 그러나 바울은 기독교의 초기 문헌 가운데 하나인 이곳에서 자신을 의식하지 않은 채 어떤 주저함이나 변명도 없이 그런 주장을 한다. 우리는 후기 삼위일체 신조로부터 어느 정도 떨어져 있지만, 여전히 이 교리가 정립되는 과정에 있다. 옛 언약의 유일신론은 당시에도 존속되고 있으나^{3:20, "하나님은 한 분이시니"}, 어떤 면에서는 근본적으로 재형성되었다. 갈라디아서는 예수 그리스도가 하나님 아버지와 동등하시다는 의미를 묵상하면서 진리를 규명하는 책이라는 사실은 아무리 강조해도 지나치지 않다.

교회 생활에서의 본문

그리스도 중심적 신앙의 실천

우리는 바울이 서론에 도입한 자료의 근본적 성격으로 인해, 신앙이 요구하는 근본적인 영역과 마주한다. 저자는 이 자료를 당시의 편지 서두에 나타나는 관용구 형식으로 제시한다. 그러나 이 자료는 보편적 신앙과 교제라는 연결고리를 구축하려는 깊은 목적이 있다. 바울의 신앙적 확신은 이어지는 교훈적 가르침을 위한 무대를 준비한다. 바울은 공감대를 형성한 영역으로부터 논쟁적 이슈로 옮겨간다. 그는 이런 식으로 다양성과 논쟁 속에서 하나 된 믿음을 유지한다. 또한 바울의 논쟁은 중심에서 주변으로 옮겨간다. 그는 복음에 가장 기본적인 요소인 그리스도와 그의 구원 사역에 초점을 맞춤으로써 신앙의 부차적 이슈들에 대한 방향을 모색한다. 이러한 방식은 교회가 진리 안에서 행하며^{2:14} 그리스도 안에서의 삶을 통해 살아 있는 믿음을 지속하도록^{2:19-20} 돕는다. 바울은 이처럼 중요한 문제를 다룸으로써 갈라디아인과 우리를 위한 모범을 제시한다.

속죄에 대한 이해

이곳의 텍스트는 인간의 문제를 우리의 죄라는 관점에서 진술한다. 예수의 죽음은 죄 문제를 해결한다. 우리는 종종 오늘날 사람들은 죄의식이나 죄책감을 크게 느끼지 못한다는 말을 듣는다. 그러나 죄의식을 상실했다는 것은 사실이 아니다. 다만 오늘날 사람들은 죄를 다르게 보는 경향이 있다. 우리는 종종 개인적이고 은밀한 죄보다 불공평이나 불의와 같은 사회적 잘못에 더 많은 관심을 가진다. 우리는 세계적 기아 문제, 핵 위협, 폭력, 환경 문제에 죄책감을 느끼고 대책을 세우지만, 하나님과의 영적 괴리에 대해서는 관심을 가지지 않는다. 도덕적 세계에 대한 우리의 인식은 강하지만 균형을 잃고 있다. 1장 4절에서와 같은 신앙적 진술은 이 모든 차원의 죄로부터의 구원을 제시한다. 복음은 이 시대의 필요에 대해 언급할 수 있지만, 필요의 영역에 대한 재규명이 전제되어야 한다.

신자들의 교회는 희생적 제자도를 통해 그리스도의 모범을 따를 것을 요구한다. 그러나 제자도는 십자가를 통한 새 생명 및 용서의 선물과 밀접하게 연결되어 있다. 사실 전자^{제자도}는 후자에 의존한다. 연약한 우리는 먼저^{그리고 지속적으로} 그의 은혜를 받아야 하며, 그렇지 않으면 그리스도를 따를 수 없다는 것이다. 이러한 이중적 강조를 등한시하는 한, 성령^{신적 사역}보다 육체^{인간의 노력}에 의존했던 갈라디아 사람들의 전철을 밟을 수밖에 없다.

세상과 분리됨

역사적으로, 신자들의 교회 전통에 속한 교회들은 "이 악한 세대에서"^{1:4} 건지셨다는 구절에 함축된 교회와 세상의 분리를 강조해왔다. "악한 세대"는 세상에 만연한 악의 체계적 특징을 효과적으로 강조한 표현이다. 그러나 이 용어는 이 세상에 존재하는 선을 간과하게 할 수 있다. 우리는 소금과 빛을 함께 붙드는 것이 얼마나 어려운 일인지를 경험으로 알고 있다. 즉 우리는 세상의 악과 분리된 진정한 대안적 공동체가 되는 동시에^{소금}, 온전히 세상 안에서, 세상을 위해 섬기며 복음을 전해야 한다.^빛 전적인 분리^{고립}나 무조건적 동참^{동화}으로 휩쓸리는 것은 훨씬 쉽다.

악의 세상과 의의 세상이라는 두 왕국 이론을 비난함으로써 얻을 수 있는 것은 없다. 신자는 이 악한 세대에서 건져질지라도 여전히 이 세상의 특별한 사람으로 살아야 한다. 그러므로 우리에게 필요한 것은 세상적 삶이나 사고방식을 거부하면서, 세상을 비판하고 복음화하며 섬기는 방식으로 세상과 직면하는 선교적 비동화^{nonconformity}이다. 실제로 바울은 당시의 편지 인사말의 관용구를 사용하면서도 그것을 수정하여 자신의 메시지를 담는 방식으로, 어떻게 복음이 문화와 만나야 하는지를 보여준다.

언어

이 본문에는 오늘날 교회와 관련된 언어 문제에 대한 두 가지 사례가 나타난다. 우리는 에베소서 4장 11절을 통해 사도라는 호칭이 일부 영역에서 다시 등장하는 모습을 볼 수 있다. 초기 교회는 이 용어를 다양한 용도로 사용했으며, 따라서 '사도'는 오해의 소지가 충분한 용어다. 선교나 교회 간 사역에서 특별한 임무를 부여받은 사람에게 이 호칭을 붙이는 것을 거부할 이유는 없다. 그러나 갈라디아서및 다른 신약 성경는 '사도'가 예수님 시대의 사람으로 그의 부활을 직접 목격한 자에게만 붙이는 배타적 호칭으로 사용되었음을 분명하게 보여준다. 아마도 지혜로운 초기 교회는 첫 세대 이후 이 용어를 사용하지 않았을 것이다. 주교또는 감독가 전체 교회를 목양하는 사도의 역할을 이어받은 것으로 이해했을 것이다.

젠더포함언어성별을 포괄하는 언어에 대한 관심은 오늘날 교회에 민감한 이슈를 제기한다. 이곳의 본문은 다섯 절에서 세 차례나 하나님을 아버지로 표현한다. 이것은 확실히 신앙의 중심에 있는 무엇인가를 겉으로 드러낸 것이다. 이 무엇은 4:6에서 더욱 분명히 드러난다. 그리스도의 중보는 하나님과 새로운 교제를 시작하게 한다. 신앙생활에서 이러한 영역을 상실한다면 큰 손해가 아닐 수 없다. 따라서 젠더포함용어에 대한 관심은 무의미한 일이 아니다. 가부장제나 성적 남용은 때때로 여성에게서 아버지라는 용어가 가져다줄 수 있는 친밀감을 빼앗는다. 이런 상황에서 남성과 함께 여성 용어와 이미지를 사용한다면 한 가지 대안이 될 수 있을 것이다. 어쨌든, 우리는 하나님을 가리키는 성경의 친숙한 용어를 무조건 비인격적 용어로 바꾸는 일은 없어야 할 것이다. 이런 중성 용어는 예수께서 소개하고 초기 교회가 받아들인 하나님과의 근본적 관계의 친밀함을 전해주지 못한다.4:6 주석 참조

제1부

책망: 진리에 대한 변증

갈라디아서 1장 6절-4장 11절

개관

바울은 갈라디아서에서 자신이 생각하는 문제점을 바로 잡으려고 한다. 이 교정은 책망과 권면의 형태로 제시된다. 갈라디아서 전체는 책망과 권면이라는 형식과 일치하는 두 단원으로 명확히 나뉜다. ^{이 구조에 대한 상세한 설명은 서론을 참조하라} 책망 부분은 1장 6절의 "그리스도의 은혜를… 내가 이상하게 여기노라"라는 서두로 시작한다. 계속해서 갈라디아 신자들에게 전파되고 적어도 그들 가운데 일부가 받아들인 가르침을 반박하는 바울의 변론이 이어진다. 이 부분의 초점은 "복음의 진리"^{2:5, 14}에 대한 변증에 맞추어진다. 권면 부분은 이 서신에서 처음 나타나는 명령형과 함께 4장 12절부터 시작한다. 이후에는 명령형이 계속해서 등장한다. 이 호소는 독자가 "진리를 순종"^{5:7}할 수 있게 도우려는 목적을 함께 나눈다. 이 편지의 구조는 책망 부분과 권면 부분 둘 다 이론과 실천의 균형이 잡혀 있음을 보여준다. 책망부분은 바른 신앙의 윤리가 함축된 신학적 논증을 유지하며, 권면 부분은 신학적 원리에 기반을 둔 신실한 삶의 윤리적 역동성에 초점을 맞춘다.

책망 부분은 문제가 된 사안에 대한 진술로 시작한다. 그러나 이 부분은 문제 자체의 성격보다 바울의 관심사에 더 큰 초점을 맞춘다. 책망 부분은 다시 두 개의 주요 단원으로 나뉜다. 첫 번째 단원^{1:11-2:21}은 바울이 전한 복음의 신적 기원과 이 복음을 전파하는 사도로서의 권위에 대한 변론이다. 두 번째 단원^{3:1-4:11}은 이스라엘에 대한 하나님의 계시의 진정한 성취로서 복음에 대한 변론이다. 이 변론의 첫 단락에서 바울은 자신이 그리스도를 통해 하나님께 받은 계시가 자신에 대한 하나님의 위임을 교회 안의 다른 지도자들과 본질적으로 다르게 한다고 주장한다. 그러나 두 번째 단락에서 바울은 이러한 차이점이 이스라엘에 대한 하나님의 계시를 단절시키지 않는다는 것을 갈라디아 사람들에게 보여주기 위해 새로운 계시가 이전 계시의 진리를 계속한다고 주장한다. 새로운 계시는 전통적 약속들을 성취하고 신앙의 근본적 원리를 존중하는 방식으로 연속성을 유지한다. 역사에 나타난 하나님의 새로운 행위와 새로운 계시로서, 연속성과 불연속성 모두 하나님의 과거 행위와 현재 행위를 바로 이해하는 데 중요하다.

3장 1-5절은 이 서신의 배후에 있는 자리 잡은 문제를 이해하는 열쇠가 된다. 바울은 갈라디아 신자들이 믿음에 기초한 복음을 떠나 율법에 기초한 복음을 따른다고 생각했다. 전자는 성령을 따라 사는 것이며, 후자는 육체를 따라 사는 것이다. 첫 번째 단원 전체가 강조하는 것은 복음의 문이 모든 사람^{유대인과 이방인}에게 열렸다는 것은 모세의 율법에서 나온 율법적 삶이 모든 사람을 위한 보편적 복음의 기초가 될 수 없음을 의미한다는 것이다. 그리스도의 공로는 율법이 아니라 그리스도와 성령을 의의 열쇠가 되게 한 것이다. 갈라디아 사람들은 이 새로운 계시에 부합되지 않는 어떤 교훈도 거부해야 한다. 유대인과 이방인을 구분하는 할례는 이 서신에 나타난 대표적인 사례다.

개요

갈라디아서 1장 6-10절

갈라디아 교회들의 문제점

사전검토

우리는 본론의 첫 부분에서, 바울서신에 일반적으로 나타나는 감사 대신 갈라디아 사람들이 복음에서 떠났다는 책망의 외침을 듣는다. 이러한 비통함과 분노의 어조, 그리고 바울이 사도적 권위를 강력히 변론할 것이라는 의지는 이미 서두의 인사말[1:1-5]에 함축되어 있다. 바울은 이 인사말에서 자신의 사도적 지위를 강조하고 수신인에 대한 긍정적 묘사를 생략한다. 이제 저자의 격정적 감정이 완전히 드러난다. 바울은 다른 서신에서 감사의 말을 통해 자신의 기록 목적을 넌지시 드러낸다. 그러나 갈라디아서는 놀랐다는 표현으로 시작하는 책망을 통해 주제를 제시한다. 이러한 놀라움의 표현은 헬라 서신에서 잘못을 꾸짖기 위해 도입하는 전형적 형식이다.[서론참조]

이 단락[1:6-10]에서 바울은 지체 없이 본론으로 들어간다. 그는 자신의 마음이 어떤 상태인지를 보여주며 무엇이 문제이며, 필요한 것은 무엇인지를 제시한다. 따라서 이 단락은 갈라디아서의 본론을 도입하는 역할을 한다. 저자는 갈라디아의 상황으로 인해 크게 염려되고 마음이 아팠다. 문제는 교회 밖 외부인이 신자들에게 그들이 받았던 복음에 대한 인식을 바꾸도록 설득하고 있다는 것이다. 바울은 이것이 단순한 수정이 아니라 복음을 포기하게 하는 행위라고 확신했다. 이러한 위기에 대처하기 위한 바울의 접근은 [1] 엄격한 언어를 사용하여 양립할 수 없는 대안들임을 밝히고, [2] 복음의 참된 본질을 규명하며, [3] 그리스도의 종으로서 자신을 변론하는 것이었다.

바울은 설득의 과정을 시작하는 방식으로 편지를 전개한다. 다시 말하면, 그는 조심스럽게 수사학적 기법을 사용한다는 것이다. 6절과 7절은 독자의 현재 상황을 적나라하게 드러낸다. 8절과 9절은 이러한 상황에 대해 하나님의 심판적 행위를 환기시키는 저주로 위협하며, 끝으로 10절에서는 의외의 언급을 통해, 자신에 대한 고소를 자신의 도덕적 순수성에 대한 지지로 바꾸는 방식으로 대처한다. 이런 식의 담론은 법정정 전략과 수사학을 반영한다. 이것은 적어도 편지의 이 부분에서 변증적 요소나 법정적 수사학이 나타난다는 주장을 뒷받침한다.

개요

고소, 1:6-7
위협, 1:8-9
논박, 1:10

주석

고소 1:6-7

바울은 이 문장의 서두에 "이상하게 여기노라"라는 표현을 사용함으로써 의미를 강조하는 동시에 독자에게 이어질 어조에 대해 경고한다. 이 단어는 갈라디아의 상황에 대한 바울 자신의 놀라움과 실망을 드러낸다. 그의 놀라움은 적어도 부분적으로는 "이같이 속히"라는 표현이 함축하는 갑작스러운 변심과 관련이 있다. 그러나 한편으로 바울은 이러한 놀라움을 통해 갈릴리 사람들에 대한 실망감과 함께 그들의 행위를 인정하지 않는다는 사실을 보여주고 싶어 한다. 바울은 자신의 말이 상대에게 강력하고 설득력 있는 감정적 충격을 주기를 원한다. "이처럼 빨리"는 이러한 사실을 잘 보여준다. 그러나 "이처럼 빨리"라는 표현에서 어떤 연대기적 정보도 얻을 수 없다. 이것은 회심 후부터 문제가 발생한 시점까지가 짧았다는 것인가, 아니면 그들이 잘못된 길에 들어선 순간부터 지금까지가 짧았다는 것인가? 이 표현이 이곳에서 하는 역할은 주로 감정적 충격을 위해 선택된 수사학적 기능이다.

바울이 이상하게 생각한 원인은 갈라디아 사람들에게 문제가 있었기 때문이다. 그들은 바른 믿음을 버렸다. "떠나"deserting라는 현재시제는 바울이 이 상황을 지금 일어나고 있는 일로 이해하거나 추정하고 있음을 보여준다. 바울은 자신의 개입으로, 즉 편지로, 이 문제가 돌이킬 수 없는 상황에 이르기 전에 바로잡으려 했다. "떠나"라는 단어는 관점을 바꾼다는 의미로, 원래의 관점에서 보면 변절에 해당한다. 따라서 이 단어는 도망이라는 부정적 어조를 가진다.

바울은 갈라디아 사람들이 버리고 떠난 것을 묘사할 때, 복음이라는 추상적 용어를 사용하지 않는다. 대신에 바울은 "너희를 부르신 이"[1:6c]라는 인격화된 표현을 사용한다. 바울의 독자는 하나님과의 관계를 깨트렸다. 이것은 바울이 생각하는 복음의 본질이 무엇인지를 잘 보여준다. 또한 이 표현은, 일반적으로 인격적 관계는 개념적 관계보다 결속력이 강하다는 점에서 그의 호소의 설득력을 강화한다. 이 복음은 바울이 갈라디아 사람들에게 선포한 것이지만[1절], 이 선포에는 하나님의 부르심이 있었다는 것이다. 병행절인 1장 15절이나 바울서신에 일관적으로 나타나는 용례는 이러한 부르심이 하나님의 행위임을 분명히 보여준다. 바울은 이곳과 1장 15절에서 이 부르심을 은혜와 연결한다.

1장 15절의 의미는 분명하다. 은혜는 바울을 부르는 수단이다. 그러나 이곳[6절]의 원래적 어법은 수단이나 상태[position]를 의미할 수 있다. 따라서 전치사 in을 사용하여 "그리스도의 은혜 안에서"[in the grace of Christ]라고 번역한 NRSV가 바른 번역일 수 있다. 바울은 다른 곳에서 하나님이 "화평 중에서"[고전7:15], "한 소망 안에서"[엡4:4], "거룩함[거룩하게 하심] 안에서"[살전4:7 NRSV] 부르셨다고 말한다. 이러한 표현들은 모두 부르심이 달성하려는 상태를 나타낸다. 따라서 바울은 은혜가 수단과 목적에 있어서 모든 신앙 경험의 원천임을 보여주기 위해 이 표현을 사용한 것일 수 있다. 이러한 관점은 특히 갈라디아의 상황과 부합된다. 왜냐하면 갈라디아 신자들은 제자도의 시작은 은혜지만 그것을 완성하는 열쇠는 율법이라는 주장에 흔들렸기 때문이다.[3:3; 4:21; 5:4] 바울의 관점에서 은혜의 선물과 믿음의 반응[3:2-5]은 신앙의 시작과 지속과 완성의 기초가 된다. "그리스도의 은혜"는 고린도전서 1장 4절에 더욱 정확히 제시된 "그리스도 예수 안에서 너희에게 주신 하나님의 은혜"와 같은 의미로 볼 수 있다. 이 구절에서 하나님은 은혜를 주시는 분이며, 이 은혜는 그리스도의 사역에 기초하며 중재된다. 따라서 이곳의 어법은 이러한 전체적 의미를 요약한 것이다.

바울은 갈라디아 사람들을 압박한 새로운 주장을 정확히 묘사하기 위해 노력한다. 그는 먼저 이 주장을 "다른 복음"으로 부르지만, 즉시 다른 복음은 없다고 부인한다. 이 구절에서는 명확히 드러나지 않지만, 헬라어 본문은 "다른"과 "또 하나의"라는 별도의 단어를 사용하기 때문에 차이점이 분명히 드러난다. 이 진술의 의미는 이렇다. "너희는 다른 종류의 복음으로 향하고 있으나, 그것은 단지 여러 개의 유사한 대안 가운데 또 하나의 복음이 아니다." 저자는 이처럼 명확한 규명으로 이 서신의 핵심 요지 가운데 하나를 다룬다. 즉 그리스도의 복음은 독특하다는 것이다. 이 복음은 다른 종교적 관점에서는 유례를 찾아볼 수 없으며, 따라서 그런 것들과 혼합될 수 없다는 것이다.

이 새로운 가르침을 갈라디아 사람들에게 전파한 자들은 그것이 복음의 대안이 아니라 신앙의 개선된 버전 또는 더욱 완전한 버전이라고 했을 것이다. 그러나 이러한 비복음적 주장에 대해 바울은 단지 부정적 어휘만 사용하여 거부한다. 그들은 갈라디아 사람들을 "교란"[5:10 "요동"]하며, 복음을 "변하게" 한다. "교란"과 "변하게"라는 단어는 둘 다 정치적 상황에서 나온 용어로, 동요와 전복의 어조를 가진다. 당연한 말이지만, 바울은 어떤 선생들["사람들"]복수 형태에 주의하라이 복음을 변질하려 했다고 말함으로써 그들을 자신의 관점에서 묘사한다. 물론 이 선생들은 진지하고 선한 의도에서 시작했을 것이다. 바울의 언어는 대적의 신뢰성을 허물기 위한 것으로 보인다. 4:17 및 6:13 참조

바울이 참된 메시지를 묘사하기 위해 사용한 구절은 그리스도와 그의 사역을 내용으로 하는 "그리스도의 복음"이다. 이 복음은 하나님의 메시아, 예수 그리스도에 초점을 맞춘 관점을 반영한다. 이 편지의 나머지 부분과 바울의 모든 글은 그의 신학과 사역에서 예수 그리스도가 중심이 됨을 보여준다. 바울이 강조하려는 것은 그리스도가 복음의 핵심이며, 따라서 모든 진리의 표준이 된다는 것이다.

위협1:8-9

바울은 갈라디아 사람들에 대한 우려를 표현할 때, 저주로 위협하는 강력한 반응을 보인다. 그는 이러한 형벌의 위협을 통해 자신의 사도적 권위를 드러낸다. 동시에, 바울의 위협은 복음의 진리를 변호한다. 갈라디아 사람들은 복음을 처음 들을 때 바른 복음을 받았다. 이 복음은 "우리가 너희에게 전한 복음"과 "너희가 받은 것"이라는 두 차례의 언급으로 진술된다. 그 외의 다른 것은 진리에서 떠난 것이다.

바울의 위협은 두 개의 조건절로 구성된다. 각 절은 똑같이, '원래의 메시지를 변질한 행위'와 '저주의 위협'이라는 두 가지 요지를 다룬다. 이것은 강조를 위한 것임이 분명하다. 그러나 두 문장에는 차이점도 나타난다. 이중적 문장은 저자가 두 가지 유형의 오해와 왜곡으로부터 복음을 방어하게 한다.

먼저 바울은 첫 번째 진술8절에서 갈라디아의 선생들에 대한 직접적인 언급으로 시작하는 대신, "우리나 혹은 하늘로부터 온 천사"3:19의 율법을 전달하는 천사의 역할 참조가 새로운 복음을 가져온다는 가설적 상황을 제시한다. 영어권 독자는 이 구절에서 전적으로 가설적인 상황이 암시하는 뉘앙스를 놓칠 수 있다. 바울은 이 일이 일어났거나 앞으로 일어날 것이라고 믿지 않는다. 그는 진리의 원천을 강조하기 위해 허구적 상황을 제시했을 뿐이다. 이 구절의 요지는 '진리는 메신저가 누구냐에 의해 결정되는 것이 아니라 메시지의 원천과 성격에 의해 결정된다'는 것이다. 사도라는 지위조차 그의 말이 진리임을 보장해주지 않는다. 안디옥

에서 있었던 베드로 에피소드[2:11-14]는 좋은 사례가 된다. 이곳의 "우리"라는 복수 대명사는 바울을 지칭하는 편집적 "우리"로 볼 수도 있다. 그러나 8절과 9절에 나오는 동사들은 모두 바울의 초기 갈라디아 사역에 대해 언급하는 1인칭 복수 형태이다. 이 복수 형태는 바울의 선교 동역자들을 가리킬 수 있다. 실제로 바울은 자신의 심정을 전달하기 위해 그들을 이 서신의 저자로 제시한다.[1:2]

하늘의 세계에서 온 메신저의 소리조차 진정성을 입증할 수 없다. 골로새서 2장 18절에서 볼 수 있듯이, 천사의 계시는 1세기 사람들에게 큰 관심거리였다. 초자연적 현상은 언제나 사람들에게 그것이 동반하는 주장이 진리라는 인상을 주었다. 바울은 자신의 사도적 권위에 대해 의문을 제기하지 않듯이, 천사의 현현을 부인하지 않는다. 계시에 대한 경험과 사도적 권위는 편지의 나머지 부분에서 중요한 요소가 된다. 따라서 편지의 서두에 나타난 이 진술은 오해하지 않게 하는 역할을 한다. 사도적 신뢰성과 신적 방식의 의사소통이 아무리 중요하다고 해도, 진리의 궁극적 표준은 복음 메시지 자체에 있다.[아래 TBC 참조]

위협의 두 번째 진술[9절]은 이 편지의 상황과 직접적인 관계가 있으며, 바울의 관심사가 어디 있는지를 보여준다. "만일 누구든지 너희가 받은 것 외에 다른 복음을 전하면" 그 사람은 저주를 받게 된다. 이곳의 표현 형식은 서술된 상황이 벌어지고 있음을 분명히 한다. 이것은 확실히 이전의 진술[8절]과 다르다. 바울은 현재 갈라디아 회중이 처한 실제 상황을 염두에 두고 있다. "만일…"[if…then…]이라는 조건절은 바울이 경솔하게 특정인을 언급하거나 위협을 결정적으로 적용하지 않으면서도 엄격한 언어를 사용하게 한다. 그러나 그의 가르침이 갈라디아에 뿌리를 내렸다는 것은 의심의 여지가 없는 사실이다. 바울은 이러한 위협적 진술이 독자를 직접 겨냥한 것은 아니지만, 그들에게 바울과 그의 가르침을 받아들이는 것이 얼마나 중요한 일인지를 깨닫게 할 생각이었다.

"우리가 전에 말하였거니와 내가 지금 다시 말하노니"라는 두 번째 진술의 서두는 독자에게 반복된 사상에 주의를 기울이라고 경고하는 관용구다. 5장 3절과 21절에 나타나는 유사한 표현은 이곳과 유사한 사례로 볼 수 없다. 21절은 3절의 언급에 대한 단순한 반복이며, 3절은 지금까지의 내용에 대한 일반적 요약으로 볼 수 있기 때문이다. 그러나 이곳의 반복은 강조를 위한 관용구이기 때문에, 바울의 핵심 요지는 이어지는 내용에 진지함과 엄숙함을 더한다.[고후 13:2; 살전 4:6]

두 조건절에는 "저주를 받을지어다"라는 동일한 어법을 사용한 똑같은 표현이 나타난다. 바울은 유대 전통의 가장 강력한 저주의 표현을 사용한다. "저주"라는 단어의 의미는 구약성경에서 하나님께 바쳐진 것즉, [신적 파괴를 위해 내어준 것][레 27:28-29]을 의미하는 "헤렘"과 연결된다. 바울은 이 단어를 언제나 하나님의 진노의 대상이라는 부정적 의미로 사용한다.[롬 9:3; 고전 12:3; 16:22; cf. 계 22:3] 이 구절에 사용된 3인칭 동사 명령형[받을지어다]은 이 문장의 조건절과 함께 저주를 피할 수 있는 가능성을 열어둔다. 따라서 이 표현 방식은 위협적 성격을 가진다.

이런 유형의 저주는 그를 하나님의 심판 행위의 대상으로 넘긴다는 사실을 알아야 한다. 이것은 바울 자신의 복수 행위가 아니다.[롬 12:19 참조] 동시에 저주의 위협은 징계의 한 형식에 해당한다. 이곳에 나타난 바울의 반응은 4장 30절에 함축된 명령을 예시한다. 즉, 갈라디아 사람들은 거짓 선생들을 회중에서 쫓아내어야 한다는 것이다.

논박1:10

바울의 진리에 대한 열정과 거짓 메신저를 저주하려는 의지[6-9절]는 그에게 그리스도의 종으로서 순수한 동기를 변론할 기회를 제공한다. 바울이 이 문제에 갑작스럽게 개입한 것은 독자가 자신의 주장이 현 상황과 정확히 부합된다는 사실을 깨달을 것으로 생각하였기 때문임을 보여준다. 이 질문[대답은 분명하다]의 수사학적 특징 역시 같은 맥락에서 이해할 수 있다. 바울은 자신에 대한 누군가의 비난에 맞서고 있다. 앞서의 저주 위협은 독자/청중에게 자신의 취약성이 드러내는 순간의 반론을 강화한다. 이처럼 강력한 주장에 대해, 청중은 바울이 대적을 지나치게 가혹하게 다루는 것은 아니냐는 의구심을 가지게 된다. 당시에 그들은 바울을 그의 대적들이 명백히 주장한 것과 같은 '비위나 맞추는 사람'으로 생각할 의도가 없었다.

우리는 이러한 변증적 언급 배후에 어떤 비난이 있었는지는 확실히 알 수 없다. 많은 주석가는 이방인이냐 유대인이냐에 따라 할례를 허락하는 관행이 달랐던 사실[행 16:3 참조]과 연결한다. 5장 11절의 배후에도 같은 비난이 자리 잡고 있을 수 있다. 이 구절은 누군가 바울이 여전히 할례를 전파한다고 말했을 가능성을 보여준다. 바울은 이방인 갈라디아 사람들에게 할례를 요구하지 않았다. 따라서 바울은 청중의 헌신을 쉽게 끌어내기 위해 그들의 상황에 유익한 쪽으로 메시지를 적용했다는 비난을 받을 소지가 있었다.[고전 9:22] 그렇다면 바울은 다른 사람의 비위나 맞추는 "유약한" 사람이었다는 말인가?

"내가 사람들에게 좋게 하랴 하나님께 좋게 하랴"라는 질문은 다양한 해석이 가능하다. 문제는 독자[청중]가 대답을 알고 있을 것으로 생각하는 수사학이다. 더구나 이 질문에 사용된 동사는 허락을 구하거나 설득한다는 의미로 사용된다. 앞서의 번역에서 볼 수 있는 것처럼 전자[허락]의 의미라면, "기쁘게 하다"[please]라는 동사를 사용한 뒷 문장은 본질상 같은 내용을 강조하는 말이며, 일반적 의미는 명확하다. 즉, 바울은 앞서 저주의 위협이 보여주듯이, 인간의 인정이 아니라 하나님의 인정을 구하고 있다는 것이다. 만일 이 구절이 후자^{설득}의 의미라면, 수사학적 질문에 대한 대답은 분명하지 않다. 바울은 설득하기를 원하는가? 아니면 설득을 거부하는가? 설득하고 싶어 한다면, 누구를 설득하려고 하는가? 인간인가, 하나님인가, 둘 다인가, 둘 다 아닌가? 바울은 다른 곳에서 하나님에 대한 설득을 시도한 적이 없으며, 고린도후서 5장 11절에 나타나는 인간을 설득하기 위한 노력에 대한 언급은 헬라어로는 의미가 분명하지 않다. 따라서 바울은 인간이든 하나님이든, 누구를 설득하려는 노력을 거부한 것으로 보이며, 유일한 목적은 다른 사람을 기쁘게 하는 것이 아니라 하나님을 기쁘시게 하는 것이다. 따라서 이어지는 1장 10b절의 진술은 바울이 인간의 인정을 받기 위한 설득을 거부했다는 것이다.^{Buscemi: 62-63} 어쨌든, 설득이라는 개념은 이 문맥과 조화를 이루지 못하며, 사실상 논지와도 무관하다. 따라서 가장 바람직한 방법은 이 첫 번째 질문에서 "우리가 이와 같이 말함은 사람을 기쁘게 하려 함이 아니요 오직 우리 마음을 감찰하시는 하나님을 기쁘시게 하려 함이라"라는 데살로니가전서 2장 4절 말씀의 평행구를 찾는 것이다.

그러므로 "사람들에게 기쁨을 구하랴"라는 두 번째 질문은 인간의 인정을 받으려 하지 않는다는 점에서 ^{약간의 언어적 수정과 함께} 첫 번째 질문에 대한 반복으로 보아야 한다. 여기서 하나님과 관련된 언급^{하나님을 기쁘시게 하랴}은 반복되지 않는다. 바울은 마치 자신이 성직을 이용해서 정치적, 사회적 입지를 강화하기라도 한 것처럼 사람의 인정과 정치적 성공을 위해 일한다고 비난하는 자들에 맞서 자신을 변호한다. 변론의 핵심은 진정한 사역에는 그런 것들이 힘을 발휘하지 못한다는 것이 아니라, 모든 힘은 더욱 높은 가치에 복종해야 한다는 것이다.^{아래 참조}

"내가 지금까지 사람들의 기쁨을 구하였다면 그리스도의 종이 아니니라." 바울은 여기서 다시 한번 조건절을 사용하여 결론적 주장을 제시한다. 이 문장의 헬라어 형식은 바울이 사람을 기쁘게 하려는 노력을 부인한다는 사실을 분명히 보여준다. 동시에, 이 진술에는 사람을 섬기는 것과 하나님을 섬기는 것은 인간의 행위를 근본적으로 지배하는 대조적인 방식이라는 기본적인 원리가 제시된다. 핵심은 사람의 인정 자체가 나쁘다는 것이 아니다. 바울은 자신의 사역에도 이런 인정이 필요하다고 말한다.^{고전 10:33} 그는 4장 18절에서 이 점에 대해 분명히 제시한다. "좋은 일에 대하여 열심으로 사모함을 받음은 내가 너희를 대하였을 때뿐 아니라 언제든지 좋으니라." 그러나 하나님에 대한 순종이 우선이다. 하나님의 요구와 사람의 요구는 언젠가 부딪칠 수밖에 없다.

"지금까지"^{still}라는 시간 부사는 바울이 그리스도께 돌아오기 전의 삶을 암시한다. 바울이 예전에 사람의 인정을 구했다는 사실은 빌립보서 3장 3-8절과 같은 본문에 잘 나타난다. 그는 회심하기 전의 삶에 관해 서술하면서 "육체"in the flesh라는 표현을 사용함으로써 그리스도께 복종하기 전의 상황임을 보여준다. 바울은 갈라디아서 후반부3:1-5; 5:13-6:10에서 육체가 아니라 성령의 인도하심을 받는 진정한 믿음의 삶에 관해 서술한다. 바울이 자신의 신분에 대해 "그리스도의 종"이라는 표현을 사용한 것은 중요하다. 이것은 서신의 후반부에 제시될 자유라는 핵심 주제의 성격을 보여주는 표지다. 신자는 근본적으로 더는 종이 아니지만4:7, 모든 신자는 그리스도와 다른 신자의 종이다.5:13 바울은 갈라디아서 다른 곳에서는 자유에 대해 긍정적으로 서술하지만, 여기서는 부정적으로즉, 그리스도의 종이 되는 자유를 원하지 않았을 것이다/역주 서술한다. 자유는 자기중심적 자결권이 아니다.

성서적 맥락에서의 본문

이 단락은 편지의 논점을 도입하는 역할 때문에 은혜, 권위, 제자도, 신앙의 특징 등 갈라디아서의 핵심 이슈와 주제를 다루며, 바울이 직면한 반대와 자신의 사도직을 옹호하는 변론에 대한 짧은 서론도 제시된다. 이곳에서 다루는 주제들은 이 서신의 다른 곳에서 상세히 다루기 때문에 여기서는 몇 가지 기본적인 내용만 선택적으로 다룰 것이다.

은혜

바울은 "그리스도의 은혜로 너희를 부르신"1:6이라는 구절로 복음을 규명한다. 이것은 전형적인 성경적 표현이다. 은혜는 곤궁에 처한 인간에 대한 하나님의 호의적인 성향과 행위를 가리킨다. 따라서 하나님은 사람과의 관계에서 주도권을 가진다. 성경 전체에서 하나님과의 바른 관계는 사람의 행위에 앞서는 하나님의 행위에 기초한다. 이것은 하나님에 대해 어떤 권리도 주장하지 못하는 인간의 무능력을 반영하며, 하나님이 하시는 일의 우월성을 보여준다. 바울은 갈라디아서 후반부에서 신자들이 "하나님을 알 뿐 아니라 더욱이 하나님이 아신 바 되었다"4:9; cf. 고전 8:3; 13:12고 말함으로써 이러한 신적 우월성을 보여준다. 하나님이 우리를 아신 것은 우리가 하나님을 아는 것보다 훨씬 중요하다.

하나님은 우리의 삶 속으로 들어오실 때 신적 주권에 합치하는 부르심의 형태를 취하신다. 이 부르심은 큰 자가 작은 자를 부르는 방식이지만, 부르시는 대상의 반응을 존중한다. 또한 이 부르심은 순종의 섬김을 기대한다. 하나님은 자신이 마련해 놓으신 목적을 완성하기 위해 우리를 부르신다. 이러한 부르심의 개념은 특히 성경적 관점과 일치한다. 우리는 하나님이 사람들을 만나시는 모든 이야기를 통해, 성경 이야기의 중요한 전환점에서 부르심과 은혜라는 요소가 나타나는 것을 볼 수 있다. 아브라함은 하나님과의 언약으로 부르심을 받았다. 여기에는 고향을 떠나 하나님이 지시하시는 땅으로 가라는 특별한 부르심도 포함된다. 이스라엘 백성은 애굽에서 부르심을 받았다.호11:1 하나님의 선지자들은 그들의 재능이나 지위를 능가하는 임무를 감당할 자격을 주는 부르심을 받는다.

은혜와 부르심이라는 주제는 갈라디아서의 핵심 논점이다. 그러나 이러한 주제는 설명을 위한 것이 아니라 가정/인수를 위한 것이다. 부르심과 은혜를 결합한 표현은 바울이 자신의 회심과 사도로 부르심에 관해 설명하는 구절1:15에 다시 등장한다. 바울의 역할을 이방인의 사도로 제시한 서술 방식은 2장 9절에 다시 한번 나타난다. 이러한 부르심은 은혜의 외적 사역이다. 바울의 열정은 은혜에 기초한 믿음에 대한 열심이다. 그러므로 바울은 하나님의 은혜를 폐할 수도 있는 어떤 신앙적 주장도 용납하지 않는다.2:21 바울은 갈라디아 사람들이 의지하는 율법도 그것을 정당화할 수 없다고 믿는다.5장 4절 및 8절도 보라 나중에 더 많은 주목을 받게 되는 이신칭의, 약속, 양자 됨, 성령의 삶과 같은 개념은 모두 은혜와 부르심이라는 틀과 부합된다.

바울은 은혜와 부르심이라는 개념을 사용함으로써 자신을 성경 전체의 계시와 연결하며, 자신의 복음은 하나님이 지금까지 해오신 사역의 연장선상에서 보아야 한다고 주장한다. 그러나 "그리스도의"라는 수식어를 삽입함으로써"그리스도의 은혜" 메시아 예수를 통한 하나님의 새로운 계시에 초점을 맞춘다. 이 새로운 복음적 요소는 어느 면에서 모세 언약율법을 포함하며, 다른 종교적 시스템과 분리된다. 바울은 은혜를 신학적 일관성의 준거로 삼은 것처럼, 그리스도의 인격과 사역으로부터 신앙과 삶의 표준을 끌어낸다. 나중에 살펴보겠지만, 은혜라는 시금석과 그리스도의 사역이라는 시금석은 2장 21절에서 평행을 이룬다. 만일 갈라디아에서의 거짓 가르침이 옳다면, 그리스도는 "헛되이" 죽으신 것이다. 그리스도가 복음의 중심이라는 이해로부터 이 복음의 고유성에 관한 주장이 도출된다. 때가 차매 하나님의 보내심을 받은 그리스도의 역할에 절대적 중요성을 부여한 다른 복음은 없다.1:7; 4:4

권위

이 단락의 핵심 이슈는 권위 문제다. 교회를 위한 권위의 좌소는 어디인가? 복음의 대변인, 곧 하나님을 대변하는 자는 누구인가? 이것은 서로 진리라고 주장하는 두 진영 사이에 갇힌 갈라디아 사람들에게 매우 중요한 질문이다. 진리를 주장하는 자 가운데 하나인 바울은 갈라디아 사람들에게 오직 복음과 그것이 주장하는 내용에만 초점을 맞출 것을 촉구한다. 이것은 메신저나 해석가 —그들이 하나님의 음성을 전달하는 초자연적 존재라 할지라도— 보다 훨씬 중요하다. 복음을 전파한 것은 바울이지만, 바울 자신이 권위의 원천은 아니다.

우리는 이 구절과 1-2장의 나머지 내용 사이에 바울의 사도적 지위와 관련한 긴장을 볼 수 있다. 바울은 서두의 인사말에서[1:1] 자신의 사도적 지위에 호소한다. 확실히 바울은 사도로서의 권위를 보여줌으로써 독자에게 영향을 주고 싶어 한다. 복음 자체와 사도적 증거에 대한 이중적 강조는 이 권위가 복음의 내용에서 시작하지만 메신저와 해석가에 의해 전달될 수밖에 없다는 함축을 담고 있다. 메신저의 권위는 메시지에서 온다. 즉, 그것은 파생적 권위다. 반면에, 메시지의 권위 또한 메신저와 메신저의 진정성에 의존한다.

사안의 본질상, 구원 사건에 대한 어떤 증거, 또는 신적 계시에 해당하는 이러한 사건들에 대한 어떤 해석도 인간 대리인에 의존할 수밖에 없다. 따라서 신적 메시지는 메신저와 불가분리의 관계에 있다. 갈라디아에서 벌어지고 있는 일은 정확히 이런 것이다. 메신저는 메시지의 권위에 함께 하며, 그 결과 권위를 가지거나 정확히 말하면 복음을 제시할 권위를 부여받는다. 따라서 복음에 대한 변론은 메신저에 대한 변론을 포함할 수 있다. 갈라디아서는 이러한 사례를 정확히 보여준다. 바울은 자신에 대한 변론과 복음에 대한 변론의 구분이 모호할 만큼 자신과 자신이 맡은 복음을 동일시한다. 그러나 바울은 자신을 변론하면서 그의 권위가 사도로서 자신에게 있지 않다는 사실을 잊지 않는다. 1장 8절의 요지는 이렇다. 즉, 권위는 복음 자체에 있으며, 이 복음의 권위는 예수 그리스도의 부르심을 받아 그리스도의 부활이라는 핵심 사건을 증거하는 사도와 공유한다는 것이다.

징계로서 저주

현재의 단락은 바울의 사도적 지위에 대한 직접적인 변론을 제시하지 않지만, 그의 사도적 권위가 시행되고 있음을 보여준다. 바울은 복음의 진리를 대변하며, 거짓 선생들에 대한 저주의 위협을 통해 하나님을 대행한다. 바울은 신적 형벌을 촉구하는 저주의 위협을 통해 교회의 징계를 유도한다. 이 저주는 범법자에 대한 하나님의 법정적 행위를 상기시킨다. 사도행전 5장 1-11절과 8장 18-24절 및 13장 6-11절에는 사도적 징계의 유사한 사례가 나타난다. 진리와 거짓에 대한 저주의 구체적 용례는 구약성경 선지서 전승에 기인한다. 참된 선지자와 거짓 선지자 문제는 구약 시대의 중요한 쟁점이었다. 초기 교회와 교회사 전체를 통해 볼 수 있는 것처럼 신명기 13장은 참된 선지자와 거짓 선지자를 구별하는 방법에 대해 가르치며, 거짓 선지자는 교회에서 제거하라고 명령한다. 그곳 본문에는 저주에 대한 내용이 구체적으로 언급되지 않지만, 바울은 신명기 본문의 정신으로 행동한다.^{제22:18-19 및 신 12:32의 용례를 참조}

으로 언급되지 않지만, 바울은 신명기 본문의 정신으로 행동한다. _{제22:18-19 및 신 12:32의 용례를 참조}하라

신명기 13장과의 평행은 바울의 저주 위협을 초기 기독교 공동체의 징계와 연결해야 함을 보여준다. 바울이 갈라디아 교회가 반대자들에 대해 징계해주기를 원했다는 사실은 4장 30절^{"여종과 그 아들을 내쫓으라"}에 분명히 나타난다. 방해자는 쫓아내어야 한다.^{그곳 주석 참조} 바울이 자신의 사도적 권위를 교회의 징계를 위해 사용한 사실은 고린도후서 13장 10절에 명확히 제시되며, 고린도전서 5장 3-5절에는 구체적인 사례가 나타난다. 후자의 본문은 떨어져 있는 바울의 결정에 따라 교회의 구체적인 행동이 이어진다는 점에서 갈라디아서의 상황과 유사하다. 또한 이 본문은 바울이 자신의 권위가 주로부터 온 것이며, 허물기 위함이 아니라 건설하기 위한 것임을 분명히 밝힌다는 점에서 중요하다. 모든 징계의 목적은 회복을 위한 것으로, 징계를 시행하는 자는 이러한 목적을 염두에 두어야 한다. 그러나 징계가 회복으로 끝날 것인지의 여부는 징계하는 자와 징계받는 자에게 달려 있다. 바울이 어떤 성격의 징계를 결정하였는지는 분명하지 않다. 고린도후서 2장 1-11절에 언급된 징계 사건에는 이 문제에 대한 바울의 갈등이 잘 드러난다.

교회 생활에서의 본문

갈라디아서 서두에 제기된 문제들은 그리스도인에게 중요한 영원한 숙제다. 여기에는 복음 진리의 독특성, 참된 복음을 대변하는 권위의 좌소, 신실한 공동체를 유지하기 위한 권위의 시행이 포함된다. 우리는 이에 대한 체계적 고찰을 통해 상호 간의 밀접한 관계를 볼 수 있다. 바울은 여기서 이런 문제들에 대한 기본적 주장을 제시하지만, 자신의 믿음에 관해서나 그리스도인이 이러한 믿음을 어떻게 실천할 것인지에 대해서는 상세히 언급하지 않는다.

복음의 독특성

바울은 그리스도의 복음이 근원적으로 무엇과도 비교할 수 없는 기쁜 소식이라고 주장한다. 복음의 권위는 그것을 전하는 사람과 같은 외적 요소가 아니라 복음 자체에 있다. 갈라디아서 전체의 진술을 살펴볼 때 복음의 권위는 예수의 생애와 죽음과 부활이라는 실제, 그리고 이러한 요소들에 함축된 의미에 있다고 말할 수 있다. 동시에, 복음은 그것을 신실하게 전파하고^{고전 15:3-7} 새로운 이슈에 바르게 적용하는^{갈 2:11-14의 안디옥 에피소드에서처럼} 증인에게 권위를 부여한다.

오늘날 교회에서 복음의 독특성에 대한 확신은 위협을 받고 있다. 이 시대는 모든 진리의 상관성에 매력을 느끼고 있다. 역사는 어떤 영원성도 느끼지 못할 만큼 급속히 변하고 있다. 우리는 대중매체와 세계여행으로 말미암아, 지역 사회에서 날마다 문화적, 종교적 다양성과 만나고 있다. 많은 철학자는 안정적이고 견고한 진리보다 변화하는 진리관을 제시하며, 과학자는 불안정하며 변할 수밖에 없는 물질관을 주장한다.

이러한 역사적 변화와 문화적 다양성 및 인간적 노력의 불완전성은 성경적 관점과 전적으로 일치한다. 물론 성경은 하나님이 이러한 역사적 변화 위에 존재하는 동시에 끊임없이 변하는 역사에 개입하심을 확실히 보여준다. 하나님의 속성과 목적은 변하지 않으며, 그의 말씀은 세세토록 견고하다.^{벧전 1:24-25} 하나님은 자기모순 없이 역사적 변화에 적응하신다.

그리스도를 통한 하나님의 성육신은 이러한 유동적 역사 가운데 무엇과도 비교할 수 없는 하나님의 최종적이고 결정적인 행위와 계시가 일어났다는 의미다. 그리스도를 따르는 자들은 이 복음을 종교적 신념과 관계없이 모든 사람에게 전했다. 그들은 자신이나 자신의 말이나 행위를 주장하지 않고 하나님이 예수 그리스도를 통해 행하신 복음에 초점을 맞추었다. 이와 함께, 그들은 예수 그리스도 안의 핵심 진리와 일치하는 것과 그렇지 않은 것을 분별하는 일을 피하지 않았다. 최종적 진리를 대변하는 동시에, 실수하기 쉬운 연약한 인간의 겸손과 신자들의 다양한 약점을 참아내는 관용을 보여준다는 것은 결코 쉬운 일이 아니었을 것이다.^{롬 14:1-15:6}

교회 생활에서의 권위

복음을 선포하고 신실한 제자도로 하나님의 백성을 인도하기 위해서는 권위가 필요하다. 모든 권위에 대해 의문을 제기하는 최근의 경향에도 불구하고, 인간 공동체에는 언제나 권위가 존재한다. 문제는 이 권위가 적법하고 효율적인 방식으로 행사되느냐는 것이다. 진정한 원천이나 성향에 있어서 공동체를 섬기기 위한 권위인가, 지배하기 위한 권위인가? 한 마디로 합당한 권위이냐는 것이다. 건강한 공동체는 진정한 재능과 리더십을 소유했음을 공식적으로 인정하는 방식으로 권위를 부여한다. 공식적으로 부여하는 권위와 진정한 재능을 소유한 자가 일치하지 않는 공동체는 약화한다.

사도의 역할은 이러한 사례를 잘 보여준다. 사도의 권위는 전적으로 그리스도의 삶과 가르침과 죽음, 특히 부활에 대한 직접적이고 개인적인 증거에 달려 있기 때문이다. 이 증거는 교회를 인도해야 할 사도적 역할의 원천이 된다. 사도의 권위는 세상 민주주의처럼 사람들에게 있지 않고 오직 교회의 주가 되시는 그리스도와 그의 구원을 선포하는 복음 자체에 있다. 바울은 주의 부르심을 받아 그의 사도가 되었다.[1:1, 15-16] 교회는 하나님이 지도자로 부르심을 확인하고, 그리스도와 그리스도에 대한 메시지를 통해 부여된 권위와 함께 리더십을 위한 성령의 은사를 인정해야 한다. 그리스도의 복음의 진정한 정신으로 발휘되는 권위는 합법적이다. 권위는 모든 신자의 개인적 확신에 대한 존중과 그들의 동의로 시행된다. 이것이 롬 14:5, 12, 22-23과 같은 본문에 내포된 의미다

그러나 앞서 살펴보았듯이, 예수의 삶과 가르침과 죽음과 부활에 대한 증인으로서 사도의 역할은 그러한 근본적인 사건들을 목도한 세대 이후까지 지속될 수 없다. 따라서 오늘날 우리에게 바울의 사도적 권위가 가지는 의미는 달라질 수밖에 없다. 한편으로, 원래적 계시에 대한 증인으로서 사도의 권위는 후대의 누구에 의해서도 계승될 수 없다. 그들의 증언은 권위 있는 성경이라는 문헌을 통해 지속된다. 갈라디아서는 사도의 증거가 어떻게 권위 있는 성경이 되었는지를 보여주는 좋은 사례다. 다른 한편으로, 복음을 해석하고 적용하는 자로서 사도의 권위는 주교, 감독, 총회 사역자, 목사라는 이름을 가진 지도자들을 통해 계속되고 있다. 신실한 지도자는 복음을 성경대로 전파하고 교회를 복음에 합당한 삶으로 인도한다.

징계, 힘, 평화

따라서 교회는 서로에게 책임을 지는 공동체가 되어야 한다. 그러기 위해서는 징계가 필요하다. 교회사에 나타난 징계에 대한 상세한 설명은 4:12-31에 대한 TLC를 참조하라. 이곳의 본문은 징계와 관련된 특별한 이슈를 제기한다. 바울이 저주를 징계의 한 방편으로 사용한 것은 오늘날 많은 독자, 특히 평화 교회 전통의 사람들에게 불편함을 준다. 징계 행위가 징계받는 사람에 대한 부당한 조치가 되는 경우는 언제인가? 원수 갚는 것이 하나님께 속한다면[롬 12:19], 저주의 경우에서 볼 수 있는 것과 같은 인간의 보복적 행위가 어떻게 정당화될 수 있는가? 바울의 저주가 하나님의 심판 행위에 대한 호소라고 하더라도, 하나님의 행위를 촉구한 바울은 여전히 신적 심판의 대행자 역할을 하고 있다. 갈라디아 사람들의 배신에 격노한 바울이 약점을 드러낸 것인가? 그날따라 바울이 예민해 있었을 뿐인가?

초기 신자들은 예수님을 본받아, 자신을 영적 전쟁에 동참한 전사로 생각했다. 그들은 악과 맞서 싸우고 악의 영향을 차단하기 위해 주저 없이 신적 능력을 사용했다. 한편으로, 징계는 교회의 순수성을 지키기 위해 사용하는 힘이다. 초기 신자들이 피하고자 했던 것은 복음과 교회의 유익을 위해 강압적인 힘을 사용하는 것이다. 또한 그들은 자신의 이익을 위해 서로에게 상처를 입히려 하지 않았다. 그들은 진리의 주장에 대한 반응에 있어서 개인

의 자유와 순수성을 존중했다. 따라서 바울의 저주는 피할 수 있는 위협이었다. 그것은 돌이킬 수 없는 결정적인 선언이 아니라는 것이다. 이처럼 악을 극복하기 위해 신적 힘을 사용하면서도 평화를 추구하고 갈등을 종식해야 하는 과업은 공동체의 내적인 삶과 세상을 향한 사명을 감당해야 하는 교회의 영원한 숙제다. 필연적 긴장은 세상의 악과 맞서 싸우는 것을 포기하거나 물리적 힘이나 정치적 힘을 선제적으로 사용하여 성과를 내는 방식으로 해소하려 해서는 안 된다. 다시 말하면, 우리는 평화를 조성함으로써 정의를 추구하고, 정의를 시행함으로써 평화를 추구해야 한다는 것이다.

새로운 계시로서 복음에 대한 바울의 변론

개관

누가, 무엇을, 언제, 어디서, 왜, 어떻게? 이러한 요소들은 이 내러티브의 기본적인 축을 형성한다. 복음을 떠난 갈라디아 사람들에 대한 엄격하고 두려운 책망으로 편지를 시작한 바울은 자신이 무엇 때문에 흥분했는지에 대한 설명이 필요했을 것이다. 바울은 이미 이 편지의 첫 번째 열 절에서 자신의 감정을 여과 없이 드러내었다. 그는 갈라디아 사람들이 할례에 대한 태도를 바꾼 것은 단지 걱정스러운 발전의 정도가 아니라는 사실에 주목했다. 그것은 복음의 중요한 발전이었으며, 상황은 심각했다.

바울이 격렬한 감정을 드러내었다는 사실에 비추어볼 때, 마치 '누가, 무엇을, 언제, 어디서, 왜, 어떻게' 라는 구체적인 내용이 자신이 시급히 바로 잡으려는 신학적 문제와 밀접한 연관이라도 있는 것처럼 즉시 자신의 삶에 관한 이야기로 옮겨갔다는 것은 의외다. 앞으로 살펴보겠지만, 바로 세부적인 내용으로 들어갔다는 것은 갈라디아서를 작성한 중요한 이유를 보여준다.

그 결과, 갈라디아서의 책망 부분의 첫 번째 주요 단원은 내러티브의 형식과 내용에 있어서 자서전적이다. 사실, 자서전적 내러티브는 1장과 2장의 내용 대부분을 차지한다. 모든 주석가는 이 단원의 통일성을 인정한다. 그러나 이 단원이 어디서 시작되는지1:11-12 주석 참조, 그리고 2장 15-21절이 이 단원에 해당하는지에 대해서는 의견이 엇갈린다. 어쨌든, 2장 15-21절은 전환구의 역할을 한다. 이 단락은 바로 앞에 나오는 안디옥 에피소드를 완성하며, 따라서 첫 번째 단원을 끝맺는다. 동시에 이 단락은 바울의 생애가 아닌 신학적, 성경적 토대 위에서 논쟁하는 다음 단원을 예시한다.

이 단원에 속한 단락들은 "~때"^when^나 "~후"^then^라는 단어에 의해 밀접하게 연결된다. 바울은 특정 사건을 연대기적 순서에 따라 설명하려고 노력하는 것 같다. 순서와 시간에 대한 정확한 이해가 그의 논증에 중요하다는 것은 사실이다. 무슨 일이 언제, 어디서, 누구와 함께 있을 때 일어났는지는 매우 중요하다. 간결한 내러티브 형식 역시 일련의 연결된 사상임을 분명하게 보여준다.

이 단원은 바울의 복음의 신적 기원을 확인하는 논지의 진술로 시작한다. 이어서 이 논지를 뒷받침하기 위해 선택된 일련의 경험과 에피소드가 제시된다. 바울은 자신에 관한 이야기 자체에는 관심이 없다. 그는 단지 그리스도로부터 직접 받은 계시와 이방인의 사도로 부르심이 자신의 사역에 필요한 모든 권위와 진리를 제공한다는 주장을 뒷받침할 수 있는 내용만 선택적으로 제시한다. 사도를 포함하여 어떤 인간관계나 구조도 그러한 권위나 진리에 기여하거나 도전할 수 없다. 이 내러티브는 바울의 삶에 초점을 맞추지만, 이 단원의 목적은 바울이 전하는 복음이 신적 계시에 기초한다는 주장을 뒷받침하는 것이다. 배타적 율법으로부터 이방인을 포함한 모든 사람을 위한 복음으로 향하는 바울의 복음은 이런 식으로 하나님의 뜻에 따른 것임을 보여준다. 바울은 사도직 자체가 아니라 복음을 변호하는 방편으로서 자신의 사도직을 변론한다.

개요

논지에 대한 진술, 1:11-12
회심과 부르심, 1:13-17
게바와 야고보를 방문함, 1:18-20
수리아와 길리기아에서의 체류, 1:21-24
유력한 사도들을 방문함, 2:1-10
안디옥 사건, 2:11-21

논지에 대한 진술
갈 1:11-12

사전검토

바울은 문제에 대한 서론적 진술[1:6-10]이 끝난 후, 즉시 갈라디아의 잘못을 지적하는 첫 번째 주요 단원으로 들어간다. "형제들아 내가 너희에게 알게 하노니 내가 전한 복음은 사람을 통해서가 아니라… 오직 예수 그리스도의 직접적인 계시로 말미암은 것이라"[1:11-12 저자직역] 11절과 12절은 이 사실을 강조하며, 1장 11절 ~ 2장 21절에 대한 주제적 진술의 기능을 한다. 이 진술은 독자에게 이어지는 내용의 핵심이 무엇인지를 분명히 보여준다. 이 내용은 이야기 형식[내러티브]으로 제시되기 때문에, 여기서 제기되는 세부적인 사항과 그로 인한 여러 가지 의문은 독자의 초점을 흐리게 할 수 있다. 그러므로 이 두 절은 이어지는 내용에 대한 해석의 지침이 되어야 한다.

핵심은 명확하다. 바울의 복음은 하나님의 뜻이라는 것이다. 하나님은 사람을 통하지 않고 바울에게 직접 계시하셨다. 이어지는 바울의 삶에 대한 묘사는 하나님이 자신의 삶에 함께하심과 자신이 누구의 도움도 없이 예수 그리스도의 복음을 이해한 사실을 통해 이 주장을 뒷받침한다.

논지에 대한 진술 자체는 부정적 형식과 긍정적 형식의 진술로 이루어진다. 먼저 바울의 복음은 사람의 뜻에 따른 것이 아니다.[11절] 바울은 그의 복음이 사람을 통해 왔다는 갖가지 주장을 부정한다. 이어서 그는 자신의 복음이 신적 계시에 기원한다는 긍정적 진술을 제시한다.[12절]

주석

"내가 너희에게 알게 하노니"[1:11]라는 첫 구절은 당시 서신의 관용구에 해당한다. 바울은 종종 이 구문을 그대로 사용하거나[고전 12:3; 15:1; 고후 8:1] "모르기를 원하지 아니하노니"와 같은 변형된 형태로 사용한다.[롬 1:13; 고전 12:1 등] 이 구문은 전형적으로 여기서 볼 수 있는 것처럼 새로운 논점을 도입한다. 중요한 것은 이 구문이 저자의 강조점을 보여준다는 것이다. 우리는 이 구문으로부터 바울이 처음으로 정보를 제공한다는 결론을 내리지 않아야 한다. 고린도전서 15장 1절의 유사한 병행구에서 볼 수 있는 것처럼, 이것은 독자에게 새로운 내용이 아니다. 바울은 그들에게 당면한 이슈와 관련된 중요한 내용을 상기시키고 있다.

앞서 언급했듯이, 바울은 예상 밖의 엄격하고 가혹한 용어로 편지를 시작한다. 바울은 자신의 어조를 완화하기 위해 "형제들아"brothers and sisters, 헬라어의 문자적 의미는 "형제들"이지만, 바울이 남자들만 염두에 두지는 않았을 것이다라고 부른다. 바울은 지금의 견해차는 가족 문제라는 사실을 보여주고 싶어 한다. "형제들아"라는 표현은 갈라디아서 곳곳에 나타난다.3:15; 4:12, 28, 31; 5:11, 13; 6:1, 18 이것은 신약성경이 신자들 사이의 교제와 연합을 나타낼 때 흔히 사용하는 호칭이다. 유대인과 헬라의 일부 종교 단체는 이 호칭을 사용했다. 이 호칭은 하나님의 가족을 묘사하는 가족 메타포를 강조함으로써 여러 면에서 초기 예수 운동과 일치한다. 바울은 특히 갈라디아서 3장 26절-4장 7절에서 이 표현을 자주 사용한다.

바울은 자신이 이해하는 복음에 대해 언급하면서 "내가 전한 복음"the gospel that was proclaimed by me이라는 다소 어색한 표현을 사용한다. 바울은 로마서 2장 16절과 16장 25절에 나타나는 "나의 복음"my gospel이라는 구절과 혼돈을 피하려고 이런 표현을 사용하였는가? 바울의 관심은 그가 전한 복음이 자신이나 다른 사람이 아닌 하나님으로부터 직접 온 것임을 보여주는 데 있다.1:7

따라서 바울이 말하려는 요지는 그의 복음이 "사람의 뜻을 따라 된 것이 아니"라는 것이다. 실제로 이 구절의 의미는 "인간적 기원이 아니다"라는 번역문처럼 구체적이지 않으며, 단지 복음은 사람에 의한 것이 아니라는 것이다. 이것은 이어지는 구절및 바울의 사도직에 관한 1:1에 나타나는 대로, 기원"받은"과 중재자"배운"를 포함하는 포괄적 표현이다. 바울의 복음의 성격은 인간적 범주 안에서 규명할 수 없다. 바울은 하나님의 지배를 받는 생각과 행위에 대조되는 인간적자연적 방식의 추론이나가령, 3:15 삶의 방식고전 3:3에 대한 묘사에 정확히 이 표현을 사용한다.

이어서 바울은 자신이 거부하는 것에 대해 더욱 정확히 묘사한다. "이는 내가 사람에게서 받은 것도 아니요 배운 것도 아니요"1:12 이 진술은 바울이 앞서 한 말11절의 의미를 분명하게 하며, 인간적 기원과 중재자를 배제한다. 그리스도와 바울의 만남과 메시지의 기원 사이에는 직접적인 연결이 존재한다. "받은"과 "배운"이라는 동사는 유대 랍비들이 과거 세대에서 미래 세대로 전통적 가르침을 전수하는 과정을 묘사할 때 사용하는 표현이다. 바울은 이어지는 구절14절에서 "내 조상의 전통"으로 표현한 자신의 랍비 훈련을 염두에 두었을 수 있다. 그렇다면, 바울은 자신이 훈련받은 율법과 그리스도와의 만남을 대조하고 있는 것으로 볼 수 있다.

그렇다면 바울은 어떻게 복음을 받았는가? 복음은 "예수 그리스도의 계시로 말미암은" 것이다. 그것은 계시를 통해 왔다. 하나님은 예수 그리스도를 통해 그에게 복음을 직접 전하셨으며, 인간적 기원이나 수단^{중재자}을 통한 복음과의 대조는 끝났다. "계시"는 감추어져 있는 것을 드러내는 것이다. 이것은 사람이 다가갈 수 없는 것을 드러내어 알려주시는 하나님의 행위를 가리킨다. 바울은 사도행전 9장과 22장 및 26장에 기록된 대로 다메섹 도상에서 부활하신 그리스도를 만난 사실에 대해 언급하고 있는 것이 분명하다. 계시의 동사형태를 사용하고 있는 15-16절의 확장된 진술은 이러한 사실을 뒷받침한다.

12절의 "예수 그리스도의"^{of Jesus Christ}라는 전치사절은 계시를 한정하며, 이 계시가 예수 그리스도에 대한 것이며 계시를 주신 분이 예수 그리스도이심을 보여준다. 다메섹 환상에서는 두 가지 요소가 모두 나타나며, 바울은 이곳에서 둘 다 염두에 두고 있는 것으로 보인다. 앞 절에서 강조점은 복음이 주어진 방편^{"받은 것도⋯ 배운 것도 아니요"}에 맞추어진다. 계시는 인간의 전달 수단과 대조적인 전달 수단을 보여준다. 따라서 그리스도는 자신을 바울에게 드러내심으로 바울이 전파하는 복음의 메시지를 전달한 것이다. 그러나 16절에 나타나는 다소 다른 뉘앙스의 진술은 다분히 의도적이다. 즉, 계시를 주시는 분은 하나님이시며 그리스도는 드러난 계시라는 것이다. 그리스도는 하나님이 계시로 주신 복음의 핵심이며, 따라서 우리는 두 번째 대안을 선호한다. 즉, 그리스도는 바울에게 나타난 계시의 초점이며 핵심적 내용이라는 것이다.

성서적 맥락에서의 본문

바울의 권위에 대한 변론

이 첫 번째 주요 단원에서 바울은 그의 복음이 사람에게서 온 것이 아니라 신적 기원을 가진다는 주장을 강조한다. 바울은 자신의 경험을 통해 두 가지 사례를 제시한다. 이곳의 자서전적 묘사는 바울의 복음과 사도직의 신적 기원을 보여준다. 이 이야기는 하나님의 기적적인 역사하심에 대해 전하고 복음이 사람으로 말미암지 않았음을 드러내며, 아울러 신자들이 바울의 주장을 얼마나 받아들였는지도 보여준다. 끝으로 이 이야기는 바울의 안디옥 사건과 예루살렘을 재방문한 사실에 대한 언급을 통해 교회 공동체가 그의 사도적 권위를 인정하고 받아들였음을 보여준다.

바울은 구체적으로 (1) 이방인의 사도로서의 특별한 역할과, (2) 이방인에게 전파된, 율법에서 벗어난 복음에 대해 변론한다. 바울은 자신에 대해, 하나님이 모든 민족을 품으시는 그 시점에 하나님의 새로운 계시를 받은 자로 생각한다. 그는 1장 16절에서 이처럼 직접적인 주장을 제시한다. 바울은 다른 본문에서 이 계시에 대해, 교회를 위해 그에게 주신

"신비"라고 부른다. 롬16:25-26; 엡3:1-6; 골1:25-27 이 신비는 하나님의 복음을 이방인이방 민족들에게 까지 확장하며, 그들을 새로운 하나님의 보편적 백성으로 받아들인다. 갈라디아서에서 바울은 복음에 나타난 이 새로운 주장의 진실성을 변호한다.

바울에 대한 반대

갈라디아에 있는 새로운 선생들이 바울의 복음 이해와 그의 권위에 대해 의문을 제기한 것은 분명하다. 갈라디아서 자체는 이 선생들이 이방인에게 율법준수를 요구하지 않는 바울을 반대했음을 보여준다. 그들이 바울의 사도적 지위에 대한 권리에 의문을 제기했는지는 확실히 알 수 없지만, 적어도 바울의 권위를 다른 사도의 권위 아래에 종속시킨 것은 분명하다.

거짓 선생들은 바울이 할례에 관한 주장과 다른 행보를 보였거나5:11 참조 할례를 행하는 유대인에 대한 이방인 독자의 반감에 편승했다는1:10 주석 참조 비판을 제기한 것으로 보인다. 거짓 선생들의 이러한 비판이 받아들여졌다면, 바울에 대한 갈라디아 사람들의 존경심이 흔들렸을 것이다.4:12-16 그러나 거짓 선생들의 비판에 대한 정당한 판단이 이루어졌다면, 사도직에 대한 바울의 변론이 그가 복음의 대변인이라는 갈라디아 사람들의 확신을 회복하게 했을 것이라는 결론을 내릴 수 있다. 그렇지만 사도로서 바울의 지위는 여러 면에서 공격을 받았을 것이다. 적어도 바울은 자신보다 먼저 부르심을 받은 예루살렘의 사도들을 추종해야 하는 위치에 있었다.1:17; 2:6-7, 11-14 거짓 선생들은 바울을 사도라고 부르는 것에 대해서조차 의문을 제기한 것으로 보인다. 고린도에서도 바울의 인격에 대한 유사한 공격이 있었다.고후12:10-12 고린도의 상황은 갈라디아의 상황과 여러 면에서 유사하지만, 대적들이 바울의 사도적 지위에 대해 똑같은 생각을 했는지는 확신할 수 없다.

인적 요소와 신적 요소의 연결

바울의 모든 변론에 나타나는 의도는 하나님이 그가 전파하는 메시지를 통해 자신의 뜻을 드러내셨음을 보여주는 것이다. 바울은 이를 위해 인간적인 것과 신적인 것을 대조한다. 인간적인 것들에서는 하나님의 진리가 드러나지 않는다. 그러나 바울이 인간이나 물질을 경시한 것은 아니다. 어쨌거나 바울은 복음 안에서 자신의 인간적 역할을 옹호한다. 인간적인 요소와 신적인 요소는 이원론적 세계관에서처럼 전적으로 양립할 수 없는 양극단이 아니다. 신적 현현은 진정한 종교적 경험의 지표가 된다.

우리는 여기서 갈라디아서 전체를 하나로 묶는 주제를 볼 수 있다. 갈라디아서 후반부

내용을 지배하는 성령과 육체의 대조[3:1-5; 4:21-31; 5:136:10] 역시 같은 주제를 다룬다. 바울에게 있어서 사람을 따라 행하는 것은 육체를 따라 사는 것을 의미한다. 바울은 고린도 사람을 "육신에 속한 자"로 묘사하며, 같은 절에서 그들이 "사람을 따라" 행한다고 말한다.[고전 3:3] 문제는 사람이 신적인 이해나 신적인 것에 대한 복종 없이, 또는 [바울의 표현을 빌리면] 성령으로 행하거나 성령의 일을 마음에 두지 않으면서, 마치 그런 것처럼 위선적인 삶을 산다는 것이다.

바울은 상호 보완적인 두 가지 요소에서 하나님의 행위에 대한 증거를 본다. 첫 번째 요소는 사건의 초자연성이다. 바울이 다메섹 도상에서 부활하신 그리스도를 만난 것은 누구나 경험하는 자연적 현상이 아니라는 것이다. 두 번째 요소는 이 사건을 합리적으로 설명할 수 있는 자연적 과정의 생략이다. 즉, 바울은 과거에 그러한 전통에 몸담았거나 그것을 배울 기회가 없었다는 것이다. 바울이 말하려는 핵심은 이 모든 과정에서 일절 사람에게 의존하지 않았으며, 전적으로 하나님께 의존했다는 것이다. 이러한 직접성, 또는 인적 중개가 없었다는 사실은 하나님이 진리를 계시하신 사실을 입증하는 신적 증거가 된다는 것이다. 바울은 서신 후반부에서 동일한 논지의 주장으로 그리스도의 복음이 모세 율법보다 우월하다는 사실을 뒷받침한다.[3:19b-20]

우리는 자신의 복음의 신적 기원에 대한 바울의 주장이 사람을 통해 예수에 관한 정보를 얻는 행위를 철저히 배격한다는 의미로 받아들일 필요는 없다. 바울은 이러한 사실을 고린도전서 15장 3절에서 명시적으로, 그리고 갈라디아서 1장 18절에서 암시적으로, 제시한다.[그곳 주석 참조] 요지는 바울을 부르심이나 모든 민족을 위한 복음이라는 중요한 틀이 그리스도로부터 나왔다는 것이다. 그러나 다메섹 도상에서 바울이 경험한 그리스도의 계시는 바울이 알아야 할 믿음에 대한 모든 것을 포함하고 있지 않다. 게다가 바울의 경험은 모든 신자에게 해당하는 정상적인 경험도 아니다. 따라서 바울은 갈라디아 사람들이 자신에게 복음을 받았다고 말할 수 있다.[1:9] 12절에는 바울이 같은 어휘를 사용하여 부정하고 있지만["사람에게서 받은 것도 아니요"], 바울이기 때문에 그렇게 말할 수 있다는 것이다. 바울의 사례는 이방인의 사도라는 그의 특별한 역할로 인해 예외적이라는 것이다. 이것은 사람을 통해 받은 믿음이 진정한 믿음, 온전한 믿음이 될 수 있다는 것을 의미한다.[아래 참조]

교회 생활에서의 본문

바울의 경험: 독특한 경험인가, 전형적 경험인가

이 단락[1:11-12]에서 바울은 그리스도에 대한 믿음에 이르기까지의 경험에 관해 서술한다. 바울은 다메섹 도상에서 그리스도를 믿게 되었다. 모든 참된 신자도 나름의 과정을 통해 그리스도를 믿는다. 그러나 우리는 바울이 그리스도를 만나 사도로 부르심을 받은 경험을 신자의 원형으로 생각해서는 안 된다. 따라서 이 이야기를 다른 신자를 위한 모범적 사례로 제시할 때는 조심해야 한다.

바울은 갈라디아 신자들이 바울과 같은 직접적인 계시를 받을 필요가 없다는 사실을 분명히 한다. 바울의 회심을 끌어낸 극적인 계시는 그리스도와 바울 자신의 관계에 필요한 것은 아니었을 것이다. 그것은 예수 부활의 실체를 증언할 자로서 모든 민족에게 복음을 전하라는 하나님의 명령을 받은 사도라는 특별한 역할에 필요한 계시였다. 후대의 신자들은 이러한 경험을 반복할 필요가 없다. 사실 우리는 그렇게 할 수가 없다. 이처럼 획기적인 계시 사건은 단회적이다. 오히려 우리는 하나님이 예수를 통해 하시는 일을 직접 목격하고 그 의미를 깨달은 사람들의 신실함과 진실함에 의존해야 한다. 신약성경은 이러한 사도들의 증언을 보존함으로써 후세대가 자신의 믿음을 위해 원래의 증언에 의존할 수 있게 했다. 요약하면, 바울이 하나님을 대변하는 사도의 권위를 주장할 때, 그는 신약 정경의 기초를 놓고 있었다는 것이다. 갈라디아 사람들에게 사도의 증거 위에 서라고 촉구한 것은 우리에게 그리스도를 증거하는 성경의 권위를 받아들이고 그것을 신앙의 기초로 삼으라는 명령이다.

소수의 선택된 사람에게만 임하는 계시가 있다는 것은 다른 신자들은 하나님의 임재와 인도하심을 느낄 수 없다는 말이 아니다. 그것은 단지 계시의 한 형식일 뿐이다. 바울은 갈라디아서 이곳에서 이러한 사실을 보여준다. 바울이 예루살렘을 두 번째 방문했을 때[2:1-2], 그는 "계시를 따라" 올라갔다. 이것은 1장 12절과 16절에 사용된 것과 같은 표현이다. 신적 의사소통의 한 형식으로서 계시는 하나님의 행위를 성경으로 기록한 원래적 증인에 국한되지 않는다. 그러나 이러한 계시의 유형들 사이에는 근본적이고 중요한 차이가 존재한다. 이 차이는 내용과 관계가 있다. 하나님의 구원 계획에 중요한 말씀과 행위에 대한 계시는 그를 따르는 일회적이며 반복되지 않는다. 이 계시는 성경으로 기록되어 모든 신자의 표준이 된다. 바울이 부활하신 예수 그리스도를 만나 모든 민족에게 복음을 전할 소명을 받은 것은 좋은 사례가 된다. 그러나 예루살렘으로 가라는 하나님의 인도하심을 받은 바울의 경험은 모든 신자에게 적용되는 계시가 아니다. 그것은 다른 신자들이 자신의 삶 가운데 그런 식의 특별한 하나님의 인도하심을 받을 수 있음을 보여주는 하나의 사례다.

후세 신자들이 성경이나 사람을 통해 받은 진리도 첫 번째 증인들의 경우와 마찬가지로 살아 있어야 한다. 그렇지 않다면, 기록된 말씀은 죽은 조문으로 남을 것이다.^{고후 3:6} 성령은 성경을 살아 있는 말씀이 되게 하심으로 바울처럼 살아 계신 그리스도를 만나게 한다. 이런 의미에서 모든 참된 신자는 자신이 받은 가르침에 의존하면서도 그것을 넘어선다. 바울은 신자가 하나님의 자녀라는 사실을 개인적으로 깊이 인식하고 있다고 믿는다. 성령은 하나님이 우리의 아버지임을 인식하는 부르짖음을 통해 그러한 사실을 확인시켜주신다.^{갈 4:6;} ^{롬 8:15-16} 이처럼 생생한 직접적인 계시가 반드시 새로운 계시를 포함해야 하는 것은 아니다. 이런 맥락에서, 기독교 철학자 키에르케고르^{Soren Kierkegaard}는 모든 그리스도인은 자신이 그리스도와 동시대인이라는 사실을 알아야 한다고 주장한다.

신앙의 확실성

바울은 외견상 모순처럼 보이는 문제와 씨름하고 있다. 복음은 참으로 하나님에게서 나온 것에 기초해야 한다. 그러기 위해서는 하나님의 계시 또는 자기 계시가 필요하다. 그러나 모든 계시는 사람을 통해 전달된다. 따라서 계시를 직접 받지 않은 자는 그것을 증거하는 사람에게 의존할 수밖에 없다. 다음 세대는 계시를 처음 받아 전달한 다른 사람을 통해서만 신적 계시에 접근할 수 있다. 오늘날 모든 그리스도인의 경험은 하나님과 그의 신실하심에 대한 근본적인 믿음과 함께, 복음을 전하는 자와 그들의 신뢰성에 대해서도 어느 정도 믿음을 가지고 있다.

사람의 중재를 통해서만 접근할 수 있는 계시는 인간이 가지고 있는 원천적 불확실성이라는 문제를 남긴다. 이것은 우리가 이 땅에서 사는 한, 수용할 수밖에 없는 짐이다. 그러나 불완전한 세상이라고 해서 절대적 확신이 무용지물인 것은 아니다. 신자나 불신자나 이런 제약에서 벗어날 수 없다. 모든 지식은 부분적이다.^{고전 13:9} 그러나 이것은 우리에게 아무런 증거^{또는 고대적 증거}도 없다는 말이 아니다. 개인적 삶이나 신앙공동체에 나타나는 하나님의 역사하심에 대한 경험은 다른 사람의 증언을 확인할 수 있는 증거가 된다. 바울은 3장 1-5절에서 갈라디아 사람들에게 이런 사실을 지적한다. 사마리아인들은 믿음의 원천이 사마리아 여자의 말에서 예수님의 직접적인 말씀으로 바뀌었다고 고백함으로써 이러한 사실을 인정한다.^{요 4:42}

끝으로, 우리가 제기한 문제는 증인의 근본적인 중요성을 보여준다. 증인의 진실성은 복음의 신뢰성에 중요한 요소가 된다. 바울이 좋은 평판을 유지하기 위해 노력한 것은 당연하다. 시대를 불문하고, 하나님의 사람들에게는 복음의 의미를 자신의 삶에 반영하고 성실하게 실천해야 할 책임이 있다. 민감한 신자는 그것이 자신이 감당하기에 벅찬 일이라는 사실을 안다.^{고후 2:16} 그러나 그런 이유로 그리스도인이 복음을 전파하는 일을 게을리해도 된다는 것은 아니다. 우리는 자신의 불완전함을 인정하면서도 온전하신 그리스도를 바라보아야 한다.

회심과 부르심
갈 1:13-17

사전검토

바울은 1장 11-12절에서 논지에 대한 진술을 통해 복음의 신적 기원에 대해 강력히 주장한다. 이제 그는 이 주장을 뒷받침해야 한다. 그는 어떻게 할 것인가?

1장 13-17절에서 바울은 자신의 주장을 뒷받침할 수 있는 사건에 대한 진술을 시작한다. 그는 먼저 자신이 이전 "유대교"에 있을 때 예수 운동을 강력히 반대했던 일을 상기시킨다. 이어서 바울은 자신이 유대교 신앙을 성취하신 메시아, 그리스도에게로 돌아선 이야기로 들어간다. 바울은 그를 돌아서게 한 부르심에 대해 구체적으로 언급한다. 이 부르심은 그의 복음과 사도직에 대한 변론에 중요한 요소이기 때문이다. 이 단락은 회심을 경험한 바울이 은둔생활을 마칠 때까지 어떤 지도자도 만나지 않았다는 결정적인 주장과 함께 끝난다.

한 문장으로 이루어진 이 단락의 구조는 "내가 곧 혈육과 의논하지 아니하고"라는 구절에 초점을 맞추고 있음을 보여준다. 따라서 바울의 핵심적 논지는 그의 복음 이해가 다른 사람과의 접촉을 통해서 온 것이 아니라는 것이다. 대신에 바울은 자신이 알았던 인간적 전통은 모두 믿음과 맞서게 했으며^{13-14절}, 그의 회심은 하나님의 직접적인 개입을 보여주는 모든 요소를 갖추고 있다는 사실을 강조한다.^{15-16a절}

개요

박해자의 삶, 1:13-14

신적 부르심에 대한 경험, 1:15-16a

은둔의 시간, 1:16b-17

주석

박해자의 삶 1:13-14

"내가 이전에 유대교에 있을 때에 행한 일을 너희가 들었거니와."[1:13] 이 구절은 NRSV에는 번역되지 않은 "왜냐하면"[for]으로 시작한다. 이 접속사는 이어지는 내용이 앞서 11-12절에 제시된 주장의 근거가 됨을 보여준다. 갈라디아 사람들이 자신의 일에 대해 들었다는 바울의 언급은 그들이 부분적으로 알고 있다는 사실을 인정한 것일 뿐이다. 이야기가 왜곡된 부분은 지어낸 것이 틀림없다. 아마도 바울은 사역 초기에 자신의 삶에 대해 들려주었을 것이다. 어쨌든, 반대자들은 바울이 예루살렘의 사도들보다 못하다는 것을 보여주기 위해 없는 말을 보태었던 것으로 보인다. 20절에서 바울이 자신의 정직성을 강력히 주장한 것은 그러한 반론에 대해 알고 있었음을 시사한다.

유대주의 유대교는 유대인의 특징적인 삶의 방식을 의미한다. 이 용어의 기원에 대해서는 알 수 없으나, 신구약 중간기 마카비 시대의 책들에 당시 헬라의 문화적 이상과 대비되는 삶의 방식을 보여주기 위해 나타난다. 이 용어는 유대 문화와 이방 문화의 관계를 암시한다. 이것은 초기 교회와 갈라디아 사람들에게 중요한 문제였다. 할례는 유대인과 이방인 사이의 신체적 경계표지이기 때문에 유대교라는 단어는 두 민족 간의 경계표지로서 유대인의 삶의 방식의 범주를 가리킬 수 있다.

"하나님의 교회를 심히 박해하여 멸하고." 초기 예수 운동에 대한 바울의 반응은 이 운동에 가담한 자들을 때리고 죽이는 것이었다. 그는 이러한 폭력적 박해를 통해 그들을 박멸하려 했다. 바울은 자신의 행위를 설명하기 위해 다른 삶의 일면도 인용한다. "내가 내 동족 중 여러 연갑자보다 유대교를 지나치게 믿어 내 조상의 전통에 대하여 더욱 열심이 있었으나"[1:14] 그의 신앙적 헌신이라는 바람직한 열정은 초기 신자들을 박해하는 열정으로 바뀌었다. 여기서 중요한 것은 바울이 두 진술에서 과잉이나 강력함을 나타내는 표현 "지나치게," "더욱," "심히"을 사용한다는 것이다. 이것은 바울의 성향상, 메시아 예수께서 나타나시기 전까지 그의 제자가 될 가능성이 희박했음을 보여준다. 아니, 그에게는 절대로 일어날 수 없는 일이었다!

바울은 예수를 믿는 신자 공동체를 "하나님의 교회"라고 칭함으로써 회심 전의 관점에 대한 중대한 수정을 가한다. 이 용어는 구약성경에 나타나는 하나님의 총회나 회중을 헬라어로 번역한 것으로, 하나님의 백성을 가리킨다. 바울은 이 표현을 사용함으로써 메시아 예수를 믿는 신자들을 하나님의 백성을 나타내는 총회나 교회의 일원으로 포함한 것이다.6:16 참조 이 표현은 바울의 글 여러 곳, 특히 갈라디아서를 비롯한 초기 서신에서 찾아볼 수 있다. 이곳의 용례는 장소나 형식에 대한 구체적인 언급 없이 신자 전체를 가리킨다는 점에서 매우 중요하다. 그렇지 않다면, 빈도수를 고려할 때 특히 초기 서신에 자주 등장하는 지역 모임1:2, 22을 가리켰을 것이다. 바울은 이곳에서 주로 유대 그리스도인을 위해 이 표현을 사용하지만, 우리는 하나님이 그리스도를 통해 유대인과 이방인, 그리고 모든 민족과 족속에게 복음의 문을 여셨다는 바울의 인식이 반영되기 시작한 것을 볼 수 있다.

바울이 교회를 격렬히 반대한 배경에는 자신의 믿음을 돋보이게 하려는 무한한 욕망이 있었다. 바울이 동료들 가운데 열심에 있어서 가장 앞서 나갔다는 것은 사회적 지위나 정치적 권력에 대한 언급이 아니다. 이 표현은 유대 종교에서 공적인 인정과 함께 인격적 성장을 의미한다.눅2:52 바울은 유대교를 열정적으로 배우는 학생이자 타협을 모르는 실천가였다.빌3:4-6 이러한 성향은 그리스도에 대한 무조건적 헌신과 복음을 위한 부단한 섬김에도 그대로 드러난다.

바울이 언급한 유대교라는 특정 표현은 "내 조상의 전통에 대하여 더욱 열심이 있었으나"라는 구절에 구체적으로 제시된다. 이것은 본질상 모세 율법, 토라에 대한 열심을 가리킨다. 율법을 준수하고 보존하려는 헌신은 유대인의 이상이었다.행21:20; 22:3 이러한 "열심"은 어떤 희생에도 불구하고 모든 대적으로부터 유대적 삶의 방식을 지키는 미덕이었다. 정확히 헬라와 로마제국이 다스리던 이 시점에, 유대의 열심은 최고조에 달했다. 이것은 바울이 특정 열심당에 소속되었다는 말이 아니다. 이처럼 열정적인 태도나 "사상"은 당시 유대교 전체에 광범위하게 확산되어 있었다. 구약의 비느하스는 비록 율법을 위한 폭력적인 열심이었으나민25:1-15; 시106:30-31, 과거 이스라엘의 열심을 보여주는 좋은 사례다. 역사적 상황에서 율법이나 "전통에 대한 열심"을 낸다는 것은 유대교의 문화적, 종교적 경계지표들을 사수하기 위해 급진적이거나 폭력적인 행동도 불사할 준비가 되어 있음을 의미한다.가령, 마카비1서2:44-48 바울 자신은 나중에 같은 열심당의 공격대상이 되며, 일부 유대인 신자들은 율법에 대한 헌신을 약화하는 그의 인식에 반발한다.2:11-14 참조Judaism in the Time of Paul, p. 311].

"내 조상의 전통"이라는 구절에는 율법에 대한 랍비의 권위적 해석이 드러난다. "전통"이라는 단어는 "전해져 내려온 것"이라는 의미다. 이것은 교사가 학생에게, 또는 부모가 자녀에게 지식을 전하는 것을 포함한다. 바울은 예루살렘에 있을 때 가말리엘의 문하에서 이 전통을 배웠다.^{행22:3} 바울은 새로운 믿음 및 소명과 관련하여 이러한 종교적 형성의 과정을 극구 부인하려고 했다.^{1:1, 11-12}

신적 부르심에 대한 경험^{1:15-16a}

바울의 개종과 소명에 관한 단락의 나머지 부분은 하나의 복문^{complex sentence}으로 구성된다. 바울은 자신의 개종/소명에 대한 진술을 종속절로 제시하며, 핵심 주장은 주절인 16b-17절에 제시된다. 이러한 문장의 종속관계는 내러티브의 초점을 계속해서 바울이 말하려는 요지에 맞추게 한다. 그러나 이 사건에 관한 서술은 그 자체의 의미를 희석하지 않을 만큼 상세히 묘사된다.

바울은 제삼자처럼 객관적 관점에서 이야기를 전개하지 않는다. 이러한 사실은 특히 바울이 이 사건에 대한 하나님의 관점에 관해 기술한 15절에 분명히 드러난다. 모든 진술은 다메섹 도상에서 있었던 바울의 경험에 대한 영적 통찰력을 제공한다.^{행 9:1-19; 22:6-16; 26:12-18;} ^{갈 1:12} 바울의 증거는 이 사건이 그의 신앙과 세계관의 형성에 근본적이고 결정적인 역할을 했음을 보여준다.

15절은 하나님이 자신의 사역을 위해 사람을 부르시는 장면에 전형적으로 사용되는 언어가 제시된다. 그러나 여기서는 선지자의 소명에 대해 구체적으로 언급한다. 하나님의 기쁨^{"기뻐하셨을 때에"}은 누군가에 대한 하나님의 관대하신 성품을 의미한다. 이사야와 예수를 부르시는 소명 기사^{사42:1; 막 1:11 등}는 개인적 사역을 승인하고 보증한다. 선지자에 대한 소명과 가장 유사한 부분은 자신이 태어나기 전부터 구별되었다는 인식이다. "내 어머니의 태로부터 나를 택정하시고"는 문자적 번역이다.^{사49:1; 렘 1:5 참조} 이스라엘의 선지자들은 대부분 다른 지도자들과 마찬가지로 하나님의 부르심을 받는다. 바울에 대한 소명은 특히 이사야서의 여호와의 종에 대한 소명과 연결된다. 앞서 언급한 이 두 가지 요소 외에 사도행전 26장 12-18절에 나타나는 개종에 관한 기사는 이방의 빛과 증인이 될 것이라는 이사야서의 본문^{42:6; 43:10; 44:8; 49:6}을 암시한다.

따라서 바울의 정체성은 선지자적 전승에 서 있는 사람으로 나타난다. 앞서 1장 8-9절에는 이에 대한 암시를 찾을 수 있다. 바울은 이러한 전승과 함께 하나님이 자신을 인정하신 사실에 대한 인식, 하나님의 목적이 그의 사역을 통해 드러났다는 확신, 소명을 위해 능력을 주시는 하나님의 은혜^{"그의 은혜"와 관련된 내용은 1:6 주석 및 TBC 참조}에 대한 경험을 진술한다.

이 문장의 구조는 바울을 택하심과 그리스도의 나타나심과 관련하여 바울을 부르신 시기에 대해 몇 가지 의문점을 제기한다. 원어의 문법은 택하심과 부르심 둘 다 다메섹 도상에서 있었던 그리스도의 계시에 선행함을 보여준다. 바울은 부르심이 택함과 동시에 ^{영원한} 과거에 일어난 것으로 생각하는가? 그렇다면, 바울은 하나님의 뜻이 즉흥적으로 결정되는 것이 아니라 오래전에 이미 결정되었다는 선지자적 관점을 상기하는 것으로 보인다. 사도행전에 나타난 개종 기사는 부르심이 계시의 시점에 일어난 것으로 본다. 바울이 염두에 둔 정확한 시점이 언제이든, 그는 모든 역사적 사건과 인간의 반응에 앞서는 하나님의 목적이 그의 부르심을 통해 드러난 것으로 본다. 하나님의 부르심은 시간을 초월하는 하나님의 목적이 드러난 계시이자, 인간이 역사 속에서 경험할 수 있는 하나의 사건으로 나타난다.

바울은 자신의 복음 배후에 있는 신적 권위를 강조하기 위해 사도로 부르심을 받은 경험의 선지자적 영역에 호소한다. 바울이 부활하신 그리스도를 만난 것은 부활 현현이자 선지자적 계시에 해당한다. 바울은 이 사건을 통해 부활하신 예수를 보았다. ^{고전 9:1; 15:8} 이 사건 자체는 사도직의 근거가 된다. ^{1:1 주석 참조} 그러나 이 사건은 두 가지 진리를 더 보여준다. 그것은 예수님이 하나님의 아들이며, 하나님의 뜻은 모든 나라의 복음화라는 것이다. 따라서 그의 부르심의 선지자적 영역은 하나님이, 그리고 오직 하나님만이 복음과 바울 사역의 원천이 되신다는 갈라디아서의 핵심 주장을 뒷받침한다.

다메섹 도상에서의 사건은 "그를 내 속에 나타내시기" 위한 하나님의 행위로 묘사된다. 잠시 전에 언급한 대로, 바울은 이 사건을 현현이나 계시로 본다. 부활 후 현현으로서 이 장면은 그리스도를 주체로 보고 사건을 바울이 관찰하는 외적 현상으로 본다. 계시로서 이 장면은 그리스도를 목적어로 보고 사건을 바울이 경험하는 내적 현상으로 본다. 두 가지 형태의 서술 상호 간에는 어떤 모순도 없다. 두 형식은 사도행전에 나타난 사건의 성격에 대한 두 가지 방식의 언급일 뿐이다. 부활이라는 객관적 실재와 그것의 의미에 대한 주관적 인식은 바울이나 다른 신약성경 기자 모두에게 중요하다.

텍스트의 두 가지 요소는 계시에 대한 바울의 개인적 평가에서 중요한 요소가 무엇인지 보여준다. 첫째로, 계시의 목적, 또는 내용은 "하나님의 아들"이라는 것이다. 바울은 초기 교회에서 그리스도를 부르는 이 일반적 호칭을 통해, 나사렛 예수가 평범한 인간이 아니라 하나님과 특별한 관계에 있는 분임을 고백한다. 사도행전에 의하면, 회심한 바울의 첫 번째 설교는 예수가 하나님의 아들이심을 증거하는 것이었다. ^{행 9:20} 로마서 1장 4절은 바울이 부활 승천하신 그리스도와 함께 이 호칭에 대해 알고 있었음을 보여준다. 부활은 예수 그리스도가 하나님의 아들이심을 공개적으로 드러낸다. 예수께서 살아계신다는 사실에 직면한 바울은 유대 신앙에 기초하여 예수가 하나님의 메시아적 대리인이라는 결론을 내린 것으로 보인다. 이 메시아적 하나님의 아들에 관한 전승은 시편 2편 7절 ^{사해사본과 외경인 제2에스드}

라스[4 Ezra]과 예수께서 세례받는 장면^{당시에 "너는 내 사랑하는 아들이라"[막 1:11]는 음성이 들렸다}에 나타난다. 이 호칭의 의미가 포괄하는 영역을 고려하면, 그것이 의도한 예수의 정확한 지위는 규명하기 어렵다. 구약성경에서 왕^{시 2:7}이나 온 이스라엘은 하나님의 아들이나 자녀로 불렸지만, 신적 존재들 역시 그런 이름으로 불렸다.^{시 82:6} 이런 포괄적 범주는 이 호칭이 ^{부활 승천하여 하나님의 우편에 앉아계신} 예수 그리스도의 독특한 신적 위상을 뒷받침하는 동시에 그리스도와 그를 따르는 자들을 하나님의 가정의 자녀로 연결하게 한다. 바울은 갈라디아서 4장 4-7절에서 후자의 가능성을 탐구한다.

바울의 경험에 대한 묘사에 나타난 두 번째 요소는 하나님이 그 아들을 "나에게"^{to me[NRSB]} 나타내실 때에 기뻐하셨다는 언급이다. 이것은 계시를 받는 자를 가리키는 단순한 언급처럼 보일 수 있다. 그러나 이곳에 사용된 전치사절이 가리키는 정확한 의미는 "내 속에"^{in me}이다. "나에게"라는 번역은 문법적 뒷받침을 받으며 일부 주석가들이 선호하는 해석이다. 로마서 1장 19절과 고린도후서 4장 3절에 나타나는 유사한 표현은 좋은 사례가 된다. 그러나 이 전치사가 "계시하다"라는 동사 뒤에 나오는 용례는 드물다. 이것은 바울이 특별한 의미에 도달했음을 시사한다. 자신이 "그리스도 안에" 있다는 바울의 핵심 개념은 이 회심 사건에 뿌리를 내리고 있다. 따라서 우리는 여기서 형상화된 계시의 인격적 본성에 대한 의도적인 강조를 듣고 있다. 따라서 바람직한 번역은 "내 속에"이다. 요약하면, 계시 사건은 단지 형식적으로만 내적인 사건이 아니라는 것이다. 즉, 그리스도의 나타나심은 바울이 그리스도와 그에 관한 복음을 형상화하도록 깊은 내적 변화를 주었다는 것이다.^{갈 4:19; 요 17:23}

바울에 대한 그리스도의 계시는 바울을 부르시는 것만으로 끝나지 않는다. 그것은 바울을 넘어 "그의 아들을 이방에 전하기 위하여" 그의 사역으로 부르신다. 현현이 그리스도에 초점을 맞춘 것과 마찬가지로, 선포의 초점 역시 그리스도이다. 바울이 전도할 대상은 주로 유대인이 아닌 자, 즉 하나님의 언약 백성에 속하지 않았던 자들이다.^{엡 2:12; 벧전 2:10} 이곳의 함축은 분명하다. 바울을 사역으로 부르신 것은 바울의 삶을 그리스도께로 향하게 한 원래적 사건의 한 부분이라는 것이다. 바울의 개종, 또는 소명에 대한 사도행전의 기사는 이 부르심이 그리스도의 현현을 통해서인가 아나니아의 예언적 말씀을 통해서인가에 따라 달라진다. 그러나 모든 사람은 개종과 부르심 사이의 밀접한 연결에 공감한다. 여기서 이방인 선교에 대한 바울의 언급은 중요하다. 왜냐하면, 그것은 이방인의 사도로서 바울의 역할에 권위를 부여하며^{2:8}, 따라서 바울이 이방인에게 전하는 율법에서 벗어난 복음의 진실성을 뒷받침하기 때문이다.

은둔의 시간[1:16b-17]

15절에서 시작된 문장은 이곳에 와서야 핵심에 도달한다. 자신의 복음의 신적 기원을 주장하는 바울의 변론에서, 인간적 근거나 중재가 일절 없었다는 사실은 중요한 요소가 된다. 따라서 바울은 그리스도를 만난 직후 자신의 동선과 접촉한 인사들에 대해 소상히 제시한다. "곧"이라는 부사는 일련의 문장 맨 앞에 위치한다. 이 단어는 아무런 행동도 하지 않았다는 표현과 함께 사용하기에는 부자연스러워 보인다. 즉, 바울은 "즉시 아무것도 하지 않았다"는 것이다. 따라서 일부 주석가와 NRSV와 같은 번역본들은 이 부사를 아라비아로 떠난 사실과 연결한다. 즉 "내가 곧… 아라비아로 갔다"라는 것이다. 그러나 바울은 잠시 후 18절부터 다른 사람들과의 만남에 대해 언급할 생각이다. 이 경우, 전체적 의미의 흐름은 "내가 곧[즉, 지금은] 의논하지 않고… 나중에 만났다"라는 구조가 된다. 바울의 의도는 하나님[사람이 아니라]이 복음을 이해하는 모든 과정을 인도하셨다는 사실을 보여주는 것이다. 그러므로 이 절은 "내가 곧 혈육과 의논하지 아니하고 또… 예루살렘으로 가지 아니하고 아라비아로 갔다가"로 읽어야 한다.

바울이 강조점의 위치에 있어서 부정적 주장을 먼저 제기했다는 것은 그가 말하려는 핵심 요지와 부합한다. 부정적 주장은 사람의 영향이 없었다는["내가 곧 혈육과 의논하지 아니하고"] 실제적 이슈를 다룬다. 사람을 "혈육"[flesh and blood]으로 표현한 유대인의 전통적 방식은 인간의 연약성과 한계를 드러내기 위한 것이다. 이곳에 사용된 "육"[flesh]이라는 단어는 바울의 글에서 흔히 볼 수 있는[가령, 5:13-17] 죄에 대한 연약성을 강조하기 위한 것이 아니라, 인간이 하나님보다 열등한 존재임을 보여주기 위한 것이다. 따라서 이 구절은 바울의 논점에 있어서 핵심을 보여주는 데 기여한다.

'의논하다'라는 동사의 의미는 매우 중요하다. 이것은 바울과 유력한 자들과의 관계에 대한 논증에 중요한 일련의 동사들[1:18; 2:2, 6에도 나타난다]을 시작한다. 이 일련의 동사들 가운데 처음과 끝에 제시된 두 동사는 특정 형태의 관계를 부정하는 반면, 중간의 두 동사는 일정한 관계를 인정한다. 바울의 논증은 그가 부정한 '사람에 대한 의존'과, 그가 인정한 '형제적 접촉' 사이에서 줄타기하며 균형을 이룬다. 이곳 16절의 "의논하지 아니하고"는 "탁월한 해석이나 권위 있는 해석을 위해 조언을 받지 아니하고"라는 뜻이다.[Dunn 1993: 110; Longenecker: 33] 바울은 다메섹 도상에서 있었던 일의 의미를 깨닫거나 그 사건의 가치를 확인하기 위해 누구의 도움도 필요로 하지 않는다.[상세한 내용은 앞서 인용한 구절에 대한 주석을 참조하라]

이 첫 번째 부정은 일반적 언급이며, 모든 계층의 사람을 포함한다. 그렇다면 아나니아에 대한 기사는 이 주장과 어떻게 조화시킬 수 있는가? 사도행전 22장에는 주께서 계시하신 대로 아나니아가 바울에게 선교적 사명을 전달하는 장면이 나온다. 이 내용은 사도행전 9장에도 나온다.[9:6] 아나니아는 바울을 인도하여 성령으로 충만하게 하고[9:17] 세례를 준다.[9:18] 사도행전 26장에 나오는 바울의 개종/소명에 관한 기사는 갈라디아서에서처럼 아나니아에 대한 언급이 생략되고 그리스도의 계시에 나타난 선교적 사명을 포함한다. 따라서 우리는 이 사건을 서술할 때 전체 그림의 조화를 위해 필요한 세부적 묘사에 대한 부담을 갖지 않아도 될 만큼 충분한 다양성을 가진다.

갈라디아서에서는 아나니아가 바울의 신앙적 통찰력에 특별한 기여를 하지 않은 것처럼 보인다. 아나니아도 환상을 통해 바울에게 전할 말을 받았다는 사실[9:10]은 계시적 성격을 가지지만, 이것 역시 사람에게서 아무것도 받지 않았다는 주장[갈 1:1, 12]과 모순된 것처럼 보인다. 아마도 바울은 여기서 다음 절에 언급된 사도로 대표되는 유력한 자를 염두에 두었을 것이다. '의논하다'라는 동사[위에서 언급한 정의 참조]는 이러한 사실을 암시한다. 또한 현재의 일반적 진술로부터 다음 절의 사도에 대한 구체적인 언급으로 이어지는 전개는 두 절의 유사성을 보여준다. 즉, 첫 번째 절은 만남의 성격에 대한 일반적 언급이며, 두 번째 절은 구체적인 사례[장소와 인물]를 규명한다는 것이다. 이것은 이곳의 기사에서 아나니아가 생략된 이유를 설명해준다.

"또 나보다 먼저 사도 된 자들을 만나려고 예루살렘으로 가지 아니하고."[1:17] 이어지는 "다시 다메섹으로 돌아갔노라"라는 하반절은 바울이 다메섹 도상에서 있었던 그리스도의 현현과 계시에 대해 언급하고 있음을 보여준다. 이것은 바울이 예루살렘에서 황홀한 중에 주로부터 예루살렘을 떠나 이방인에게로 가라는 말씀을 들은 장면[행 22:17-21]에 대한 언급일 가능성을 배제한다. "나보다 먼저 사도 된 자들"이라는 언급은 세 가지 중요한 사실을 말해준다. ¹ 바울은 자신을 사도로 생각하지만, ² 다른 사람들의 사도적 지위를 인정하며, ³ 연대기적 순서에 있어서 자신의 부르심이 가장 늦게 이루어졌다는 것이다.[고전 15:8] 바울의 태도는 정중하지만, 지나칠 정도는 아니다. 바울이 생각하는 사도 그룹에는 예수님의 열두 제자를 포함하지만[고전 15:5], 예수님의 동생 야고보와 같은 다른 사람들도 들어간다.[1:19; cf. 고전 15:7; 고후 8:23; 롬 16:7] 긍정적인 면에서, 바울은 자신이 "아라비아로 갔다가 다시 다메섹으로 돌아갔노라"라고 주장한다. 사도행전의 저자는 아라비아에 있었던 시기에 대해 어떤 암시도 주지 않는다. 대신에 그는 다메섹에서 복음을 전파한 일에 대해 언급한다.[행 9:20] 우리가 "곧"을 부정절만 가리키는 것으로 이해한다면, 갈라디아서와의 모순은 사라질 것이다.[위 참조] 그러나 이것은 결정적인 설명이 될 수 없다. 우리는 이곳의 위치에 대해서도 정확히 규명할 수 없다. 아라비아는 팔레스타인 동쪽에 위치한 광대한 지역이다. 바울은 편지 후반부 4:25에서 아라비아에 있는 시내산에 대해 언급한다. 이 언급은 그의 목적지에 대한 미묘한 암시인가? 그렇다면, 시내산에서 주어진 율법이 예수 그리스도의 복음과 어떤 관계가 있는지에 대한 바울의 관심3:19; 4:21-31과 일치한다. 그러나 바울이 그곳에 갔다는 어떤 명백한 증거도 없다. 바울은 아라비아 체류의 목적에 대해 직접 언급하지 않았으나, 아마도 살아 계신 메시아 부활하신 예수— 에 대한 경험이 주는 의미와 함축을 음미하고, 이 새로운 핵심을 중심으로 자신의 신조를 재구성했을 것이다. 따라서 바울은 자연스럽게 당시의 경험을 현재의 논증과 연결한다. 아라비아에서 머문 기간에 대해서는 18절을 참조하기 바란다.

다메섹으로 "돌아갔다"라는 바울의 언급은 그곳에서 바울의 삶을 바꾼 엄청난 사건이 일어났음을 보여준다. 이곳 본문에서 이 언급은 바울이 복음을 받은 후 다른 사도에 의존하지 않고 복음에 대한 통찰력을 발전시킨 기간에 대한 묘사를 완성한다.

요약적 진술

우리가 살펴보고 있는 단락은 자신의 복음이 사람이 아니라 하나님으로부터 왔다는 핵심 주장을 뒷받침하는 보다 큰 단원의 한 부분이다. 이 단락에는 핵심 주장을 뒷받침하는 네 개의 요소가 등장한다.

1. 바울의 이전 삶은 신자가 되기에 합당한 어떤 성향도 제공하지 않는다.1:13-14
2. 선지자 가운데 한 명으로서 바울에 대한 부르심 배후에는 하나님의 영원한 목적이 있다.1:15
3. 바울의 개종, 또는 소명은 신적인 존재를 통해 전달되었다는 점에서 초자연적 사건에 해당한다.
4. 바울의 개종, 또는 소명 후 일정한 시간이 경과할 때까지, 사람은 그의 새로운 신앙적 통찰력에 어떤 영향도 미치지 못했다.

성서적 맥락에서의 본문

바울의 삶에 대한 재구성

이 단락은 바울의 행적에 관한 기사를 재구성하고 그의 신앙체계나 신학을 이해하는 데 중요한 열쇠가 된다. 본문은 이러한 목적에 합당한 성과를 이루지만, 여러 가지 의문점도 남긴다. 바울의 행적에 관한 기사를 재구성하려는 시도는 이곳에 나타난 바울의 기사를 동일한 사건과 시점에 대해 기록한 사도행전의 기사와 연결하려 한다. 그러나 우리가 가진 증거에 의하면, 어떤 완전한 조화도 불가능해 보인다. 사실 사도행전의 기사조차 설명하기 어려운 변수들이 나타난다. 누가^{사도행전에서}와 바울은 각자의 기록 목적이 있으며, 당연히 이러한 목적에 맞게 사건을 기록한다. 두 텍스트의 차이점은 대부분 이러한 사실에 기인한다. 그러나 누가의 경우, 사건의 전모에 대해 모르는 부분이 있을 수 있다. 따라서 사건의 당사자인 바울의 증거가 우선될 수밖에 없다. 이것은 누가행전의 역사적 가치나 신뢰성에 의문을 가져야 한다는 뜻이 아니다.

바울의 개종

바울이 그리스도를 만난 사건은 "개종"에 대한 경험으로 묘사하는 것이 일반적이다. 그러나 바울의 종교관이 근본적으로 바뀐 것은 아니기 때문에, 일부 학자는 이러한 주장에 반대한다. 바울은 기껏해야 유대교 내에서 파벌을 옮긴 것뿐이다. 누가가 기록한 사도행전 23장 6절에서 바울은 "나는 바리새인이었다"라고 하지 않고 "나는 바리새인이요"라고 했다. 바울 시대의 기독교 운동은 예수께서 이스라엘의 소망을 성취하셨다는 점에서, 완전한 깨달음에 도달한 유대교로 생각했다.

이러한 반박은 일리가 있는 주장이지만, 개종의 개념을 전적으로 배제하는 것은 아니다. 예수님의 사역에서도 볼 수 있지만, 성경의 화자는 유대인에 대해 다양한 성경적 상황에 따라 '회심'과 '개종'이라는 용어를 사용한다. 나사렛 예수를 시대의 전환을 초래하고 모든 민족을 하나님의 백성이 되게 한 메시아^{하나님의 대리인}로 받아들이는 데에는 생각과 삶의 근본적인 재형성이 필요하다. 이러한 근본적 변화는 아무리 새로운 믿음과 예전 믿음 사이의 연속성을 인정한다고 해도, 충분히 개종이라고 부를 수 있다. 갈라디아서 자체는 복음과 이스라엘 신앙 사이의 연속성과 불연속성을 모두 옹호한다.

이 사건을 개종 내러티브로 부르는 것에 의문을 제기하는 다른 이유도 있다. 주석에서 서술한 대로, 이 단락의 형식은 선지자에 대한 소명 내러티브에 해당하는데 이 형식은 일반적으로 종교적 "개종"을 포함하지 않는다. 바울이 염두에 둔 생각이 무엇인지는 알 수 없으나, 이 경험을 선지자 사역으로의 부르심으로 보고 있다는 것은 분명하다. 그러나 바울은 예전 삶에서 새로운 삶으로서의 변화에 대해 언급하며^{13-14절}, 따라서 이 사건은 바울의 '개종과 부르심'으로 서술하는 것이 바람직해 보인다. 이곳 갈라디아서에서 두 가지 의미 모두 바울의 사건 기록에 중요하다. 바울은 개종과 부르심 사이에 밀접한 관계가 있다고 본다.

이처럼 밀집한 관계는 모든 성경적 신앙의 중요한 특징, 즉 구원과 부르심은 연결된다는 사실을 보여준다. 하나님과의 관계를 초래한 은혜는 하나님을 섬기는 부르심의 은혜다.⁶절 및 15절 참조 소명으로 이어지지 않는 구원은 없다. "부르심"이라는 단어가 구원과 소명 모두 포괄한다는 사실은 놀랍지 않다.⁶절과 15절을 다시 한번 보라 하나님의 목적은 소수에 대한 구원에서 모든 민족에 대한 구원과 축복으로 확장되기 때문에, 구원의 대상이 되는 모든 개인과 민족은 예외 없이 다른 사람을 구원하는 도구가 된다. 아브라함장 12:1-3과 이스라엘출 19:5-6에 대한 부르심은 이러한 사실을 잘 보여준다. 바울에게 진리를 깨닫게 한 계시는 하나님이 생각하시는 바울의 역할을 전달하는 목적도 가지고 있다. 구원의 하나님은 사명을 주시는 하나님이시다. 성경적 구원은 개인적 구원의 차원에서 끝나지 않는다.

바울 신학의 형성

다메섹 도상에서 있었던 그리스도의 계시는 바울의 신앙적 통찰력의 핵심을 이루었으며 그의 신학적, 도덕적 사상의 준거가 되었다는 것은 의심의 여지가 없는 사실이다. 우리는 바울의 모든 글에서 이러한 인상을 받는다. 다음과 같은 진술에는 직접적인 표현도 나타난다. "이는 내게 사는 것이 그리스도니 죽는 것도 유익함이라"빌 1:21 "내가 너희 중에서 예수 그리스도와 그가 십자가에 못 박히신 것 외에는 아무것도 알지 아니하기로 작정하였음이라"고전 2:2; cf. 3:11 우리는 2장 15-21절과 같은 본문의 배경에서도 이러한 관점을 발견할 수 있다. 이 본문 전체는 그리스도 중심적 신앙에 입각하여2:16 일관된 연속성을 추구하는 방식으로2:21, 안디옥에서 있었던 윤리적 문제에 대한 해답을 찾는 과정을 묘사한다.

이처럼 중요한 역할을 한 다메섹 도상의 계시는 바울 신학이 어떻게 형성되었는지에 대한 갖가지 추측을 낳게 했다. 이 장에 나타난 바울의 글을 대충만 읽어보아도 복음에 대한 바울의 모든 지식이 이 사건을 통해 계시되었음을 알 수 있다. 그러나 바울의 경험에 관한 기사는 개연성이 부족할 뿐만 아니라 그런 인상을 주지 않는다. 더구나 우리는 바울이 다른 사람으로부터 예수의 삶과 교회의 신앙에 대한 정보를 얻었다는 사실을 알고 있다. 바울은 고린도전서 15장 3-7절에서 자신이 갈라디아서 1장 12절에서 부인할 때 사용했던 언어를 그대로 사용하여 이러한 사실을 분명하게 진술한다. 이 정보 가운데 일부는 갈라디아서 후반부에 언급된 예루살렘 방문을 통해 습득한 것이다.

우리는 이러한 사실로부터, 바울에게 그리스도의 계시는 전적으로 새로운 신앙관을 형성할 수 있는 기본적 통찰력이나 이해를 구성한다는 결론을 내릴 수 있다. 기본적 골격은 드러났으나, 어느 정도는 다른 원천의 자료를 통해 살을 붙여야 했다. 성경즉 구약성경은 바울에게 계속해서 신앙의 기본적 구조를 제공했지만, 이 구조는 예수 그리스도의 주되심이라는 새로운 기초 위에 형성된 것이 아니다. 바울은 확실히 독창적인 사상가이며, 자신이 받은 계시의 중요한 진리들을 독자적으로 정립했다. 자신의 복음은 하나님의 계시를 통해 받은 것이라는 바울의 주장이 의미하는 것은 모든 상부구조를 형성하는 기초가 하나님의 직접적인 전달을 통해 주어졌다는 것이다. 그는 처음 수년간 지도적 인사들과의 교류가 없었다는 주장을 통해 자신의 모든 신학이 새로운 기초 위에서 독자적으로 구축되었음을 보여준다.

우리는 바울이 받은 계시의 중심에 무엇이 있는지 더 정확히 말할 수 있는가? 두 가지 사실은 확실히 말할 수 있다. 첫 번째 진리는 가장 중요한 것으로, 나사렛 예수라는 사람이 죽은 자 가운데서 부활 승천해서 하나님 우편에 살아계신다는 것이다. 하나님은 예수는 메시아라는 그리스도인의 주장을 정당화하신다. 또한 바울은 예수께서 부활하셨기 때문에, 바리새인이 믿는 최후의 부활이 이미 시작되었다는 결론을 내린다.고전15:12-28

바울이 계시를 통해 받은 두 번째 진리는 하나님이 아브라함에게 말씀하신, 모든 족속이 너로 말미암아 복을 받을 것이라는 약속창 12:3; 특히 갈3:8을 바울을 통해 시행하시겠다는 것이다. 이것은 메시아 예수의 복음을 이방인에게 전하라는 명령에 분명히 드러난다. 바울은 민족들이 이스라엘에서 하나님의 빛을 찾을 것이라는 고대 예언사 42:6; 60:1-3 11; 행 26:17-18을 알고 있었다. 우리는 여기서 바울이 다메섹 도상에서 경험한 변화적 힘이 [1] 계시의 내용과 [2] 바울이 가진 바리새파의 부활 신학, 그리고 [3] 자신이 박해했던 예수 운동의 기본적 주장에 대한 인식이라는 세 가지 요소가 합쳐져 나왔다는 사실을 볼 수 있다. 바울은 자신의 새로운 교리체계가 계시를 통해 받았다는 근거를 가지게 된 것이다. 그러나 이것은 갑자기 모든 교리체계가 고스란히 왔다거나 자신이 가진 것이 전혀 없는 진공상태에서 왔다는 의미는 아니다. 바울이 주장하는 복음은 새로운 계시인 동시에 예전에 계시된 전승의 일부인 것이다.

라이트N. T. Wright [1997: 266]는 바울의 글에 대한 연구를 통해 바울 신학의 본질적 역학을 다음과 같이 정리한다. "바울에게 기독론은 하나님의 백성을 재규명하는 수단인 동시에 하나님을 재규명하는 수단이다." 갈라디아서에는 두 가지 영역이 모두 나타난다. 즉, 그리스도 예수의 계시는 예수를 하나님의 아들로 고백하게 하는 동시에 모든 백성과 민족은 누구나 하나님의 자녀가 될 수 있다는 확신을 갖게 한다.갈 1:16; 3:26-28 따라서 토라율법에 대한 바울의 관점은 새롭게 정립되었다는 것이 라이트의 주장이다. 율법에 대한 재규명은 바울이 갈라디아서에서 율법준수와 관련하여 갈라디아 사람들에게 설명한 내용에 잘 나타난다.

교회 생활에서의 본문

계시와 전통

성경적 신앙은 계시에 기초한다. 이 신앙은 신적 세계와 인간의 세계 사이에는 건널 수 없는 강이 있다고 생각한다. 오직 하나님이 어떤 인간도 인식하거나 검증할 수 없는 특별한 계시 행위를 통해 이 강을 건너셔야 한다. 성경적 신앙의 정당성은 이 계시 사건의 실재와 진실성에 달려 있다.

성경과 교회사는 하나님의 백성에게 제시된 생명의 도전이 '계시된 진리'에 기초한다는 사실을 보여준다. 이런 신앙은 아브라함을 부르심, 출애굽, 예수의 생애 및 성령의 오심처럼 역사적으로 획기적인 계시에 뿌리를 내리고 있다. 후세대는 이런 근본적 사건들과 그것들에 함축된 진리를 기억한다. 그들은 자신의 삶에 대한 하나님의 뜻을 발견하기 위해 이러한 사건들에 대해 기록한 자료를 연구한다. 동시에 이 후세대는 하나님이 자신의 시대에도 역사하심을 인식하고 하나님과 살아있는 관계를 경험하고 싶어 한다. 그뿐만 아니라, 그들은 이 땅에 사는 동안 세상을 위한 하나님의 목적에 따라 새롭게 드러날 다음 획기적인 계시를 기대하고 있다. 신약성경에 따르면 이 새로운 계시는 그리스도의 재림이다.

하나님의 백성이 빠지기 쉬운 유혹은 이 두 가지 요소 사이의 균형을 잃는 것이다. 어떤 사람은 과거의 근본적이고 권위 있는 계시에 기반을 두는 일 없이, 오직 현재적 계시와 성령의 현현에만 몰입한다. 반대로, 과거의 계시에 대한 기록과 과거 세대의 권위 있는 해석만 연구하는 책 신앙book religion에 빠진 사람도 있다.^{1:14; 사 43:18–19의 "내 조상의 전통" 참조} 첫 번째 부류는 선지자적 극단이며, 두 번째 부류는 서기관적 극단이라고 할 수 있다.

제2성전 기간 중 유대교는 선지자적 경향에서 점차 서기관적 경향으로 이동했으며, 결국 제2성전 함락 후 랍비 전통으로 발전되었다. 랍비 전통의 왜곡은 예수에 의한 비판의 대상이 되었다. 그와 초기 교회는 하나님의 영이 그들 가운데 역사하심을 믿었다. 그들 가운데는 여전히 선지자적 소명이 살아 있었다.^{마 5:12; 행 2:16–18 참조} 자신의 과거에 대한 바울의 언급은 이 문제에 대해 잘 보여준다. 갈라디아의 상황에 대한 바울의 강력한 반응도 이 문제에서 비롯된 것이다. 그는 율법준수로 돌아선 그들에게서 서기관적 경향을 보았다.

서기관적 극단에 대한 문제는 도덕주의나 율법주의를 강조하는 전통주의 속으로 침전된다. 갈라디아 사람들이 바울을 반대한 것은 살아계신 성령의 인도하심을 따라 진행 중인 하나님의 현재적 목적에 대한 인식이 결여되어 있음을 보여준다. 그들은 인간적 형성, 공동체 통제, 그리고 성령을 통한 신적 은혜를 무시한 자기 의에 지나치게 의존한 것으로 보인다. 이것은 제2세대 기독교의 전형적인 문제점이기도 하다. 한편으로, 선지자적 극단은 거짓 주장에 취약할 수 있다. 이 극단은 종종 과거의 권위를 존중하지 않고 기존에 정립된 삶의 구조를 무시하는 경향이 있다. 교회사는 양극단의 사례로 가득하며, 보이지 않는 접점 찾기는 지금도 계속되고 있다.

교회는 계시와 전통의 균형을 잡는 법을 배워야 한다. 바울의 언어는 옛 계시와 전통을 반대하는 것처럼 보인다. 갈라디아에서는 전통이 그리스도의 새로운 계시를 위해 물러나 있으므로 이러한 반대가 필요하다. 이 새로운 계시를 가진 바울은 특별하며, 따라서 우리와 다르다. 계시와 전통의 균형은 새로운 계시를 위해 길을 내어주어야 한다. 그러나, 앞서 살펴본 대로 바울에게도 새로운 계시의 의미는 부분적으로 그가 아는 과거의 계시에 의해 규명된다.

이제 바울의 새로운 계시는 우리의 전통의 일부가 되었으며, 이 전통이 우리에게 주는 의미는 바울에게 당시의 전통이 주는 의미보다 훨씬 크다. 그러나 바울의 선지자적 인식은 우리에게도 중요하다. 우리도 새로운 근본적 진리를 받아야 한다는 것이 아니라 우리의 현재적 삶을 위해 옛 진리에 대한 새로운 통찰력을 얻어야 한다는 의미에서, 계시의 방식을 알아야 한다. 모든 세대는 성경의 과거 계시에 대한 통찰력에 비추어 자신의 시대를 위한 하나님의 뜻을 분별하기 위해 성령의 인도하심이 필요하다.^{롬 12:2 참조}

장엄한 신적 현현을 통한 계시는 신자들에게 일상적으로 일어날 수 있는 일이 아니며, 그럴 필요도 없다. 동시에, 이러한 현현을 바울에게만 제한할 이유는 없다. 사실 하나님과의 만남은 모든 신자의 경험일 수 있고, 또한 경험이어야만 한다. 하나님의 아들이 자기 속에 나타났다는 바울의 증거는 그의 삶을 관통하는 진리다. 마찬가지로, 우리의 삶 가운데 나타나신 하나님의 실재에 대한 증거는 진정한 믿음의 징표이다. 진리를 이해하고 받아들이기 위해서는 똑같은 성령의 조명이 필요하다는 점에서, 계시를 통해 주어진 진리는 계시를 통해 받아야 한다고 말할 수 있다. "내 아버지께서 모든 것을 내게 주셨으니 아버지 외에는 아들을 아는 자가 없고 아들과 또 아들의 소원대로 계시를 받는 자 외에는 아버지를 아는 자가 없느니라"^{마 11:27}

회심과 부르심의 관계

바울의 글과 대부분 성경에 나타나는 회심과 소명의 통일성은 모든 시대, 모든 신자에게 중요하다. 개인적 차원에서 은사와 사역의 관계는 영적 건강에 매우 중요하다. 구원의 선물은 하나님에 대한 섬김을 통해 확인된다. 소명이나 사역은 신적 은사를 개발함으로써 힘을 얻는다.

구원과 소명의 밀접한 관계는 교회와 선교가 힘을 얻는 데 도움이 된다. 오늘날 많은 교회에서, 신자들이 교회 사역에 주체적으로 동참하지 않고 겉돌고 있는 현상은 기독교를 약화하는 중요한 요인이 된다. 교회는 모든 신자가 구원의 확신처럼 분명하고 확실한 소명을 분별하고 실천할 수 있게 해야 한다. 하나님이 나에게 무엇을 원하시는가에 대한 인식은 하나님이 나를 위해 무슨 일을 하셨는가에 대한 인식만큼 중요하다. 영적 소명이 자신의 직업과 직접적인 연관이 있느냐는 부차적 문제다. 영적 소명은 자신이 하는 일 밖에서 더욱 잘 드러날 수도 있으며, 다른 장소나 다른 구체적인 역할을 통해 더욱 효과적으로 발휘되기도 한다. 그러나 모든 신자가 하나님께서 소명을 위해 주신 재능을 발견한다면, 이 땅에서 하나님의 통치는 더욱 확장될 것이다. 동시에, 그리스도인의 소명으로 합당치 않는 일부 직업들은 제거될 것이다.

그리스도 중심적 삶

바울의 그리스도 중심적 신앙과 삶의 방식은 교회에 지속적인 도전이 된다. 우리는 바울이 가지고 있는 하나님의 뜻을 분별하는 방식과 영성을 배워야 한다. 그것은 교회가 다른 철학이나 종교 체계가 주장하는 진리를 평가하는 틀이 된다. 그리스도의 궁극성과 탁월성은 그를 모든 생각과 삶의 중심에 둔 결과다. 화란의 재세례파 개혁가 메노 시몬스는 같은 진리에 사로잡혔으며, 고린도전서 3장 11절의 "이 닦아 둔 것 외에 능히 다른 터를 닦아 둘 자가 없으니 이 터는 곧 예수 그리스도라"고전3:11라는 말씀에 삶의 닻을 내렸다.

그리스도 중심은 성경 해석에 있어서 지대한 영향을 미친다. 첫 번째 그리스도인은 그리스도의 주장과 성취에 비추어 성경구약을 읽었다. 그리스도는 하나님과 이스라엘이 맺은 언약의 절정이며 성취에 해당한다. 따라서 성경의 의미는 그리스도의 계시에서 발견되는 온전한 기준에 의해 해석되어야 한다.히 1:1-4 참조 모든 기독교 전통은 이러한 원리를 강조해왔으나, 그 방식이나 정도가 항상 같았던 것은 아니다. 일반적으로 그리스도인은 구원의 방식과 범주에 대한 이해에 이 원리를 적용했다. 급진적 개혁은 교회의 교리와 윤리에 이 원리를 지속적으로 적용할 것을 촉구했다. 따라서 그들은 세상과 떨어진 신자들의 자발적 공동체라는 신약성경의 관점을 재확인하고, 신자성인에게만 세례를 주었으며, 폭력과 전쟁을 거부하는 사랑의 윤리를 강조했다.

게바와 야고보를 방문함

갈 1:18-20

사전검토

그렇다면 바울의 권위는 예루살렘에 있는 "[바울]보다 먼저 사도된 자들"[1:17]의 권위에서 파생되었거나 부차적인 권위인가? 만일 바울이 그들에게 복음의 기본 원리나 최종적 결론을 배우러 예루살렘으로 올라갔다면, 바울을 비판하는 자들은 복음에 대한 견해차가 발생할 경우 바울이 예루살렘에 있는 사도들의 이해와 권위에 따라야 한다고 주장할 수 있을 것이다.

바울 자신의 복음에 대한 변론을 위한 자서전적 이야기의 두 번째 부분은 그가 회심 후 예루살렘을 처음으로 방문한 내용이다. 이 기사는 비교적 짧은 방문과 제한된 개인적 만남을 강조한다. 바울은 지도적 인사들의 이름을 거명함으로써, 방문의 의미를 분명히 한다. 바울은 자신의 말이 사실임을 강력히 주장하는 것으로 이 단락을 끝맺는다.

앞서 1장 13-17절은 바울이 경험한 하나님의 역사에 대해 서술한다. 자서전적 자료의 후반부[2:14]까지는 바울과 다른 신자들과의 만남에 대한 이야기다. 이 두 번째 단락에서 바울의 주장은 다소 모호해진다. 바울은 다른 사도들과의 만남이 제한적이었으며 그들과의 만남이 자신의 복음에 영향을 미쳤거나 그들을 추종하게 하지 않았다는 사실을 보여줄 필요가 있었다. 이곳과 2장 1절에 나오는 시간에 대한 구체적인 시간[삼 년 만에… 십사 년 후에]은 1장 16절의 "곧"과 대조를 이루며[AT] 계속적인 시간적 흐름을 보여준다. 이것은 관련된 모든 정보를 제시했다는 인상을 준다. 자신의 주장을 위해 임의로 사건을 선택하지 않았다는 것이다.

개요

게바와 함께 함, 1:18

야고보를 방문함, 1:19

바울의 정직성, 1:20

주석

게바와 함께 함 1:18

독자는 "그 후"라는 단어를 통해 이 내러티브가 연대기적 순서로 진행되고 있음을 알 수 있다. 두 사건 사이에 경과된 정확한 시간은 "삼 년 만에"이다. 16절의 "곧"과 대조적으로, 삼 년은 상당한 기간을 암시한다. 이 정도의 기간이면 바울 신학이 예루살렘의 옛 지도자들을 만나기 전에 결정적인 방향으로 정립되기에 충분한 시간이다. 이것은 바울이 예루살렘의 사도들에게 의존하지 않았음을 보여준다.

우리는 이것이 꽉 채운 만 3년을 가리키는지는 3년째 접어들었을 때라는 의미인지는 정확히 알 수 없으나 전형적인 셈법으로는 양쪽 해석 모두 가능하다. 또한 우리는 이 기간이 회심 후부터인지, 바울이 아라비아에서 다메섹으로 돌아온 후부터인지도 확인할 수 없다. 아마도 바울은 회심 후 3년을 가리키는 것으로 보인다. 그렇지 않다면, 그가 의도하는 정확한 연대기 2:1 참조는 사라지게 될 것이다. 앞선 내러티브의 핵심적인 사건은 바울이 다메섹으로 돌아간 사실이 아니라 바울에 대한 그리스도의 계시다. 바울의 논증에 필요한 것은 그가 계시를 받은 후부터 예루살렘과의 접촉이 있기까지 경과한 시간이다.

그렇다면, 바울이 아라비아에 체류한 기간은 길어도 3년이었을 것이다. 우리는 그 외에도 바울이 아라비아에서 보낸 시간은 그가 말한 삼 년 가운데 대부분이었을 것이라고 말할 수 있다. 그렇지 않다면, 삼 년 동안의 행적 가운데 굳이 그 사실만 특정할 이유가 없었을 것이다. 바울의 핵심은 그리스도의 위임을 받은 때로부터 다른 사도들을 만나기까지 오랜 시간이 경과되었다는 것이다.

"내가 게바를 방문하려고 예루살렘에 올라가서." 바울은 이 구절에서 예루살렘으로 올라가는 여정에 대한 전통적 방식의 표현을 사용한다. 17절; 막 10:32; 행 11:2; 18:22 유대인의 중심 도시로서의 위상을 고려할 때, 이 표현에는 고상한 종교적 지위의 개념이 담겨 있다. 이곳의 용례는 관습적인 것으로, 지형적 관계를 반영한 것일 뿐이다. 2장 1-10절에는 예루살렘의 중요성에 대한 바울의 생각이 드러난다.

예루살렘에 대한 첫 번째 방문의 목적은 게바를 만나기 위해서다. 바울은 신약성경과 후기 교회에 잘 알려진 베드로라는 이름 대신 게바라는 이름을 사용한다. 이 이름은 2장 9절 11절, 14절에 다시 나타난다. 바울은 일반적으로 이 이름을 사용한다. 갈라디아서에서 이 이름을 사용하지 않은 경우는 2장 7-8절이다. 이 구절에서는 베드로라는 이름이 사용된다. 게바는 베드로라는 헬라어 이름의 아람어역이다. 요 1:42 참조 두 이름은 반석과 관계가 있으며, 원래는 시몬이라는 이름으로 알려져 있다.^{마 16:17-18} 게바/베드로는 유대 그리스도인이 모인 초대교회의 지도적 인물이었다. 이러한 사실은 바울이 첫 번째 예루살렘 방문에서 그를 방문한 것에서 잘 나타난다.

"방문하다"^{1:16}라는 동사의 중요성에 대해서는 앞서 살펴본 바 있다. 이제 바울은 그가 16b-17a절에서 부인했던 '사람과의 접촉'이 일정 기간 후에 있었다고 말한다. 그러나 18절의 "방문"은 16b절의 "의논"과 다른 동사며, 따라서 바울은 누구와 의논하는 것과 누구를 방문하는 것은 다르다는 것을 말하고 싶어 한다. 이곳에 나타난 단어는 "정보를 얻다"나 "친하게 지내다"라는 의미다. 전자의 의미는 권위자와 의논한다는 함축을 가진 16b절의 "의논하다"에 가깝다. 그러나 후자의 의미는 "의논하다"와 다르다. 현재의 구절에서 바울이 말하고자 하는 것은 확실히 그가 게바의 발 앞에 앉아^{행 22:3["문하에서"]} 그에게서 배우기 위해 왔다는 함축을 피하고 싶어 하는 것이 분명하다. 어쨌든 바울은 잠시 전에, 어떤 사람에게도 배우지 않았다고 부인한 바 있다.^{12절} 따라서 이 단어는 "우호적인 방문"이라는 의미로 해석하는 것이 바람직하다. 이것은 베드로가 바울을 가르치거나 멘토와 멘티의 관계가 아니라 양자의 자연스러운 정보 교환이 가능한 관계임을 보여준다.

바울은 "그와 함께 십오 일을 머무는 동안"이라는 구절을 덧붙인다. 여기서 바울은 밀접한 상호교류가 가능한 기간임을 인정한다. 바울은 주의 깊은 독자라면 바울과 베드로라는 두 사람, 그들이 함께한 기간 및 시기를 감안할 때 이 기간에 상당한 정보 교환이 있었을 것이라는 추측이 가능하다는 사실을 알았을 것이다. 어쨌든, 우리는 여기서 새로운 운동의 지도자와 한때 이 운동을 박해했던 사람의 만남을 본다. 많은 주석가는 바울이 그의 주가 되신 예수의 지상 사역에 대한 지식을 넓히는데 큰 관심을 가졌을 것이라는 합리적인 주장을 제시한다.^{Dunn 1993: 110-13, 127} 또한 베드로는 바울의 특별한 회심에 대해 알고 싶었을 것이다. 그러나 다른 관점에서 보면, 바울이 예루살렘에서 멀리 떨어진 곳에서 보낸 3년에 비하면 짧은 기간임이 분명하다.

야고보를 방문함^{1:19}

바울은 "주의 형제 야고보 외에 다른 사도들을 보지 못하였노라"고 말한다. 이것은 바울이 잠시 전에 언급한 게바가 사도이며, 따라서 이 게바는 베드로임을 분명히 한다. 그러나 바울이 야고보를 사도로 생각했는지는 분명치 않다. "외에"라는 단어는 "사도"라는 명사나 "보다"라는 동사와 연결된다. 전자는 야고보를 사도로 본다. 즉, "야고보를 제외하면, 어떤 사도도 만나지 않았다"라는 것이다. 후자는 야고보를 다른 그룹에 속한 것으로 본다.

즉, "야고보는 만났으나, 다른 사도를 만난 일은 없다"는 것이다. 주석가들의 의견은 다양하다. 근본적인 문제는 야고보가 사도였느냐는 것이다.

이 야고보는 예수님의 형제이기 때문에 열두 제자 가운데 하나는 아니지만, 사도로 불렸을 것이다. 초기 교회는 이 용어를 열두 제자와 부활하신 예수를 목격한 자들을 포함하여 광범위하게 사용하였다.[1:1 참조] 고린도전서 15장 7절에 따르면, 부활하신 주는 야고보에게 나타나셨다. 따라서 그는 사도의 자격이 있다. 이런 사실은 그가 예루살렘의 유력한 지도자가 된 이유를 설명해준다. 더구나 고린도전서 15장 5절과 7절은 그의 사도적 지위를 강력히 뒷받침한다. 게바는 열두 제자의 수장이었으며, 야고보는 사도들 그룹을 대표한다.[7절의 "모든"이라는 표현에 주목하라] 따라서 가장 바람직한 해석은 바울이 야고보를 사도 가운데 포함한 것으로 보는 것이다.

"보다"[see]라는 동사의 용례는 바울이 게바를 만났다는 앞 절에 사용된 특별한 동사의 용례와 다르다. 이러한 동사의 변화 및 야고보에 대한 언급이 추가적이었다는 사실은 게바와의 만남이 더욱 본질적인 방문이었음을 보여준다. 그러나 바울이 야고보와의 만남을 인정한 것은 중요하다. 2장에 나타나는 그에 대한 여러 차례의 언급은 예루살렘의 지도자로서 야고보가 바울의 반론에 중대한 영향을 미친다는 사실을 보여준다.[특히 2:12 참조]

바울의 정직성[1:20]

바울의 삶에 관한 다음 단계로 넘어가기 전에, 바울은 자신의 과거에 대한 진술이 사실임을 강력히 주장한다. **"보라 내가 너희에게 쓰는 것은 하나님 앞에서 거짓말이 아니로다."** 이 엄숙한 진술은 다른 곳에서와 마찬가지로[롬 1:9; 빌 1:8; 살전 2:5, 10], 하나님을 증인으로 세운다. 바울은 여기서 자신의 정직성에 대해 하나님의 심판에 맡긴다. 이것이 로마 법정의 맹세에 사용되는 법적 용어인지는 분명하지 않으나, 그런 것 같지는 않다.

아마도 이 진술은 11절에 시작하여 이 절 이후까지 계속되는 내러티브 전체를 포괄하는 것으로 보인다. 우리는 앞서 바울이 이 편지 서두에서 갈라디아 사람들이 복음을 버렸다는 사실에 큰 관심을 보인 것에 대해 살펴본 바 있다.[1:1-10] 바울이 서두에 이어, 자신의 과거에 대한 확장된 내러티브를 제시한 것은 자신의 이야기를 왜곡한 자들이 있음을 보여준다. 그들은 바울의 권위를 다른 사도들의 권위보다 못한 것으로 보았다. 심지어 대적들이 전한 바울 이야기는 결국 사도행전에서 끝난 이야기와 유사하다고까지 말할 수 있다.[아래 TBC 참조] 어쨌든, 바울은 자신에 대해 잘못 전해진 부분을 바로 잡으려 했으며, 특히 자신과 다른 사도와의 관계에 대해 분명히 밝히려 했다.

반대자들이 전한 이야기의 세부적인 내용은 정확히 알 수 없지만, 갈라디아서 1장 20절은 바울이 갈라디아서 1-2장에서 자신의 복음에 대한 잘못된 인식과 함께 자신에 관해 잘못 전해진 이야기를 바로잡고 있음을 보여준다. 또한 바울의 '율법에서 벗어난 복음'을 반대하는 선생들은 예루살렘이 자신들을 지원했다고 주장한 것이 확실해 보인다. 이러한 주장은 바울에 대한 신뢰를 흔들기에 충분했다. 수사학적인 차원에서 보면, 바울의 변론은 에토스[서론 참조]로부터 나온 논증이다.

성서적 맥락에서의 본문

첫 번째 예루살렘 방문

사도행전 9장 26-30절에 나오는 바울의 회심 후 첫 번째 방문에 관한 내러티브는 방문의 성격이나 시간이 갈라디아서의 묘사와 다르다고 느끼게 한다. 사도행전은 예루살렘 방문 전에 삼 년의 기간이 흘렀다는 인상을 주지 않는다. 방문의 성격과 관련하여, 사도행전에 기록된 공개적 행적은 갈라디아서의 서술과 모순된 것으로 볼 필요가 없다. 그러나, 사도행전에서 바나바가 바울을 사도들에게 소개했다는 진술은 게바와 야고보, 두 사람만 만났다는 바울의 주장과 배치되는 것처럼 보인다. 브루스[F. F. Bruce][101]는 사도행전의 저자가 일반적 복수를 사용한 것일 수 있다고 말한다. 이 경우, 복수는 전체 그룹이 아니라 특정되지 않은 소수의 그룹을 가리킬 것이다. 사도행전의 본문은 예루살렘에서 배우기만 한 것은 아니라는 바울의 주장을 반영한다. 그는 주와 만난 이야기를 나누고, 그곳에서 머무는 동안 담대히 말씀을 전파한다.[행 9:27-29] 사도행전과 갈라디아서 1-2장의 차이는 두 편지의 상이한 목적에 기인한 부분도 있다. 이것은 독립적인 정보가 없는 상태에서 진술의 역사적 신뢰성을 판단하거나 기존의 분명한 체계적 구조를 재구성하는 것은 불가능함을 보여준다. 그러나 우리는 바울이 자신의 삶에 관해 기록하고 있으며 그의 진술은 30년 후에 기록된 글보다 앞선다는 점에서 바울이 제시하는 진술을 일축해서는 안 될 것이다.

예루살렘 교회의 리더십

초기 기독교 운동에 대한 바울의 생각은 예루살렘에 있는 최초의 공동체의 리더십에 대해 살펴볼 수 있게 한다. 바울이 베드로[게바]와 야고보를 만난 사건을 강조한 것은 그들이 예루살렘에서 탁월한 지도적 역할을 했음을 보여준다. 2장 6절과 9절에는 이러한 사실이 다시 한번 나타나며, 두 사람은 요한과 함께 "기둥같이 여기는 자"로 불린다. 사도행전은 여기서 일반적 상황을 뒷받침한다.

앞서 언급했듯이 갈라디아서 1:18-19가 베드로를 가장 탁월한 위치에 올려놓았다는 것은 흥미롭다. 우리는 확실히 사도행전 첫 장에서 이러한 인상을 받는다.[1:15; 2:14, 37] 그러나 갈라디아서 2장 9절에서 바울은 지도자들의 이름을 거명하면서 야고보를 맨 앞에 둔다. 이것은, 베드로 대신 야고보를 지도자로 제시한 사도행전의 묘사[15:13; 21:18-19]와 조화시키기 위한 것이 아니라면 우연의 일치일 것이다. 이러한 차이를 설명하기 위한 주장 가운데 하나는 베드로가 순회 사역을 위해 예루살렘을 떠났기 때문이라는 것이다. 이 사역은 갈라디아서 2장 7절과 11절, 고린도전서 1장 12절에 암시되며, 베드로전서 1장 1절에도 유사한 암시가 나타난다. 사도행전은 베드로가 예루살렘을 떠난 것을 헤롯 왕이 교회 지도자들을 박해한 사건과 연결한다.[12:17] 어쨌든, 사도행전 12장 17b절에서 베드로가 내러티브에서 사라진 것은 주목할 만한 일이다.

바울은 진보적이며 급진적인 지도자인 반면, 야고보는 보수적이라는 사실을 보여주는 증거는 많다.[갈 2:12 참조] 안디옥에서의 우유부단한 태도가 보여주듯이[2:11-14], 베드로는 분명히 그 둘 사이에 위치한다. 그러나 세 사람이 관계를 끊었다거나 서로의 사역을 인정하지 않았다는 암시를 보여주는 증거는 결코 없다. 아마도 안디옥 사건이나 야고보서가 암시하듯이, 그들 사이에 일정한 긴장은 계속되었을 것이다. 갈라디아에 있는 바울의 반대자들을 포함하여 야고보의 제자들 가운데 일부는 야고보보다 더 강력히 바울의 사역과 복음을 반대했을 것이다.[갈 2:4, 12] 2세기 유대 그리스도인은 계속해서 야고보를 존경하였으며, 그들의 책은 바울의 신학적 관점에 대해 강력한 이의를 제기한다.

교회 생활에서의 본문

지도자의 정직성

갈라디아서의 자서전적 부분은 메시지와 메신저의 관계, 구체적으로 말하면 진리와 진리를 말하는 자의 관계를 강조한다. 이러한 연결은 개인적이고 신앙적인 지식의 경우보다 과학적 연구에 기초한 경험적 지식의 경우에 더 느슨해질 수 있다. 그러나 어떤 지식도 인간적 중재를 피해갈 수 없으며, 따라서 메시지와 매체의 관계에서 예외란 있을 수 없다. 진리의 순수성은 메신저의 성품과 분리될 수 없다. 진리와 도덕적 가치관은 상호의존적이다. 도덕적 준거의 틀에 의존하지 않고 진리의 기초를 찾으려는 오늘날 세계의 시도는 환상에 불과하며, 왜곡된 진리관으로 이어질 뿐이다. 마찬가지로, 영적 진리의 소통을 사역자의 영적 성품과 분리하려는 일부 기독교 교회의 시도 역시 잘못된 것이다.

바울이 사실적 정보 전달을 잠시 멈추고 증인으로서 자신의 순수성에 관한 이야기로 옮긴 것은 그의 인격과 그가 증거하는 진리 사이의 이러한 연결을 인정하였기 때문이다. 바울은 정직성이나 신실성의 문제가 삶과 죽음의 문제를 다루는 자에게 얼마나 큰 영향을 미치는지에 대해 깊은 인상을 받았다. 과연 이 일을 감당할 수 있는 자가 있는가? 누구든지 할 수 있지만, 조건이 있다. 그는 "순전함으로 하나님께 받은 것 같이 하나님 앞에서와 그리스도 안에서"[고후 2:17] 말할 수 있어야 한다. 교회와 복음 사역의 지도자는 도덕적, 영적 자질에 대해 끊임없는 관심을 기울여야 한다. 진리를 자신의 삶에 구현하는 것이야말로 진리를 입증하는 가장 확실한 증거다.

수리아와 길리기아에서의 체류
갈 1:21-24

사전검토

갈라디아서 1장 20절에서 잠시 말을 끊고 자신의 이야기가 진실됨을 엄숙히 선언한 바울은 계속해서 그의 내러티브를 이어간다. 바울은 수리아와 길리기아 땅에서의 체류에 대해 언급하지만, 그 지역에서의 활동을 서술하는 데에는 관심이 없다. 대신에 바울은 이 시점에서도 자신이 유대 교회에 소문으로만 알려진 사실을 강조한다. 바울에 대한 소문이란, 그가 예전에 복음의 박해자였으나 지금은 복음을 선포하는 자가 되었다는 것이다.

바울은 그의 복음의 기원은 새로운 운동이 예루살렘과 유대에 기반을 둔 것과 본질적으로 다르다는 사실을 강조하는 방식으로 자신에 관한 이야기를 이어간다. 그러나 바울은 세부적인 내용을 새롭게 덧붙인다. 그는 유대 공동체가 자신에게 일어난 하나님의 사역에 대해 이미 알고 있다고 진술한다. 이 주장은 바울을 의심했던 갈라디아 반대자들의 관점에 도전한다. 여기서 바울은 갈라디아 공동체에 속한 반대자들의 주장과 맞선다. 이 새로운 주장은 이어지는 2차 예루살렘 방문에 관한 이야기를 통해 계속될 것이다.[2:10-20]

주석

이 단락은 "그 후에"라는 단어로 시작한다. 이 언급은 내러티브의 연대기적 전개를 위해 세 차례 언급된[1:18; 2:1 참조] "그 후에" 가운데 두 번째다. 바울은 첫 번째 예루살렘 방문에 이어 "수리아와 길리기아 지방에" 이르렀다.[1:21] 이 언급은 바울이 예루살렘에서 다소로 갔다는 사도행전 9장 30절과 일치한다. 다소는 바울의 고향으로, 길리기아 지역에 위치한다.[행22:3] 수리아와 길리기아라는 두 지역은 유대의 북쪽에 위치하며, 성경 역사에도 나타나는 다메섹, 안디옥, 다소와 같은 도시들을 포함한다. 바울의 이방인 사역은 다소와 안디옥 부근에서 있었던 것으로 보인다. 바울이 이 기간에 복음을 전파했다는 사실은 1장 23절에 나타난다.

바울이 예루살렘을 처음 방문했을 때는 짧은 기간 동안 은밀히 활동하였기 때문에, "그리스도 안에 있는 유대의 교회들이 얼굴로는" 바울을 알지 못했다.[1:22] 이 구절의 문법적 구조는 대면 접촉이 계속해서 이루어지지 않았음을 강조한다. 바울은 독자들에게 유대 신자들과 직접적인 접촉이 부족했다는 사실을 강조하고 싶어 한다. 아마도 이곳에 언급된 "유대"는 당시 로마가 지배하던 사마리아와 갈릴리 및 전통적 유대 영토를 포함한 전 지역을 가리킬 것이다. 바울이 예루살렘 신자들을 만났을 수 있다는 사실을 암시하는 사도행전 9장 28절의 언급에도 불구하고, 바울이 얼굴로는 알지 못할 것이라고 말한 지역에는 예루살렘 회중도 포함되는 것으로 보인다.

바울은 일반적으로 교회를 하나님의 교회로 묘사한다.[1:13 참조] 그러나 이곳과 데살로니가 전서 2장 14절에서 교회는 "그리스도 안에 있는 교회"로 명시된다. "그리스도 안"이라는 표현은 대부분 바울서신의 인사말에 나타나며, 교회 회중을 가리키는 "성도"와 같은 단어와 함께 사용된다. "그리스도 안"은 바울 신학의 특징적인 구문이다. 이 표현은 갈라디아서, 특히 3장 26-28절에 두드러지게 나타난다.[TBC 참조]

신약성경에서 "그리스도 안에 있는 교회"가 유대에 사는 유대 그리스도인 회중을 가리키는 본문은 두 곳이다. 둘 다 바울의 초기 서신에 나타난다. 이것은 이 구절이 원래 그리스도인 회중이나 메시아적 회당을 전통적 유대 회중/회당과 구별하기 위해 사용되었음을 보여준다. 또한 이것은 이 편지를 쓴 시점이 "교회"라는 단어가 그리스도인의 모임을 가리키는 전문 용어로 자리 잡기 전임을 보여준다.

유대에 있는 대부분 신자는 바울을 알지 못했으나 그의 활동에 대한 소문을 들었다. 그들이 바울에 대해 알고 있는 것은 그것이 전부다. **"우리를 박해하던 자가 전에 멸하려던 그 믿음을 지금 전한다 함을 듣고."**[1:23] "듣고"라는 동사의 시제[과거는] 이 소문이 일정한 기간 쌓인 정보임을 말해준다. 23절에서 계속해서 소문만 들었고 직접적인 접촉이 없었다는 23절의 강조는 바울이 말하려는 요지를 더욱 강화한다. 또한 이 절은 유대 그리스도인이 바울로 말미암아 하나님께 영광을 돌렸다는 진술의 이유를 설명한다. 바울은 자신의 극적인 전환에 대해 직접 언급함으로써 증거의 신뢰성을 높이고 있다. 동시에, 이곳의 용어는 13절과 16절에서 사용한 것과 유사하다.

특히 주목할 만한 것은 "믿음"을 복음의 메시지 전체를 의미하는 일반적 용어로 사용했다는 것이다. 이 용례는 즉시 초기 교회에 광범위하게 확산하였으며, 오늘날까지 계속되고 있다. 이 용어가 초기 서신 가운데 하나에 나타났다는 것은 이 표현이 그리스도인의 어휘에서 초기부터 사용되었음을 보여준다.[3:23, 25; 6:10] 이 "믿음"이 이곳에 사용되었다는 것은 놀랍다. 왜냐하면, 갈라디아서의 가장 중요한 관심사는 하나님을 신뢰한다는 의미에서, 그리고 율법이나 육체의 행위보다 하나님의 사역을 신뢰한다는 의미에서 믿음의 정확한 의미를 변호하는 것이기 때문이다.[2:16; 3:2-5] 바울에게, 믿음이 복음의 중심에 위치한다는 것은 믿음이 복음 전체를 가리킨다는 의미다.

예전의 박해자가 지금은 옹호자가 되었다는 소식은 하나님의 기적적인 행위를 보여주는 표지가 된다. 그러므로 한때 박해의 대상이었던 신자가 "나[바울]로 말미암아 하나님께 영광을" 돌렸던 것이다. NRSV는 이 구절에 단순 과거시제를 사용함으로써 이 반응이 일정 기간 이어졌다는 지속적 성격을 강조하지 못했다. 그들의 반응은 앞 절에 제시된 알지 못했다는 언급 및 들었다는 언급과 평행을 이룬다. 성경 전체에서, 하나님에 대한 찬양은 그의 놀라우신 구원 행위를 목격한 자들의 자발적인 반응이다. 바울은 자신에게서 하나님께로 초점을 옮긴다. 오직 그분만이 찬양을 받으시기에 합당하시다. 동시에, "나로 말미암아"라는 문구는 바울이 하나님의 도구로 사용되었다는 사실을 강조한다는 점에서 중요하다. 유대 그리스도인의 믿음은 바울을 통해 강화되었다. 그러므로 바울은 갈라디아 독자들에게, 그들의 찬양은 유대 신자를 대표한다고 주장하며 바울을 헐뜯는 자들에 맞서는 증거가 된다고 말한다.

성서적 맥락에서의 본문

그리스도 안에서

바울은 갈라디아서 전체에서 "그리스도 안"이라는 용어나 그것과 관련된 개념을 사용한다. 이 용어는 갈라디아서 1장 22절, 2장 4, 17절, 3장 14, 26, 28절, 5장 6절[cf. 5장 10절]에 나타난다. 2장 19-20절의 본문은 이 표현의 배경적 개념을 이해하는 열쇠가 된다. "그리스도 안"이라는 구절은 신자의 삶에 관한 서술에 나타나는 바울의 그리스도 중심적 관점을 반영한다. 따라서 일부 해석가들이 이 개념을 바울 신학을 하나로 묶는 핵심 개념으로 받아들이는 것도 놀랍지 않다. 오늘날 해석가들은 점차 이 개념에 중요성을 부여하고 있다.[가]

령, Sanders; Gorman; Campbell

대부분 바울서신에서, 이 구절은 개인 신자와 그리스도와의 관계를 묘사한다. 그러나 대부분은 집합적 의미로 사용된다. 개인적 의미는 집합적 의미를 전제하며 집합적 의미는 개인적 의미를 전제한다. 이곳의 본문은 데살로니가전서 2장 14절의 평행구와 함께 집합적 의미를 강조한다. 회중이 그리스도 안에 있다는 것이다. 3장 26-28절은 바울이 어떤 식으로 개인적 의미와 집합적 의미를 오갈 수 있는지를 보여준다. "누구든지 그리스도와 합하기 위하여 세례를 받은 자"는 개인적 의미에 초점을 맞추고 "너희는… 다 그리스도 예수 안에서 하나이니라"는 집합적 의미에 초점을 맞춘다. 예전의 사회적 차별은 그리스도 안에서 제거되었다는 바울의 주장은 모든 신자가 하나의 사회적 실체를 이룬 연합에 기초한다. "그리스도 안"이라는 구절의 집합적 의미는 또 하나의 바울적 표현인 "그리스도의 몸" 및 그것과 관련된 이미지를 통해 잘 드러난다. 이 용어는 갈라디아서에는 나타나지 않지만, 바울의 초기 서신에는 이미 이 개념이 나타난다.

"그리스도 안"이라는 구절에 대한 상세한 규명은 서신 후반부에서 다룰 것이다. 이 구절은 기독교 공동체및 공동체의 지체의 영적인 삶이 전적으로 예수 그리스도에게서 나온다는 사실을 보여준다. 이 삶은 구주시며 주이신 그리스도를 믿는 개인적 관계를 통해 활성화되며 예수를 본받는 삶의 방식을 특징으로 한다.

교회 생활에서의 본문

하나님을 영화롭게 함

하나님을 영화롭게 한다는 것은 하나님께 영광을 돌린다는 의미다. 하나님의 영광은 하나님께서 사람들이 인식할 수 있는 형식으로 임재하심으로 드러난다. 하나님의 임재에 대한 경건한 인정은 하나님을 영화롭게 한다. 이러한 반응은 예배 행위에 해당한다. 예배는 하나님을 영화롭게 하는 것으로 시작하며 거룩한 말씀을 듣고 하나님을 헌신적으로 섬기는 행위를 통해 지속된다.

하나님의 영광은 종종 일상과 정상을 넘어서는 특이한 사건이나 현상을 통해 나타나기도 한다. 이스라엘을 인도하며 회막을 드리웠던 구름 기둥이나 불기둥은 좋은 사례가 된다. 하나님이나 천사의 현현 장면에는 전형적으로 빛이 수반된다. 부활하신 예수께서 바울에게 나타나신 장면은 이러한 사실을 보여준다.^{행 9:3} 그러나 하나님의 영광은 일상적인 삶 가운데 믿음의 눈을 통해 인식할 수 있다. 시편 기자는 자연 세계에서 하나님의 영광을 보았다.^{시 19편}

성경 역사와 교회사에서 직접적이고 장엄한 현현은 일상에서 볼 수 있는 전형적인 현현보다 드물다. 이곳 본문에 기록된 경험은 비교적 보편적이다. 인간의 삶에서 하나님의 역사하심과 그의 임재를 보여주는 특별한 일이 일어난 것이다. 바울의 성품과 행동의 변화는 하나님의 능력을 증거하는 놀라운 발전이다. 그러므로 다른 사람들은 이 바울의 삶을 통해 주의 영광을 인식할 수 있다. 이러한 하나님의 영광과 그것에 대한 인식은 모든 신자와 모든 공동체의 경험이 될 수 있고 되어야만 한다. 하나님의 구원과 변화의 능력이 역사하는 곳이면 어디든, 믿음의 눈을 가진 자들에게 하나님의 영광이 나타난다. 이러한 실제적 경험이 없는 곳에는 무기력한 믿음과 피상적인 예배만 있을 것이며, 기껏해야 과거 세대의 경험을 되풀이하게 될 것이다.^{사 43:18-19}

유력한 사도들을 방문함
갈 2:1-10

사전검토

예루살렘에서는 실제로 어떤 일이 벌어졌는가? 그리고 갈라디아서 2장 1-10절에 제시된 바울의 내러티브는 사도행전 15장 1-21절에 나타난 누가의 내러티브와 어떻게 연결되는가? 그들은 같은 사건에 대해 기록하고 있지만 사건에 대한 이해가 다를 뿐인가? 아니면, 같은 주제를 공유하는 다른 사건에 대해 언급하고 있는가? 이러한 문제들은 갈라디아서에 나타난 가장 도전적이고 복잡한 역사적 이슈에 해당한다.

1장 18절과 21절에서 볼 수 있는 것처럼, "그 후"라는 전환구는 바울의 삶에 관한 내러티브에서 새로운 사건을 시작한다. 여기서는 두 번째 예루살렘 방문이 시작된다. 이 내러티브는 뚜렷한 단락 구분 없이 철저한 논리적 흐름을 형성한다. 내러티브의 흐름을 띄는 3-5절의 삽입구적 진술에도 불구하고, 6-10절은 헬라어 원어로 한 문장으로 구성된다. 서두는 방문의 배경과 목적을 밝힌다. 삽입구적 자료에서 바울은 예루살렘에서의 열띤 토론을 유발한 이슈들에 대해 암시한다. 6-10절에서는 바울이 예루살렘 지도자들과의 협상을 통해 얻은 결과에 대해 언급한다. 이야기의 초점은 바로 이 부분에 맞추어진다.

이 방문에 대한 보도는 여러 면에서 바울의 핵심 주장에 기여한다. 사실 1장의 이전 장면에서 발견되는 모든 요소는 여기서도 나타난다. 즉, 하나님은 그의 목적과 인도하심을 계시하시며, 바울은 본질상 예루살렘과 상호의존적인 동시에 독립적 원천을 가지며, 다른 신자는 바울의 삶에 나타난 하나님의 행위를 인정하고 받아들여야 한다는 것이다. 이 모든 요소는 바울의 메시지와 사역은 하나님의 인정을 받은 것이라는 핵심적 주장을 뒷받침한다.

그러나 이 이야기에는 새로운 요소도 나타난다. 이 새로운 사건은 바울이 갈라디아 교회들에게 전하고 있는 이슈 가운데 일부와 관련된다. 이 요소는 자서전적 단원을 끝맺는 안디옥 에피소드에 다시 나타난다. 바울은 이런 식으로 자신의 이야기를 갈라디아 사람들의 경험과 연결한다. 바울은 5절에서 이러한 연결을 명확히 보여준다.

서신의 구조에 비추어볼 때, 이 주제를 도입한 것은 지금까지 이 서신의 주요 의제였던 바울과 그의 신뢰성으로부터 갈라디아 사람들과 그들의 문제로 초점을 전환하도록 돕는다. 이 주제는 특히 할례2:3와 식탁 교제2:12에 있어서 이방인이 유대 율법을 어떻게 지킬 것인가라는 문제를 다룬다. 한 마디로, 바울의 경험은 그의 복음의 진리를 뒷받침할 뿐만 아니라 이방인이 본받아야 할 모범을 제공한다는 것이다.

개요

예루살렘 방문의 목적, 2:1-2
해결해야 할 이슈, 2:3-5
방문의 결과, 2:6-10

주석

예루살렘 방문의 목적2:1-2

바울은 예루살렘에서 일어난 초기 기독교 운동과의 관계를 설명하기 위해 자신의 삶에서 중요한 시기에 대한 진술을 이어간다. "그 후"라는 단어는 세 구절1:18, 21: 2:1 모두에서 사실상 "이어서"라는 의미가 있다. 바울이 언급한 공백 기간은 "십사 년"이다. 이것은 독자에게 오랜 후의 일임을 보여주려는 의도가 분명하다. 한 명의 핵심 인물이 회심한 후 유력한 지도자들을 거의 만나지 않고도 복음을 전하고 가르치는 사역에 나섰다는 것은 얼마나 놀라운 일인가^{행 9:20, 28; 11:26; 13:1 참조}! 나는 앞서 1장 18절에 언급된 삼 년의 기간이 바울이 개종한 때로부터 시작된다고 주장한 바 있다. 왜냐하면, 그 시점이 바울이 다른 사람의 영향을 받았느냐는 핵심 이슈를 추적할 수 있는 출발점이 되기 때문이다. 같은 이유로, 2장 1절의 "십사 년 후에"라는 바울의 언급 역시 그가 개종한 시점으로부터 계산해야 할 것이다. 이 경우, 삼 년은 십사 년 안에 포함된다.

"십사 년 후에 내가 바나바와 함께 디도를 데리고 다시 예루살렘에 올라갔나니."^{2:1} 갈라디아서에 따르면, 이것은 바울의 개종 후 두 번째 예루살렘 방문이다. 사도행전에는 바울의 두 번째 예루살렘 방문이 11장 27-30절과 12장 25에 언급되며, 바울은 흉년을 당한 예루살렘에 부조를 전달하기 위해 방문한다. 그러나 갈라디아서 2장 1-10절의 내용은 사도행전 15장 11-29절에 언급된 방문과 더 유사하다. 어쨌든, 이방인의 할례라는 중요한 문제를 논의하기 위한 예루살렘 회의가 여러 차례 열릴 수도 있지 않은가? 그리고 사도행전 15장과 갈라디아서 2장의 내용이 다르다고 해도, 우리는 이미 바울이 이 만남에 대해 잘못 전달된 부분을 바로 잡으려 한다는 사실을 알고 있지 않은가? 따라서 특별히 놀랄 이유는 없다.

그러나 이러한 관점에도 문제는 있으며, 따라서 현재의 이야기를 사도행전 11장 27-30절과 연결하거나 다른 재구성^{서론 및 아래 참조}을 제시하는 사람도 있다. 바나바는 사도행전 11장과 15장 모두에서 바울과 동행한 동료도 언급된다. 그는 예루살렘과 안디옥의 지도자였으며, 바울을 지지하는 동역자였다.^{행 4:36-37; 9:27; 11:22-26; 고전 9:6} 이곳 본문과 갈라디아서 2장 9절은 내러티브의 초점을 바울에게 맞추지만, 바나바를 바울과 동등한 사역자로 본다. 바나바와 대조적으로 디도는 확실히 바울의 보호 아래 있는 인물로 제시된다. 그는 헬라인으로^{3절}, 바울을 통해 개종하였으며^{딛 1:4}, 바울의 사역을 돕는 자였다.^{고후 2:12-13; 7:6, 13; 8:6, 23}

바울은 예루살렘 여정이 "계시를 따라"^{2:2} 이루어졌다고 언급함으로써 자신의 삶에 나타난 하나님의 행위에 주목했다. 바울은 여기서 자신의 사역이 사람에게서가 아니라 하나님에게서 왔다는 사실을 다시 한번 강조한다. 이 구절과 1장 12절 및 16절과의 평행은 분명하다. 부활 현현^{1:16}과 이 계시^{2:2}는 둘 다 바울의 목적을 위해 같은 주장을 뒷받침한다. 그러나 두 본문은 뚜렷이 드러나는 차이가 있다. 전자는 한 사도에게만 임한 독특한 형식의 계시로, 모든 기독교 진리의 규범이 된다. 그러나 후자는 이 경우에만 적용되거나 바울에게만 해당하는 계시가 아니다. 그것은 특수한 상황에서 주어지는 신적 인도하심이다. 바울은 이 계시의 형식^{예를 들면, 꿈, 환상, 예언, 상징}에 대해 언급하지 않는다. 평행절로 볼 수 있는 사도행전의 본문에도 이런 부류의 계시는 없다. 아가보에게 흉년에 대한 예언이 임하지만^{행 11:28}, 바울이 예루살렘을 방문한 배경이 되는 부조에 관한 계시는 아니다. 사도행전은 교회가 바울 일행을 지명하여 예루살렘 총회에 보냈다고 말한다.^{행 15:2} 그러나 인간의 결정이라고 해서 계시의 가능성이 배제되는 것은 아니다. 사도행전 11장 27-30절에 언급된 흉년으로 인한 방문은 두 현상이 얼마나 밀접하게 연결되어 있는지를 보여준다.

이제 바울은 예루살렘 방문의 목적이 "복음을 그들에게 제시"하는 것임을 명확히 밝힌다. "제시하다"라는 동사는 바울과 예루살렘의 특별한 관계를 표현하는 네 가지 핵심 동사 가운데 세 번째다.^{1:16, 18; 2:6도 보라} 이곳의 용례가 중요한 것은 바울이 자신의 복음과 관련한 예루살렘 지도자들과 교류를 인정하기 때문이다. 얼핏 보면 이러한 인정은 그동안 바울이 강력히 부인해왔던, 자신의 복음은 예루살렘과 무관하다는 주장과 배치되는 것처럼 보인다. "제시하다"라는 단어는 "상호 협의나 고찰을 위해 정보를 제공하다"라는 의미가 있다. 그러나 이 단어에는 당사자 상호 간의 지위나 신분에 관한 함축은 없다.^{Dunn 1993: 114} 이런 점에서 "제시하다"라는 단어는 바울이 1장 16절에서 유력 인사들과의 의논을 부인할 때 사용한 동사와 다르다. 따라서 바울이 말하고자 하는 것은 자신이 전하는 복음의 권위를 위해 예루살렘의 인정을 받겠다는 것이 아니라 기꺼이 상호 분별과 협력을 하겠다는 것이다. 동시에, 이 복음에 관해 예루살렘 지도자들과 논의하겠다는 것은 바울이 그들의 지위와 역할을 존중한다는 사실을 말해준다. 이 어법은 그들이 논의할 주제가 바울의 이방인 사역의 근간이 되었던 새로운 내용임을 분명히 한다.

바울은 "그들에게"라는 대명사를 선행사 없이 사용한다. 바울이 나중에^{2:6, 9} 다시 사용하는 "유력한 자들"^{지도자들[RSV], 구체적으로는 야고보, 게바, 요한을 가리킨다}이라는 용어는 그가 누구를 염두에 두고 한 말인지를 보여준다. 그러나 선행사도 없이 사용된 이 대명사는 갈라디아의 문제가 바울과 예루살렘 사도들의 관계와 얼마나 밀접하게 연결되어 있는지를 보여준다. 바울은 이 문제에 관한 생각에 몰입해 있다.

논의는 오직 유력한 자들과의 은밀한^{"사사로이 한"} 방식을 통해서만 이루어졌다. 이 점을 분명히 한 NRSV의 번역은 바람직하다. 일부는 이 텍스트가 두 차례의 모임에 대한 언급일 수 있다고 주장한다. 하나는 광범위한 공적 그룹^{"그들에게"}에 대한 언급이며, 또 하나는 선택된 그룹에 대한 언급이라는 것이다. 이 주장은 갈라디아서 2장과 사도행전 15장이 동일한 역사적 사건을 가리킨다고 생각하여 두 본문을 조화시키고 싶어 하는 학자들의 관심사를 반영한 것으로 보인다. 사도행전 15장과의 조화가 가능하느냐는 문제는 사실 이곳의 "유력한 자들"이 9절의 "기둥같이 여기는" 세 사람^{야고보, 게바, 요한}과 동일 인물이냐, 아니면 다른 사람들이 포함되느냐에 달려 있다. 사도행전 15장은 사도와 장로들의 모임에 대한 언급이다. 두 본문의 연결을 받아들일 경우, 바울이 만난 사람은 기둥같이 여기는 세 사람을 대표로 하는 폭넓은 지도자 그룹이 된다. 그러나 야고보와 게바와 요한이 유일한 논의 대상이라면, 갈라디아서 2장과 사도행전 15장을 조화시키기 어려울 것이다. 갈라디아서 2장 2절과 6절 및 9절에 기록된 지도자들에 대한 바울의 진술은 그가 다른 사람은 만나지 않고 다만 기둥같이 여기는 지도자들만 만났을 뿐이라는 사실을 보여준다. 이러한 소규모의 사적인 모임은 그곳에 가만히 들어온 자들이 있다는 상황적 맥락4절과 부합된다. 따라서 만일 바울이 사도행전 15장에 기록된 것과 동일한 사건에 대해 말하고 있는 것이라면, 누가가 이 논의의 규모나 공식적 성격을 부풀린 것이 분명하다.

바울은 자신이 "달음질하는 것이나 달음질한 것이 헛되지 않게 하려" 예루살렘 지도자들과의 만남을 원했다고 말한다. 이 진술은 언뜻 보기에 놀랍다. 왜냐하면, 바울이 이 시점에서 자신의 사역에 대한 의심이나 불안을 인정한다는 것은 그를 믿지 않는 독자를 설득하는 데 필요한 자신에 찬 어조를 약화하기 때문이다. 확실히 이러한 자신감은 이 내러티브의 나머지 부분에 두드러지게 나타난다. 우리는 여기서 바울에게 중요한 어떤 일이 진행 중임을 알 수 있다. 그렇지 않다면, 바울이 이처럼 약한 모습을 피했을 것이다. 바울은 자신의 소명이나 메시지의 정당성에 대해서는 의심하지 않았다. 그는 그 부분에 대해 강력히 부인한다. 바울은 자신의 개종이나 복음 이해에 대한 확인을 위해 다른 신자를 찾아갈 필요가 없었다.1:16 참조

오히려 바울은 사역의 성공 여부가 자신 밖의 요소에 달려 있다고 생각한다. 이러한 요소들 가운데 하나는 예루살렘 교회다. 즉 예루살렘에 있는 유대 그리스도인 신자들에게 달렸다는 것이다. 바울은 확실히 자신의 이방인 사역에 대해 예루살렘의 인정을 받고 싶어 했다. 바울은 교회 지도자들이 그의 사역을 인정하지 않거나 축복하지 않는다면, 갈라디아의 사례에서 볼 수 있듯이 그의 복음을 둘러싼 갈등이 사역의 성공을 위협할 것으로 생각했다. 그러나 이 문제는 바울이 수고한 사역의 성공이나 유지라는 간단한 문제로 끝나지 않는다. 바울은 유대인에 대한 하나님의 약속에 대한 성취나 완성의 개념으로서 모든 백성의 교회에 대한 비전이 있다. 따라서 바울은 유대인과 이방인의 연합이 하나님의 전체적 목적을 성취하는 데 중요한 요소가 된다고 생각한다.아래 TBC 및 TLC 참조

해결해야 할 이슈2:3-5

이방인에 대한 바울의 메시지의 핵심 요지 가운데 하나는 이방인에게 할례는 불필요하다는 것이다. 이것이 바울을 반대하는 핵심 이슈가 되었다는 사실은 갈라디아서 전체에 잘

나타난다.^{5:2-3, 6, 11; 6:12-13, 15 참조} 이제 바울은 "헬라인 디도까지도 억지로 할례를 받게 하지
아니하였으니"^{2:3}라는 진술을 통해 이 문제를 직접 다룬다. 디도의 존재는 할례 문제의 시
금석이 된다. 아마도 바울은 디도를 데려가기로 마음먹은 순간 이런 역할을 염두에 두었을
것이다. 바울은 할례 문제를 위해 지도자들과 만난다는 사실을 보도하는 일보다 이 사실의
신학적 의미를 강조하는 데 더 많은 관심을 가진다. 지도자들이 디도의 할례를 주장했다
면, 그것은 바울의 사역에 대한 거부이자 그의 사역이 헛된 것임을 알리는 시그널이 되었을
것이다. 따라서 이 절에서는 앞 절과의 강력한 대조^{"그러나"}가 이루어진다.

"억지로"라는 단어는 갈라디아서에서 다양한 율법적 행위 및 할례에 대한 바울의 관점을
이해하는 데 중요하다. 이 단어는 갈라디아서에서 세 차례 등장한다. ¹ 이곳, ² 베드로가 안
디옥의 이방인을 억지로 유대인답게 살게 했다는 2장 14절, ³ 선동자들이 바울의 독자에게
억지로 할례를 받게 했다는 6장 12절. 본문을 이런 식으로 연결한 것은 바울이 이 방문에
대해 소상히 기록한 목적을 잘 보여준다. 이것은 갈라디아의 문제점에 대한 직접적 언급이
다. 바울이 "억지"를 강조한 것은, 이방인에 대한 할례를 반대한 것이 할례의 행위 자체에
대한 것이 아니라 거짓 선생들이 그것에 절대적 가치를 부여하였기 때문이라는 사실을 보
여준다. 할례 자체는 악한 것이 아니다. 반대자들은 하나님이 받으시는 자가 되기 위해서
는 할례를 비롯한 율법적 행위들이 필요하다고 가르쳤다.

이것은 바울이 할례나 무할례는 아무 효력이 없다고 했다가^{5:6; 6:15}, 할례는 그리스도에게
서 끊어지게 한다고 말한^{5:4} 이유를 설명한다. 우리가 할례는 본질적인 것으로 다룰 때만 위
협이 된다는 사실을 이해하지 못한다면, 두 본문은 상호 모순되는 것처럼 보일 것이다. 구
원과 합당한 삶의 충분한 근거가 되는 그리스도의 죽음과 부활의 가치와 할례의 가치가 충
돌하는 곳은 바로 이 부분이다.^{2:21; 5:4; 6:14도 참조하라} 우리는 바울의 관점을 이처럼 명확히 함
으로써, 그가 유대 신자들에게 억지로 유대의 종교적 관습^{율법적 행위}을 버리게 하지 않은 이유
나, 어머니가 유대인이어서 유대인으로 분류되는 디모데에게 할례를 행한 이유를 알 수 있
다.^{행 16:3}

이제 바울은 또 하나의 사건에 초점을 맞춘다. "이는 가만히 들어온 거짓 형제들 때문이
라"^{2:4} 바울은 일련의 사상을 시작하지만, 이 사상은 결국 마무리되지 못한다. 바울은 이 침
입자들의 등장이 어떤 결과를 초래했는지에 대해 언급하지 않는다. 이것은 아마도 그렇게
할 경우, 문장 중간^{5절}에서 이 침입자들이 성공을 거두지 못했다는 전환점이 흐려질 것을 우
려하였기 때문일 것이다. 3절과 4절의 연결은 침입자들이 디도에게 할례를 강요했음을 보
여준다.

이 침입자들이 누구인지는 분명하지 않다. 그들은 기독교 공동체에 속하지만, 주요 지도자 가운데 하나는 아닐 것이다. 사도행전 15장의 토론에서 바울의 반대자들은 바리새파로 언급된다.행 15:5 바울의 관점에서 볼 때, 그들은 지도자가 아니며 그들을 추종하는 세력도 없다. 바울은 이 침입자들이 자신의 사역에 어떤 영향을 미쳤는지에 비추어 그들의 행동과 동기에 대해 서술한다. 그들은 자신이 진리를 수호한다고 생각했을 것이다. 바울에게, 그들은 "그리스도 예수 안에서 우리가 가진 자유를 엿보고 우리를 종으로 삼고자" 가만히 들어온 자들이다. 바울은 갈라디아 사람들이 이들을 믿지 못하도록 침입자 이미지를 사용한 것으로 보인다. 그러나 바울이 이 용어를 사용한 데에는 그가 존경하는 사람들과 은밀히 논의한 내용을 보존하려는 목적도 있었을 것이다. 어쨌든 이 용어는 정치적 책략을 반영하며, 자유와 종이라는 광범위한 주제를 강조한다.

자유/종이라는 용어의 도입과 함께, 바울은 갈라디아서에서 두드러지게 나타나는 주제를 끌어온다.4:3-11, 21-31; 5:1, 13-26 이 강력한 언어는 바울의 논쟁에 효과적으로 기여한다. 또한 이 개념은 당면한 현안에 대한 중요한 신학적 통찰력을 제시하는 한편, 감정적 충격도 가한다. 바울은 할례를 요구하는 것은 자유와 종의 문제라고 말한다. 할례의 의무는 예수 그리스도께서 주신 자유를 잠식하는 일종의 노예화라는 것이다. 할례는 그리스도께서 구속하신 율법 아래에서 사는 유대적 삶의 방식의 표본이다.3:13; 4:5 침입자들은 성경이 이스라엘에게 명한 이 관습은 메시아이신 예수를 따르는 자들에게 반드시 필요하다고 주장한다. 그들이 자신의 생각을 억지로 부과하려는 시도는 다른 사람을 종으로 삼으려는 행위나 같다.

결국 바울은 이러한 예속이 율법의 요구와 예수에 대한 믿음을 혼합했기 때문이라는 사실을 내비친다. 그러나 현 상황에서 바울은 이 잘못된 선생들의 지배적 영향력에 맞서 이방인 사역을 보호하는 데 초점을 맞춘다. 가만히 들어온 교사들은 갈라디아 사람들을 예속시켜 암암리에 율법의 종을 만들고자 했다. 바울은 "그들에게 우리가 한시도 복종하지 아니하였으니"2:5라는 대답으로 이러한 사실을 확인한다. 바울은 주인과 종의 관계라는 정치적 이슈를 염두에 두고 있다. 바울은 그룹 내 어떤 권위도 인정하지 않는다. 따라서 이 진술은 하나님이 직접 바울의 복음을 권위 있게 하셨으며, 따라서 어떤 인간의 권위에도 의존하지 않는다는 이곳의 주장을 뒷받침한다.

우리는 이 편지의 중요한 쟁점에 이르렀다. 바울은 가만히 들어온 침입자들을 반대하는 이유를 진술한다. **"이는 복음의 진리가 항상 너희 가운데 있게 하려 함이라."** 바울은 2장 14절에서 다시 한번 "복음의 진리"라는 구절을 반복한다. 골로새서 1장 5절을 제외하면 바울서신 어디에도 나타나지 않는 이 구절은 바른 신앙과 행위를 변호한다는 이 편지의 핵심 관심사를 압축한다.[1:6-7; 2:14; 5:7] 바울에게 복음의 진리는 복음의 합리성이나 논리적 일관성을 의미하지 않는다. 복음의 진리란 하나님의 뜻에 일치하는 복음이라는 뜻이다. 이곳에서는 특히 복음의 순수성을 강조한다. 당면한 이슈는 신앙과 행위에 있어서 어떤 것이 이 복음과 일치하며 어떤 것이 양립할 수 없느냐는 것이다.

바울이 "거짓 형제들"이라고 부른 예루살렘의 극단주의자들은 바울과 그의 일행을 지배하려고 했다. 그러나 바울은 자신이 모든 신자를 위해 싸우고 있다고 생각했다. 바울은 갈라디아 사람들[너희]의 자유를 위해 싸우는 중이다. 바울의 정직성에 대한 이 부가적 주장은 동일한 "거짓 형제들"의 지배욕에 직면한 갈라디아 사람들의 경험을 바울의 이야기와 연결한다. 바울은 이런 식으로 갈라디아 사람들이 자신을 인정해줄 것을 촉구하며, 그들과 같은 편에 선다.

방문의 결과[2:6-10]

예루살렘 모임에 관한 이야기는 6절부터 다시, 2절에서 다루었던 '바울과 예루살렘 지도자들과의 관계 및 바울의 복음 이해에 대한 그들의 반응'에 대한 이야기의 줄거리를 이어간다. 바울은 그곳의 지도자들과 논의하기 위해 예루살렘으로 갔으나[2:2], 이제 그 일에 대해 오해하지나 않을까 염려한다. **"저 유력한 이들은 내게 의무를 더하여 준 것이 없고."**[2:6] 개종 후 두 번째 예루살렘 방문을 앞두고 바울은 초기 지도자들의 조언을 원하지 않았다. 다만, 바울은 의무[확실히 바울은 상호 책임을 염두에 두고 있다]를 다해야 하므로 예루살렘의 권위를 일정 부분 인정한다. 이것은 자신의 사역이 하나님의 권위를 배경으로 한다는 그의 주장을 부인하는 것이 아니다. 예루살렘 지도자들이 새로운 것을 더하여 준 것이 없다는 언급은 바울의 입장에 변함이 없으며, 그의 지위가 그들과 동등하다는 사실을 보여준다!

"더하여 준 것이 없고"라는 표현에 사용된 동사는 "내가 곧 혈육과 의논하지 아니하고"라는 1장 16절의 중요한 진술에도 사용된다. 영역 성경이 보여주듯이, 영어 문법에서는 이 동사의 주어가 예루살렘의 유력한 자들이기 때문에 다른 의미를 부여할 수 있다. 그러나 두 경우 모두, 높은 권위가 낮은 권위에 영향을 미친다는 "의논"[조언]의 개념을 가진다. 따라서 이 구절[6절]에서 바울은 예루살렘의 유력한 자들이 그들의 지위를 이용하여 바울의 생각을 바꾸려 하지 않았다고 말한다. 그들이 기여하거나 "더하여 준 것"이 없다는 언급은 거짓 형제들이 강요했던 할례와 같은 율법을 지키라고 요구하지 않았다는 뜻이다. 예루살렘의 지도자들은 바울에게 이러한 압력을 가하지 않았다. 이렇게 해서 바울은 예루살렘의 조언

^{"의논"} 없이 사도적 권위를 인정을 받았다는 사실을 보여준다. 바울의 사도적 권위는 예루살렘 지도자들의 권위보다 열등한 것이 아니며 종속된 것도 아니다.

바울은 자신의 권위가 온전함을 보이기 위해 예루살렘 지도자들에 대한 묘사에 신중을 기한다. 바울은 온 교회가 그들을 알고 있으며, 따라서 그들을 인정받는^{"유력한"} 지도자로 서술하지 않을 수 없다. 그러나 바울은 갈라디아의 선생들이 이 용어를 이용하여 "유력한" 지도자들의 말이 바울의 말보다 권위가 있다는 결론을 끌어내지 못하도록, 다른 표현^{"기둥같이 여기는"[9절]}을 덧붙인다. "유력한 이들"의 문자적 의미는 "주요 인물처럼 보이는 사람"이라는 뜻으로, 영어권에서는 부정적 의미로 사용된다. 그러나 당시 사람들에게 이 용어는 사회적으로 "유명한" 사람을 가리킨다.^{2:6, RSV} 이 단어는 긍정적 의미에서 실제로 탁월한 사람을 가리키거나, 부정적 의미에서 실체가 없이 이름만 유명한 사람을 가리킨다. 바울은 두 가지 의미 사이에서 아슬아슬한 줄타기를 한다.

6절의 "유력하다는 이들 중에"라는 표현은 2절, 6절, 9절의 유사한 용례에도 불구하고, 바울이 일반적으로 통용되는 이 용어를 탐탁지 않게 생각함을 보여준다. 6장 3절에도 "누가… [무엇이] 된 줄로 생각하면"이라는 유사한 표현이 사용된다. 후자의 경우, 부정적 어조가 분명히 드러난다. 그러나 두 본문은 차이가 있다. 바울은 예루살렘 지도자들의 명성을 부인하지 않기 때문이다. 오히려 2장 1-10절의 확장된 본문은 바울이 자신의 리더십과 권위를 축소하지 않으면서 야고보, 게바, 요한의 리더십과 권위를 인정하는 모습을 보여준다. 바울과 그들의 권위와 책임은 상호적이다.

바울은 두 개의 삽입구적 진술을 통해 자신의 요지를 이중으로 강조한다. 첫 번째 진술은 인구에 회자하는 말이다 "본래 어떤 이들이든지 내게 상관이 없으며." 이것은 바울이 그들의 지위를 경시한다는 말이 아니다. 바울이 자신의 달음질이 헛되지 않도록 그들과 논의하고 싶어 했다는 사실은 정반대의 의미를 보여준다. 이 구절을 이해하는 열쇠는 "본래"라는 단어다. 이 단어의 문자적 의미는 "한때는"이다. 바울은 야고보와 게바와 요한이 역사적 예수와 친분이 있다는 사실은 중요하지 않다고 생각하는 것 같다. 그것이 예수님의 제자로 지낸 적이 없는 바울보다 높은 지위를 부여하는 것은 아니라는 것이다. 그러나 예루살렘 방문을 통해 맺어진 이 지도자들과 바울의 관계가 갈라디아의 당면한 문제와 무관하다는 것은 더욱 아니다. 어쨌든, 바울은 예루살렘의 권위를 바울의 권위보다 우위에 두려는 자들을 반박하고 있다. 바울은 예루살렘 지도자들이 자신과 이견을 보이거나 권위로 자신을 압박한 사실이 없음을 보여준다. 중요한 것은 진리 문제 자체다. 이어지는 안디옥 에피소드는 이런 사실을 잘 보여주는 사례다.

삽입구 내의 두 번째 진술은 신학적 요소다 "하나님은 사람을 외모로 취하지 아니하시나니." 바울은 예루살렘 지도자들의 평판을 깎아내리려 하지 않는다. 하나님은 개인에 대해 기존의 지위나 신분에 기초하여 판단하지 않으신다. 바울은 여기서 구약성경의 원리레 19:15; 신 1:17; 대하 19:7; 시 82:2를 사용한다. 하나님이 보시기에 예루살렘 지도자들이나 바울의 진리에 대한 권위는 사회적 지위에 따라 달라지지 않는다는 것이다. 이 원리는 모든 지도자를 동일선상에 세우며, 교회를 위한 하나님의 뜻을 분별하는 권위를 공유하게 한다.

앞서 살펴보았듯이, 바울은 개인적 권위를 주장하지만, 모든 초점을 항상 자신보다 이방인을 위한 복음 사역에 맞춘다.갈 2:5 참조 하나님의 공정성이라는 주제 역시 같은 맥락에서 이해할 수 있다. 바울은 갈라디아서에서 하나님의 공정성이라는 개념을 사용하여 교회 안의 모든 사람은 인종, 성별, 사회적 지위와 관계없이 평등하다는 원리롬 2:11; 엡 6:9를 옹호한다. 로마서 2장 11절과 3장 22절은 유대인과 이방인이 동등함을 구체적으로 밝힌다.행 10:34; 갈 3:28; 골 3:11 참조 이것은 갈라디아서의 핵심 이슈다.

바울은 현재의 본문에서 유대인과 이방인이 하나님 앞에서 평등하다고 말하지 않는다. 그러나 바울은 이곳에서 이방인 신자와 유대인 신자가 교회를 위한 방향을 설정할 때 동등한 지위를 가진다는 사실을 암시한다. 이방인이 예루살렘에 종속된다는 것은 할례와 같은 유대 율법의 요구에 복종한다는 것이다. 이러한 종속이나 복종은 그리스도 안에서 모든 신자의 평등과 복음 안에서의 자유를 훼손한다.2:4-5를 보라 그러므로 바울은 둘 다 반대한다. 그는 2장 15-17절에서 신학적 근거를 제시하며 서신 전체에서 이 문제를 다룬다.

바울이 보기에 예루살렘 지도자들은 부족한 것을 보충하는 방식으로 복음을 수정하려고 하지 않았다. 오히려 그들은 바울의 이방인을 위한 복음 사역이 하나님의 뜻임을 인정했다. 7절부터 시작되는 강력한 대조도리어는 이 모임을 통해 새로운 통찰력을 가지게 된 쪽은 바울이 아니라 예루살렘 지도자들임을 보여준다. 그들은 하나님이 바울에게 이방인 사역을 맡기시고 그의 사역에 은혜로 역사하신 사실을 보고 인정함으로써 이런 통찰력을 가지게 된 것이다.9a절 그 결과, "기둥같이 여기는" 지도자들은 바울과 바나바를 같은 목적을 위해 일하는 동역자로 인정한다.9b절

예루살렘 지도자들은 바울이 "무할례자에게 복음 전함을 맡은 것이 베드로가 할례자에게 맡음과 같은 것"2:7을 보았다. 이것은 사도행전 15장에서 볼 수 있는 것처럼, 바울이 예루살렘 방문 중 자신이 받은 소명과 실제적인 사역 활동 및 결과에 대해 알렸음을 보여준다. 디도는 바울의 개종이 복음에 미친 영향을 보여주는 살아 있는 사례다. 지도자들은 바울의 보고를 통해 하나님이 바울의 사역에 역사하심에 대한 영적 통찰력을 얻을 수 있었

다. "맡다"라는 동사의 수동태 had been entrusted 는 성경에서 흔히 볼 수 있는 전형적인 신적 수동태에 해당하며, 하나님의 행위를 간접적으로 보여준다. 즉, 하나님은 무할례자들에게 구원의 복음을 전하는 임무를 바울에게 맡기셨다는 것이다. 이 동사는 하나님이 바울이 전하는 메시지를 인정하셨으며 특별한 사역을 위해 그를 세우셨다는 사실을 보여준다.

"무할례자"와 "할례자"는 각각 이방인과 유대인을 가리키는 일반적 표현이다. 이곳과 다른 곳에서의 용례는 할례가 얼마나 유대인과 이방인의 정체성을 상징적으로 구분하는지를 보여준다. "무할례자를 위한 복음"과 "할례자를 위한 복음"은 일반적인 표현이 아니다. 표면상 두 개의 다른 복음을 지칭하는 이 언급은 다른 복음은 없다는 1장 6-9절의 강조와 모순되는 것처럼 보인다. 그러나 바울이 이곳에서 복음을 구분한 것은 메시지를 선포하는 사역에서의 차이를 보여주기 위해서다. 바울과 베드로의 사역을 구분했다는 것은 유대인과 이방인 그리스도인이 각기 다른 문화적 틀 안에서 신앙생활을 했다는 사실을 인정하는 것이다.[2:3, 11-14도 보라] 메시지의 내용은 바울이 전하는 것이나 예루살렘 지도자들이 전하는 것이나 동일하다.

바울이 베드로와 같은 방식으로 복음을 맡았다는 것은 중요하다. 그것은 바울을 기독교 운동의 원래적 지도자와 같은 반열에 놓는다. 이것은 자신의 복음이 예루살렘에 의존하지 않고 독립적이라는 바울의 주장을 뒷받침한다. 이 진술은 베드로가 특정인을 위한 신적 임무를 받았음을 암시한다. 실제로, 사도행전 15장 7절에는 베드로가 받은 임무가 나타난다. 그곳 본문에서 베드로의 임무는 유대인이 아니라 이방인에게 복음을 전하는 것이다. 이러한 베드로의 소명은 부활하신 그리스도의 현현[요 21:15-19; 눅 24:34; 고전 15:5]에 기초한 것으로 보인다. 반면에 베드로의 유대인 사역은 신약성경에 나타나지 않는 결정이나 할례에 기초하여 발전된 것으로 보인다. 어쨌든, 현재의 본문은 유대인 사역의 수장으로서 베드로에 대한 공식적 인정을 반영한다.

바울이 실제로 신적 위임을 받았다는 사실은 8절에 나타난다. "베드로에게 역사하사 그를 할례자의 사도로 삼으신 이가 또한 내게 역사하사"[2:8] 우리는 여기서도 바울과 베드로의 평행을 본다. 두 경우에서 하나님이 그들의 사역을 인정하셨다는 증거는 하나님이 실제로 그 사역에 은혜로 역사하셨느냐에 있다. 사도행전은 이러한 역사하심이 베드로와 바울의 사역에 임하였다는 기록을 보여준다. 그들의 복음 전파에는 악을 무너뜨리는 하나님의 강력한 행위와 신자들에 대한 영적인 복이 징표로 나타난다. 사도행전 10장 47절, 11장 17-18절, 15장 8절, 12절에 따르면, 이러한 징표가 이방인도 하나님의 백성이 될 수 있다는 판단의 기준으로 나타난다. 신자들 가운데 영적인 힘이 역사하고 있다는 사실은 갈라디

아의 오류에 대한 바울의 논박을 뒷받침한다.[3:5; 4:6]

7-8절의 언어는 바울의 전형적인 스타일이 아니며[가령, 게바 대신 베드로라는 호칭을 사용한 것 등], 따라서 바울이 의도적으로 이 모임에서 합의된 공식적인 어법을 사용했을 것이라는 생각을 불러일으켰다. 그러나 이러한 주장은 추측일 뿐이며 확실한 근거는 없다. 바울이 "사도"라는 단어를 자신에게는 적용하지 않고 베드로에게만 적용한 것[한글성경은 둘 다 나타난다/역주] 역시 예루살렘이 이 호칭을 바울에게 사용하지 않았음을 보여주는 것일 수 있다. 그러나 바울이 예루살렘과의 동등한 지위를 주장하며 자신의 사도직을 옹호하는 자리에서 이처럼 모호한 태도를 보인다는 것은 생각하기 어렵다. 이러한 양면성은 대적들만 이롭게 할 것이다. 아마도 바울은 앞 절의 "복음 전함을 맡음"이라는 반복구처럼, 이 병행구에서 사도라는 단어의 반복을 피했을 것이다. 생략이라는 문법적 형태는 헬라어에서 흔히 볼 수 있는 수사학적 기법이다.

예루살렘 지도자들은 바울이 하나님의 부르심을 받았다는 증거를 보았을 뿐만 아니라 "내게 주신 은혜"도 알았다.[2:9] 이곳의 "은혜"는 신적 미덕이나 능력이라는 의미가 있다. 이 것은 신약성경에서 은혜의 선물로 불리는 성령의 은사와 밀접한 관련이 있다. 바울의 사역은 하나님의 은혜로우신 성품과 행위[은혜]를 사역의 능력으로 드러낸다. 바울을 사역으로 부르신 은혜[1:15]는 사역의 능력을 주시는 은혜[롬 15:15-16; 고전 15:10; cf. 벧전 4:10]이기도 하다.

이곳에서는 예루살렘 지도자들이 야고보, 게바[또는 베드로], 요한이라는 구체적인 이름으로 제시된다. "야고보"가 가정 먼저 언급된 것은 그가 예루살렘을 이끄는 지도자가 되었음을 보여준다. 박해와 사역으로 말미암아 예루살렘을 벗어나기 전까지는 베드로가 주도적 인물이었을 것이다.[1:18 참조] 세 사람은 "기둥같이 여기는" 자들이다. 2절과 6절에서 지도자들을 묘사할 때 사용된 용어는 여기서도 반복되지만, "기둥"이라는 단어가 추가된다. 지도자를 "기둥"으로 부르는 방식은 유대와 헬라적 상황에서 잘 알려진 관행이다. 유대교에서 이 단어는 전형적으로 아브라함과 이삭과 야곱이라는 세 사람에게 적용된다. 그러나 신약성경에서 교회 지도자를 기둥으로 부른 것은 이곳이 유일하다. 따라서 이 단어는 예루살렘 밖에서는 큰 의미가 없었는지도 모른다. 교회의 터로서 사도와 선지자의 이미지[엡 2:20; cf 마 16:18]에는 이와 유사한 평행을 찾을 수 있다. 기둥이나 터와 같은 용어는 그들이 교회를 인도하는 역할에 큰 의미를 둔다. 그러나 교회가 자신을 새로운 족장들의 터 위에 선 새로운 이스라엘로 보았다는 주장은 흥미롭기는 하지만 추측일 뿐이다. 이 용어에 대한 바울의 모호한 태도와 그 이유에 대해서는 6절을 참고하기 바란다.

바울은 계속해서 예루살렘 지도자들과의 만남을 통해 나온 구체적인 결과에 대해 언급한다. 그는 공식적인 합의 문구 대신 "나와 바나바에게 친교의 악수를 하였으니"라는, 합의를 상징하는 언어로 시작한다. 악수를 하는 행위는 교제와 합의를 의미하는 일반적인 문화적 관습으로, 이곳에서는 두 가지 의미 모두 적용된다. 악수는 "친교"라는 단어가 암시하듯이 관계와 신뢰의 요소를 강조한다.

이어서 합의 내용이 제시된다. "우리는 이방인에게로, 그들은 할례자에게로 가게 하려 함이라." 이것은 전체 사역 안에서 각자의 책임 영역을 인정한다는 것이다. 이곳의 언어는 8절과 유사하지만, 동사가 나타나지 않고^{NRSV는 "가다"라는 동사를 삽입한다} "사도"라는 단어는 생략된다. 후자의 경우, 바울이 자신과 바나바를 하나로 묶고, 야고보와 요한을 베드로와 한 그룹으로 묶는다는 점에서 이해가 된다. 7절과 8절에서 베드로와 바울은 유대인 사역과 이방인 사역을 대표하는 인물로 제시된다. 이제 바울은 이 합의를 이행하기 위한 두 진영의 인사들에 대해 언급한다. 야고보와 요한이 두 사역 모두와 관계하지 않고 유대인 사역 그룹으로 분류된 것은 의미가 있다. 두 진영으로 나뉜 운명적인 이동은 이어지는 갈등에 영향을 미치며^{2:11-12 참조}, 주후 2세기 유대 기독교의 궁극적 몰락을 초래하게 된다.

구체적인 합의는 신학적이기보다 실천적이다. 이 합의는 선교 전략과 관계가 있다. 예수 그리스도를 믿는 신자들은 유대인과 이방인이라는 두 방향으로 기독교 운동을 전개할 것이다. 그들이 신학적인 문제나 윤리적인 문제가 아닌 실천적 문제에 대한 합의를 이루었다는 것은 중요하다. 사도행전 15장에 나오는 누가의 기록은 훨씬 신학적인 문제를 다루기 때문이다. 이 모임은 실제로 서로의 사역에 대한 비공식적인 상호 축복으로 끝났는가? 이러한 상호 축복에 대한 신학적 정당성은 나중에 다루기로 했는가? 그렇다면, 이것은 기독교 교회에서 처음 일어난 일은 아닐 것이다.

이것은 신학적 이슈가 제기되지 않았다는 말이 아니다. 분명히 신학적 이슈도 배후에서 논의되었을 것이다. 바울은 디도의 경험에서 드러났듯이 이 방문을 통해 할례를 요구할 필요가 없다는 결론에 도달한다. 그러나 그것은 공식적인 합의가 아니다. 이어지는 안디옥 사건들은 유대인 사역과 이방인 사역에 대한 상호 축복이 여러 가지 중요한 신학적 문제와 실천적 이슈들을 남겨 놓았음을 분명히 보여준다.^{2:12 주석 참조} 바울이 이 자리에서 말하고자 하는 것은 예루살렘에 있는 지도자들이 바울의 신적 위임을 수정하거나 통제하지 않고 인정했다는 것이다. 바울의 이야기는 이 목적을 훌륭하게 달성한다.

바울은 이 시점에서 지도자들이 한 가지 특별한 당부를 했다고 말한다. **"다만 우리에게 가난한 자들을 기억하도록 부탁하였으니 이것은 나도 본래부터 힘써 행하여 왔노라."**^{2:10} 이것은 앞서 이루어진 합의에 대한 유일한 예외 사항으로 제시된다. 바울이 선언한 대로,

이 부가적 요구사항은 양 진영의 평등과 상호성에 아무런 영향도 주지 않는다. 더구나 바울은 이미 이 사역에 힘쓰고 있으므로 이 요구가 전혀 부담되지 않는다._{아래 참조}

이곳에 언급된 가난한 자는 확실히 예루살렘과 연결된 집단이다. 사실상, 이 용어는 예루살렘에 있는 모든 성도를 가리킨다고 할 수 있다. "가난한 자"라는 표현은 한 집단의 긍정적인 영적 특징을 묘사하기 위해 일부 유대인 사회_{가령, 쿰란 공동체}에 사용되었다. 유대 기독교에서 나중에 일어난 한 집단은 같은 의미를 가진 에비온파^{Ebionites}라는 이름을 사용했다. 동시에, 이 용어는 경제적으로 착취당한 사람들이라는 본래적 의미도 가진다. 이곳의 본문에는 확실히 이러한 의미가 담겨 있다. 사도행전은 예루살렘 교회의 물질적 필요에 대해 언급한다._{행 6:1; 11:29} 이 언급이 예루살렘 공동체 내의 모든 사람에 대한 경제적 지원을 가리킨다는 것은 바울이 이 목적을 위해 교회에서 헌금을 모으는 활동을 한 사실_{롬 15:25-28; 고전 16:1-4; 고후 8-9장; 행 24:17}에 잘 나타난다.

이곳의 요지는 바울이 이러한 사회적 관심사로 자신의 신학을 매듭짓는 데 동의했다는 것이 아니다. 사실 그의 신학은 이미 이런 사회적 문제를 포괄하는 전체적 신학이었다. 오히려, 사역의 분리에 따른 두 지류 사이의 실제적 분리를 피하고 싶어 한 것은 예루살렘 지도자들이었다. 당시 유대는 그리스 로마의 상황에 비해 사회적, 경제적으로 열악한 상황에 놓여 있었다. 따라서 이러한 분리는 예루살렘 교회의 희생으로 더욱 큰 경제적 불균형을 초래했을 것이다. 확실히 예루살렘 지도자들은 신자들의 물질적 빈곤에 관심을 가졌다. 그러나 이러한 관심은 연합과 친교라는 확장된 비전에 관한 관심이기도 했다. 바울은 예루살렘에 대한 부조를 상징적이고 신학적인 함축으로 이해한 것이 분명하다. 그는 로마의 신자들에게 재정적 지원은 그들이 유대 신자들에게 진 복음의 빚을 갚는 것이라고 했다._{롬 15:27} 이것은 바울이 하나님의 옛 백성_{유대인}과 그리스도 안의 새로운 백성_{유대인과 이방인} 사이의 신학적, 실천적 연속성을 강조하고 있다는 또 하나의 증거다._{갈 2:2 참조}

바울과 예루살렘 지도자들이 가난한 자에 대한 관점을 공유한 사실에 비추어볼 때, "이것은 나도 본래부터 힘써 행하여 왔노라"라는 바울의 결론적 언급을 이해할 수 있다. 예루살렘에 있는 가난한 신자들에 대한 지원은 바울에게 단순한 의무가 아니었다. 그것은 바울의 자의에 따른 것이다. 이 언급은 사실상 바울이 예루살렘에서의 합의가 있기 전부터 이일에 매진해왔음을 보여준다. 이것은 바울과 바나바가 안디옥에서 예루살렘으로 부조를 가지고 갔다는 사도행전 11장 29-30절의 보도와 일치한다. 사도행전에서 말하는 방문은 이곳 본문에서 말하는 예루살렘 방문의 일환이거나_{2:1을 보라} 그 전에 일어났을 것이다. 따라서 그들이 합의한 내용 가운데 하나는 바울이 지금까지 해오던 예루살렘 성도들의 물질적 필요에 대한 지원을 계속하는 것이다. 이러한 합의 내용은 갈라디아 사람들에게 바울을 유대 교회로부터 떼어놓으려는 시도가 얼마나 부질없는 일인지를 인식하게 해준다.

성서적 맥락에서의 본문

리더십과 권위

갈라디아서의 이 부분 전체의 핵심 이슈는 교회 내에서의 권위 문제다. 1장 8절과 12절은 복음 메시지의 권위의 원천 및 인간적 권위와의 관계에 대해 다룬다. 1장 16절부터 시작하여 2장 1-10절에서 정점에 이르는 단원의 초점은 개인에게 부여된 권위가 어떻게 교회의 권위로 형성되는지에 맞추어진다. 이것은 리더십이 어떻게 구축되고 어떻게 시행되는지에 관한 문제다.

성경 전체에서 리더십은 하나님의 백성의 삶에 중요하다. 강력한 리더십이 발휘된 시대는 영적으로 번성한때로는 영적으로 결핍된 시대였다. 그러나 리더십이 약한 시대는 영적으로 강한 시대가 될 수 없었다. 따라서 리더십은 비록 하나님의 백성이 하나님의 뜻에 따라 살 수 있게 하는 보장은 될 수 없지만, 하나님의 백성에게 중요하다.

성경의 리더십은 시대와 장소에 따라 상당히 다양한 형태를 보여준다. 성경적 믿음이 반드시 이상적인 유형이나 철학의 리더십과 연결되는 것은 아니다. 그러나 우리는 훌륭한 성경적 리더십에 해당하는 성품을 분별할 수 있다. 먼저, "하나님의 백성" 자체는 성경의 한 축을 형성하는 주제이기 때문에 훌륭한 지도자는 반드시 하나님의 백성을 섬긴다. 둘째로, 리더십은 종종 다양한 유형가령, 왕, 선지자, 제사장이나 개인가령, 베드로와 바울, 또는 기둥같이 여기는 예루살렘의 세 지도자에 의해 공유된다. 이처럼 다양한 패턴 안에서, 개인이 "동류 가운데 앞선 자"로 제시될 수 있지만가령, 야고보, 모든 지도자는 상호에 대한 책임을 져야 하므로, 누구도 검증과 바로잡는 과정을 피할 수 없다. 가령, 삼하 12장의 다윗왕, 갈 2:11-14의 베드로 끝으로, 모든 리더십은 하나님께 책임을 져야 한다. 오직 그분만이 자기충족적 권위를 가지며 그의 뜻은 지도자와 백성이 반드시 순종해야 할 준거가 된다. 교회 안의 리더십은 교회의 유익을 위해 하나님이 주시는 청지기 정신이다.

이러한 이상적 요소들은 전적으로 평등과 상호성을 특징으로 하는 유형의 리더십을 가리킨다. 우리는 리더십에 대한 이러한 이해를 바탕으로 하나님을 대변하는 지도자에게 복종한다. 히 13:17 그러나 지도자는 언제나 백성을 섬기는 자이므로 그들에 대한 책임을 져야 한다. 동시에, 리더십에는 불평등의 요소도 나타난다. 권위라는 개념은 역할과 영향력에서 어느 정도의 차이를 포함한다. 섬김의 원리조차 개인에게 집단이 가지지 못한 원천이 있다는 사실을 인정한다. 평등과 불평등의 상호작용은 리더십을 복잡미묘한 문제로 만든다. 이것은 왜 리더십 문제가 끊이지 않으며, 리더십의 패턴이 문화적 차이에 따라 달라질 수밖에 없는지를 설명해준다.

교회의 하나 됨과 진리

바울과 예루살렘 지도자들의 논의는 양측 모두 기독교 공동체의 하나 됨을 유지하고 싶어 한다는 사실을 보여준다. 바울은 강력한 자치적 신앙과 사역에도 불구하고, 신자들 사이의 교제적 관계가 얼마나 중요한지를 잘 알고 있다. 이러한 교제를 위해서는 다른 사람에게 자신을 열고 자신의 사역에 대해 평가받을 수 있어야 한다. 따라서 바울은 하나 된 신앙과 사역을 위해, 예루살렘이 거부하거나 복종을 요구할 수도 있다는 위험을 무릅쓴다. 그는 특히 사역의 하나 됨에 관심을 가진다. 유대에 있는 신자들과 하나가 되지 못한다면, 논쟁과 불신이 사역의 발목을 잡을 것이다. 그러나 이러한 실천적 문제에 관한 관심의 배후에는 더욱 중요한 관심사가 있다. 즉, 이 하나 됨은 유대인과 이방인을 위한 복음의 보편성을 보여주는 데에도 중요하다는 것이다. 또한 이 하나 됨은 과거와 현재와 미래를 잇는 하나님의 백성의 연속성에도 중요하다.[2:2 참조] 따라서 공간적 차원에서 이 하나 됨은 새로운 백성까지 포함하는 공동체로 확장된다. 시간적 차원에서 이 하나 됨은 하나님의 백성을 시대별로 전개되는 하나님의 목적 속에 두기 위해 과거와 결합한다. 이 부분에 대해서는 갈라디아서 3-4장에서 상세히 다룰 것이다.

이방인에게까지 확장된 사역과 함께 과거와의 연속성을 유지하는 것은 신약성경의 중요한 요소다. 구약성경에서 하나님의 백성, 즉 선민의 연속성은 중요한 내용으로 다루어진다. 구약성경에는 보편성도 예시되지만[창 12:2-3 및 선지서], 거의 드러나지 않는다. 신약성경에서는 두 영역 간에 상당한 긴장이 조성된다. 예루살렘에 있는 유대 그리스도인 지도자들과 율법을 지지하는 자들은 유대적 삶의 방식을 더 강조한다. 상대적으로, 바울은 이방인을 2류 시민으로 분류하기를 거부하는 포괄적 복음의 보편성을 더 강조한다. 그 결과, 이곳의 본문과 이어지는 안디옥 에피소드[2:11-14]에는 긴장이 나타난다. 모든 기독교 집단은 연속성과 보편성을 믿었다. 적어도 그 부분에서는 공감대가 형성되어 있다. 그러나 그들은 두 요소의 상대적 중요성 및 이러한 차이가 가지는 함축에 대해서는 견해차를 보인다.

이 문제는 하나 됨과 진리 사이의 긴장, 또는 그리스도인의 교제를 유지하는 것과 하나님의 뜻을 따르는 신실함 사이의 긴장이라고 할 수 있다. 바울은 복음의 진리와 상호성 둘 다를 위해 노력해야 한다고 주장한다. 예루살렘에서의 논의가 보여주는 것은, 하나 됨과 진리라는 두 가지 핵심 가치를 보존하기 위해서는 모든 면에서 사랑 안에서 참된 것을 말해야 하는데엡4:15, 그러기 위해서는 타협이 절실하다는 것이다. 복음을 드러내는 삶에서 다양성은 불가피하다. 윤리적 관행에 대한 개인적 확증은 본질적으로 다른 문제다.롬 14장 신약성경은 초기 공동체 내의 관습이나 언어나 강조점에 있어서 상당한 다양성을 보여준다. 그러나 신약성경은 하나님의 메시아, 구원의 원천, 생명의 주로서 예수의 정체성에 대한 보편타당한 기본적 믿음도 제시한다. 바울에 따르면, 진정한 개인적 확증은 위선적인 집단 사고보다 더 중요하다.롬 14:22-23 그러나 바울은 교회를 향해, 그리스도의 마음에 기초하여 하나님의 뜻에 대한 보편적 사고를 찾는 일을 계속하라고 촉구한다.빌2:1-5

교회 생활에서의 본문

리더십과 신실한 교회

교회사를 대충만 훑어보아도 평등주의적 리더십이 발휘된 시대와 전제주의적 리더십이 발휘된 시대가 있었음을 알 수 있다. 같은 맥락에서, 우리는 교회가 권위에 대한 반발과 더욱 큰 권위에 대한 요구 사이에서 끊임없이 동요해 왔음을 볼 수 있다. 한편에서는 압제적이고 통제적인 권위를 경험하고 다른 편에서는 안정적이고 보호적인 권위를 경험한다. 어떤 기독교 집단은 절대적 권력을 가진 한 명의 지도자가 있지만, 다른 집단에서는 공식적인 지도층이 없다. 양극단은 성경적 이상에 대해 마찰을 빚는다. 훌륭한 리더십은 모든 지체가 참여하는 공동체를 지향한다. 각 지체는 공동체 전체의 비전을 소유하고, 공동체의 유익을 위해 재능을 기여해야 한다. 반면에 특정인이 모든 구성원을 하나의 집단으로 생활하게 하며, 이 집단 내에서 각자가 재능을 기여하는 환경을 조성하는 리더십도 있다. 이것은 하나님이 특정인에게 특별한 리더십의 은사를 주시고, 자기 뜻을 공동체에 전달하기 위해 선지자와 같은 사람을 도구로 사용하신다는 확신에 바탕을 둔다.

기독교 리더십의 권위는 리더십의 은사를 실제로 소유한 자들에게 부여되어야 한다. 그런 사람은 본질적으로 "권위 있는" 자이다. 게다가 이 권위는 그것을 행사하는 자가 공동체로부터 정식으로 인정을 받을 때만 효력이 발생한다. 기독교 공동체에서 이러한 권위 부여는 주로 하나님의 소명과 관련하여 나타나며, 간접적으로는 공동체를 부르시는 장면에도 나타난다. 공동체는 지도자의 권위에 복종하는 한편, 지도자가 신실하고 이타적인 권위를 행사하게 한다. 이러한 관점에 기초한 리더십은 형태와 조직이 유연하다. 이 리더십은 지도자와 그의 인도를 따르는 자들 사이에 대화가 열려 있으며, 지도자는 다른 지체들과 권위를 공유한다. 이것은 섬김의 리더십이다.막 10:42-45

리더십은 하나 됨과 진리의 문제와 밀접한 관련이 있다. 하나 됨과 진리를 보존하고 싶어 하는 교회는 더욱 중앙집권적이고 공적인 리더십을 추구한다. 회중의 모든 지체가 권위를 공유하는 교회는 이단적이고 분파적으로 흐르는 경향이 있다. 그러나 이런 문제들을 통제하기 위한 중앙집권적 권위는 대체로 효과적이지 못하다. 때로는 큰 노력 없이 하나 됨과 진리"정통"의 그럴듯한 외양이 갖추어지기도 한다. 그러나 회중은 교회와 일체감을 느끼지 못하고, 암암리에 잘못된 사상과 관습이 자라서 교회의 내적 순수성과 바깥세상과의 관계를 훼손한다. 무엇보다도, 교회의 주님이 우리의 진리관을 가치 있게 보신다는 보장이 없다. 교회사가 보여주듯이, 권력이 집중되면 오류와 악을 반대하거나 근절하는 것이 더욱 어려울 수 있다.

그렇다면, 우리는 어떻게 하면 교회 안에서 진리를 존중하면서 하나 됨을 보존할 수 있는가? 첫째로, 우리는 하나님 나라의 이 영역에서 어떤 확실한 보장도 없다는 사실을 알아야 한다. 그러나 교회가 아무런 안전장치나 지침이 없다는 것은 아니다. 하나님은 자신의 뜻과 목적을 여러 모양으로 계시하시지만, 예수 그리스도를 통하여 가장 결정적으로 드러내신다.히 1:1-4 교회는 기록된 성경을 통해 이 계시에 접근한다. 이 말씀은 진리다. 그것은 믿을 수 있다. 성경은 우리 곁에 있는 가장 안전한 발판이다.

그러나 우리는 성경에 대한 해석이 매우 다양하다는 사실을 안다. 하나님의 말씀은 확실한 토대이지만, 그것이 곧 성경에 대한 우리의 이해가 확실한 토대라는 말은 아니다. 우리는 개인적 해석이 아니라 은사와 경험이 풍부한 하나님 백성의 집단적 분별력을 믿어야 한다. 이 은사는 역사와 전통을 가진 과거의 교회로부터 온다. 이 교회는 모든 집단, 민족, 인종, 문화가 모인 세계적 교회며, 우리는 이 교회의 일원이다. 그러나 이러한 은사에도 불구하고, 우리는 궁극적이고 결정적인 진리에 접근하는 데에는 한계가 있다는 사실을 고백해야 한다.고전 13:9 우리는 결국 성령께서 우리를 모든 진리 가운데로 인도하실 것이라는 우리 주님의 약속과요 16:13, 그것이 없으면 울리는 꽹과리가 될 수밖에 없는 사랑으로고전 13:1-2 돌아가야 한다. 확실한 것은 궁극적으로 하나님께 달려 있다.

안디옥 사건
갈 2:11-21

사전검토

타협이 지혜롭고 불가피한 행위로 정당화될 때는 언제인가? 타협이 불성실하고 비겁하며 이중성을 드러내는 때는 언제인가? 타협이 사랑을 담대히 드러낼 때는 언제며, 진리를 배반할 때는 언제인가? "신앙적 적응"이 선의의 문화적 적응을 반영할 때는 언제며[고전 9:20-23에서 볼 수 있는 것처럼], 복음에 대한 배반과 위선을 반영할 때는 언제인가[갈 2:11-13에서 볼 수 있는 것처럼]? 오, 교회가 이런 질문에 대답하는 방법을 알았더라면!

갈라디아서의 이 부분은 우리를 이 애매한 질문의 중심부로 데려간다. 이것은 서신의 중요한 전환점이 된다. 바울은 안디옥에서 게바를 대면한 에피소드를 통해, 자신의 삶에서 경험한 사건에 대한 내러티브를 이어간다. 그러나, 문단 중간에서 바울의 글은 신학적 뉘앙스를 띠게 된다. 4장 12-20절의 자서전적 언급을 제외하면, 서신의 나머지 부분은 이러한 뉘앙스의 형식이 지배한다. 정확히 어느 지점에서 전환이 이루어지는지는 알 수 없다. 따라서 우리는 2장 11-21절을 한 단위로 다룰 것이다.

14절에서, 바울은 안디옥에서 있었던 대화를 정확히 보도한다. 그러나 어느 시점에서 바울이 갈라디아 독자에 대한 언급을 시작함으로써, 안디옥의 게바에 대한 바울의 반응은 끝난다. 17절에는 전환이 완료된다. 따라서 이 단원의 내용은 예루살렘 지도자들과의 관계에 대한 내러티브를 끝내는 동시에 갈라디아의 오류에 대한 신학적 논쟁을 시작한다.

안디옥에서의 만남은 바울의 사도적 권위 및 그가 전하는 복음의 권위와 관련된 문제를 직접 다룬다. 어쨌든, 바울은 예루살렘 교회의 기둥같이 여기는 자들 가운데 하나를 바로 잡기까지 한다. 이 문단[단원]은 그리스도인의 신앙과 행위의 모든 면을 검증하는 바울 복음의 핵심을 시작한다. 흥미로운 것은 이곳의 신학적 권면[2:15-16, 20] 자체는 갈라디아의 논점이 아니며, 갈라디아 교회의 문제에 대해 직접적으로 언급하지도 않는다는 것이다. 갈라디아 교회의 문제에 대한 언급은 3장 첫 번째 문장에 나타난다. 그러나 이곳의 신학적 주장은 안디옥에 있는 유대 그리스도인의 행위를 검증할 수 있듯이, 자세히 살펴보면 갈라디아의 이단과 참된 복음이 양립할 수 없음을 입증하는 중요한 자료도 된다. 바울은 그리스도인의 보편적[15-16절의 "우리" 참조] 확신을, 이러한 확신과 일치하지 않는 사례를 들어 진술한다. 이 보편성은 특히 15-16절에 반영된다. 갈라디아의 문제는 17-21절에서 드러나기 시작한다.

개요

만남의 성격, 2:11-13

바울의 신학적 논증, 2:14-21

주석

만남의 성격2:11-13

바울은 예루살렘 방문에 관한 이전 서술에서처럼[1:18 베드로의 두 이름 참조], 안디옥에서 게바를 다시 만났을 때 일어난 일에 관해 서술한다. 이번에는 우호적인 만남이 아니었다. 바울은 이 강력한 만남에서 베드로를 직접 책망한다. "대면하여 책망하였노라"[2:11] 바울은 베드로가 잘못했기 때문에 그에 대한 공격이 정당하다고 생각했다. "책망 받을 일이 있기로." 이 구절의 함축은 베드로가 일관성 없는 행동으로 비난을 자초했다는 것이다. 바울은 13-14절에서 "위선," "바르게 행하지 아니함"과 같은 용어를 사용함으로써 이러한 사실을 분명히 보여준다. 그러나 이곳에 사용된 "책망하다"라는 동사는, 하나님에 대한 직접적인 언급은 없지만 하나님이 책망하고 계심을 암시하는 신적 수동태에 해당할 수 있다. 이것은 베드로의 행위의 심각성을 강조한다. 어느 쪽이든, 바울의 판단은 이미 사실로 드러난 행위에 대해 밝힌 것이다.

12절은 논란의 발단이 된 장면에 대한 진술이다. 게바는 야고보에게서 온 어떤 이들이 이르기 전에 이방인과 함께 먹고 있었다. 그러나 그는 그들이 오자 "할례자들을 두려워하여" 그 자리를 떠났다.[그는 야고보에게서 온 자들에게 상처를 주지 않으려고 떠났는가?] 이곳의 핵심 이슈는 유대 그리스도인과 이방인 그리스도인 사이의 식탁 교제와 관계된다. 이 문제는 일반적인 식사와, 초기 교회가 식사를 통해 전형적으로 기념해온 성만찬 둘 다와 관련이 있다. 유대인은 이방인을 가까이하는 것이 제의적 순수성과 음식 규례에 위배되기 때문에 조심했다. 같은 식탁에서 음식을 먹는다는 것은 이 표준에 어긋난다. 엄밀히 말하면, 야고보와 베드로는 앞서 있었던 예루살렘에서의 태도를 바꾼 것은 아니다. 그곳에서의 이슈는 할례와 선교적 책임이었으나, 이곳에서 문제가 된 것은 식탁 교제다. 전자의 합의 내용은 유대인 신자와 그리스도인이라는 두 개의 분리된 영역을 인정하고 축복하는 것이었다. 그러나 식탁 교제의 경우, 두 집단이 평등한 자격으로 함께해야 하므로 새로운 문제가 부상하게 된 것이다. 이어지는 구절이 보여주듯이[2:4-5도 보라], 바울에게는 두 가지 문제가 불가분의 관계에 있다는 것이 확실하다.

야고보나 베드로는 이방인 선교의 의미에 대해 바울만큼 깊은 감정이 없었다. 야고보는 안디옥 상황을 점검하기 위해 사람들을 보냈다. 이것은 예루살렘 모교회의 감독 역할을 보여준다는 점에서 흥미롭다. 모든 당사자는 그것을 받아들인 것으로 보인다. 아마도 안디옥에서는 유대인과 이방인의 분리가 제대로 이루어지지 않는다는 보고가 예루살렘에 들어간 것으로 보인다. 그들은 야고보와 그의 신학적 관점을 대표하는 자들이기 때문에 2장 4절의 "거짓 형제들"과 다르다.

"할례자들"은 야고보에게서 온 자들을 가리키는 것으로 보인다. 그러나 NRSV의 "할례당"은 지나치게 부정적인 의미가 있으며, 따라서 이러한 경멸적 표현보다 집단이나 그룹이라는 서술적 표현이 바람직한 것으로 보인다. 일부 주석가는 이것이 비그리스도인 유대인을 가리키는 것으로 이해한다. 그렇다면, 할례자들을 두려워했다는 바울의 언급은 유대 그리스도인이 이방인을 지나치게 포용하면 비그리스도인 유대인의 박해가 있을 것이라고 두려워했다는 의미가 된다. 이 주장은 사실일 가능성이 있다. 일부 유대인은 예전의 바울처럼[1:14], 다른 민족과 구별되는 영역 표지[가령 이방인과 함께 먹지 않는 규례나 할례와 같은]를 보호하기 위해 무력을 사용할 수 있기 때문이다. 초기 유대 그리스도인은 아마도 이웃 유대인과의 마찰을 가능한 피하려 했을 것이다.

그러나 할례당은 할례로 대표되는 유대적 특징을 실천하며[따라서 할례당이라는 이름이 붙었다] 이방인과의 분리라는 규례를 준수하는 유대 그리스도인을 가리킬 가능성이 크다. 오직 할례를 받아들이고 유대적 관습을 지키는 자들만이 그들과 온전한 교제를 누릴 수 있었다. 야고보는 이 그룹에 속하며, 사실상 그들을 이끄는 지도자다. 그러나, 바울은 야고보가 유대적 삶의 방식을 요구하지 않는 자가 되었다고 본다.[1:13 및 2:3에 언급된 이방인 신자의 특징 참조] 하지만 바울과 달리 야고보는 이방인도 신자지만 그들과의 의식적 분리는 교제의 하나 됨보다 우선한다고 주장한다.

베드로의 입장은 훨씬 모호하다. 유대 그리스도인으로서 그는 할례당의 일원이었던 것으로 보인다. 그러나 베드로는 고넬료 사건을 통해[행 10장] 훨씬 빨리 이방인을 받아들였다. 흥미로운 것은, 그로 말미암아 베드로가 "할례당"의 비난을 받았다는 것이다.[행 11:2, 이곳과 동일한 용어가 사용된다] 그는 이제 하나님이 부정한 이방인을 받아들이신 것은 안디옥에 있는 이방인 신자와의 식탁 교제가 가능하게 되었음을 의미한다는 결론에 도달한다. 베드로의 문제는 할례자들에게 정치적 압력을 느꼈거나, 적당히 존중하거나 적응하고 싶어 했다는 것이다. 따라서 베드로는 예루살렘에 있는 자들과 좋은 관계를 유지하는 것이 이방인 신자와의 교제를 지속하는 것보다 중요하다고 생각한다. 베드로는 이 이방인들을 참된 신자로 인식하면서도, 아마도 당시 상황에서 일시적으로 할례자들의 "약한" 양심을 존중하고 싶어 한다. 바울도 특정 환경에서 이런 태도를 인정한 것처럼 보인다.고전8:12-13; 롬14

"남은 유대인들"도 이 외식에 동참한다.2:13 베드로의 행동은 다른 사람들에게 영향을 주어 그의 선례를 따르게 했다. 이 남은 유대인은 안디옥에 사는 유대 신자들이 분명하다. 그들은 전에 이방인과 식탁 교제를 나누던 자들이다. 바울은 그들의 행위를 묘사하기 위해 "외식"이라는 용어를 사용한다. 이 용어는 "배우"라는 단어에서 유래했으며, "연기"라는 뜻으로 번역할 수 있다. 여기서는 '실제적 진실을 감추기 위한 위선적 행위'라는 부정적 의미로 사용된다. 바울은 베드로와 그를 따르는 유대인들이 이방인 신자와의 교제에서 보여준 것과 다른, 즉 그들이 알고 믿는 것과 모순되는 행동을 한 것으로 생각한다. 이어지는 구절이 복음의 진리를 강조한다는 사실에 비추어 볼 때, 바울은 베드로의 의중에 대한 분석에 자신이 주장하는 논리에 관한 관심만큼 큰 관심을 가지지 않았던 것으로 보인다.

바나바조차 그들의 위선에 유혹되었다. 바나바는 이 기간 중 바울의 사역에 함께한 동역자였다. 그는 예루살렘 모임에 참석했다.2:1, 9 사도행전은 바나바와 함께한 바울의 초기 사역과 이어지는 안디옥 여정에 대해 언급한다.11:25-26, 30; 12:25; 13:1 바나바도 위선을 행한다. 그러나 "유혹되었느니라"라는 수동태 동사와 결과절"그러므로…"은 바나바가 압력을 받아 논쟁의 희생양이 되었음을 보여준다. 바울은 동역자의 생각이 자신과 다르다는 사실에 특히 고통스러웠지만, 갈라디아 사람들에 대한 논쟁에서 이 상세한 진술은 바울이 진리의 수호자라는 인상을 강화한다.

바울의 신학적 논증2:14-21

"그러므로 나는 그들이 복음의 진리를 따라 바르게 행하지 아니함을 보고."2:14 바울은 이 언급을 통해 당시의 상황에 대한 가장 분명한 평가를 제시한다. 이 구절은 "복음의 진리"라는 표현이 두 번째 나타난 곳으로2:5 참조, 이 표현이 갈라디아서를 기록한 목적을 보여주는 중요한 지표가 됨을 알 수 있다.4:16도 참조하라 바울에게, 하나님의 뜻과 행위에 바탕을 둔 복음의 일관성은 우리의 충성을 요구한다. 하나님은 그리스도의 사역을 통해, 예수에 대한 믿음에 기초하여 은혜를 구하고 받는 일에 유대인과 이방인의 구별이 없다는 기쁜 소식을 들려주셨다.특히 롬3:21-26 사실, 이 기쁜 소식은 지엽적 복음이 아니다. 바울의 사도적 역할 가운데 하나는 그리스도를 통한 하나님의 행위를 핵심으로 하는 이 기쁜 소식의 진리를 보존하는 것이다. 바울에 따르면, 진리는 바른 신앙과 바른 행위를 포함한다. 바울은 여기서 도덕적 정직성을 강조한다. 이곳에 사용된 "바르게 행하지 아니함"이라는 단어는 "일관성 없는 행동"이라는 의미가 있다. "바르게 행함"이라는 표현은 형식상 영어의 "정통"orthodoxy이라는 단어와 관련되지만, 사실상 교리적 체계보다 삶의 방식을 가리킨다. 따라서 영어의 바른 삶orthopraxis이나 바른 행위와 연결된다. 유대적 배경을 가진 바울은 행위와 믿음윤리와 신학을 포함하는 진리를 주장한다.

"모든 자 앞에서 게바에게 이르되." 바울은 베드로가 이 갈등의 핵심 인물이라고 생각하여 그에게 초점을 맞춘다. 비공식적 모임인 예루살렘 회동과 달리[2:2], 이 만남은 공적인 행사다. 바울은 의도적으로 베드로에게 무안을 주려고 했는가? 아니면, 바울은 이 문제를 대중 앞에서 공론화하려 했는가? 우리는 바울의 정확한 의도에 대해 알 수 없으며, 그런 생각을 했는지조차 확신할 수 없다. 어쨌든, 바울은 그를 반대하는 자들 앞에서 모든 것을 위기에 몰아넣음으로써 체면을 손상할 위험을 무릅쓴다.

"네가 유대인으로서 이방인을 따르고 유대인답게 살지 아니하면서 어찌하여 억지로 이방인을 유대인답게 살게 하려느냐." 베드로에 대한 바울의 질문은 신학적 진리와 윤리적 일관성에 관한 관심을 반영한다. 베드로는 안디옥에서 이방인에 대한 태도를 바꾸었다. 그는 다시 유대인과 이방인을 구별하는 태도를 보임으로써, 이방인에게 율법토라에 기초한 유대교의 모든 문화적 특징을 받아들이게 한 것이다. "억지로"라는 단어를 사용한 것은 베드로가 이방인이 유대인답게 살도록 적극적인 압력을 행사했다는 의미가 아니다. 그러나 그는 유대인과 이방인의 구별을 받아들임으로써 이방인 신자가 유대 신자와 온전한 교제를 누릴 기회를 빼앗는다. 따라서 베드로는 잠재적 의무를 부여한다. 우리는 여기서 바울의 근원적 관심사를 볼 수 있다. 즉, 그리스도 안에서 모든 사람은 인종이나 신분과 관계없이 전적으로 평등해야 한다는 것이다. 이러한 관심사는 갈라디아서 2장 6절에 나타나며, 이어지는 구절에도 등장한다. 갈라디아서 3장 28절에는 가장 명백히 제시된다. "억지로"는 2장 3절과 연결되며, 예루살렘과 안디옥에서 베드로의 행동이 다르다는 사실을 강조한다.[2:3 주석 참조]

독자는 바울이 베드로와 대면한 후 결과가 어떻게 되었는지 궁금해 할 것이다. 베드로가 바울의 책망을 받아들였다면, 바울이 결과에 대해 진술하지 않을 이유가 없을 것이다. 바울은 베드로나 다른 예루살렘 대표단을 설득하지 못했을 가능성이 크다. 동시에, 이러한 침묵은 강력한 수사학적 효과를 만들어낸다. 독자는 논쟁에 참여하여 자신의 견해를 밝히라는 요구를 받는다. 이 사건이 그 후 바울과 안디옥그리고 멀리는 예루살렘까지의 관계에 어떤 영향을 미쳤는지는 논쟁이 되고 있다. 바울과 안디옥이 이 사건으로 확실하게 결별했을 것으로 추측하는 사람도 있고, 그렇게 생각하지 않는 사람도 있다. 사도행전의 증거는 어느 쪽으로든 해석이 가능하다.

15절은 안디옥에서 바울의 입장에 대한 신학적 변론을 시작한다. 앞서 언급했듯이, 15-21절은 일종의 전환구에 해당한다. 이 단락은 안디옥 사건의 결말을 제시하는 동시에 갈라디아의 오류에 대한 진술을 시작한다. 이러한 사실은 18절에서 주어가 "우리"에서 "나"로 바뀌는 장면에서 드러난다. 15-17절의 "우리"는 유대 신자들, 특히 바울과 베드로를 가리킨다. 그러나 17절은 바울의 가르침에 대한 일반적 반박을 반영하며^{아래 참조}, 갈라디아의 반대와도 관련되었을 가능성이 크다. 따라서 바울의 이 진술은 안디옥의 베드로보다 갈라디아 사람들에게 초점을 맞춘 것으로 보인다. 어쨌든, 우리는 여기서 안디옥으로부터 갈라디아로의 미묘한 전환을 찾아볼 수 있다.

"우리는 본래 유대인이요 이방 죄인이 아니로되"^{2:15} 바울은 반대자들도 동의하지 않을 수 없는 내용으로 탁월한 논증을 시작한다. 이 진술은 경건한 유대인의 전형적 관점에 해당한다. 일반적으로 유대인이 아닌 자는 죄인으로 불린다. 유대인은 "본래"^{즉, 날 때부터} 특별한 지위를 가진다. 즉, 그들은 태생적으로 하나님과 언약한 복된 백성이라는 것이다. 이렇게 시작한 바울의 논증은 17절에서 전적으로 다른 관점으로 끝난다. 즉, 이방인과 유대인은 다 죄인이라는 것이다. ^{롬 1:18-3:20 참조}

"사람이 의롭게 되는 것은 율법의 행위로 말미암음이 아니요 오직 예수 그리스도를 믿음으로^{또는 NRSV의 각주처럼, '예수 그리스도의 믿음으로,' 아래 참조} 말미암는 줄 알므로"^{2:16} 바울은 베드로와 공유했다고 확신하는 원리를 서술한다. 예수 그리스도를^{또는 예수 그리스도의 믿}음으로 의롭게 된다는 것은 그리스도인의 정체성을 뒷받침하는 근거다. 이 믿음이 안디옥이나 갈라디아에서는 논쟁의 대상이 되지 않았다는 사실은 매우 중요하다. 이 교리가 쟁점이 되었다는 언급은 어디에도 나타나지 않는다. 논쟁이 된 것은, 믿음으로 의롭게 된다는 원리가 그리스도인의 삶에 어떤 의미가 있으며, 이러한 근본적 신앙에 모세의 율법을 지킬 의무가 보충될 필요가 있느냐는 것이다. 바울은 이신칭의로 말미암아 율법의 지위가 바뀌었다는 사실을 깨닫지 못해 이 교리를 부인하는 미련한 자들이 있다고 믿는다. 갈라디아서 후반부는 율법의 변화된 지위에 대해 언급한다. 그리스도는 다른 보충이 필요 없다. 바울은 율법이 그리스도와 함께 주인 노릇을 하는 것을 용납하지 않을 것이다. 문제는 신자들이 그리스도 안에서 성령으로 율법의 핵심 정신과 목적을 성취할 것인가라는 것이다. 물론 그렇게 해야 한다. 이런 면에서 율법은 지속적 기능을 가진다. 그러나 그것은 어디까지나 그리스도께 복종하는 종속적 기능이다. ^{에세이 "갈라디아서에 나타난 바울의 율법관" 참조}

이 구절과 함께 우리는 바울 신학의 가장 풍성한 지류 가운데 하나를 만나게 된다. (1) 의롭게 되는 것, (2) 율법의 행위,³ 예수 그리스도를 믿음이라는 세 가지 개념은 바울 사상의 핵심이다. 해석가의 문제는 다양한 해석을 가능하게 하는 간결하고 압축적인 문장이다. 따라서 이 구절은 중요한 만큼 많은 논쟁도 되고 있다.^{이 구절에 대해서는 여기서도 다루겠지만, TBC와 TLC에서는 더욱 확장된 내용을 살펴볼 것이다}

"의롭다 함"은 누군가를 의롭게 하거나 그의 의로움이나 정당함^{즉 무죄함}을 드러낸다는 의미다. ^{영역 성경은 이런 용어들을 "just"[정당한]이나 "right/righteous"[의/의로운]으로 번역한다} 여기에는 "정당성을 입증하다"나 "무죄를 선언하다"라는 의미도 있다. 이 단어는 원래 법정에서 사용되던 용어다. 성경에서는 하나님과 인간 사이의 바른 관계를 확립한다는 뜻으로 사용되며, 법적 개념이라기보다 언약적 개념이다. 여기에는 바른 관계의 회복을 하나님이 주도하신다는 개념도 포함된다. 이러한 하나님의 구원적 행위는 특히 바울의 칭의 개념을 이해하는 데 중요하다. 본문의 요지는 이제 우리와 하나님과의 관계는 율법준수^{또는 "율법의 행위", TBC 참조}에 기초하는 것이 아니라 그리스도 안에 있는 하나님의 섭리에 기초한다는 것이다.

우리는 "의로움/정당화"가 가지는 윤리적 함축으로 인해 바울의 논증이 어디로 흘러갈 것인지 예측할 수 있다. 바람직한 관계는 이러한 관계에 합당한 행위가 따를 때만 가능하므로, 의로움은 도덕적 의미를 함축한다. 즉, 바른 삶을 포함한다는 것이다. 이것은 신구약 성경 전체에 해당한다. 한편으로 도덕적 함축은 관계에 의존한다. 관계는 도덕적 행위보다 앞선다. 그러나 다른 한편으로, 관계는 도덕적 행위에 의존한다. 도덕적 행위는 관계를 유지한다.

바울은 칭의의 긍정적인 수단과 부정적인 수단을 제시한다. 의롭게 되는 것은 "율법의 행위"라는 수단으로는 불가능하다.^{2:16} 바울이 말하는 율법의 행위는 모세 율법의 모든 계명에 대한 전적인 순종을 가리킨다. 어느 면에서, 바울은 율법의 약속과 그리스도의 새 언약을 대조한다. 어떤 사람들은 바울이 율법 전체가 아니라 할례나 음식 규례와 같은 유대인과 이방인을 구별하는 토라만 염두에 두었다고 주장하는 사람도 있다.^{Dunn 1993: 136} 이것은 신학적으로 상당히 매력적인 주장이다. 이 문맥에서 유대인과 이방인을 구별하는 영역 지표가 많이 나타난다는 것은 사실이다. 바울은 유대인과 이방인의 평등에 초점을 맞추고 있으며, 영역 지표가 이러한 평등을 훼손하고 파괴한다는 것이다. 그러나 이 주장은 바울이 율법을 그리스도의 사역과 대조하는 갈라디아서 나머지 부분에 대해 제대로 설명하지 못한다. 더구나 성령의 삶과 율법 아래에서의 삶을 대조한 본문들^{3:2-5; 5:18, 23}은 율법을 법적 요구로 보는 논리가 담겨 있다. 이것은 "율법의 행위"가 영역 지표로서의 규례보다 더 포괄적이거나 깊은 의미를 담고 있음을 보여준다.

바울이 행위를 부정적 의미로 사용함에 따라, 많은 사람은 그가 유대교를 율법적 종교로 이해한다고 생각했다. 즉, 유대교의 구원은 사람이 율법을 지키는 공로에 의해 구원을 받는다는 것이다. 그러나 이것은 오해다. 오히려, 대부분 유대인은 하나님이 이스라엘을 은혜로 부르셔서 언약 백성이 되었다고 믿는다. 사람의 노력으로는 이러한 지위를 얻을 수 없다는 것이다. 당시 유대인은 대부분 율법준수는 언약적 지위를 유지하는 데 필요하다고 믿었다. 오늘날은 이러한 인식을 존중하여 대체로 유대교를 "율법주의"가 아니라 "율법 중심"nomism으로 묘사한다. 더욱 어려운 문제는 유대인 가운데 실제로 율법주의에 빠진 사람이 얼마나 되며, 바울이 이러한 실제적 상황을 반영했느냐는 것이다. 아마도 바울은 대부분 이방인으로 구성된 갈라디아 사람들이 율법을 받아들일 경우, 그런 율법주의적 사고에 빠질 수 있다는 염려를 했을 것이다. 3장 1-5절에는 이러한 염려가 나타난다.

칭의를 얻기 위한 긍정적인 수단은 "예수 그리스도를 믿음/예수 그리스도의 믿음"이다. 헬라어로는 두 가지 번역 모두 가능하다.2:20과 3:22의 유사한 어법 및 NRSV 각주 참조 부가적인 문제는 이곳의 피스티스pistis라는 단어를 "신실함[충성]"faithfulness으로 번역할 것이냐 "믿음"faith으로또는 "신앙"이나 "신뢰"와 같은 동의어로 번역할 것이냐는 것이다. 학자들은 피스티스의 번역과 해석에 대해 일치된 의견을 제시하지 못하고 있다. 1940년대에 "예수 그리스도를 믿음"으로 번역한 RSV가 출판된 후, 킹제임스역이 이 구절을 주로 "예수 그리스도의 믿음"으로 번역하고 있음에도 불구하고 대부분 독자가 이런 대안적 번역이 있다는 사실조차 모를 만큼 "그리스도를 믿음"이 지배적 번역이 되었다. 두 번역은 확실히 바울의 글과 신약성경 다른 곳에 나타나는 진리를 반영한다. 바울이 하반절에서 언급하듯이, 그리스도인은 하나님 앞에서 의로운 자로 서기 위해 그리스도에 대한 믿음을 드러낸다.즉, 그리스도를 믿는다 그러나 한편으로 우리의 의로운 신분은 예수 그리스도의 신실하고 순종적인 행위에 기초한다.롬 5:19, 빌 2:6-8 바울 신학에서, 이러한 양면적 진리는 의로운 신분칭의의 기초가 된다. 이것이 이곳의 핵심 요지다.

"예수 그리스도를 믿음/예수 그리스도의 믿음"이라는 특별한 구절의 의미와 관련하여 더 할 말은 없는가? 사람들은 다음과 같은 전형적인 질문을 대안으로 던진다. 그는 율법에 대한 인간의 순종을 그리스도의 사역에 대한 인간의 믿음과 대조하고 있는가? 아니면 인간의 행위를 하나님이 그리스도를 통해 우리를 위해 행하신 행위와 대조하고 있는가? 불행히도 이런 대조는 큰 유익이 없으며, 왜곡될 수도 있다. 이곳 본문에 나오는 "율법의 행위"와 "그리스도의[그리스도를] 믿음"이라는 두 가지 표현은 율법 지향적 관점과 믿음 지향적 관점이라는 두 가지 신앙관을 요약한다. 여기서 초점은 신자의 행위냐 예수 그리스도의 행위냐가 아니다. "누구의 행위냐"는 중요하지 않다.

갈라디아서에서 문맥의 의미가 정확히 드러날 때마다, 믿음의 개념은 그리스도를 통한 하나님의 행위에 대한 인간의 반응을 가리킨다. 윤리적 의미가 있는 5:22의 "충성"[faithfulness]은 예외다. 그러나 1장 23절과 6장 10절, 그리고 아마도 3장 23절 및 25절에서, 바울은 확실히 "믿음"이라는 단어를 인간의 행위가 아니라 복음 자체를 가리키는 표현으로 사용한다. 따라서 바울은 "믿음"이라는 단어를, 복음의 한 부분으로 복음 전체를 가리키는 표현으로 사용한 것으로 보인다. 수사학적으로는 환유에 해당한다. 바울이 자신의 논쟁에 중요한 개념인 이 단어를 복음 전체를 가리키는 표현으로 사용한 것은 충분히 이해된다. 오늘날까지도 "믿음"이라는 단어는 신앙 전체를 가리키는 표현으로 사용된다. 가령, 그리스도인의 믿음

이러한 사항을 고려할 때, "예수 그리스도의 믿음"이라는 구절의 의미는 "예수 그리스도와 그의 사역을 자신의 삶에 실제화하고 그것을 핵심으로 하는, 그리고 이런 신자에게 실제로 효력이 발휘되는 신앙체계"로 정의하는 것이 가장 바람직하다. "믿음"이라는 단어는 원래 인간의 반응을 가리키지만, 이곳의 초점은 특정 인간의 믿는 행위가 아니라 예수 그리스도를 통한 하나님의 구원 행위를 핵심으로 하는 복음 자체에 있다. 이것은 영어로는 이 구절을 온전하게 번역할 수 없다는 것을 의미한다. "예수 그리스도를 믿음"은 초점을 인간의 행위에 둔다. 동시에, 영어권 독자는 "예수 그리스도의 믿음"을 예수님 자신의 믿음으로 한정하는 경향이 있다. 만일 우리가 이 두 가지 의미를 별도의 대안적 해석으로 생각할 경우, 요점을 놓치고 말 것이다. 따라서 우리는 "예수 그리스도를의 믿음"이라는 구절에 대해, 일반적으로 두 가지 의미를 모두 가진 것으로 볼 것이다. 동시에, 우리는 문맥에 따라 이 두 가지 의미 중 어느 한 가지가 특히 부각 될 수도 있다는 사실도 인정해야 한다.

이 논쟁에 익숙한 자들은 우리의 입장이, 이 구절이 예수 그리스도의 믿음/신실함[충성]을 가리킨다는 관점을 지지하는 두 가지 주장에 대한 대답이라는 사실을 알게 될 것이다. 이 구절 뒤에 인간의 믿는 행위를 표현하는 동사가 이어지는 본문들갈 2:16에서 두 차례 언급된 가운데 첫 번째 구절; 3:22; 롬 3:22에 대해, 같은 개념의 중복이라는 주장은 설득력을 잃었다. 이런 본문들은 진리를 주장한 후 그것에 대한 반응이 이어지는 진술에 해당한다. 이러한 논리는 예수의 믿음/신실함이라는 해석만이 '인간의 행위가 아니라 하나님의 행위에 뿌리를 둔 바울의 복음'을 지킬 수 있다는 주장을 잠재운다. 이 구절은 "믿음"이라는 단어가 함축하는 행위보다 예수 그리스도께서 정의하시는 메시지에 초점을 맞춘다. TBC, "바울과 야고보의 믿음" 및 본서 끝부분에 나오는 에세이, "예수 그리스도의 믿음" 참조

"우리도 그리스도 예수를 믿나니 이는 우리가 율법의 행위로써가 아니고 그리스도를 믿

음으로써 의롭다 함을 얻으려 함이라."[2:16b] 2장 16절은 문자적으로 "사람이 의롭게 되는 것은… 예수 그리스도를 믿음으로 말미암는 줄 알므로 우리[유대인]도 그리스도 예수를 믿나니"로 시작한다. 바울은 베드로와 자신이 합의한 원리로 시작하여, 특정 그룹인 우리 유대인도 "우리가"로 번역한 NRSV와 달리, 헬라어로는 "우리[유대인]도"로 되어 있다 이 원리를 따라야 한다고 주장한다. 하나님과의 바른 관계는 그리스도의 사역을 받아들이느냐의 여부에 달려 있다는 인식은 유대인과 이방인에게 평등한 지위를 부여한다. 이것은 율법을 지키는 유대인에게 어떤 우선적 혜택도 인정하지 않는다. "예수 그리스도의를 믿음"이라는 구절에 대한 설명과 일치하는 "믿음"[faith]은 이곳의 "믿나니"[believe]라는 동사와 밀접한 평행을 이룬다. 후자는 명확히 인간의 행위로서 믿는다는 뜻이기 때문에, 전자 역시 궁극적으로는 인간의 믿음을 가리킨다고 할 수 있다. 그러나 앞서 설명한 대로 초점은 다르다

영어의 faith[믿음]와 believe[믿다]는 본질적으로 같은 의미다. believe는 단지 faith를 가지거나 표현하는 것이다. 성경적 의미에서 faith에는 세 가지 개념이 담겨 있다. (1) 무엇을 실제나 진실로 받아들인다. (2) 사람이 대상일 경우, 그를 신뢰하며 전적으로 믿고 따른다. (3) 이러한 수용과 신뢰를 자신의 삶에 반영하는 확실한 반응을 보인다. 마지막 요소는 믿음/신실함을 순종과 연결한다. 바울은 특히 하나님과 그의 섭리에 대한 신자의 신뢰를 강조하지만, 그의 서신 전체는 이러한 포괄적 용례로 가득하다. TBC 참조

갈라디아서의 논증에 따르면, 믿음[faith/believing]은 하나님의 화목에 대한 약속을 확실히 신뢰하고 받아들이는 것이다. 이것은 하나님의 약속[제안]을 받아들이고[3:6-9] 하나님이 그 약속을 성취하실 것을 확실히 믿은[4:21-31] 아브라함의 믿음에서 잘 드러난다. 이 약속과 믿음은 3-4장에 두드러지게 나타난다. 바울은 하나님의 행위에 대한 의존으로서 믿음을 인간의 행위로서 율법준수[즉, 육체]와 대조한다. 바울은 믿음과 신실함을 대조한 적이 없지만, 후자의 요소는 갈라디아서에 많이 나타나지 않는다. 16절의 "그리스도 예수를 믿나니"는 그리스도를 신뢰하고 그와 그의 칭의 사역을 전적으로 의지한다는 의미다. TBC. "바울과 야고보의 믿음" 참조

"의롭다 함을 얻으려 함"이라는 구절은 그리스도 예수를 믿은 결과를 가리킨다. 바울은 강조를 위해 이 구절을 반복한다. 사람은 율법에 의해서가 아니라 그리스도에 대한 믿음을 통해 하나님과의 바른 관계에 들어간다는 것이다. 이것은 "이신칭의의 신학적 진리를 인정한다"는 뜻이다. 유대인으로서 우리는 믿음으로 이 진리를 확인함으로써 이신칭의의 실제를 경험한다는 것이다.

바울의 말은 끝나지 않았다. 그는 율법의 행위로는 의롭다함을 얻을 수 없다는 사실을 뒷받침하는 언급을 한다. "그러므로 율법의 행위로 그의 앞에 의롭다 하심을 얻을 육체가

없나니.^{롬 3:20} 시편 143편 2절을 암시하는 이 구절은 바울의 주장을 뒷받침한다. 바울이 염두에 두고 있는 구약성경 본문은 "주의 눈 앞에는 의로운 인생이 하나도 없나이다"라고 기록한다. 바울은 이 구절을 이곳의 주제에 맞추기 위해 "율법의 행위"라는 중요한 구절을 덧붙인다. 시인은 인간의 죄는 하나님 앞에 의로운 자로 설 수 없게 만들었다고 말한다. 바울에게 율법의 행위는 이 상황을 극복하게 할 수 없다.

17절은 논증의 흐름을 바꾼다. 이제 바울은 안디옥의 베드로에 대해서뿐만 아니라 갈라디아의 반대자들과 같은 대적에 대해서도 언급하지 않는다. "만일 우리가 그리스도 안에서 의롭게 되려 하다가 죄인으로 드러나면 그리스도께서 죄를 짓게 하는 자냐 결코 그럴 수 없느니라." 바울이 의롭게 되려는 "노력"에 대해 언급한 것은 그리스도 안에서의 칭의, 즉 하나님이 그리스도를 통해 구원하신다는 지금까지의 주장에 비추어 볼 때 부자연스러워 보인다. 그러나 이것은 단지 바울이 구원에 있어서 신적 행위와 인간적 행위를 결합했음을 보여줄 뿐이다. 우리는 사람과 하나님의 협력적 구원에 대해, 하나님이 주도권을 가지고 형성적으로 이루어가시는 구원에 대한 반응이라는 수용적 협력 개념으로 보는 한, 인정할 수 있다. 바울과 초기 신자들은 그리스도와의 만남을 통해, 예수를 하나님의 구원을 이루시는 메시아적 대행자로 보았다. 이 구원에 동참하여 하나님과 바른 관계를 누리기 위해서는 유대인과 이방인 모두 하나님의 대리인을 믿고 신뢰해야 한다. 유대인과 이방인은 모두 그리스도가 필요하다. 그리스도와의 만남과 그의 메시지는 우리가 하나님과 멀리 떨어진 죄인임을 깨닫게 한다.

이러한 확신을 가진 바울은 이방인만 죄인이라고 말하는 유대인의 관습을 바로잡는다.^{15절} 그러나 유대인에게는 그리스도께서 율법을 신실하게 지키는 자들조차 죄인으로 만드신다는 주장이 무책임하게 들렸다. 도덕적 성취가 무슨 유익이 있다는 말인가? 특히 율법은 더 이상 우리의 권위가 될 수 없다는 바울의 주장으로, 도덕을 요구하고 가르쳐야 할 근거조차 사라진 것처럼 보였다. 바울은 이런 비방을 여러 번 듣는다.^{롬 3:7-8; 6:1, 15} 갈라디아의 반대자들은 바울의 복음에 대해 이런 비방을 했음이 분명하다. 갈라디아에서는 그것이 중요한 문제였다. 율법이 아무런 효력이 없다면, 도덕적 동기 부여나 확실한 방향 제시는 어디에서 온다는 말인가? 바울은 이어지는 절에서 이 질문에 대한 답을 시작한다. 완전한 대답은 5장에서 제시한다. 여기서는 그리스도는 결코 죄를 조장하지 않는다는 사실만 강력히 주장한다.

19절의 반응으로 옮기기 전에, 바울은 자신의 복음이 죄를 조장한다는 비방에 대해 반박한다. 바울은 그리스도 이전의 것들로 되돌아가는 자는 법을 어기는 것이라는 역설적 주장을 제시한다. "만일 내가 헐었던 것을 다시 세우면 내가 나를 범법한 자로 만드는 것이라"[2:18] 바울은 자신과 다른 사람에게 적용할 수 있는 보편적 원리를 1인칭 형식으로 진술한다. 바울은 여기서 확실히, 안디옥에서 이방인과 교제하는 관습을 바꾼 자들에 대해 조심스럽게 암시한다. 율법에 충성하는 그들은 범법자들이다. "범법한 자"라는 단어는 17절의 죄인에 해당하는 단어와 다르다. 범법자는 율법과 같은 특별한 의의 기준을 범한 자다. 안디옥에서 베드로의 일관성 없는 행위는 범법 행위에 해당한다. 바울은 이 단어를 사용하여 역설적 언어유희를 제시한다. 즉, 율법에 대한 충성을 주장하는 자는 율법을 범한 자라는 것이다! 그러나 헐고 세운다는 바울의 주제는 안디옥 사건만 되돌아본 것이 아니다. 이 주제는 이어지는 구절들을 예시한다. 즉, 신자는 율법에 대한 죽음을 통해 율법의 권위를 헐었으며, 따라서 율법의 이전 지위를 다시 세워서는 안 된다는 것이다.

"내가 율법으로 말미암아 율법에 대하여 죽었나니 이는 하나님에 대하여 살려 함이라."[2:19] 1인칭 어법은 이 단원의 끝까지 이어진다. 이곳의 신학적 주장은 통렬한 개인적 증거를 수반하며, 생생함과 비애감을 더한다. 문두의 접속사[for]는 18절에서 제기한 놀라운 주장에 대한 설명이 이어질 것임을 보여준다. 그러나 바울은 여기서 어떻게 율법이 아니라 그리스도께서 17절에서 제기된 죄의 문제에 대한 해법이 될 수 있는지에 대한 설명을 시작한다.

갈라디아서 2장 19절은 이 서신에서 가장 어려운 구절 가운데 하나다. 이곳이나 다른 어느 곳에도 이 구절의 의미에 대한 더 이상의 설명이 제시되지 않는다. 이 구절은 수수께끼와 같은 진술이다. 율법이 어떻게, 그리고 왜, 바울과의 관계 단절을 초래하느냐는 것이다. 일반적으로 제기되는 주장은 분명하다. 즉, 하나님과의 살아 있는 관계를 위해 율법에 대한 관계를 끝내야 하기 때문이라는 것이다. 그러나 율법을 하나님과의 언약적 관계를 발전시키는 수단으로 생각하는 대부분 유대인에게 이러한 주장은 난센스일 뿐이다. 신명기도 이 사상을 거듭해서 강조한다.

그렇다면, 바울이 이런 주장을 하는 근거는 무엇인가? 아마도 우리는 이 서신 후반부에서 어느 정도의 암시를 발견할 것이다. 율법은 살리지 못한다.[3:21] 성령만이 육체를 정복하고 진정한 의의 열매를 맺게 할 수 있다.[5:18, 23] 율법은 그렇게 할 수 없다. 율법은 단지 영적, 도덕적 갱신을 초래할 능력이 없다. 하나님은 그리스도로 말미암아 성령을 주셨으며[4:6], 성령은 율법이 가지지 못한 능력을 주신다. 이것은 율법이 자신의 한계로 말미암아 바울에 대한 권위를 상실했다는 의미다. 한편으로 율법은 자신의 죽음을 초래한 행위자다. 그러나 다른 한편으로, 이 죽음의 원인은 그리스도와 성령 안에 있는 새로운 생명의 선물이다.

따라서 이어지는 구절에서 바울이 율법에 대한 죽음과 그리스도와 함께 십자가에 못 박히는 죽음을 연결한 사실은 매우 중요하다. 두 죽음은 같은 사건의 두 가지 측면이다. 그리스도와 함께 죽는다는 것은 율법에 대해 죽는 것이다. 이 사상은 로마서 7장 4절에 명백히 제시된다.

로마서 7장은 율법에 대한 죽음에 대해, 그리고 율법이 어떻게 율법에 대한 죽음의 수단이 될 수 있는지에 대해 상세히 설명한다. 율법은 나에게 무엇이 옳은지를 말해주지만, 그것을 할 수 있는 능력을 주지는 못한다. 나는 율법이 나의 행위에 대해 더욱 큰 책임감을 느끼게 한다는 사실을 알지만"거룩하고 의로우며 선하도다", 죄를 극복하는 능력이 없는 한 이 지식은 오히려 죄로 더욱 죄 되게 하고 영적 죽음을 초래하게 할 뿐이다. 율법은 이런 식으로 나와 율법의 관계를 끝내는 행위자가 된다. 함축적으로 말하면, 율법 자체가 나에게 다른 곳에서 생명을 찾으라고 말한다는 것이다. 그렇게 하기 위해서는 나의 삶을 지배하는 율법에 대해 죽어야 한다.

"하나님에 대하여 살려 함"이라는 표현은 바울의 확장된 논증의 핵심 요소다. 이어지는 20절에도 "생명"이나 "살다"라는 표현이 많이 나타난다는 사실에 주목하라. 이 구절은 "하나님을 위해 살려 함"으로 번역할 수도 있다. 바울은 유대 그리스도인이 바른 삶에 관심을 가진 사실에 주목한다. 그는 '하나님에 대해 사는 것'과 '하나님을 위해 사는 것'은 모두 복음과 칭의에 대한 자신의 관점과 정확히 일치한다고 주장한다. 이곳과 성경 전체에서, 20절의 "생명""자신"으로 번역됨/역주은 모든 영역과 이상과 성취를 포함하는 폭넓은 개념이다. 누구에 대해 "산다"는 것은 그와의 생명적이고 양육적인 관계를 유지한다는 의미다. 바울에게 생명은 하나님의 절대적 칭의를 통한 삶도 포함한다. 그리스도를 통한 칭의는2:16 우리가 하나님의 자녀라는 법정적 선언으로 시작하지만, 하나님과 새로운 관계를 통한 변화된 삶으로 귀결된다. 왜냐하면 우리의 모든 삶은 하나님의 아들 그리스도와의 만남으로 신적인 삶으로 바뀌기 때문이다.

이제 바울은 그리스도를 통한 칭의와 하나님에 대해 산다는 것의 실제적 의미에 관해 설명한다. **"내가 율법으로 말미암아 율법에 대하여 죽었나니."**2:19c 바울은 여기서 예수 그리스도의 사역을 그와 다른 신자들에게 구원의 축복을 가져다주는 역사적 사건 이상으로 생각한다. 바울은 자신을 예수 그리스도의 경험과 동일시하며, 예수 그리스도의 죽음과 그의 삶의 방식이 자신의 삶에 그대로 재생된다고 말한다. 이 그리스도와의 죽음은 변화된 삶을 초래한다. 그리스도가 신자들의 삶에 미치는 형성적 영향에 대해서는 특히 4장 19절을 참조하라.

이 동사의 완료형 시재는 과거의 행위가 지금까지 지속된다는 사실을 강조한다는 점에서 중요하다. 이 구절에 대해 신자가 예수의 십자가 사건에 동참한 것을 가리키는 것으로 보는 학자도 있지만, 바울은 과거의 행위로서 자신의 개종에 대해 언급하는 것으로 보인다. 그러나 바울의 강조점은 그리스도의 죽음이라는 역사적 사건이 아니라 그의 영적 경험에 있는 것 같다. 특히 중요한 것은 바울의 삶이 계속해서 그리스도의 죽음에 의해 새롭게 형성되고 있다는 사실이다. 그리스도의 죽음은 바울의 삶이 본받아야 할 모범이며 패러다임이다. 그의 삶은 십자가의 죽음을 통해 형성된다. 그것은 날마다 전개되는 십자가의 삶이다. 자세한 내용은 Gorman 2001; 2009를 보라

"그런즉 이제는 내가 사는 것이 아니요 오직 내 안에 그리스도께서 사시는 것이라."[2:20a] 생명과 관련된 언어는 계속해서 나타나며, "하나님에 대해/하나님을 위해 산다"라는 이전 구절과 연결한다. 신자는 내주하시는 그리스도를 통해 하나님에 대해 산다. 따라서 어느 면에서 바울 자신은 살아 있는 것이 아니다. 그는 앞서 자신이 그리스도와 함께 십자가에 못 박혔다고 주장한 바 있다. 바울의 죽음은 율법 및 죄와의 관계가 끝났다는 것을 의미할 뿐만 아니라위 내용 참조, 어느 면에서는 자아가 죽었다는 것을 의미한다. 바울은 자신이 육체적으로 죽었다고 말한 것이 아니다. 이어지는 문장은 "내가 육체 가운데 사는 것"이라고 말한다. 바울의 의도는 이제 자신의 삶을 주관하는 행위자는 자아가 아니라 그리스도라는 것이다. 바울의 자아는 사라진 것이 아니라아래 참조, 그의 삶을 주관하는 인도자로 대치된 것이다. 바울의 다른 표현을 사용하면, 그리스도의 마음이 그의 삶을 지배한다는 것이다.빌 2:5 이것은 사상이나 원리나 규칙을 지배하는 제어장치가 아니라, 신자 안에서그리고 신자를 통해 삶의 모든 특정 상황에서 신적 목적에 순종하는 살아있는 인격을 가리킨다.

"이제 내가 육체 가운데 사는 것은 나를 사랑하사 나를 위하여 자기 자신을 버리신 하나님의 아들을 믿는 믿음 안에서 사는 것이라."[2:20b] 바울은 자아를 억눌러거나 자신의 인격을 경시하지 않는다. "나"는 여전히 살아 있으며, 다만 더 이상 지배를 받지 않을 뿐이다. 또한 바울은 새로운 영적인 삶과 물질적 존재육체를 적대적 관계로 제시하지 않는다. 그는 이 땅에서 육체로 사는 동안 자기 속에 있는 그리스도를 통해 하나님의 뜻이 드러나기를 바랄 뿐이다. "육체"에 관한 이러한 긍정적 용례는 주목할 만하다. 왜냐하면 바울은 나중에 이 용어를 성령의 능력이 없는 삶을 가리키는 부정적 의미로 사용하기 때문이다. 그러므로 육체는 반드시 하나님을 대적한다는 생각은 잘못된 것이다.

바울이 말하려는 요지는 어떻게 하면 실제로 그리스도께서 내 안에 살아계시게 할 것인가라는 것이다. 그의 대답은 "믿음으로"이다. 다시 한번 말하지만, 이 구절은 "하나님의 아들을 믿는 믿음"이나 "하나님의 아들의 믿음"으로 번역될 수 있다. 갈라디아서의 주된 관

심은 하나님의 구원을 얻는 수단으로서 믿음을 강조하는 것이라는 점에서, 아마도 바울은 아들 자신의 신앙/신실함보다 사랑으로 자신을 내어주신 그리스도의 사역에 대한 반응을 염두에 두었을 것이다. 그러나, 다른 곳에서 볼 수 있는 것처럼_{본서 말미의 에세이 "예수 그리스도의 믿음"에 나오는 2:16에 대한 설명 참조}, 이 특이한 구절은 믿는 "행위"보다 믿는 "대상," 즉 그리스도와 그의 사랑하심, 희생적 죽음을 강조한다. 이러한 그리스도의 믿음은 바울의 영적 죽음의 토대가 되며, 그의 현재적 삶을 정확히 규명한다. ^{1:16, "그의 아들" 참조}

이러한 그리스도 중심적 신앙은 바울에게 삶의 방식이다. "하나님의 아들을 믿는 믿음 안에서 사는 것이라." 믿음은 그리스도인이 되는 내적 행위 이상이다. 참된 그리스도인의 믿음은 삶의 모든 국면과 단계에서 끊임없이 그리스도를 신뢰하고 의지하는 것이다. 이 원리는 하나님과의 관계에 있어서 믿음에 기초한 방식에서 율법에 기초한 방식으로 바꾼 갈라디아 사람들을 책망한 3장 1-5절부터 시작되는, 갈라디아서의 중요한 요지다. 또한 이 원리는 바울이 율법을 복음과 동일한 지위에 두기를 거부하는 이유를 설명한다. 그런 양립성은 살아계신 그리스도에 대한 신자들의 변함없는 신뢰를 훼손한다. ^{3:2, 5의 율법과 믿음의 대조에 주목하라}

바울의 논증은 이러한 믿음에 대한 강조와 함께 제 자리로 돌아온다. 그는 신자의 믿음에 기초한 하나님의 행위로서 칭의를 위한 변론으로 시작했다. 그리고 이제 이 논증은 그리스도의 생명에 함께 하는 삶 역시 신자의 믿음에 기초한다는 주장으로 끝난다. 바울은 칭의를 그리스도 안의 삶과 연결함으로써, 그의 칭의 복음이 죄를 극복할 수 있느냐는 의문에 대해 강력한 대답을 제시한다. 바울에 따르면, 믿음은 자신을 온전히 열어 예수 그리스도와 그의 주 되심을 전적으로 받아들이는 것이다. 이런 신앙은 율법을 지키는 방식과 상관없이, 그리스도를 닮은 삶을 통해 하나님의 뜻을 드러낸다.

"내가 하나님의 은혜를 폐하지 아니하노니 만일 의롭게 되는 것이 율법으로 말미암으면 그리스도께서 헛되이 죽으셨느니라."^{2:21} 이것은 율법과 복음을 직설적으로 대조하는 결정적인 주장이다. "폐하다"라는 동사는 유언이나 언약에 대해 다루는 법정 용어에서 유래되었다. 바울은 3장 15-18절에서 같은 동사를 사용하여 발전시키고 있는 언약 개념을 염두에 두고 있다. 그리스도의 죽음을 통해 전달되는 하나님의 은혜는 결코 폐할 수 없는 엄숙한 언약이라는 것이다. 율법의 언약과 그리스도의 언약을 차별 없이 결합하는 것은 그리스도 안에서의 새로운 언약을 무효화 하는 것이다. 바울에게 하나님의 은혜, 예수 그리스도의 희생, 믿음, 칭의는 구원과 제자도를 구성하는 요소며, 다른 어떤 요소도 끼어들 수 없다.

이 대조는 다른 방식으로도 진술된다. 즉, 율법의 이전 언약이 의를 얻게 했다면 그리스도의 죽음은 필요 없었다는 것이다. ^{3:21 참조} 바울은 당연히 율법이 의롭게 할 수 있다는 주장을 거부한다. 그는 그리스도의 죽음이 새롭고 놀라운 일을 성취했다고 확신한다. 이러한 사상의 배후에는 그리스도의 사역이 무엇과도 견줄 수 없을 만큼 완전하고 최종적이라는 확신이 깔려 있다. 이곳에 제시된 바울의 주장은 그의 율법관에 대한 중요한 통찰력을 제공한다. 바울이 율법을 반대하는 이유는 더 나은 것이 있기 때문이다. 율법을 고수하는 행위는 어떤 근본적인 것도 바꿀 수 없다. 그리스도가 율법이 원하는 바를 이루셨기 때문에, 이제 율법은 다른 의미와 역할을 가진다. 바울은 자신을 반대하는 자들이 이러한 근본적 관점의 변화를 초래하지 못했다는 사실을 알고 있다. 따라서 그들의 가르침은 갈라디아 사람들의 신앙을 위험에 빠트릴 것이다. 그런 이유로, 바울은 그리스도냐 율법이냐라는 극명한 용어를 사용한 것이다.

2장 21절에 제시된 칭의에 대한 바울의 언급은 2장 16절의 출발점으로 돌아가게 한다. 이 단락 전체는 바울이 칭의관을 요약한다. 바울은 개념에 대한 설명이나 변론보다 결과와 함축을 제시한다. 이제 바울의 관점은 분명히 드러난다. 첫째로, 그의 관점에는 사회적 의미가 내포된다. 즉, 하나님이 세상을 바로 잡으시는 방법은 모든 사람을 죄인이라는 동일 선상에 세우는 것이다. 마찬가지로, 의롭게 된 자들도 그리스도 안에서 평등하다. 그리스도 안에는 연합과 하나 됨이 있다. 이 진리는 안디옥에서 이방인과 유대인이 함께 음식을 먹는 행위와 같은 모든 사회적 상호작용에 적용된다. 칭의^{의롭다 하심}는 의의 근원이 되시는 그리스도와의 개인적 상호작용의 결과로 나타난 형성적 과정이다. 우리는 이 과정을 그리스도와 하나 됨이나 연합으로 부른다. 갈라디아의 특정 이슈에 대한 바울의 주장은 이러한 근본적 확신에서 나온 것이다.

성서적 맥락에서의 본문

성경적 칭의와 의

"의롭다 하다"^{justify}라는 동사는 성경에서 정당화하다, 의, 의로운, 의로움 등으로 번역되는 단어군 가운데 하나다. 이 단어는 법정 용어로 사용되며, 판사는 피고에 대해 무죄를 선고하거나 정죄를 선고하며, 원고에 대해 정당화하거나 책망한다. 판사가 옳다면, 의로운 사람에게 정의가 시행된다. 이 모든 법정적 의미는 고소를 당해 무죄 선고를 원하는 자들과 재판장으로서 하나님의 이미지를 이해하는 데 도움이 된다.

구약성경의 언약에 관한 문맥에서 이 단어군은 더욱 풍성한 의미를 가진다. 하나님은 사랑과 은혜로 이스라엘과 언약적 관계를 맺으신다. 하나님이 이 관계를 인정하시고 백성이 언약의 조항을 순종하면 의가 이루어진다. 하나님이 언약을 통해 바른 관계를 인정하시는 행위가 칭의다. 이 칭의는 원래 법정적 개념에 해당하지만, 다른 영역의 관계나 바른 삶도 포함한다. 하나님은 언약의 상대에게 의로운 지위를 선언하실 뿐만 아니라, 상대의 충성과 정의에 기초하여 그들과 살아 있는 관계를 맺으신다. 또한 하나님은 언약 상대에게 이러한 관계를 존중하고 유지하는 행동을 기대하신다. 바울은 이 모든 구약성경의 관점을 확인하며, 모든 언약은 그리스도를 중심으로 하며 그의 사역에 기초한다고 주장한다.

이 단어군에는 다른 중요한 요소도 있다. 구약성경, 특히 이사야는 이미 백성을 구원하는 행위를 통해 의로운 상황을 조성하고 계시는 하나님에 대해 묘사한다. 하나님은 의롭게 하거나 바로 잡으시는 일을 하고 계신다. 하나님은 재판관처럼 단순히 선언만 하시는 것이 아니라, 능동적으로 잘못된 것을 바로잡으시는 행동가며 개혁가시다. 하나님이 예수 그리스도를 통해 구원하셨다는 바울의 확신에 비추어 볼 때, 칭의는 죄인을 바로잡으시는^{또는 의를 이루시는} 하나님의 행위로 보는 것이 바람직하다. 하나님은 이 과정에서 용서받은 죄인의 상태를 인정하시고^{무죄 방면}, 그를 의로운 삶^{영적 관계 및 도덕적 갱신}으로 인도하신다.

이사야에서와 마찬가지로 갈라디아서도 하나님이 의를 이루신다는 개념이 나타나며, 우리를 온갖 속박에서 풀어주시는 하나님의 행위를 함축한다.^{갈 3-4장} 하나님은 의를 대적하는 자들을 물리치심으로 우리의 상황을 바로잡으시고 고쳐주신다.^{1:4; 4:1-10} 이 모든 것은 의/칭의 개념에 포함된 중요한 의미를 광범위하게 보여준다. 세상을 바로 잡으시는 하나님의 사역은 피조세계 전체를 대상으로 하며, 마지막 날에 이르러서야 완성될 것이다. 이 마지막 요소는 의의 소망^{5:5; 롬 8:19-23}이라는 바울의 표현에 잘 나타난다.

바울과 야고보의 믿음

바울에게 "믿음"이라는 말은 하나님에 대한 신자의 반응을 가리킨다. 또한 바울은 일반적으로 믿음은 하나님의 제안을 수용하는 태도를 반영한다는 사실을 강조한다. 바울은 하나님의 주도적인 제안을 묘사하기 위해 종종 "약속"이라는 단어를 사용한다.^{갈 3장 및 4:21-31에 여러 번 등장하는 '약속'을 보라} 따라서 믿음은 하나님의 약속을 받아들이는 것이다. 영어에서는 전형적으로 하나님을 신뢰함이나 하나님을 의지함이라는 표현이 사용된다. 바울은 아브라함의 경우, 그의 믿음은 어떤 순종의 행위보다, 특히 할례의 행위보다 앞선다고 말한다.^{롬 4:10-11} 따라서 바울이 이 단어를 신자가 하나님의 은혜를 받아들이는 것을 부인하거나 무시하거나 축소하는 방식으로 사용할 때, 우리는 신실함의 개념으로 해석하지 않도록 주의해야 한다. 또한 믿음은 인간이나 물질적 수단에 의존하는 것이 아니라 하나님께 의존한다는 의미가 있다. 아브라함이 "육체를 따라" 행하지 않고 약속에 의지했다는 것은 이러한 믿음을 잘 보여준다.[4:23, 29] 이것이 바로 믿음은 단지 또 하나의 인간의 노력이 아닌 이유다. 믿음은 인간의 행위와 노력으로는 부족하다는 사실을 인정하는 것이다.

바울은 "믿음"이 성경에서 광범위한 의미로 사용된다는 사실을 알고 있다. 영어로는 신앙, 믿음, 신뢰, 충성, 신실함이 이런 의미에 해당한다. 성경 언어[의로움, 거룩함]에 나타나는 전형적인 현상이지만, 이 단어 역시 하나님과의 관계라는 영적 영역과 이러한 관계에 합당한 행위라는 도덕적 영역을 포괄한다. 따라서 바울은 하나님을 신실함[미쁘심]으로 언급할 수 있다.[롬 3:3] 신실함은 성령의 은사로 주어지는 그리스도인의 미덕과 같다.[갈 5:22] 사실 갈라디아서의 모든 주장은 하나같이 믿음이 있는 자가 믿음 안에서 신실하게 살며[3:1-5], 모든 문제를 믿음으로 신실하게 헤쳐나가야 함을[5:13-6:10] 보여주는 데 초점을 맞춘다.

여기서 말하려는 요지는 갈라디아서[그리고 로마서]에서 바울은 믿음과 관련된 용어들을 하나님의 약속과 섭리에 대한 신뢰와 의지라는 좁은 의미로만 사용한다는 것이다. 이것은 그리스도와 성령 시대의 신실함을 갈라디아의 거짓 교사들이 이해하는 것처럼 율법에 대한 지속적 순종으로 오해하지 않게 하려는 생각 때문이다.

"믿음"이라는 단어에 대한 바울의 용례는 "예수 그리스도를/예수 그리스도의 믿음"이라는 구절의 의미에 대한 논쟁에 영향을 주었다. 갈라디아서[와 로마서] 본문에서 바울의 주장에 나타나는 믿음을 예수님 자신의 신실함이라는 의미로 사용한 것 같지 않다. 이러한 모호성을 제외하면, 바울은 다른 어느 곳에서도 그리스도 자신의 믿음에 대해 언급하지 않는다. 바울은 자신의 사상에서 믿음이 차지하는 무게와 중요성 때문에, 이 단어를 조심스럽게 발전시키고 설명한 것이 분명하다. 바울은 예수님 자신이 하나님의 목적과 뜻에 순종하신 사실에 대해 언급하면서 전형적으로 순종이라는 단어를 사용한다.[롬 5:19; 빌 2:6-8] 이 단어는 신실함으로 번역하면 가장 정확하고 확실한 번역이 될 것이다. 그러나 바울은 이곳의 본문에서 이 단어를 사용하지 않는다.

야고보서는 믿음에 대해 더욱 전통적인 유대적 관점을 보여준다. 야고보서에서 믿음과 신실함, 또는 믿음과 행함은 철저히 결합된다. "행함이 없는 믿음은 죽은 것"이다.[약 2:17, 20, 26] 야고보의 논박적 어조는 바울과 유대 그리스도인 사이의 논쟁을 반영한 것으로 보인다. 우리는 바울과 야고보의 차이가 이처럼 실제적이고 의미론적이라는 사실에 놀라지 않을 수 없다. 바울은 자신의 방식대로, 복음에 대한 헌신과 일치하는 일관성 있는 삶의 방식을 요구한다. 바울은 새로운 생명[행함]의 열매가 없는 믿음은 참된 믿음이 아니라는 사실에 동의할 것이다. 야고보는 행함과 단절된 믿음에 관심을 가지지만, 바울은 그리스도를 믿는[그리스도의] 믿음과 단절된 행함에 더 많은 관심을 가진다. 바울에게 있어서 믿음은 그리스도를 통하여, 그리고 성령의 능력 주심에 의지함으로써 얻는 하나님과 살아 있는 관계를 포함한다. 그는 전통적 이해와 실천이 이러한 가치들을 위협한다고 생각했기 때문에 "행위"라는 단어를 복음적 가치들과 동떨어진 행위를 가리키는 부정적인 의미로 사용하는 경향이 있다.

그리스도와의 연합

그리스도와의 연합 또는 하나 됨이라는 모티브는 바울의 글에 자주 등장한다. 바울은 종종 이 주제를 "그리스도 안"이라는 구절로 표현한다.[2:6-7; 포괄적인 설명에 대해서는 Campbell을 보라] 그리스도의 십자가와 부활은 신자들 가운데 다시 한번 경험되어야 한다.[롬 6장; 빌 3:10] 갈라디아서에서 바울은 율법에 대한 죽음에 초점을 맞추기 위해 십자가를 강조한다.[2:19에서 볼 수 있는 것처럼] 그러나 2장 20절이 분명히 보여주듯이, 바울은 그리스도의 부활에 동참해야 한다는 개념도 염두에 두고 있다.[롬 6:4-5 참조]

그리스도와의 연합은 그리스도와의 인격적 만남을 포함한다. 바울은 "내 안에 그리스도께서 사시는 것"[2:20]이라는 표현을 통해 살아 계신 그리스도에 대한 강력한 경험을 드러낸다. 어떤 사람들은 이것을 바울의 신비라고 말한다. 이것은 경험의 일면이지만, 이 경험의 의미를 내적 영성으로만 국한한다면 잘못된 해석으로 빠질 수 있다. 사실, 바울의 모든 삶은 그리스도의 임재로 충만하다. 또한 바울은 확실히 윤리적인 영역 및 소명과 관련된 영역을 이 주제와 연결한다. 윤리적 함축과 관련하여, 그는 갈라디아서 5장 24절에서 "그리스도 예수의 사람들은 육체와 함께 그 정욕과 탐심을 십자가에 못 박았느니라"고 주장한다. 그리스도와 함께 십자가에 못 박히기 위해서는 자신의 삶을 주관하는 죄에 대해 죽어야 한다.

소명과의 연결은 바울이 그리스도를 위한 사역을 하는 중에 십자가로 말미암아 박해를 받았다고 말하는 갈라디아서 5장 11절 및 6장 12절, 17절에 암시된다. 고린도후서 4장 10절에는 보다 직접적인 언급이 제시된다. 바울은 자신의 사역 기간 중 "항상 예수의 죽음을 몸에 짊어짐은 예수의 생명이 또한 우리 몸에 나타나게 하려 함"이라고 말한다. 바울은 예수의 삶과 메시지가 가진 함축은 모든 삶의 변화를 포함할 만큼 광범위하다고 생각한다. 바울의 개념의 포괄적 영역은 갈라디아서 4장 19절에서 볼 수 있는 것처럼, 형성적 언어로 표현된다. 바울은 그곳 본문에서 갈라디아 신자들 속에 그리스도의 형상이 이루어지기를 바란다. 그곳 주석 참조 바울은 예수 그리스도의 완전하고 포괄적인 사역에 대한 통찰력을 바탕으로, 율법을 포함하여 권리를 주장하는 모든 요소를 복음의 핵심 비전에서 배제하는 열정을 보인다. 2:21 주석 참조 형성이라는 주제에 대해서는 4:19 및 TBC/TLC를 보라

교회 생활에서의 본문

교회와 사회의 평등

바울은 갈라디아서 2장 전체를 통해 모든 민족을 포함하는 한 백성을 창조하시려는 하나님의 목적을 강조해왔다. 이 하나님의 백성이 진정으로 평등한 공동체가 되기 위해서는 모든 지체가 똑같은 지위를 누려야 한다. 바울은 그리스도에 대한 믿음은 율법에 기초한 유대적 삶의 방식을 지킬 것을 요구한다는 사상에 맞서 갈라디아 사람들의 자유와 평등을 지켜왔다는 사실을 그들이 알아주기를 원한다. 안디옥 사건은 이 문제에 초점을 맞춘다. 바울에 따르면, 다른 사람을 동료 신자로 인정하면서도 같은 식탁에 앉기를 거부하는 것은 모든 사람을 그리스도의 주 되심 아래 모으려는 하나님의 뜻을 어기는 것이다.

바울은 자신의 확신을 변호하는 과정에서, 이신칭의라는 주제에 호소한다. 이것은 사람과 하나님의 관계에 대한 이 위대한 교리가 명백한 사회적 함축을 지닌다는 사실을 보여준다는 점에서 놀랍다. 바울은 이 교리로부터, 모든 사람은 죄를 범했으며, 따라서 하나님의 행위를 통해 의롭게 되어야 한다는 주장을 제시한다. 따라서 모든 사람은 구원이 필요하다는 점에서 평등하다. 유대인은 영적 문제에 있어서 반드시 먼저 출발하는 혜택을 입은 것은 아니다. 유대적 삶의 방식은 율법에 근거한 신앙적 행위이기는 하지만, 그러한 행위가 최종적 권위나 특권적 지위를 가지는 것은 아니다. 하나님 앞에서 평등하다는 것은 하나님 가정의 모든 지체가 평등하다는 뜻이다.

교회는 종종 바울이 가르침에 나타난 사회적 함축에 대해 진지하게 생각하거나 받아들이지 않았다. 사회적 지위와 윤리적 특권은 주변 문화의 특징이었지만, 교회에서도 똑같은 현상이 나타나고 있다. 노예 시대에는 예배 시간에 노예들을 별도의 공간에 모이게 했다. 이런 관습은 안디옥 상황과 유사하다. 노예제도를 거부하는 교회들조차, 평등하지만 구별된 의식을 조장하고 흑인교회와 백인교회로 나뉘어 예배를 드렸다. 바울은 이런 관행을 거부했을 것이다. 교회에 만연한 인종주의는 이신칭의의 근본적 신앙에 부합되지 않는다.

다른 삶의 영역도 마찬가지다. 사람들은 영적인 지위와 사회적 지위가 다르다고 생각했

다. 예를 들면, 어떤 사람들은 갈라디아서 3장 28절에 함축된 여성의 역할에 관한 의미를 축소한다. 그들은 바울이 영적인 지위만 염두에 두었으며 사회적 역할은 해당되지 않는다고 주장한다. 그러나 우리가 바울의 여성관에 대해 어떻게 생각하든, 바울은 갈라디아서 2장에서 그런 주장이 근거 없는 것임을 보여준다. 3:28 주석 참조 바울은 사회적 역할과 영적 지위를 구분하지 않는다. 이러한 평등 사상은 시대와 장소를 막론하고, 기독교 신앙을 생생히 보여주는 중요한 비전이다.

칭의, 성화, 제자도

갈라디아서의 이 부분은 그리스도인의 삶에서 세 가지 핵심 용어가 어떤 관계를 형성하는지 이해하도록 돕는다. 개신교 전통은 칭의를 바울 사상과 바른 기독교 신학의 핵심으로 본다. 성화를 주장하는 단체들은 거룩함을 강조한다. 아나뱁티스트 전통은 모든 삶에서 그리스도를 따르는 제자도에 초점을 맞춘다. 바울을 추종하는 사람들은 그리스도와의 연합"그리스도 안에서"이 바울의 핵심 개념이라는 결론을 내린다. 갈라디아서 2장 11-21절은 세 가지 개념의 의미와 관계에 대한 통찰력을 제공한다. 바울은 이곳에서 의롭게 됨칭의이라는 용어와 그리스도와의 연합이라는 개념을 사용하지만, 성화나 제자도라는 용어는 사용하지 않는다. 제자도의 경우, 개념은 암시된다

첫째로, 바울은 칭의를 성화거룩함나 제자도와 구분하지 않는다. 바울은 칭의 개념에서 삶과 관련된 함축을 끌어낸다. 그러나 전통적 개신교 사상은 구원에 인간의 공로가 개입되는 경향을 막기 위해 칭의와 성화를 지나치게 구분했다. 마틴 루터의 칭의 개념은 "오직 믿음"이라는 구호 속에 잘 나타난다. 이러한 칭의 개념은 구원은 하나님의 순수한 선물이라는 중요한 진리를 보전하지만, 복음 안에서 의로운 삶의 중요성을 간과하거나 저평가하는 결과를 초래할 수 있다. 바울은 소위 "지속적인 이신칭의"justification by faith consistently를 강조한다. 말하자면, 칭의는 명백히 윤리적인 함축을 가진다는 것이다. 바울은 베드로와 갈라디아 사람들이 이 진리에 부합되는 삶을 사는 것에 초점을 맞춘다.

마찬가지로, 바울은 칭의와 그리스도와의 연합을 결합한다. 칭의는 그리스도 안의 삶을 위해 하나님에게 살아 있게 한다. 따라서 바울은 칭의와 성화와 제자도를 밀접하게 연결한다. 칭의와 성화/제자도는 그리스도인이 순차적으로 경험하는 일련의 단계가 아니며, 따라서 칭의로 출발하여 성화로 발전한다는 식의 사고는 잘못된 것이다. 오히려 이러한 요소들은 동일한 하나님과의 만남을 다양한 관점에서 바라본 것으로, 각각의 요소는 하나님의 주도적 행위로부터 시작하여 평생의 과정을 거쳐 마지막에 완성되는, 다양한 발전 단계를

거친다. 칭의의롭다 하심는 의로움이나 정당성이 일정한 기준이나 이상에 부합되느냐의 관점에서, 그리스도를 통한 하나님의 행위와 믿음의 반응을 본다. 성화거룩하게 하심는 거룩함이나 하나님의 성품과 일치하느냐의 관점에서 삶 속에서의 반응을 본다.

둘째로, 바울의 글을 자세히 살펴보면, 그리스도와의 연합과 제자도 사이에 밀접한 관계가 있음을 볼 수 있다. TBC에서 살펴본 대로, 연합과 관련된 언어는 영적, 윤리적 영역 및 소명과 관련된 영역을 포괄한다. 이 언어는 근본적인 이미지에 있어서 포괄적이다. 이 포괄성은 인격적 형성의 깊이와, 삶에 미치는 영향의 폭을 나타낸다. 복음의 제자도와 바울이 말하는 연합을 부당하게 대조하는 사람들도 있다. 그리스도와의 연합은 그와 인격적인 관계를 맺고 "그의 자취를 따라"가는 것벧전 2:21을 의미한다. 연합과 관련된 언어는 제자도와 영성을 연결한다. 이것은 아나뱁티스트의 제자도 전통에 중요한 요소가 된다. 또한 연합은 우리에게, 예수를 따르는 것은 단순히 오래 전 한 사람의 행위를 모방하는 문제가 아니라 언제 어디서나 우리를 신실한 행동으로 인도하시는 살아계신 주님과의 관계를 기초로 한다는 사실을 상기시킨다.

그리스도 중심적 삶

우리는 갈라디아서의 초반부를 살펴보고 있지만, 바울이 어떻게 예수 그리스도의 삶과 가르침과 사역에 대한 끊임없는 언급을 통해 자신이 확신하는 내용을 풀어나갈 것인지를 이해하기 시작한다. "복음의 진리를 따라 바르게 행하지 아니함"2:14이라는 바울의 언급은 자신에게 계시된1:16 그리스도 중심적 복음을 염두에 둔 것이다. 바울이 율법의 권위를 거부한 가장 근본적인 이유는 하나님과 세상에 대한 관점의 모든 공간을 그리스도가 채웠기 때문이다. 그리스도는 다른 모든 진리 주장을 상대화한다. 그런 것들은 절대적이지 않기 때문이다. 모든 것은 그리스도를 통해 계시된 진리와 관련하여 이해해야 한다. 바울에게는 이것이 결코 과장된 이론이 아니다. 바울은 교회 생활과 선교사역에서 만나는 모든 이슈에 대해, 예수 그리스도를 통한 하나님의 행위와 일치하느냐를 기준으로 평가한다. 이것은 단지 역사적 예수의 말이나 행동을 그대로 되풀이하는 문제가 아니다. 이것은 신자가 모든 새로운 상황에 대해, 현재 살아계신 주 예수 그리스도의 뜻을 분별할 수 있을 만큼 그리스도를 충분히 이해하는 것을 포함한다.롬 12:2; 빌 1:9-10

갈라디아서 3장 1절-4장 11절

성취된 계시로서 복음에 대한 바울의 변론

개관

그리스도를 통한 하나님의 새로운 계시에 대한 바울의 변론은 율법-기독교적 용어로 구약성경- 의 지위에 관한 몇 가지 진지한 질문을 염두에 두고 시작된다. 율법은 잘못된 것인가? 그렇지 않다면, 왜 온전한 가치를 가지지 못하는가? 하나님은 변하시는가? 우리는 바울을 반대하는 자들이 기독교가 말하는 구약성경, 유대인의 성경만이 하나님의 참된 계시라는 단순하면서도 설득력 있는 주장을 했을 것이라고 짐작할 수 있다. 메시아로서 예수에 대한 믿음은 하나님의 이전 계시의 권위를 바꿀 수 없다. 그러므로, 할례와 같은 성경의 명령은 하나님의 메시아로서 그리스도를 믿는 자들에게도 적용된다는 것이다.

한편으로, 갈라디아서의 이어지는 주요 단원은 그리스도인이 하나님의 과거 명령과 행위를 어떻게 해석할 것인가에 대한 논의가 될 것이다. 바울의 답변의 핵심은 믿음이라는 개념 자체가 사실상 구약과 신약 사이에 하나님의 목적의 근본적인 연속성을 내포하고 있다는 것이다. 그리스도는 이전 계시의 모든 약속을 명시적, 암시적으로 성취하셨다. 더구나 그리스도는 율법이 하는 모든 일을 하셨으며 그것이 하지 못한 일도 하고 계신다는 의미에서 율법을 성취, 또는 완성하셨다. 복음은 사실상 율법을 능가하며, 율법을 부인하는 것이 아니라 그것을 복음 속에 담아 그리스도께 일치시킴으로써 율법을 넘어선다.

바울은 대조의 방식으로 자신의 논증을 전개한다. 이러한 방식은 책망과 논쟁의 서신에서 흔히 볼 수 있다. 바울은 갈라디아의 신학적 관점들 사이에 근본적인 대립이 있음을 보았으며, 한 쌍의 단어군을 대조함으로써 어떻게 대립하는지를 보여준다. 아래에 제시한 목록은 독자가 배후의 큰 그림을 이해하는 데 도움이 될 것이다.

바울의 복음	다른 복음
약속	율법
성령	육체
믿음	행위
자유	구속
축복	저주
하나님의 자녀	노예
모든 사람의 하나 됨	분열앞시

개요

드러난 쟁점, 3:1-5
신학적 논증, 3:6-4:7
갈라디아에 대한 적용, 4:8-11

드러난 쟁점
갈 3:1-5

사전검토

"**어리석도다 갈라디아 사람들아… 누가 너희를 꾀더냐?**" 갈라디아서 1장 6-10절부터 시작된 논쟁의 불길이 이어지는 단락에서 잠시 잦아들었다면, 이제 이 새로운 외침과 함께 다시 타오르기 시작한다.

이 단락은 갈라디아에서 벌어지고 있는 일을 정확히 이해할 수 있는 중요한 본문이다. 이 본문은 바울이 갈라디아서를 기록한 배경에 대해 가장 분명하게 밝힌 곳이다. 흥미로운 것은, 앞서 다루었던 믿음과 율법의 행위에 관한 질문이 계속됨에도 불구하고 이곳에는 칭의라는 주제가 나타나지 않는다는 것이다. 이 단락에 새로 등장하는 내용은 성령과 육체의 대조다. 갈라디아서 나머지 부분에 두드러지게 등장하는 이 용어들은 의/칭의라는 주제를 은폐한다. 이것은 칭의가 갈라디아서를 받쳐주는 보조 주제이기는 하지만 일반적으로 생각하는 것과 달리 주요 주제는 아니라는 사실을 보여준다.

그렇다면 바울이 생각하는 쟁점은 무엇인가? 갈라디아 사람들은 그리스도 안에서의 삶을 시작하는 것과 계속해서 모세 율법에 충성하는 것은 별개의 것이며 이러한 충성이 없으면 하나님의 백성이 될 수 없다고 배웠다. 그러나 바울은 이러한 신학이 일관성이 없고 문제가 있으며 진리에서 벗어났다고 생각한다. 우리는 여기서 다시 한번 복음의 지속성과 일관성을 위해 노력하는 바울의 열정을 볼 수 있다. 성령은 갈라디아 사람들이 그리스도 안에서 새로운 삶을 시작하게 하실 뿐만 아니라 그 삶이 지속되게 하신다. 거짓 선생들은 성령의 역할이 이방인을 하나님의 백성이 되게 하는 것이 전부라고 생각하지만, 바울은 이방인이 모세의 법을 지켜야 한다는 그들의 주장은 인간적 노력(육체)으로 살기 위해 성령을 포기하는 것이라고 비판한다. 그렇게 하는 것은 일관성이 없으며, 복음을 버리는 것과 같다는 것이다.

주석

"어리석도다 갈라디아 사람들아… 누가 너희를 꾀더냐?" 바울은 안디옥에서 있었던 경험과 신학적 진술에 대한 긴 내러티브에 이어 갈라디아 사람들과 직접 마주한다. 바울은 갈라디아서 전체에서 사랑과 존중의 언어와 책망과 수치의 언어 사이를 오간다. 갈라디아 사람들은 어리석다! 그들은 자신이 직면한 문제에 대한 분별력이 없으며 지혜로운 판단을 하지 못한다. 그들은 꾀임을 당했다! 그들은 바울의 대적들이 던진 마법에 걸려들었다. 마법은 마술계에서 사용하는 표현으로, 소위 "악마의 눈"을 가리킨다. 바울은 의도적으로 독자/청중에게 악한 주술에 대한 두려움과 그들을 해치려는 거짓 선생들에 대한 반감을 불러일으키려 한 것으로 보인다. 마술은 바울 시대의 강력한 문화적 현상이다. 그러나 이어지는 바울의 가르침에 대한 유사한 언급은 이것이 거짓 궤변의 설득력을 가리키는 은유적 표현임을 보여준다. 바울에 따르면, 율법준수를 가르치는 대적들은 저주받은 자들이다.

갈라디아 사람들은 말만 번지르르한 수사학에 넘어가서는 안 된다. 왜 그런가? 그들은 바울의 설교를 통해 똑같이 강력한 십자가 복음을 경험한 때문이다. "예수 그리스도께서 십자가에 못 박히신 것이 너희 눈 앞에 밝히 보이거늘." 바울은 십자가에서 돌아가신 예수 그리스도의 죽음을 묘사적으로 제시한다. 그는 듣는 자들이 십자가의 실재와 의미를 새길 수 있도록 십자가 처형 장면을 생생히 묘사한 것이다. 이러한 묘사는 앞서 그리스도의 십자가를 바울의 특별한 영적 경험으로 제시한 2장 19-20절과 연결된다. 두 본문에서 "십자가에 못 박히셨다"라는 완료형을 사용한 것은 과거 사건의 지속적인 영향을 강조한다. 바울은 그리스도의 십자가를 모든 시대, 모든 사람과 관련이 있는 사건으로 본다. 바울이 자신의 주장을 요약한 두 본문에 제시된 이 언급은 십자가가 복음 체계의 기초석임을 보여준다.

"내가 너희에게서 다만 이것을 알려 하노니 너희가 성령을 받은 것이 율법의 행위로냐 혹은 듣고 믿음으로냐."[3:2] 이곳에 사용된 "다만"이라는 단어는 주목할 만하다. 이 단어에는 적어도 두 가지 뉘앙스가 나타난다. 이것은 바울이 갈라디아의 핵심적인 문제에 관한 생각이 무엇인지를 보여준다. 이 문제는 칭의와 같은 교리적 분쟁이 아니다. 바울은 갈라디아 사람들이 자신의 가르침을 거부한 사실을 문제 삼고 있는 것이 아니다. 문제는 그들이 꾐에 빠져 그리스도인의 삶의 원천을 바꾸었다는 것이다. 따라서 그들에게 보낸 바울의 서신은 신자가 되는 방법이나 그것을 유지하는 문제에 대해서도 언급하지만, 그보다는 어떻게 제자의 삶을 추구할 것인가라는 문제에 초점을 맞춘다.

"다만"은 바울이 갈라디아 사람들에게 그들이 당면한 문제의 본질을 이해하는 데 가장 도움이 될만한 내용을 제시할 것임을 보여준다. 핵심은 성령과 성령의 사역이다. 따라서 바울은 수사학적 질문을 통해 성령의 은밀한 사역에 대해 묻는다. 이어서 바울은 율법준수냐 신실한 믿음이냐라는 두 가지 대안을 제시한다. 독자들의 대답은 명백하다. 그들은 율법의 행위가 아니라[일부 이방인 신자들의 경우, 율법에 대한 지식조차 없이] 믿음에 기초하여 성령을 받았다. 바울의 관점에서 보면, 갈라디아 사람들은 어리석은 꾐에 빠져 율법 중심을 위해 성령 중심을 거부했다. 그들은 위[하나님]로부터 오는 신앙적 경험과 아래[즉, 3절의 육체]로부터 오는 경험 가운데 하나를 선택해야 한다.

"듣고 믿음"[문자적으로는 "믿음의 들음"]이라는 구절은 다양한 해석이 가능하다. "들음"이라는 단어는 듣는 행위나 들은 것[즉, 보고나 메시지]을 의미할 수 있다. 후자의 경우, 믿음을 핵심으로 하는 복음 메시지를 가리킨다. 따라서 우리는 바울이 율법의 행위[2:16 참조]와 하나님이 제시하시는 복음 메시지를 대조하는 것으로 볼 수도 있지만, 이곳에는 그런 의미로 사용된 것 같지 않다. 이 구절은 3장 5절에 다시 나타나는데, 그곳의 의미는 성령을 주시고 기적을 행하시는 하나님의 행위는 "믿음의 들음"[수사학적 질문 속에 함축되어 있다]에 기초한다는 것이다. 바울이 말하는 요지는 하나님의 행위가 메시지[들은 것]보다 인간의 반응[듣는 행위]에 의존한다는 뜻으로 보는 것이 합리적이다. 그렇다면 이 구절은 신적 행위에 대한 문을 여는 인간적 행위를 암시하는 것으로 볼 수 있다. 이러한 사실은 로마서 10장 14절의 유사한 진술을 통해 뒷받침된다. 그곳 본문에서, 들음과 믿음이라는 두 가지 인간적 행위는 들음이 믿음의 선결 조건으로 제시된다.

일부 해석가와 달리, 이곳의 믿음은 그리스도 자신의 믿음이나 불신을 가리키지 않는다.[2:16; 3:22 참조] 6절 서두의 "~처럼[just as]"[한글 성경은 문장 끝의 "같으니라"/역주]은 아브라함이 1-5절에 언급한 신앙의 모범임을 보여준다. 7절은 아브라함처럼 믿은 자들은 그의 자손이라는 사실을 명확히 보여준다. 이처럼 갈라디아 사람들도 아브라함과 같은 믿음의 행위가 필요하다. 아브라함에 대한 병행구^{앞서 언급한 롬 10:14과 함께}는 "믿음의 들음"으로 표현된 믿음이 믿는 행위, 즉 믿음이 수반된 들음을 의미한다는 사실을 뒷받침한다. 나는 앞서^{2:16 주석}에서 "예수 그리스도의/예수 그리스도를 믿음"이라는 구절의 믿음은 "메시지"에 가깝다고 주장한 바 있다. 그러나 이곳에서는 믿음의 행위를 가리키는 것이 분명하다. 이러한 이해는 본 서신에 나타난 신적 약속에 대한 반응으로서 믿음이라는 바울의 관점과 일치한다. 우리는 신적 메시지를 들음으로써 약속에 대해 알고, 믿음의 행위로 그 약속에 반응한다.

"너희가 이같이 어리석으냐 성령으로 시작하였다가 이제는 육체로 마치겠느냐."^{3:3} 어리석다는 책망은 강조를 위해 반복된다.^{3:1 참조} 그러나 이곳의 질문은 강도가 다소 완화되며 수사학적 질문을 계속함으로써 그들의 분별력을 효과적으로 촉구한다. 두 번째 질문은 갈라디아의 상황을 분석하는 초점이 어디로 향하는지 보여준다. 갈라디아 사람들은 성령으로부터 육체로 향하고 있다. 바울은 이처럼 당황스러운 전환이 정도의 차이가 아니라 종^{kind}이 달라지는 근본적인 문제라고 생각한다.^{1:6-7 참조} 율법을 지켜야 한다는 새로운 가르침은 앞서 바울이 그리스도와 관련하여 언급한^{2:18-21} 성령의 역사를 허무는 것이다. 시작과 마침에 대한 언급은 한편으로는 갈라디아에서 일어나고 있는 변화를 보여주며, 다른 한편으로는 그리스도의 안의 삶은 시종여일하며 시대와 상황에 따라 바뀌지 않는다는 바울의 근본적인 관점을 다시 한번 보여준다.

바울의 사상에서 "육체"는 어렵고도 중요한 개념이다. 한 마디로, 육체는 물질적 영역의 인간을 가리킨다. 이곳에서처럼 부정적 의미로 사용될 경우, 하나님 없이 작동되는 물질적 존재를 가리킨다. 따라서 갈라디아에서 육체는 하나님의 능력^{성령}을 떠나 인간적, 물질적 수단에 의존하는 삶과 행위를 뜻한다. 이곳의 "육체"는 인간의 신체에 행하는 할례를 암시할 수 있으며, 따라서 갈라디아서의 핵심 주제와 연결된다. 그러나 우리는 이 용어를 이러한 암시에 국한해서는 안 된다. 바울의 사상에서 육체는 성령의 삶을 대체하는 삶으로서 광범위한 의미가 있다. 이곳의 성령과 육체라는 주제는 5장에서 더욱 확장된다.^{TBC 참조}

2-3절이 말하는 것은 성령을 받는 것이 회심의 일부이자 그리스도 안에서의 삶의 출발점이라는 것이다. 성령의 임재는 그리스도인의 근본적 경험이다.^{갈 4:6; 행 2:38; 10:47; 롬 8:15} 성령의 임재에 대한 증거가 없으면 신자가 아니다.^{롬 8:9} 성령의 약속은 그리스도 안에 있는 새 언약이 실제임을 보여준다.^{갈 3:13} 성령이 없는 자는 여전히 율법 언약 아래에 있는 자다. 성령을 받은 자는 율법 언약 아래에 있을 필요도 없고 있어서도 안 된다. 바울은 5장 16-26절에서 이러한 사실에 대해 상세히 설명한다.

바울이 3절에서 말하는 특별한 요지는 성령으로 시작한 관계는 신자의 삶을 처음부터 끝까지 지탱하는 요소가 되어야 한다는 것이다. 이러한 기본적 특성은 모든 삶에서 드러나야 한다. 그들은 인간의 힘육체이 아니라 성령이 주시는 능력에 힘입어 살아야 한다. 바울이 3절에서 앞서²절 언급한 율법의 행위를 육체의 삶과 평행구로 제시한 것은 참으로 놀랍다. 그는 갈라디아의 거짓 가르침 속에서 성령보다 육체에 가까운 율법관을 본다. 앞으로 살펴보겠지만, 사실상 바울의 율법관은 그보다 긍정적이다. 율법은 단순히 육체로만 정의되지 않는다. 오히려 바울은 갈라디아 사람들이 성령에 대한 의존을 육체에 대한 의존으로 대체하거나 하나님에 대한 의존을 인간의 능력에 대한 의존으로 대체하는 방식으로 율법을 남용하지나 않을까 염려한다.본서 말미의 "갈라디아서에 나타난 바울의 율법관" 참조

"너희가 이같이 많은 괴로움을 헛되이 받았느냐 과연 헛되냐."³:⁴ 바울은 이 질문을 통해, 갈라디아 사람들이 얼마나 그리스도 안에서 시작한 새로운 삶을 가치 있게 여기는지를 묻는다. 이 구절에는 강력한 대조적 용어가 사용된다. 갈라디아의 소위 새로운 복음은 이전 경험을 의미 없고 헛된 것으로 만들 것이다. "괴로움"으로 번역된 단어는 신약성경 다른 곳에서 "고난을 겪다"라는 뜻으로 사용된다. 그러나 헬라어 어법에는 "경험하다"라는 긍정적 의미가 나타나며, 이곳 본문에는 이 의미가 가장 부합되는 것으로 보인다. 갈라디아서 곳곳에는 이방 신자에게 유대인의 관습을 온전히 받아들이라고 압박하는 식의 박해에 대한 언급이 나타난다.⁴:²⁹; ⁶:¹² 그러나 이 구절의 "이같이"so much라는 표현은 앞 절에 나오는 갈라디아 사람들의 초기 영적 경험을 가리키는 것으로 보는 것이 가장 자연스럽다.

"너희에게 성령을 주시고 너희 가운데서 능력을 행하시는 이의 일이 율법의 행위에서냐 혹은 듣고 믿음에서냐."³:⁵ 바울은 2절에서 제시한 율법의 행위와 듣고 믿음의 대조로 다시 돌아간다. 그곳의 용어 정의 참조 2절의 질문은 성령을 처음 받은 경험에 초점을 맞춘다. 이곳의 현재 시제 동사는 삶 속에서 성령의 지속적인 사역을 강조한다. 두 절에는 똑같은 기본적 이슈가 제시된다. 성령의 사역에 자신의 삶을 여는 열쇠는 무엇인가? 독자는 바울의 수사학적 질문에 대한 답을 알고 있다. 그것은 비록 하나님이 주신 것이지만 율법 조문을 따르는 것이 아니라, 하나님이 우리를 위해 이루신 행위에 관한 복음을 신실하게 받아들이는 것이다.³:¹⁹⁻²¹

이 절은 2절에서 한 걸음 더 나아가, 성령의 사역에 대해 구체적으로 규명한다. "주시고"는 풍성히 주셨다는 의미로, 하나님이 지속적인 양육과 공급을 위해 신자들에게 성령을 주신 것을 말한다. 바울은 날마다 순종하는 삶을 살게 하는 열쇠로서 성령에 대해 언급한 5장에서, 성령이 제공하는 것들에 대해 강조한다. 또한 "능력[문자적으로는 기적]을 행하시

는"은 성령을 통한 하나님의 사역이 드러난다. 이것은 갈라디아에서 있었던 바울의 복음 선포에 강력한 신적 역사하심이 동반되었음을 보여준다.

이러한 신적 역사하심을 "기적"으로 표현한 것은 영적, 신체적, 사회적 영역에서 악한 세력을 이기는 하나님의 능력을 드러내는 역할이 얼마나 중요한지를 보여준다. 또한 하나님의 기적적인 행위는, 진정한 그리스도인의 삶에서 중요한 것은 인간의 행위가 아니라 하나님의 행위라는 바울의 요지를 잘 보여준다. 독자는 하나님의 행위와 사람의 행위^{율법의 행위에} 초점을 맞춘 "행위"라는 단어의 미묘한 언어유희에 주목해야 한다. 삶과 사역을 위한 능력의 진정한 원천은 사람이 육체^{3절}가 아니라 성령을 통한 하나님의 행위다. 이것은 갈라디아서의 강력한 주제다.^{가령, 2:8; 5:6}

성서적 맥락에서의 본문

바울의 글과 신약성경에 나타난 표적과 기사

기적은 바울이 명확히 진술한 대로^{롬 15:18-19; 고전 2:4; 고후 12:12; 살전 1:5} 바울의 사도적 역할의 한 부분이다. 그는 이러한 기적을 "사도의 표"라고 부름으로써 그의 사역과 사도적 역할 전체에서 핵심적 지위를 부여한다. 표적으로서 기적은 기적으로 끝나지 않는다. 이러한 기적은 하나님의 나라가 복음의 진정한 증거로서 구원 사역을 하고 있음을 보여준다. 사도행전도 바울과 마찬가지로 기적을 성령과 연결한다. 성령을 받는 일은 초기 그리스도인이 믿음의 고백이나 상징적인 세례를 통해 경험하는 보이지 않는 영역이 아니다. 성령의 임재는 겉으로 드러난다. 바울은 확실히 이러한 능력의 행위는 그리스도께서 행하시는 다른 요소들과 균형을 이루어야 한다고 주장한다. 신약성경은 표적과 기사의 장엄한 특징이 복음의 더욱 중요한 관심사를 흐리게 한다는 것을 안다. 그러나 신약성경은 초기 교회에서 기적의 중요성에 대해 증거하는 동시에, 기적의 다양한 형식을 보여준다.

이원론

다른 신약성경 저자들도 바울처럼 성령과 육체를 대조한다. 고전적 진술은 요한복음 3장에서 찾을 수 있다. 그러나 우리는 이 대조를 오해해서는 안 된다. 초기 신자들은 선과 악의 두 세력이 역사의 무대에서 맞서 싸운다는 윤리적 이원론을 주장했다. 그들은 실재가 선과 악이라는 두 개의 고정된 영역으로 나뉜다는 절대적 이원론을 믿지 않았다. 하나님은 한 분뿐이시며 그는 선하시다는 그들의 믿음은 이런 사상을 배격한다. 하나님이 물질세계를 창조하셨기 때문에, 비록 악이 일시적으로 영역의 많은 부분을 지배한다고 해도, 물질적 영역은 본질적으로 선하다. 인간의 삶은 성경 기자들이 육체라는 단어로 묘사하는 이 물질계에 속한다. 이것이 "육체"라는 단어가 선과 악이라는 이중적 개념을 가지게 된 이유다. 육체는 악의 영향에 취약하며 쉽게 악의 노예가 된다.롬 7:13-20 그러나 육체는 하나님 아래에서, 그리스도를 통해, 성령의 도우심으로, 선을 행할 수 있다.갈 2:20 바울은 갈라디아서 5장 16-21절에서 이 주제를 확장한다. 그는 물질세계로부터 가능한 멀리 떨어진 내적이고 신비한 영적 영역에서 최고선이 존재한다는 유심론을 지지하지 않는다. 하나님 나라의 가치관은 물질계에서 드러나야 하며 매일의 삶 속에서 경험되어야 한다. 바울이 갈라디아서에서 거부하는 것은 진정성의 준거가 되는 성령이 없는 형식적이고 물질적인 신앙이다.딤후 3:5 그는 마음렘 31:33과 영겔 36:26-27을 강조하는 선지자적 전승 위에 서 있다.

교회 생활에서의 본문

기적

표적과 기사는 처음부터 성경 세계의 한 부분이었다. 때로는 의도적으로 거부당하고 제외되기도 했지만, 기적은 엄연히 교회사의 한 부분이다. 기적은 기독교 신앙의 기초다. 기독교의 초석을 세운 예수와 베드로와 바울은 모두 기적을 행한 자다. 고린도전서 13장 8절과 같은 본문을 인용하여 기적은 신약시대만 해당된다고 주장하는 사람들도 있다. 그러나 이런 주장은 본문을 오해했을 뿐만 아니라, 바울이 성령의 임재와 강력한 행위를 복음의 필수적 요소로 보았다는 사실을 간과한 것이다. 초기 교회의 사역이 주로 표적과 기사를 통해 효율적으로 수행되었다고 말하는 사도행전에는 이런 관점이 더욱 분명히 드러난다. 기적은 지금까지의 교회사 및 선교 역사를 통해 끊임없이 확인되고 있다. 동시에, 검증을 받아야 할 거짓 표적과 기사도 있으므로 성경과 교회는 이 문제를 조심스럽게 다룬다.신 13:1-5; 18:21-22

성령의 임재는 언제나 증거표적를 수반하지만, 표적이 성령의 역사를 보장하는 것은 아니다. 이런 표적은 다른 영이나 능력이 역사한다는 증거일 수 있다. 더구나 성령의 임재를 보여주는 표적이 우리가 일반적으로 생각하는 기적처럼 놀라운 현상이어야 할 필요는 없다. 성령의 열매로 나타나는 도덕적 변화갈 5:22-23와 사랑의 섬김도 세상 사람들의 눈에 놀라움을 줄 수 있는 표적들이다.마 5:16; 벧전 2:12 우리가 성령의 자유와 자발성을 존중한다면히 2:4, 이러한 표적들은 시간과 장소에 따라 달라질 수 있다는 사실을 알 수 있을 것이다. 우리는 주어진 상황에서 직면한 악의 유형에 따라 성령의 능력이 다르게 나타나기를 기대해야 한다. 그러나 성령의 역사가 있다면 가시적으로 드러날 것이다. 하나님이 인간의 삶에 개입하신 다는 사실을 불신하는 과학의 시대에, 교회가 표적과 기사에 마음을 연다는 것은 어려운 일일 수 있다. 그러나 그렇게 해야 한다. 그렇지 않으면, 우리는 하나님을 일상에서 아무 차이도 만들어내지 못하는 창조자^{이신론}로 만들 수 있기 때문이다.

영적 성숙

신약성경은 신자가 신앙의 기초적이고 근본적인 실재들에 대한 두 가지 상반된 오해에 대해 언급한다. 하나는 그러한 초보를 넘어서서 끊임없이 신실함을 추구하며 완전한 데로 나아가지 못하는 것이다.^{히6:1} 다른 하나는 갈라디아서의 이곳에서 볼 수 있는 것처럼, 옛것 을 떠나 그것과 완전히 단절하는 것이다. 둘 다 끊임없이 신자들을 유혹한다. 후자는 특히 모든 삶에서 제자도와 순종을 강조하는 교회들이 넘어가기 쉬운 유혹이다. 그런 개인과 집 단은 개인적, 사회적 영역에서 성령의 임재와 능력을 무시하고 복음을 도덕과 정의 문제에 만 적용하려는 경향이 있다. 우리는 하나님을 알고 성령 안에서 사는 초보적인 삶은 저절 로 따라올 것이라는 착각에 빠지기 시작한다. 우리는 자신 속에, 또는 초보에 대해 거의 듣 지 못한 새로운 세대의 신자들 속에, 영적 진공이 있다는 사실을 인식하지 못할 만큼 습관 적 그리스도인의 삶에 깊이 빠질 수 있다. 경건의 모양은 있으나 성장의 원천은 성령이 아 니라 육체라는 것이다.

신학적 논쟁
갈 3:6-4:7

개관

바울은 갈라디아 교회들의 문제점을 드러내고 해결책을 제시했다. 그들은 할례를 비롯 하여 모세 율법을 지키는 것이 신실함이라는 잘못된 생각에 빠졌다. 그러나 그들은 십자가 의 묵시적 능력이 율법의 지배를 끝내고 갈라디아 사람들이 성령으로 살 수 있게 했음을 받 아들여야 한다. 여기까지는 분명하다. 그러나 바울이 비판하는 근거 및 대안은 무엇인가? 그는 사람들이 듣고 싶어 하는 말만 하는 경향이 있다는 반대자들의 주장은 정말 부질없는 생각인가^{갈 1:10 참조}, 아니면 바울이 옳았는가? 바울은 자신의 주장을 뒷받침할만한 탁월한 신학적, 성경적 근거가 있는가?

갈라디아의 핵심 문제를 제시한 바울은 자신이 이해하고 있는 복음에 대한 설명을 시작한다. 바울의 변론은 헬라의 철학적 개념을 사용한 신학적 주장도 있지만^{4:1-7}, 전적으로 성경에서 나온 것이다. 모든 논증은 예수 그리스도의 사건과 성경적 증거 간의 대화로 이루어진다. 변론의 목적은 그리스도의 사역이 이전 계시에 충실하며 온전히 부응한다는 사실을 보여주는 것이다.

개별적 주장을 하나로 묶는 핵심 개념은 약속이다. 아브라함과, 하나님이 그에게 주신 약속은 대표적인 사례다. 아브라함을 예로 든 것은 바울의 전략적 결정이다. 아마도 바울을 반대하는 선생들은 아브라함을 "믿음의 조상"이라고 치켜세웠을 것이다. 아브라함은 할례를 행하라는 하나님의 명령에 순종함으로 의롭게 되지 않았는가? 또한 바울은 원래 이방인으로서 할례를 통해 개종을 함으로써 하나님의 백성의 조상이 되지 않았느냐는 것이다. 아브라함은 그들의 주장을 뒷받침하는 탁월한 사례였을 것이다.

그러나 바울은 아브라함이 믿음으로 의롭게 된다는 복음에 더 부합된다고 주장한다. 이 단원을 통해 바울은 아브라함의 믿음과 모세의 율법을 대조한다. 아브라함은 축복을 나타내며, 율법은 저주를 나타낸다. 아브라함에 대한 하나님의 약속은 시기적으로나 신학적으로 율법을 능가하며 율법을 한시적으로 만들지만, 약속은 영원하다. 보다 구체적으로 말하면, 아브라함에 대한 하나님의 약속은 믿음에 기초한 것으로, 하나님과 사람의 관계에 있어서 모세 율법보다 더 중요하다. 이런 사실을 아는 자들에게, 하나님이 아브라함의 믿음을 보고 의롭다 하심으로^{모세를 통해 율법을 주시기 오래전에} 그리스도에 대한 믿음의 원리가 드러난 것이다. 그뿐만 아니라 이 믿음은, 믿는 유대인과 함께 그리스도 안에서 한 백성이 된 이방인을 위한 축복의 열쇠다.

개요

아브라함의 선례
갈 3:6-9

사전검토

그렇다면 아브라함은 누구의 편에 섰는가? 전적으로 율법을 지켜야 한다고 주장하는 자들을 대변하는가? 아니면, 그리스도를 믿음으로 율법에서 자유함을 얻은 이방인을 대변하는가? 갈라디아서의 이 부분에서, 바울은 자신들이 옳고 바울이 틀렸다는 대적들이 1호 증거물로 내세우는 아브라함을 빼앗아오기 위해 싸운다.

놀랍게도, 바울은 대적들이 아브라함을 탁월한 선례로 제시하는 것을 무효화 하는 데서 그치지 않는다. 대신에 그는 대담하고 독창적인 방식으로 판을 뒤엎고, 자세히 살펴보면 아브라함이야말로 자신의 복음을 뒷받침하는 1호 증거물이라고 주장한다. 바울은 하나님과의 바른 관계는 근본적으로 율법에 대한 복종이 아니라 약속에 반응하는 믿음의 문제라는 주장의 근거를 아브라함에게서 찾는다. 게다가 아브라함에 대한 하나님의 약속은 장차 모든 민족에게 복이 되어 이방인이 하나님의 백성에 포함될 것을 미리 보여준다. 모든 복음 메시지는 아브라함 안에 예시되었다!

주석

이 단락은 앞 문단과의 밀접한 연결을 보여주는 ~처럼^{"같으니라"}으로 시작한다. 아브라함에 대한 인용은 참된 영성의 열쇠는 율법의 행위가 아니라 믿음이라는 앞서의 요지를 보여준다. 바울이 이 문맥에서 아브라함을 믿음의 모범으로 제시한 것은 앞 절^{3:2, 5}의 믿음^{NRSV, "믿는 행위"}이 하나님의 복음 선포에 대한 반응으로서 신자의 믿음을 가리킨다는 사실을 분명히 한다. 3장 1-5절의 믿음이 예수 그리스도의 믿음/신실함을 가리킨다고 주장하는 사람들도 있다. 그러나 이런 주장은 3장에서 예수의 반응에 대한 모델^{유형}이 아니라 신자의 모범적 사례로 제시된 아브라함에 관한 기사와 일치하지 않는다.^{3:2 본서 마지막 장의 에세이, "예수 그리스도의 믿음" 참조}

"아브라함이 하나님을 믿으매 그것을 그에게 의로 정하셨다 함과 같으니라."^{3:6} 바울의 아브라함에 대한 언급은 창세기 15장 6절에 대한 인용으로 구성된다. 그는 로마서 4장 3절에서 같은 절을 인용한다. 이 절은 믿음과 의라는 핵심 개념을 사용하기 때문에 그의 신학과 부합된다. 창세기 기사에서 하나님은 아브라함의 믿음을 의로 여기신다. 그 후 아브라함은 하나님께 순종하지만, 하나님의 구체적인 명령에 대한 아브라함의 순종이 하나님과의 바른 관계를 위한 선결 조건은 아니다. 이 해석은 아브라함이 할례를 행하고 이삭을 바치려 한 행위가 그의 의를 보여주는 증거라는 주장과 배치된다. 따라서 아브라함의 모범은 사실상 믿음이 모든 성경적 약속의 기본적 요소라는 바울의 주장을 뒷받침한다. 모세 율법은 하나님과의 언약 관계에서 간접적이고, 조건적이며, 일시적인 요소다.[3:23-25]

갈라디아 신자들은 이러한 성경적 증거로부터 바울과 동일한 결론을 끌어낼 수 있어야 한다. "그런즉 믿음으로 말미암은 자들은 아브라함의 자손인 줄 알지어다"[3:7] 참된 아브라함의 자녀는 이러한 영적 유산 위에 서 있는 자들이다. 생물학적 후손이나 할례[롬 2:28-29; 4:11 참조], 또는 모세 율법을 지키는 행위[갈라디아서 3장의 나머지 부분 참조]는 이 유업에 대한 권리가 없다. 바울은 이러한 주장과 함께, 믿음을 성경적 신앙의 핵심적 요소로 삼는다. 바울은 앞서 그리스도[특히 십자가]에 대해 본질적으로 동일한 지위를 주장한 바 있다.[2:21] 그의 논증에서 약속과 성령은 그리스도를 중심으로 연결되며, 바울 신학의 한 축을 형성한다.

믿음에 대한 이런 관점은 어느 민족, 누구에게나 하나님의 자녀가 될 기회를 제공한다. 바울은 아브라함에 대한 하나님의 약속에서 동일한 관점을 찾는다. "또 하나님이 이방을 믿음으로 말미암아 의로 정하실 것을 성경이 미리 알고 먼저 아브라함에게 복음을 전하되 모든 이방인이 너로 말미암아 복을 받으리라 하였느니라"[3:8] 바울은 창세기에 제시된 하나님과 그의 음성을 성경의 행위로 제시함으로써 성경을 존중하는 마음을 드러낸다.[성경에 대한 의인화의 다른 사례는 3:22 참조] 게다가 바울은 이 창세기 기사를 예언으로 다룬다. 성경은 하나님이 이방인을 의로 정하실 것을 미리 알았기 때문에 예언적이다. 아브라함을 통해 모든 민족이 복을 받을 것이라는 말씀은 사실상 복음 선포로 묘사된다. 따라서 성경은 과거와 현재 사이의 시간적 공백을 줄이며, 앞을 내다보거나 과거를 돌아볼 수 있다.

바울이 이곳에서 성경을 인용하는 방식의 핵심은, 그리스도를 통한 하나님의 사역을 이전 시대의 모든 신적 약속에 대한 성취로 본다는 것이다. 따라서 바울은 다른 서신에서 하나님의 모든 약속은 그리스도 안에서 얼마든지 예가 된다고 말한다.[고후 1:20] 페세르[상황적 해석으로 알려진 이 해석은 초기 공동체와 쿰란 공동체에서 사용되었다. 페세르의 기본적 사상은 현재가 말세이기 때문에[가령, 고전 10:11] 모든 성경적 비전과 소망은 말세를 만난 우리에게 주시는 말씀이라는 것이다.

"그러므로 믿음으로 말미암은 자는 믿음이 있는 아브라함과 함께 복을 받느니라."[3:9] 바울은 아브라함의 기사에서 믿음과 복이라는 요소를 결합하는 방식으로 결론을 맺는다. 하나님은 아브라함과 같은 신앙을 소유한 모든 이방인과 유대인에게 복을 허락하신다. "믿음이 있는"[문자적으로는 "신실한"]은 일반적으로 자신의 말과 약속을 잘 지키는 사람을 가리키는데,

아브라함에 대해 이 형용사를 사용한 것은 놀랍다. 그러나 이곳의 문맥은 신실한 자라는 의미를 요구한다. NRSV는 이 구절을 "믿은"who believed으로 번역한다. 그러나 이곳의 "믿음이 있는"의 용례는 바울이 믿음과 신실함을 밀접하게 연결된 관계로 보았다는 증거가 된다. 바울이 말하려는 요지는 하나님의 백성은 인종적 기원이 아니라 오직 믿음이라는 준거에 의해 결정된다는 것이다. 이것은 진정한 하나님의 이스라엘에게도 해당된다.6:16

성서적 맥락에서의 본문

믿음과 약속

바울에게 있어서 믿음은 약속하신 하나님에 대한 신뢰다. 이것은 바울이 갈라디아서에서 수 차례 약속을 믿음과 관련하여 사용한 사실을 통해 알 수 있다.3:14, 18, 19, 21, 22, 29; 4:23, 28 믿음은 약속을 받아들이고 그것의 성취를 위해 헌신하며 모든 삶을 인간의 행위가 아니라 신적 행위에 의존하여 사는 것을 말한다. 이런 이해는 아브라함이 후손과 땅에 관한 하나님의 약속을 받아들여 그가 약속을 능히 이루실 것으로 믿었다는 창세기 15장의 기사와 부합된다. 4장 21-31절의 하갈과 사라에 대한 비유도 마찬가지다. 이 믿음은 하나님이 베푸신 언약 관계를 유효하게 하는 조건이 된다. 하나님은 이 믿음을 보시고 언약의 상대인 아브라함을 의롭다 하신다.

아브라함의 복

하나님이 아브라함의 가정을 특별히 택하신 본문에서 모든 민족에 대한 복을 약속하셨다는 창세기의 언급12:3; 18:18; 22:18은 놀랍다. 이 복의 원래적 의미를 정확히 알 방법은 없다. 창세기의 이어지는 내러티브는 아브라함과 그의 후손이 어떻게 특정 이웃에게 복이 되는지를 보여준다. 그러나 지구상의 모든 가족에 대한 복이 무엇을 의미하는지는 제시되지 않는다. 이 창세기는 이스라엘이 하나님의 복을 나누어준 민족들과 이스라엘을 연결하는 것이 분명하다. 이스라엘에 대한 선택은 하나님의 복을 제한하지 않는다. 그것은 모든 민족이 하나님의 복을 받는 도구로 사용된다. 이곳에는 선교에 대한 비전이 잠재되어 있다.

제2성전 기간 중, 하나님의 백성은 장차 모든 민족이 이스라엘의 하나님을 받아들이고 이 하나님을 예배하기 위해 예루살렘으로 몰려올 때, 이 약속이 성취될 것으로 생각했다.특히 사 56, 60장 참조 바울은 3장 8절에서 이 복을 인용할 때, 하나님이 유대인과 이방인을 모두 의롭다 하시고 원래의 종교적 관습이 그리스도 안에 있는 생명으로 들어오며 사람들이 위에 있는 예루살렘[4:26]으로 순례함으로써 이 축복의 약속이 성취될 것으로 본다. 이방인과 유대인 신자는 모세 율법이나 이교도에 의해서가 아니라 그리스도에 의해 규명된 새로운 장소에서, 말하자면 중간에서 만난다. 바울은 3장 14절에서 신자들에게 주시는 성령의 선물을 복으로 규명한다.

교회 생활에서의 본문

믿음

믿음은 종종 "그리스도인의 신앙"처럼 기독교의 신앙체계 전체를 가리킨다. 갈라디아 1장 23절에서 볼 수 있는 것처럼, 신약성경에서 믿음은 이미 예수 운동이 특징적으로 보여주는 신조와 삶의 방식을 가리키는 단어로 사용된다. 일부 교회는 믿음을 사상이나 교리 시스템에 대한 정신적 동의로 생각한다. 그러나 이것은 믿음이라는 단어를 확대해석한 표현일 뿐, 믿음의 출발점도 핵심도 아니다. 아브라함 이야기에서 믿음은 하나님의 제안을 받아들이고 그가 그 제안을 이루실 것을 신뢰하는 것이다. 믿는다는 것, 또는 믿음을 가진다는 것은 하나님의 목적을 위해 즉시 사용될 준비를 한다는 것이다. 성경에서는 하나님의 제안이 하나님의 약속으로 제시된다. 따라서 믿음은 약속과 연결된 단어다. 찬송가 가사처럼 "믿음은 하나님이 주신 약속을 붙드는 것"이다.[P. Herbert, 1566]

바울은 약속을 믿음으로 받아들이는 것이 성경적 신앙의 기초라고 확신하는 근거를 제시한다. 사랑이 풍성하신 하나님은 인간을 향해 주도적으로 복을 주시겠다는 약속을 제시하신다. 이 약속은 인간이 약속하신 하나님을 신뢰할[믿음을 가질] 때 유효하다. 창세기 내러티브가 보여주듯이, 아브라함의 헌신은 일시적 행위가 아니라, 그의 일상이었다. 믿음은 장차 하나님의 약속이 성취될 날을 향해 그와 동행하는 것이다. 이것은 순종[또는 신실함]으로 불린다. 성경적 사상에서 순종은 매일의 삶에서 끊임없이 지속되는 믿음이다.

이런 관점에서 볼 때, 행함이 아닌 믿음을 주장하는 바울과 믿음이 행함과 함께 일한다는 야고보[약2:18-26]는 서로를 배제하지 않는 한, 둘 다 옳다. 바울이 로마서에 14장 23절에서 "믿음을 따라 하지 아니하는 것은 다 죄니라"고 한 것은 성경적 영성과 윤리의 모든 면에서 믿음이 중심이라는 사실을 보여준다. 이것은 우리의 구원을 위한 미덕과 능력이 하나님에게서 나와 사람에게 가는 흐름을 보여준다. 모든 주도권은 우리가 아니라 하나님께 있다. 우리는 하나님의 주도권에 반응하지만, 하나님은 우리의 주도적 행위에 반응하지 않으신다. 그럼에도 불구하고 우리의 반응은 중요하다. 왜냐하면, 우리의 반응에 따라 하나님이 반응하시기 때문이다. 그리스도인의 삶은 처음부터 끝까지 이러한 태도와 자세를 특징으로 한다. 이것은 성경적 믿음, 옛 언약과 새 언약의 뚜렷한 특징이다.

율법의 저주
갈 3:10-14

사전검토

확실히 이 단락의 핵심 단어는 "저주"다. 복의 반대 개념인 저주는 바울이 앞 단락에서 제시한 긍정적 진술의 부정적인 면을 제시하고 있음을 보여준다. 거짓 선생들은 모세 율법을 피난처나 보호막으로 생각했음이 분명하다. 또한 바울은 율법에 대해 "굳게 세우느니라"[롬 3:31], "거룩하고 의로우며 선하도다"라고 했지만, 여기서는 어떤 헌신적 "율법의 행위"도 율법의 보호가 아니라 율법의 저주 아래 놓이게 될 것이라고 주장한다. 이곳의 두 단락은 논증의 찬반 요지에 해당하며, 복으로 인도하는 믿음[6-9절]과 저주로 인도하는 율법의 행위[10-14절]를 대조한다. 의롭게 되는 첫 번째 방법은 결국 모든 사람을 대상에 포함하는 것으로 끝난다. 즉, 율법의 행위에 의존하는 방법은 율법을 온전히 순종하지 못하는 사람을 배제하며, 결국 모든 사람이 여기에 해당된다는 것이다.[3:11a]!

바울은 참된 성경적 믿음과 모든 사람을 위한 하나님의 보편적 복음이라는 두 가지 주제를 계속해서 엮어나간다. 저주의 개념은 바울이 율법의 행위가 사망으로 끝나는 이유를 제시할 수 있게 하지만, 그리스도의 십자가 죽음의 유익을 설명하는 기회도 제공한다. 그리스도는 율법의 저주를 담당하시고 저주 아래에 놓이셨으며, 그리스도를 통한 하나님의 구원 행위는 아브라함의 복을 이방인에게 미치게 하고 모든 신자에게 성령의 약속을 받게 한다는 것이다. 아브라함의 복과 성령에 대한 언급[14절]은 3장 1-14절 전체를 하나로 묶는다.

주석

이 단락은 다소 어려운 본문 가운데 하나로, 거의 모든 절이 논쟁의 대상이 되고 있다. 따라서 우리는 이 서신의 확장된 문맥에 부합되는 대안을 찾아야 할 것이다.

"무릇 율법 행위에 속한 자들은 저주 아래에 있나니."[3:10a] 문자적으로는 율법 행위에 속한 "모든 자"[같은 수만큼]이며, 율법의 행위에 의존하는 자는 다 저주 아래에 있다는 뜻이다. "모든"은 바울이 전통적 유대인뿐만 아니라 이 관점을 가진 사람 전체를 염두에 두고 있음을 보여준다. 따라서 바울은 갈라디아 사람들에게 대적들의 새로운 가르침을 받아들인다면 이 그룹에 들 수 있음을 주지시킨다. 바울은 영어성경의 "의존하다"라는 번역의 뉘앙스처럼 이 그룹의 영적 태도에 대해서만 묘사하고 있는 것이 아니다. 그는 확실히 유대 율법에 충성하는 자를 생각하고 있다. 2장 12절에는 같은 방식의 표현이 나타난다. "할례자들"은 문자적으로 "할례에 속한 자들"인데 할례당을 가리킨다. 율법의 행위에 대해서는 2장 16절과 3장 2절을 참조하기 바란다.

이제 바울은 율법을 지키는 자들에 대해 가혹한 심판을 선언한다. 그들은 저주 아래에 있다는 것이다. 저주는 복과 대조되는 용어로, 하나님의 인정을 받지 못하고 징벌을 받는 것을 의미한다. 이어지는 신명기 인용문이 보여주듯이, 바울은 신명기 27-28장에 구체적으로 언급된 언약에 기초한 복과 저주의 개념을 염두에 두고 있다. 바울은 직전 진술에서 믿음을 가진 자의 복에 대해 언급한 바 있다. 이제 바울은 율법을 지키는 자로 자처하는 자들에게 저주가 임할 것이라는 상반된 평행절을 제시한다. 사실 바울은 단순한 대조 이상의 것을 생각하고 있다. 이어지는 "무릇"이라는 접속사는 모든 민족에게 복을 주실 것이라는 바울의 이전 주장을 뒷받침한다. 어떤 식으로 뒷받침하는가? 이 저주는 신앙을 우선하지 않는 율법관에서 비롯되었음을 보여줌으로써다.

"기록된 바 누구든지 율법 책에 기록된 대로 모든 일을 항상 행하지 아니하는 자는 저주 아래에 있는 자라 하였음이라."[3:11] 바울은 율법준수자들이 저주 아래에 있다는 자신의 주장을 성경적으로 뒷받침하기 위해 신명기 27장 26절을 인용한다. 우리는 이 본문이 갈라디아에 있는 대적들이 애지중지하는 구절이었을 것이라는 추측을 할 수 있다. 바울이 그들의 주장을 반박하기 위해 이 절을 다시 사용한 것은 탁월한 전략이었다. 그는 "율법 책"이라는 수정된 단어를 사용한다. 율법 책이라는 단어는 신명기 법전뿐만 아니라 토라 전체로 의미를 확장하는 역할을 한다. 인용문 자체의 의미는 명확하다. 율법을 행하지 않으면 신적 징벌을 받는다는 것이다. 거짓 선생들은 이런 구절을 인용하여 할례를 받지 않으면 저주 아래에 놓일 수밖에 없다는 근거를 제시하려 했을 것이다. 그러나 바울은 같은 구절을 사용하여 사실상 율법을 지키는 자들이 저주 아래에 있다는 자신의 주장을 뒷받침한다. 저주 아래에 있는 자는 율법을 무시하는 자가 아니라는 것이다. 어떻게 그럴 수 있는가? 바울의 사상에는 분명하지 않은 부분이 있다. 그의 논증에는 표현되지 않은 가정이 있는 것으로 보인다.

일반적인 설명은 바울이 죄로 말미암아 아무도 율법을 완전하게 지킬 수 없다고 생각한다는 것이다. 따라서 모든 사람은 불순종으로 말미암아 저주 아래에 있다. 로마서 3장 9-18절에는 바울이 보편적 죄를 믿었다는 사실이 분명히 드러난다. 어떤 유대인이나 이방인도 율법 전체를 지키지 못한다.롬 2:17-24; 7:7-11 참조 또한 갈라디아서 3장 11절a와 6장 13절은 바울의 대적들도 율법 전체를 행할 수 없다는 사실을 보여준다. 바울이 5장 3절에서 율법 전체를 행할 의무에 대해 언급한 것은 대적들이 할례를 요구하지만, 바울이 말하는 율법 전체에 대한 것은 아니라는 사실을 보여준다. 바리새인이었던 바울은 율법준수에 관한 한 가장 엄격한 관점을 가지고 있었을 것이다.

그러나 사실상 바울의 논증은 결코 그런 전제를 요구하지 않는다. 바울은 단지 아브라함 언약과 모세 언약 사이의 명백한 대조를 보여주고자 한 것일 뿐이다. 즉, 전자의 언약에는 복만 언급되지만, 후자의 언약은 복과 저주를 모두 포함한다는 것이다. 우리는 3장 10절이 저주 아래에 있다는 언급으로 시작한다는 사실에 주목할 필요가 있다. 바울 사상의 묵시적 성격을 감안할 때, 이 절은 실제적인 저주를 의미한다기보다 저주의 위협 아래에 있다는 의미로 보아야 할 것이다.롬 3:9; 6:14-15의 "아래에"라는 전치사의 용례 참조 바울이 여기서 말하려는 요지는 율법을 택한 자는 저주가 가능한 장소를 선택했다는 것이다. 이것은 하나님이 아브라함에게 약속하신 언약의 복과 대조된다. 그러나 그리스도는 율법 아래에 있는 이 저주의 위협으로부터 우리를 구원하셨다.13절. 이 접근에 대해서는 Young: 특히 79-92를 참조하라 5장 2-3절의 채권-채무와 관련된 용어들은 유사한 대조를 보여준다. 또 하나의 가능성은 위 설명과 모순된다기보다 보완적 성격의 주장으로서, 바울은 이스라엘이 신명기에서 경고한 율법에 불순종함으로써 포로의 저주 아래에 있다는 역사적 실재를 염두에 두고 있다는 주장이다. 이 포로기는 바벨론 유수 이후 유대인이 다른 나라의 지배하에 들어간 주후 1세기까지 지속되고 있다. 따라서 바울의 주장은 단지 이론적 사실이 아니라 역사적 실재라는 것이다.이 입장을 지지하는 관점에 대해서는 Wright 2013: 86368을 참조하라

바울은 율법과 믿음 사이에 근본적인 대조를 본다. 한편으로, 그는 "하나님 앞에서 아무도 율법으로 말미암아 의롭게 되지 못할 것이 분명하니 이는 의인은 믿음으로 살리라 하였음이라"3:11고 말한다. 이제 우리는 율법에 대한 바울의 결론적 관점을 들을 수 있다. 즉, 율법은 하나님과의 언약 관계의 토대가 될 수 없다는 것이다. 율법준수는 하나님-인간 관계의 핵심이 아니다. 언제나 그래왔듯이, 이 관계의 핵심은 믿음이다. 성경에는 이러한 사실을 뒷받침하는 증거가 존재한다. 바울은 하박국 2장 4절을 인용한다. 이 구절은 또 하나의 중요한 본문인 로마서 1장 17절에도 인용된다. 제2성전 유대교는 이 절을 의로우신 메시아에 대한 언급으로 받아들일 수 있었을 것이다. 마찬가지로, 오늘날 일부 해석가들은 이

구절이 그리스도의 믿음/신실함 개념을 뒷받침하는 것으로 받아들인다. [2:16; 3:22 참조] 그러나 이곳의 문맥은 바울이 신자를 의인으로 언급한 것으로 보인다. [이 부분에 대해서는 Bird and Sprinkle: 15563 을 보라]

바울의 현재 논증에서, 이 본문이 믿음으로 의롭게 되라는 것인지 믿음으로 살라는 것인지는 분명하지 않다. [두 해석 모두 가능하다] 바울은 갈라디아서 전체에서, 하나님 앞에서의 삶은 처음부터 끝까지 믿음에 기초한다고 주장한다. [롬 1:16-17] 하나님으로 말미암은 칭의[믿음으로 의롭게 된 자는 생명을 가질 것이다]와 하나님 앞에서의 신실한 삶[의인은 믿음으로 살아야 한다]은 둘 다 바울에게 중요하다. 그러나 이어지는 레위기의 인용문을 감안할 때[아래 참조], 바울은 믿음으로 말미암은 의를 강조하는 것으로 보인다. 삶은 율법을 행하든[레위기처럼], 믿음으로 의롭게 되든[하박국처럼] 이전의 조건의 결과다. 더구나 갈라디아서와 로마서에서 "믿음으로"라는 표현은 전형적으로 삶과 연결되는 것이 아니라 의와 연결된다. 이곳에서 성경을 인용한 바울의 주장은 성령의 역사로 말미암아 율법이 아니라 믿음을 통해 하나님과 새로운 삶을 시작한 갈라디아 사람들에게 설득력을 가질 것이다. [3:1-5] 그들이 의롭게 된 것은 이러한 원리에 기초한 것이다.

이제 이 논증의 다른 면이 제시된다. "율법은 믿음에서 난 것이 아니니 율법을 행하는 자는 그 가운데서 살리라 하였느니라" [3:12] 믿음에서 난[또는 "믿음에 의한"] 것이 아니라는 것은 문자적 번역에 해당하며, 믿음에 의존하지 않는다는 의미다. 바울은 갈라디아서 전체에서 "믿음으로"와 "율법의 행위로"라는 구절에 이와 동일한 형식의 표현을 사용한다. 모세의 율법이든 다른 법이든, 믿음은 본질상 법을 위해 작동되는 원리가 아니다. 율법을 작동하는 원리는 그것을 지키는 행위다. 바울은 로마서 10장 5절에도 나타나는 레위기 18장 5절의 인용문을 통해 이러한 사실을 보여준다. 이 본문에 따르면, 의미 있는 존재로서 삶을 보장하는 것은 율법을 지키는 실제적 행위다. 이 절의 언어는 이상적이고 완성된 존재로서 삶 개념에 대한 바울의 관심[2:19-20; 3:21 참조]을 뒷받침한다. 물론 바울은 3장 21절에서 확실하게 부인하였듯이, 율법이 이런 삶을 살게 할 수 있다고 생각하지 않는다. 바울이 10절에 묘사한 저주는 바로 이런 삶에 미치지 못하는 상태를 가리킨다.

"그리스도께서 우리를 위하여 저주를 받은 바 되사 율법의 저주에서 우리를 속량하셨으니 기록된 바 나무에 달린 자마다 저주 아래에 있는 자라 하였음이라." [3:13] 바울은 율법의 방식이 복이 아니라 저주의 위협임을 보이고 믿음과 율법 사이의 본질적 긴장에 대해 규명한 후, 그리스도를 통한 하나님의 결정적 행위에 대해 선포한다. 그리스도의 사역은 우리를 속량하는 행위를 통해 저주의 상태를 해결한다. "속량"이라는 단어는 노예를 사고파는 시장에서 사용되는 용어다. 이 단어는 구매 행위를 통해 사거나 되산다는 의미가 있다. 이곳에서는 거래 행위에 대한 언급 없이, 저주의 상태에서 벗어나게 한다는 뜻으로 사용된다. 바울은 4장 5절에서 같은 단어를 사용한다. 그곳에서는 이곳에서처럼 율법의 저주에서가 아니라, 율법에서 속량했다고 말한다. 4장 5절은 노예 이미지가 강하게 드러나지만, 사실상 같은 의미로 볼 수 있다.

그리스도에 의한 속량의 유익은 하나님의 뜻에 대한 개인적, 집단적 불순종이라는 구체적인 행위로 말미암은 저주^{또는 죄}를 제거하신 것으로 이해할 수 있다. 그러나 이곳의 문맥은 바울이 대체로 그리스도의 사역이 우리의 외적이고 역사적인 상황^{물론, 이 상황은 결국 개인적 상황에 영향을 미친다}에 미친 영향을 염두에 두고 있음을 보여준다. 하나님의 구원 계획에 있어서 시간적 무대가 바뀌었다. 율법이 지배하던 시대는 끝나고 그리스도에 의한 구원의 시대가 도래했다. 이 관점은 위 10절의 설명과 일치한다.

이어지는 문장에서 바울은 이 요지를 다양한 각도에서, 특히 그리스도께서 우리가 율법 아래 갇혀 있던 시대를 끝내셨다는 주장^{3:23; 4:1-7}을 통해 발전시킨다. 이러한 상황 변화의 핵심은 예수의 십자가다. 그는 율법을 범한 자의 저주를 대신 지고 스스로 언약의 외인이 되셨다. 이것이 "나무에 달린 자마다 저주 아래에 있는 자"라는 신명기 21장 23절 인용문의 의미다. 이 인용문은 10절의 인용문과 같은 본문에서 발췌한 것이다. 이런 관점에서 볼 때, 바울이 말하는 저주는 율법 아래에 있는 유대인에게만 한정되지 않는다. 언약의 외인이었던 모든 민족이 그리스도의 죽음을 통한 역사적 상황 변화의 영향을 받는다는 것이다. "우리"라는 대명사^{13-14절}는 유대인과 이방인을 포함하지만, 각자는 고유의 역사가 있다.

그리스도께서 우리를 위해 율법의 저주를 받으신 것은 새로운 구원 질서를 향한 변화의 한 국면이다. 모세의 율법은 하나님의 뜻의 최종 목적지가 아니며, 그리스도를 따르는 자들에 대한 최종적 권위도 아니다. 따라서 갈라디아 사람들은 율법의 저주를 두려워할 필요가 없다. 그들은 성령의 인도하심과 능력 주심을 따라^{5:16-25} 그리스도와 그의 법^{6:2}에 비추어 신실함의 의미를 찾을 자유가 있다.^{6:2} 무엇보다도 그들은 율법의 저주가 폐기되었으므로 범법한 이방인에 대한 저주에서 벗어나게 되었다는 사실을 안다. 하나님의 뜻은 "그리스도 예수 안에서 아브라함의 복이 이방인에게 미치게 하고 또 우리로 하여금 믿음으로 말미암아 성령의 약속을 받게 하려 함"^{3:14}이다.

바울은 우리를 위해 저주를 받으신 그리스도의 죽음이 초래한 결과를 보여주기 위해 두 가지 목적절을 제시한다. 첫째는 율법이 오기 전에 아브라함에게 주어졌던, 온 세상을 위한 복에 대한 약속이 성취되었다는 것이다. 이 성취가 가능한 것은 비유대인을 배제한 모세 율법이 그리스도 안에서 폐기되었기 때문이다. 이 주장은 6-9절과 연결됨으로써, 율법의 저주가 이방인에게 어떤 영향을 미쳤는지가 바울의 중요한 이슈임을 보여준다.

그리스도께서 저주를 당해 죽으심의 두 번째 목적 또는 결과는 신자가 성령을 받는다는 것이다. 바울은 신자에게 있어서 그리스도의 구원과 성령을 받음은 밀접한 관계를 형성한다는 사실을 다시 한번 보여준다.[3:2-3 참조] 두 번째 목적절은 첫 번째 목적절에 대한 설명이다. 바울은 "약속"이라는 단어를 통해, 하나님이 아브라함에게 약속하신 열방의 복이 성령이라는 사실을 보여주려 한 것이 분명하다. 첫 번째 목적은 이방인과만 관련이 있지만, 두 번째 목적은 유대인과 이방인 신자를 모두 포함한다. "우리"라는 대명사를 사용한 것은 이러한 사실을 보여준다. 그리스도는 사실상 모든 사람을 하나가 되게 하셨으며, 평등한 지위를 부여하셨다. 바울은 성령에 대한 언급 및 이 약속이 믿음을 통해 온다는 사실을 상기시킴으로써 3장 1-5절과 연결한다. 이제 바울은 갈라디아 사람들이 율법 없이 성령을 경험한 신학적 근거를 제시한다. 따라서 3장 1-14절 전체는 하나로 연결된다.

성서적 맥락에서의 본문

율법과 믿음

이 단락은 믿음과 율법에 대한 바울의 가장 강력한 대조 가운데 하나를 포함한다. 이 단락의 일반적 형식은 범주적이고 무조건적인 것처럼 보인다. **"법은 믿음에서 난 것이 아니니."**[3:12] 이 급진적 대조는 성경의 한 요소를 다른 요소와 대립시키는가? 아브라함 언약과 모세 언약은 상호 반대되는가? 믿음과 율법은 전적으로 양립할 수 없는가? 바울의 글을 보면, 이 대조가 성경 자체 속에 얼마나 내재해 있다고 생각하는지, 갈라디아 대적들의 관점에 대해서는 어느 정도까지 언급하는지, 그리고 신자들이 그의 메시지를 어떻게 듣고 있는지에 대해 정확한 판단을 내리기 어렵다.

바울은 갈라디아 사람들의 실제적 경험 속에서 믿음과 율법은 양자택일의 대체적 관계라고 생각한 것이 분명하다. 그러나 바울은 여기서 한 걸음 더 나아가 자신의 유대적 신앙을 비판하려는 의도가 있었는가? 학자들은 제2성전 유대교의 믿음과 은혜와 율법에 대한 지배적 관점에 대해 일치된 의견을 제시하지 못하고 있다. 확실하게 말할 수 있는 것은, 기독교 해석가들이 후기 제2성전 유대교의 구원관에 대해 율법준수^{율법주의}에만 기초를 둔다는 잘못된 해석을 했다는 것이다. 그러나 제2성전 유대교의 성경은 유대인과 하나님의 관계는 하나님의 주도적 은혜에 기초한다는 사실을 분명히 한다.

일부 증거에 따르면, 후기 제2성전 유대교 시대에 유대인 가운데 율법준수를 위한 세부

지침을 확장하는 일에 몰두한 사람들이 있었다. 이렇게 부가된 규례가 누적되어, 율법의 613개 조문 가운데 하나도 범하지 않게 보호하는 울타리가 되었다고 주장하는 사람들도 있다.^{Mishnah, Abot 1:1} 반면에, 예수님을 비롯한 다른 유대인들은 이러한 발전이 하나님과 형제 자매를 섬기기보다 율법의 종이 되게 했다고 생각한다. 예수와 베드로^{행 15:10}와 바울은 그런 식으로 율법에 접근하는 것을 비판한다. 우리는 바울이 다메섹 도상에서 율법에 대한 자신의 경험이 하나님의 뜻을 왜곡한 것으로 생각했다는 결론을 내리지 않을 수 없다. 갈라디아서에서, 유대인의 배타적 태도는 자신을 이방인과 다른 지위에 둔다. 따라서 바울 시대 일부 유대인은 아브라함에 대한 하나님의 약속을 시내산 언약에 종속하는 것으로 보았다. ^{아브라함이 할례의 명령에 순종한 것이 핵심이다} 그러나, 바울은 시내산 언약이 아브라함에 대한 하나님의 약속에 종속하는 것으로 본다.

바울은 믿음과 율법의 대조를 성경 자체에서 발견하였는가? 이와 관련된 언급은 조심스럽게 접근할 필요가 있다. 갈라디아서 3장의 이어지는 단락에서, 바울은 아브라함 언약과 모세 언약에 나타나는 믿음과 율법의 근본적 양립성을 주장한다. 그는 율법이 온 것은 아브라함 언약을 폐기한다는 주장을 조심스럽게 거부한다. 율법은 이전 언약에 더하여진 것이다.^{3:19} 하나님의 목적이라는 관점에서 볼 때, 이것은 시내산 언약이 믿음과 율법을 결합했다는 의미다. 바울은 3장 21절에서 율법이 약속^{말씀}과 반대되지 않는다고 주장한다. 또한 바울은 갈라디아서 5-6장에서 믿음과 율법을 효과적으로 연결한다. 따라서 믿음과 율법은 본질적으로 상충되지 않는다.

그렇다면 3장 10-14절에 제시된 대조의 요점은 무엇인가? 바울은 시내산 언약의 정황에 대해서는 -마치 믿음과 아무런 관련이 없는 것처럼- 진술하지 않는다. 오히려 바울은 믿음과 율법은 다르며, 용어 자체의 의미만 놓고 보면 대조적인 종교적 관점을 나타낸다는 사실을 인정한다. 바울은 이러한 사실을 보여주는 성경적 언급을 찾아 제시한다. 율법은 당연히 행위를 가리키며, 믿음은 하나님의 약속과 행위에 대한 신뢰를 가리킨다. 이곳의 논리는 가설적이지만, 바울은 확실히 믿음과 행위 가운데 하나를 버리고 하나에 빠져 종교적 관습을 구축하려는 사람들이 있다고 생각한다. 갈라디아 사람들의 경우, 믿음을 희생시키면서까지 율법을 강조하는 오류에 빠져 있다. 바울의 논증 방식은 육체와 성령을 대조한 방식과 유사하다. 육체와 성령은 분리되면 적대관계가 될 수 있는, 다른 실재다. 하나님의 목적 안에서 육체와 성령은 하나가 되어야 하며, 양자가 바른 관계를 유지하는 한, 즉 성령이 육체를 지배한다면 사실상 양립할 수 있다. 마찬가지로 믿음과 율법의 관계도 율법이 믿음을 우선하는 한 양립이 가능하다.

바울은 그리스도의 자기 충족성이라는 관점에서, 모세 율법에 대해 당시 하나님의 선한 뜻을 전적으로 반영하지만 불완전하다고 생각한다. 구약의 선지자들은 율법이 제공하지 못하는 내적인 영적 능력이 필요하다고 보았다. 다음 네 단락에서 이어지는 논증을 보라(본서의 마지막 에세이에 나오는 "갈라디아서에 나타난 바울의 율법관" 참조.

그리스도와 저주

이 단락은 갈라디아서에서 바울이나 다른 신약성경 저자들이 그리스도의 구원 사역을 설명하기 위해 저주라는 개념을 사용한 유일한 본문이다. 고후 5:21 참조 이 본문이 유일하다는 것은 바울이 선호하는 관점이나 주된 관점이 아니라는 사실을 보여주지만, 그는 확실히 그리스도의 죽음에 대한 이러한 관점이 갈라디아 사람들에게 적절하다고 생각했다. 이곳의 경우, 바울의 논증은 특히 갈라디아에 있는 이방인 신자들에게 효과적이었을 것이다. 유대인의 관점에서 보면, 이방인은 하나님의 저주 아래에 있다. 갈라디아의 대적들은 신자들에게 저주를 피할 수 있는 완전한 유대인이 되라는 압력을 가했을 것이다. 자신의 논지를 주장함에 있어서, 바울은 대적들이 인용한 것과 같은 구절을 사용한 것으로 보인다. 바울은 그리스도께서 십자가의 저주를 받으심으로 율법의 저주를 폐기했다고 주장한다.

십자가가 저주를 제거했다는 바울의 이해는 십자가에 대한 확장된 설명과 일치한다. 4장 4-5절에서 바울은 율법 아래에 있는 자들을 위한 속량에 대해 언급하지만, 저주 아래가 아니라 율법 아래에 매여 있다는 이미지를 사용한다. 그러나 두 본문의 사상은 유사하다. 바울은 전형적으로 십자가를 인간의 죄가 제거되는 장소로 언급한다. 예를 들면, 고린도후서 5장 21절에서 그리스도는 구원 사역을 위해 죄가 되신다. 죄가 되신다는 것은 이곳 본문의 저주가 되신다는 개념과 유사하다. 두 진술은 동일한 실재를 다른 각도에서 본 것이다. "죄"는 우리의 상태 자체를 묘사한 반면, "저주"는 하나님이 보시는 우리의 상태에 대한 묘사다. 어쨌든, 이 개념은 그리스도께서 우리를 대표하여 우리가 있어야 할 상태를 대신 짊어지신 것을 의미한다.

교회 생활에서의 본문

유대 신자의 전통에서 믿음과 율법

유대-그리스도인 전통에서 오랜 문제 가운데 하나는 믿음과 법의 관계로, 바울이 갈라디아서에서 다루고 있는 이슈다. 본 주석에서 "율법"은 모세 율법, "법"은 하나님의 자녀에게 요구되는 거룩한 뜻으로 규정된 법을 가리킨다. 이 이슈에 관한 역사는 신앙적 경험이 하나의 형식으로 바뀌는 경향을 드러낸다. 그렇게 되면 경험을 가르치고 전수하는 것은 물론, 구성원이 따라야 할 바른 행위를 규정하기도 쉬워질 것이다. 그러나 소위 법에 의존하려는 이런 경향은 인간이 처한 상태를 생각하면[갈 3:19-22] 어쩔 수 없다. 역사적으로, 기독교는 유대교와 마찬가지로 이러한 법적 형식을 통해 체제를 확인하거나 유익을 얻었다. 그러나 법은 기껏해야 가치 있는 대상이나 공간을 보호하는 울타리일 뿐이다. 법 자체에 가치가 있는 것은 아니다. 그것은 더욱 본질적인 것을 위해 존재한다.

법이 무대 중심에 자리 잡고 신앙적 관심의 대상이 되기는 쉽다. "율법주의"나 외적인 규제로서 법에 대한 부당하고 편향적인 강조는 여기서 나온 것이다. 성경에 기원을 둔 모든 전통은 조만간 이러한 유혹에 직면하게 된다. 오랜 세월 동안 이어져 내려온 부흥과 갱신의 역사는 일정 기간 법 중심의 타성적인 삶이 이어진 후 본질적 신앙의 실재를 회복하는 이야기다. 초기 교회와 종교개혁 시대의 지도자들은 어느 면에서 법이 믿음을 잠식했다는 비난을 잠재운 것으로 볼 수 있다.

재세례파 운동에 내재한 급진적 개혁은 가톨릭의 율법주의와 주류 개신교의 '순종에 대한 요구를 경시함으로써 믿음을 보호할 수 있다'는 신앙주의적 경향의 중간 길을 찾는다. 아나뱁티스트 지도자 미가엘 새틀러[Michael Sattler]는 "자녀다운 순종"[filial obedience]이라는 말로 이러한 제3의 관점을 드러낸다. 자녀다운 순종이란 하나님과의 살아 있는 관계를 통해 우러나오는, 진정한 하나님 자녀의 순종을 가리킨다. 자녀다운 순종의 반대 개념은 의무감에서 순종하는 노예적 순종이다.[상세한 내용은 5:1-2 TLC의 상세한 설명 참조]

율법주의는 안전한 포구가 될 수 없다. 이러한 사실은 급진적 개혁주의 전통의 역사에서 광범위하게 드러난다. 제자도를 강력히 주장하는 그들은 모든 삶이 하나님의 뜻과 일치해야 한다고 강조한다. 전적인 충성에 대한 강조는 특정 관습 및 그러한 관습의 제도화를 위한 기준을 요구한다. 시간이 지나고 세대가 바뀌면서 이러한 형식은 원래의 헌신 및 영적 동력과 단절되는 경향으로 나타난다. 이런 상태에서 신앙적 삶은 초점을 잃게 되며, 그들의 과제는 이 기준을 보호하고 활성화하는 것으로 바뀐다. 이러한 전환에 따라오는 새로운 유혹은, 믿음을 보전하기 위해 인간적 재능과 전략[바울이 갈라디아서에서 말하는 "육체"]을 사용하는 것이다. 이 유혹은 믿음으로 순종하는 올바른 성경적 방식을 떠나게 하며, 결국 법이 믿음을 이기게 된다.

성경적 관점에서, 믿음은 적어도 두 가지 면에서 율법보다 우월하다. 첫째로, 성경적 전통은 하나님과 사람의 관계를 모든 것의 기초로 둔다. 이 관계는 언약을 통해 나타나며 인격적 교제라는 형식을 취한다. 이 언약적 관계에서 우리에게 필요한 것은 신뢰, 또는 바울이 말하는 믿음이다. 이 관계를 풍성하게 하는 원천은 하나님의 성령이다. 오늘날 "영성"이라는 단어는 하나님 앞에서의 삶의 이러한 영역을 가리키는 말로 사용된다.

둘째로, 다양하게 변화하는 세상에서 신실함이 받아들일 수밖에 없는 변화무쌍한 형식에 대해 적절히 대응할 수 있는 것은 오직 믿음뿐이라는 것이다. 원래 법은 엄격하며 변화를 거부한다. 시간이 흐를수록 법을 바꾸는 것은 더욱 어려워진다. 이것은 바울의 핵심적인 관심사다. 예를 들면, 바울은 이방인을 받아들인 행위를 포함하여 그리스도께서 초래하신 변화를 율법이 수용하지 못한다고 생각한다. 오직 살아 있는 믿음만이 변화무쌍한 인간의 경험 속에서 하나님의 뜻을 새롭고 적절하게 해석해야 하는 도전을 충족시킬 수 있다.

약속의 우월성
갈 3:15-18

사전검토

바울의 주장 가운데는 한 가지 사소한 문제점이 발견된다. 그는 "이방인"인 갈라디아 사람들이 믿음으로 하나님의 의롭다 하심을 받은 아브라함과의 연속성에 근거해서 하나님의 목적 안에 들어왔다고 주장해왔다. 그러나 하나님이 아브라함과의 언약 후에 율법을 주셨다는 것은 논리적으로 하나님이 아브라함 언약을 파기하거나 대체하기 위해서 시내산 언약을 주신 것이 아니냐는 것이다. 우리는 두 언약의 상대적 권위에 대해 어떻게 이해해야 하는가?

이 질문에 대한 바울의 대답은 첫 번째 언약이 나중 언약보다 우월하다는 것이다. 첫 번째 언약의 성격은 두 번째 언약의 법적 성격에 의해 달라지지 않는다.

주석

바울은 독자를 설득하기 위해 다양한 형식의 주장을 사용한다. 그는 경험[3:1-5]과 성경[3:6-14]에 호소했다. 이제 그는 또 하나의 유형의 주장을 사용한다. **"형제들아 내가 사람의 예대로 말하노니."**[3:15a] 바울이 독자를 형제라고 부른 것은 앞서 3장 1절에서 "어리석도다"라고 말한 것을 누그러뜨리는 동시에, 갈라디아 사람들을 책망하는 중에도 그들과의 영적 결속을 재확인함을 보여주는 표현이다. ^{1:11; 4:12, 28, 31; 5:11, 13; 6:1, 18} 바울의 주장은 "사람의 예"에 근거한 것이다. 바울의 요지는 이러한 예가 전형적인 인간의 경험에서 나왔다는 뜻이 아니라 ^{NRSV, "일상적인 예"}, 그것의 기원이 사람이며 신적 계시가 아니라는 뜻이다. ^{직전 본문의 논증이 성경에서 나온 것처럼, 1:11도 보라} 바울은 독자에게 자신이 신적 행동에 대한 인간적 유추를 사용할 것이며, 따라서 이 논쟁에는 한계가 있다는 사실을 미리 알려주고 있다.

바울이 말하는 예는 "사람의 유언[언약]이라도 정한 후에는 아무도 폐하거나 더하거나 하지 못하느니라"^{3:15b}라는 것이다. "유언[언약]"으로 번역된 헬라어 단어는 17절의 "언약"과 같은 단어이다. 이것은 바울이 앞서 알려준 것처럼 사람의 언약^{종언}은 근본적으로 하나님의 언약과 다르지만, 독자에게 비교의 효과를 주기 위한 것이다. 이 진술의 요지는 유언을 한 사람 외에는 아무도 그것을 파기하거나 고칠 수 없다는 것이다. ^{유언은 법정 용어로, 이곳의 "더하거나"라는 표현은 19절의 "더하여진"과 다른 단어다}

그러나 이것은 첫 번째 언약을 주신 하나님이 두 번째 언약도 주셨기 때문에 첫 번째 언약을 바꾸거나 더할 수 있다는 점에서^{19절 참조}, 유대인의 특정 사례를 뒷받침한다고 보기 어렵다. 이곳에서 바울의 의도는 유언이나 언약의 영구성에 주목하게 하는 것이다. 그의 요지는 하나님은 영원하시므로 모세와 언약을 맺으실 때 아브라함 언약을 무효화 하지 않았으며, 그렇게 할 수도 없다는 것이다. 이 진술의 강조점은 그가 말하는 언약이 사람의 언약이라는 사실에 있다. 즉, 사람의 언약도 지속성을 가진다면, 하물며 하나님의 언약은 얼마나 더 그렇겠느냐는 것이다.

바울은 자신의 생각에 대한 결론을 직접 진술하기 전에, 자신의 주장에 중요한 또 한 가지 요지를 제시한다. "이 약속들은 아브라함과 그 자손에게 말씀하신 것인데 여럿을 가리켜 그 자손들이라 하지 아니하시고 오직 한 사람을 가리켜 네 자손이라 하셨으니 곧 그리스도라."^{3:16} 바울은 이미 14절에서 그리스도와 아브라함에 대한 약속을 연결한 바 있다. 아브라함에 대한 복이 이방인에게 실현되는 것은 "그리스도 안"에서다. 이제 바울은 구약성경 본문 자체의 그리스도에 대한 언급을 찾음으로써 그리스도와 아브라함의 연결을 한층 더 강화한다. 그는 "자손"이라는 단어가 단수 명사임에 주목하여, 이 자손은 아브라함의 모든 생물학적 후손을 가리키는 것이 아니라 그리스도를 가리킨다는 결론을 내린다. ^{3:19도 마찬가지다}

오늘날 독자는 창세기에서 "자손"이라는 단어가 아브라함의 자녀를 가리킨다는 점에서 당황스러움을 느낀다. 이 단어는 집합적 명사로서 형식은 단수이지만 의미상 복수라는 것이다. 그러나 바울은 여기서 유대 랍비들의 전형적인 해석 기법을 사용한다. 전문적인 방식을 통해 언어의 단순한 의미가 아닌 미묘한 기술적 의미를 찾아내는 것은 주석의 한 형식으로 통용되던 정상적인 방법이다. 바울이 집합적 의미에 대해 알고 있다는 것은 3장 29절에서 "자손"을 그런 의미로 사용한 것을 보면 알 수 있다. 우리는 이런 해석 방식을 통해, 텍스트의 증거가 현재의 믿음으로 흘러 들어간 것이 아니라 그 반대라는 사실을 알 수 있다. 다시 말하면, 바울은 다른 증거에 기초하여 그리스도가 구약성경의 모든 약속을 성취했다는 믿음을 가지고 있으며 고후 2:20, 이 믿음을 본문에 반영한다는 것이다. 즉, 오늘의 경험이 텍스트를 조명한다는 것이다.

이런 방식은 하나님의 목적이 시간의 역사 속에서 일관성을 가진다는 사실을 보여준다. 이것은 정확히 이 장에 나타난 바울의 관심사다. 더욱 깊은 의미는 그리스도께서 말세에 하나님의 새로운 백성을 대표하신다는 것이다. 그리스도는 많은 사람을 대표하신다. 3:14, 26, 27의 "그리스도 안" 및 같은 연합을 반영한 29절의 "그리스도의" 참조 그러므로 그리스도는 하나님이 아브라함에 대한 약속을 이루시는 대표적 "자손"이다. 집단의 대표로서 한 사람에 대한 개념은 전형적인 히브리 사상이자 바울 자신의 사상이다. 롬 5:12-21

아브라함과 그리스도 사이의 유사성을 근거로 "믿음"을 신실함으로 해석하는 사람들도 있다. Hays 2002, 그는 이 구절을 근거로, 2:16 및 3:22를 그리스도의 믿음/신실함으로 번역한다 그러나 이곳의 관심사는 그것이 아니다. 바울이 그리스도를 "자손"으로 제시한 것은 아브라함 언약이 지금까지 효력을 발휘하고 있음을 보여주기 위한 것이다. 이것은 사실상 이 단락의 핵심 요지다. 우리는 여기서 그리스도가 아브라함처럼 하나님의 약속에 대해 믿음을 보였다는 어떤 사상적 발전도 찾을 수 없다.

"내가 이것을 말하노니 하나님께서 미리 정하신 언약을 사백삼십 년 후에 생긴 율법이 폐기하지 못하고 그 약속을 헛되게 하지 못하리라."3:17 바울은 이제 하나님이 아브라함과 맺은 언약이 어떻게 모세와 맺은 시내산 언약과 연결되느냐는 문제로 돌아간다. 15절은 유언, 또는 언약의 영속적 성격에 대해 다룬다. 바울은 언약의 연대기적 순서에 호소한다. 430년이란 오랜 세월이 두 언약을 갈라놓았다. 430년은 출애굽기 12장 40절창 15:13 및 행 7:6은 "사백년"이라고 말한다에서 나온 것이다. 이 기간은 아브라함 시대부터 모세 시대까지가 아니라 애굽에서의 체류 기간을 나타낸다. 이 수치는 오랜 기간을 가리키는 일반적인 표현에 해당한다. 아래 참조

바울의 핵심 요지는 그가 진술한 대로, 나중 언약이 이전 언약을 무효화 할 수 없다는 것이다. 15절에 언급한 대로, 이 주장은 하나님의 영원한 성품으로 인해, 한번 맺은 언약을 바꾸지 않으신다는 가정에 기초한다. 그러므로 첫 번째 언약의 약속은 여전히 유효하며 앞

으로도 그럴 것이다. 그뿐만 아니라 이 긴 시간은 하나님과의 바른 관계가 율법 없이도 가능하다는 사실을 보여준다. 그러나 바울은 결코 순종이 아브라함 언약의 한 부분임을 부인하지 않는다!

바울의 대적들은 당연히 그들의 주된 관심사인 할례가 아브라함 언약의 한 부분이라는 사실창 17:9-14에 주목했을 것이다. 아마도 바울은 믿음으로 의롭게 된다는 모티브를 담고 있는 창세기 12장과 15장의 언약 기사가 시간적으로 앞서며 할례의 명령을 포함하지 않는다는 사실을 강조했을 것이다. 결과적으로, 믿음/약속 형식의 영성은 다른 것보다 우선하며, 그 자체로 하나님과 인간의 관계를 정립하기에 충분하다는 것이다. 바울 사상에는 최초의, 또는 먼저 있었던 형식이 순수하다는 일종의 원시주의를 찾아볼 수 있다. 이런 관점은 예수께서 이혼 문제에서 모세보다 창조 기사를 우선한 것에서도 찾아볼 수 있다. 마 19:3-9

"만일 그 유업이 율법에서 난 것이면 약속에서 난 것이 아니리라."3:18a-b "유업"은 새롭게 도입된 어휘지만, 새로운 개념은 아니다. "아브라함의 복"과 "성령의 약속"3:14은 세대를 통해 전해져 내려온 것을 가리킨다. 3장 29절, 4장 1절, 7절, 30절에서 볼 수 있듯이, 유업은 이어지는 본문에서 중요한 개념이 된다. 이 개념은 구속사를 되돌아볼 때, 과거에서 현재를 조명할 때, 앞으로 이루어질 하나님의 목적을 내다볼 때, 초기 교회의 종말론적 관점을 반영한다. 여기서 바울이 말하려는 요지는 유업이 율법이 아니라 약속에 의존한다는 것이다. 이방인에 대한 하나님의 복과 성령의 약속3:8-9, 14은 그것을 받는 방법, 즉 약속과 불가분리의 관계에 있다. 어쨌든 율법은 갈라디아 사람들이 경험한 것과 같은 영적인 복하나님의 백성이라는 새로운 지위와 성령의 능력 주심을 주지 못한다.

유업은 약속을 통해 온다. 그것은 "하나님이 약속으로 말미암아 아브라함에게 주신 것"3:18c이다. "주신"이라는 단어는 선물처럼 은혜를 베풀었다는 특별한 의미가 있다. 이 동사의 용례는 바울에게 중요한 또 하나의 핵심 개념은혜과 연결된다. 은혜와 약속과 믿음은 완벽하게 연결된 개념이다. 하나님은 은혜로 약속을 제공하셨으며, 이 약속은 사람의 믿음을 통해 받아들여지고 효력이 발생된다. 이 동사의 시제완료형는 하나님이 옛적에 아브라함에게 주신 약속의 지속적 가치와 타당성을 강조하며, 약속을 유업이 되게 한다.

성서적 맥락에서의 본문

신약성경의 구약성경관

모든 신약성경 기자들은 신구약성경의 관계에 대한 합의점을 찾아야 했다. 예수를 메시아와 승귀하신 주로 고백하는 일은 급진적인 관점의 변화가 따라야 할 만큼 새롭고 중요한 문제였다. 신약성경의 책들은 하나님의 새로운 행위가 옛 성경에 미치는 영향에 대해 규명할 필요를 반영한다. 모든 저자는 그리스도께서 중요한 변화를 초래했음을 인정한다. 더구나 그리스도는 모세 율법보다 큰 권위를 가지셨다. 이 관점은 동시대의 특정 해석을 비판하고 성경의 일부 우선순위에 대해 재규명하며 율법을 넘어서는 차원의 영성을 지향하며 자신을 율법보다 위에 두는 예수님의 가르침 자체에 나타난다. 그러나 그는 구약성경의 근본적 진리와 가치를 받아들인다. 특히 마 5:17-48 참조 동시에 신약성경 기자들은 그리스도를 통한 하나님의 행위와 예전 하나님의 행위 사이의 일관성과 연속성, 그리고 양자 사이의 일치점과 차이점의 정도에 대해 상당한 다양성을 보여준다.

바울은 갈라디아서 3장에서 신약성경 가운데 가장 분명하고 설득력 있는 해석을 제시한다. 그는 성경 바울의 경우, 구약성경 안에서, 그리고 하나님의 예전 행위와 현재적 행위 사이에서 일치점과 차이점의 미묘한 균형을 시도한다. 바울은 믿음에 기초한 아브라함 언약은 돌이킬 수 없는 것이므로, 그것을 모든 성경적 언약의 기초로 삼는다. 이것은 성경 전체의 일관성을 유지하게 한다. 따라서 바울은 모세 언약의 기초도 믿음이라고 생각한다. 그는 이러한 사실을 직접적으로 언급하지는 않지만, 3장 21절을 통해 율법이 아브라함 언약의 약속과 배치되지 않는다는 사실을 분명히 밝힌다. 두 언약의 양립성은 가능하다. 오늘날 성경을 연구하는 사람들도 율법이 십계명 서문(출 20:2)에 나타난 것처럼, 하나님의 은혜로우신 구원 행위에 기초하여 제정되었음을 인정한다

따라서 바울은 함축적으로 하나님과 사람의 모든 언약적 관계는 본질상 하나라고 주장한다. 그러나 이러한 일치와 관련하여, 바울의 관점은 두 가지 중요한 면에서 다른 점이 있다. 첫째로, 율법은 하나님과의 삶이 율법이 오기 전에 존재했다는 점에서 부차적이며, 그리스도께서 오시기까지만 존재한다는 점에서 일시적이라는 것이다. 둘째로, 그리스도의 오심은 신적 목적의 중요한 성취를 보여준다는 것이다. 믿음의 근본적인 원리는 이전의 성취에도 나타나지만, 그리스도의 성취는 이전의 성취보다 탁월하다. 여기서 중요한 것은 아브라함 언약에 나타난 "약속"이라는 요소다. 약속을 포함한 언약은 앞으로 보다 큰 성취로 발전될 것임을 보여준다. 따라서 이 약속은 그리스도 안에서 새롭고 보다 나은 언약과 연결된다. 그러나 스스로 법적 요구임을 주장하는 율법은 약속을 포함하지 않으며 3:12 참조, 따라서 그리스도를 내다볼 수 없으며 결국 하나님의 목적 안에서 하나가 되게 하는 근거가 될 수 없다.

교회 생활에서의 본문

구약성경에 대한 그리스도인의 관점

그리스도를 통한 하나님의 행위와 과거에 있었던 하나님의 구원 행위 사이의 지속성과 연속성이 신약성경 저자들을 번거롭게 했듯이, 신구약 성경의 지속성과 연속성 문제는 교회사에서 하루도 잠잠한 날이 없었다. 어떤 사람들은 구약성경이 신약성경의 하나님과 다른 신을 반영한다고 주장하며 구약성경을 완전히 거부한다. 다른 사람들은 신구약을 하나의 성경으로 받아들인다. 그러나 주류 기독교의 일반적인 견해는 그리스도의 완전한 계시에 비추어 해석하는 한, 구약성경이 교회에서 더 큰 권위를 가진다는 것이다. 종교개혁가들은 구약성경이 그리스도를 예시한다고 주장한다. 급진주의 개혁가_{재세례파}는 구원 문제뿐만 아니라 교회론과 윤리론에 있어서도 그리스도가 해석의 준거가 된다고 주장한다. 그리스도 중심 해석에 따르면, 구약성경에 반영된 교회와 국가의 연합은 더 이상 기독교 교회의 규범이 될 수 없다. 또 예수께서 이웃과 원수를 조건 없이 사랑하라 하셨기 때문에 전쟁은 교회의 규범이 될 수 없다.

구약성경을 근거로 그리스도의 주 되심을 제한하려는 일부 개혁가의 성향으로 인해, 재세례파는 신구약성경의 관계를 어떻게 볼 것인가라는 스펙트럼의 한쪽 끝에서 벗어나 단절되어 있다. 우리가 단절의 역사를 백번 이해한다고 해도, 오늘날 재세례파는 구약성경을 상대적으로 경시하는 태도를 버리고 그리스도 중심의 해석을 고수하는 것이 가장 바람직해 보인다.

바울의 가르침은 세대주의라는 잘 알려진 사상으로 말미암아 우리 시대와 특별한 관련이 있다. 이 학파에 따르면, 교회 시대는 율법 시대와 말세의 천년왕국 시대_{계 20장에 기초한} 사이의 괄호 시대에 해당한다. 이 천년왕국 시대에 구약성경의 구원 섭리는 재정립될 것이다. 은혜 시대라고도 부르는 교회 시대 개념은 여기서 나온다. 즉 교회는 두 개의 유사한 율법 시대 사이에 끼어있는 괄호 시대라는 것이다. 확실히 바울은 이러한 섭리, 또는 언약을 뒤집어 놓는다. 그에게는 율법 시대가 괄호 시대에 해당하기 때문이다. 왜냐하면, 율법 시대는 보다 크고 근본적인 믿음의 언약 안에서 일시적으로 조정하는 역할을 하기 때문이다. 예수 그리스도의 복음은 그리스도와 성령 안에서 하나님의 은혜로우신 사역에 기초하기 때문에, 구원 이야기에서 결정적인 발전에 해당한다. 미래는 이 구원을 성취할 것이며, 하나님과 인간 사이의 어떤 다른 형식의 언약으로도 대치되지 않을 것이다.

율법의 지위

갈 3:19-24

사전검토

바울은 율법이 어떻게 아브라함에 대한 약속을 대신하거나 대체하지 않는지에 대해 만족할 만한 대답을 제시했기 때문에, 그에게 새로운 문제가 생겼다. 즉, 아브라함의 약속/믿음 언약이 계속해서 효력을 가지며 모세 언약보다 우월하다면, 율법의 유익이 무엇이냐는 것이다. 바울이 성경의 권위와 하나님의 목적의 일관성을 보전하고 싶다면, 비록 제한적이지만 율법이 어떤 긍정적인 기능을 수행하는지를 보여주어야 할 것이다. 이에 대해 바울은 그리스도를 위한 길을 준비하는 율법의 역할에 대해 묘사한다. 구체적인 역할은 그리스도께서 오시기까지 범죄를 억제한다는 것이다. 그러나 이제 그리스도께서 더 많은 것을 제공하신다. 그는 우리에게 죄의 종에서 벗어나 하나님 앞에서 믿음으로 사는 새로운 생명을 제공하신다. 율법은 이 일을 할 수 없으므로, 더 나은 것에 자리를 내어주어야 한다.

주석

지금까지 논증은 율법을 약속과 대조한 후 열등한 위치에 두었다. 독자는 그렇다면 율법은 왜 필요한지, 같은 하나님이 주신 것이 맞는지 의아해하는 것이 당연하다. 두 가지 수사학적 질문은 이런 생각을 대변한다. 바울은 3장 19절에서 "그런즉 율법은 무엇이냐"라는 첫 번째 질문에 대답한다. 두 번째 질문과 대답은 21절에 주어지며, 바울은 약속과 율법은 제대로 이해하기만 한다면 결코 양립할 수 없는 것이 아니라는 확신을 제시한다. 따라서 우리는 바울의 율법관이 전적으로 부정적인 것이 아니라는 사실을 알게 된다. 한 마디로, 율법은 약속에 근거한 믿음만이 누릴 수 있는 영예의 자리를 빼앗거나 지나치게 주장하지 않는한, 선하다는 것이다.^{롬 7:12}

"범법하므로 더하여진 것이라 천사들을 통하여 한 중보자의 손으로 베푸신 것인데 약속하신 자손이 오시기까지 있을 것이라."^{3:19b} 따라서 율법은 "범법하므로" 주어졌다. 이 핵심 구문은 다양한 해석이 가능하다. 이곳에 사용된 전치사는 "~ 때문에" 또는 "~을 위하여"로 해석될 수 있다. 이곳의 용례에 대해서는 율법의 부정적 역할과 긍정적 역할이라는 양극단 사이에 폭넓은 관점이 존재한다. 부정적 극단은 율법이 범죄를 초래하거나 늘렸다는 의미로 해석한다. 즉, 하나님은 율법은 주셔서 은혜로 얻는 구원에 대한 필요성을 더욱 절실히 깨닫게 하셨다는 것이다. 로마서 5장 20절을 "율법이 들어온 것은 범죄를 더하게 하려 함이라"RSV고 번역한 것은 이런 해석에 바탕을 둔다. 다른 해석도 있다. "율법이 들어온 것은 범죄가 더했기 때문이라."NRSV 이 스펙트럼의 긍정적 극단은 율법이 들어온 것은 율법에 기록된 속죄 시스템을 통해 죄를 치유하는 해법을 제공하기 위해서라는 것이다.

그러나 이어지는 갈라디아서 3장 22-25절의 언급은 바울의 생각을 들여다볼 수 있는 가장 확실한 창이다. 즉, 율법의 역할은 연약한 자에 대한 훈련 또는 도덕적 안내를 위해서라는 것이다. 이런 의미에서 율법은 도덕적 자각을 촉구하며따라서 도덕적 책임을 요구한다 도덕적 실패를 바로잡는다. 따라서 "범죄를 더하게 하려 함"이라는 목적은 자각과 책임감을 더하게 하려 함으로 이해해야 한다. 실제로 늘어난 것은 율법을 어긴 "범죄"다. 바울이 로마서 4장 15절에서 "율법이 없는 곳에는 범법도 없느니라"고 말한 것은 율법을 받은 후 범한 죄를 염두에 둔 것이다. 바울이 범죄가 더해졌다고 말한 것은 이 때문이다. 즉, 도덕적 타락이 증가했다기보다 도덕적 책임이 늘어났다는 것이다. 아마도 바울은 궁극적으로 율법은 죄를 저지하기 위해서 주어졌다는 의미로 말했을 것이다. 이런 관점은 율법을 알면 죄를 더욱 자극할 수 있다는 로마서 7장의 사상과 배치되지 않는다. 이런 일이 발생한 것은 죄가 "기회를 타서" 율법을 이용했기 때문이다. 그러나 그것은 하나님이 율법을 주신 목적이 아니다. 이것이 바로 바울이 말하려는 요지다.

바울은 율법의 기능을 서술하면서 몇 가지 내용을 부가한다. 첫째로, 율법은 "더하여진" 것이다. 이것은 3장 15절과 상충되지 않는다. 원래의 언약을 주신 분이 또 하나의 언약을 주셨기 때문이다. 확실히 이것은 약속과 함께 주신 언약의 부족한 부분을 율법이 완성한다는 의미가 아니다. 오히려, 이것은 율법이 원래의 아브라함 언약에 종속된 언약으로 부가되었음을 보여준다. 동시에, 이 표현은 두 언약이 근본적으로 양립할 수 없는 것은 아니라는 사실을 보여준다. 여기에는 하나님이 시내산 언약을 아브라함 언약의 기초인 믿음에 근거하게 하셨다는 의미가 함축되어 있다.21절 참조

둘째로, "약속하신 자손이 오시기까지"3:19c라는 구절은 율법의 역할이 한시적임을 보여준다. 율법은 아브라함의 후손이며 약속의 대상인3:16 참조 예수 그리스도께서 오시기까지만 존재할 것이다. 확실한 것은 율법은 시작과 끝이 있다는 것이다. 대부분 유대인은 이 주장이 유대인의 입에서 나왔다는 사실에 놀랄 것이다. 그들에게 율법은 그것을 주신 하나님의 영원한 속성을 공유하기 때문이다.

우리는 율법이 "천사들을 통하여 한 중보자의 손으로 베푸신 것"3:19d이라는 구절과 "그 중보자는 한 편만 위한 자가 아니나 하나님은 한 분이시니라"3:20라는 설명을 통해 또 하나

의 중요한 이슈를 만나게 된다. 지각력 있는 독자라면, 바울이 아브라함 언약을 주신 분이 하나님이심을 여러 번 언급하면서도 율법을 주신 분에 대해서는 가급적 언급을 피한다는 사실을 눈치챌 것이다. 19절에서 바울은 "더하여진"이라는 수동태를 사용하는데 이것은 하나님이라는 이름을 직접 거명하지 않으면서 행위의 주체로 세우는 신적 수동태에 해당한다. 바울은 하나님이 율법을 주셨다고 믿지만, 의식적으로든 무의식적으로든 하나님을 율법보다 약속의 언약과 더 가깝게 연결하고 싶어 한다. 이러한 사실은 천사들과 중보자의 역할에 대한 설명을 통해 확인된다. 즉, 율법은 천사들을 "통하여," 한 중보자의 "손으로" 베푸셨다는 것이다. 우리는 이 중보자가 모세임을 안다.[레 26:46, 70인역] 천사들의 도움을 받았다는 것은 신명기 33장 2절에 대한 유대적 해석에 근거한다. 이 해석은 사도행전 7장 38절과 53절 및 히브리서 2장 2절에도 나타난다.

이어지는 바울의 구태의연한 설명은 율법의 중보적 성격이 불완전함을 암시한다. 율법은 다수의 행위자가 연결된 복합적인 기원을 가진다는 것이다. 이스라엘의 유일신 사상에 대한 바울의 호소"하나님은 한 분이시라"는 율법 수여에 있어서 일종의 타협이 개재되었음을 암시한다. 그러나 바울은 이 구절의 의미를 정확히 제시하지 않는다. 그는 아브라함과의 친밀함 및 전달의 직접성이 중보를 통한 간접적 전달의 거리감보다 영적으로 더 고상한 가치가 있음을 보여주려 한 것인가? 이 문제에 대해서는 지나친 해석을 삼가야 할 것이다. 바울은 확실하고 중요한 진리를 제시하고 있다기보다, 논리적으로 대답하기 어려운 질문을 통해 대적을 수세에 몰아넣기 위해 감정적 논증에 호소한 것으로 보인다.[TBC "수사학과 진리" 참조]

어쨌든, 바울의 논증은 유대교의 가장 확실한 신학적 토대인 유일신 사상을, 그 사상의 가장 중요한 원천인 율법과 맞서게 한다. 확실히 바울은 하나님이 율법의 수여자임을 믿는다. 그는 천사들과 중보자는 대리인이며 원천이 아님을 보여준다. 하나님만이 언약의 원천이 되신다는 것이다. 따라서 한편으로 율법은 앞서 언급한 대로 하나님의 목적을 수행하는 긍정적인 역할을 한다. 그러나 바울은 율법이 가장 순수한 형태의 유일신 사상을 드러내느냐에 대해서는 의문을 제기하는 것으로 보인다.

율법에 대한 바울의 비판적 시각이 율법의 목적에 관한 문제를 제기했다면, 율법과 약속은 근본적으로 대립적인가라는 논쟁적 문제도 제기한다. 바울은 이 문제를 수사학적 질문으로 제시한다. "그러면 율법이 하나님의 약속들과 반대되는 것이냐"[3:21a] 그는 이 질문에 대해 바울 특유의 방식으로 대답한다. "결코 그럴 수 없느니라." 바울의 대답은 중요하다. 마치 개성이 다른 부부가 행복한 결혼 생활을 영위하는 것처럼, 약속과 율법은 성격적으로 아무리 달라도 상호 보완적인 역할을 하며 공존할 수 있다는 것이다. 따라서 바울의 문제는 율법 자체가 아니라 율법의 뿌리가 약속이라는 사실을 놓친 율법관에 있다. 약속에 종속되지 않는 율법은 절대자가 됨으로써 더욱 큰 하나님의 뜻가령, 열방에 대한 복을 왜곡하고 더 위대하신 그리스도에게 길을 내어주지 않을 것이다.

계속해서 바울의 강력한 부인에 대한 설명이 이어진다. "만일 능히 살게 하는 율법을 주셨더라면 의가 반드시 율법으로 말미암았으리라"3:21b 바울은 실현 가능성이 없는 조건을 다는 방식으로 이 사상을 진술한다. 율법은 절대로 살리는 역할을 할 수 없으므로 의는 결코 율법을 통해 올 수 없다는 것이다. 이 설명이 어떻게 율법은 약속과 반대되지 않는다는 주장을 뒷받침하는지는 분명하지 않다. 이 구절의 의미는 율법을 통해서는 생명이 올 수 없으므로 사실상 생명의 열쇠인 약속과 경쟁할 일은 없다는 의미일 수 있다. 이러한 해석은 율법과 약속이 각자에게 합당한 지위와 역할만 부여된다면 양립할 수 있다는 앞서의 관점과 일치한다.

우리는 이미 이 서신의 여러 곳에서2:19; 3:11-12 "삶"생명 개념을 만났다. 우리는 그곳에서 갈라디아서에 나타난 이 표현은 질적인 삶, 즉 관계나 행위에 있어서 완전한 존재를 가능하게 하는 생명력 개념으로 사용되었음을 보았다. 따라서 의는 하나님과의 바른 관계 및 하나님 앞에서의 바른 삶이라는 두 가지 의미에서, 생명을 부여하는 원천에 뿌리를 내리고 있음이 분명하다. 율법은 이 원천이 될 수 없다. 오직 그리스도 안에서 성령을 통해 역사하시는 하나님만이 약속/믿음의 방식으로 하나님과 함께 하는 삶을 가능하게 하신다. 현재의 구절은 이러한 관점을 가장 분명하게 보여준다.

율법은 "살게" 하지 못한다는 진술은 레위기 18장 5절과 상충되는 것처럼 보인다. "너희는 내 규례와 법도를 지키라 사람이 이를 행하면 그로 말미암아 살리라." 바울은 이 구절을 갈라디아서 3장 12절에서 인용한다. 바울의 요지는 율법이 생명을 의도했지만, 그것을 이루지 못했다는 것이다. 로마서 7장 10절은 정확히 이런 의미를 반영한다. 즉, 율법계명은 생명의 약속이지만, 죄가 그것을 이용함으로써 도리어 사망에 이르게 했다는 것이다.롬 8:3-4 바울은 율법이 생명을 주고 싶어 한다는 사실을 인정하지만, 그리스도에 대한 믿음이 없이는 그것을 달성할 수 없다고 주장한다. 우리는 이러한 통찰력과 함께, 율법에 대한 바울의 핵심적 사상에 이른다.

"그러나 성경이 모든 것을 죄 아래에 가두었으니."3:22a 강조를 위한 표현인 "그러나"는 현격한 대조를 나타낸다. 율법은 생명을 주지 못하지만, 율법을 포함한 성경은 모든 피조물이 죄 아래에 있음을 보여준다는 것이다. 따라서 율법은 생명의 수여자가 아니라 죄 아래에 가두는 대리인의 역할을 한다. 바울은 가두는 일을 성경율법을 포함한다의 일로 규정한다. 로마서 3장 10-18절에는 바울이 염두에 둔 것으로 보이는 특정 본문들이 등장한다. 이들 본문이 보여주듯이, 바울은 율법뿐만 아니라 성경 전체가 하나님 앞에서의 보편적 죄를 주장하는 것으로 본다. 이것은 이어지는 본문에서 율법이 우리를 죄 아래에 가두는 실제적 행위자라고 밝힘에도 불구하고, 이곳에서 죄 아래 가두는 행위자로 성경을 제시한 이유를 설명한다. 바울은 3장 8절에서와 마찬가지로 여기서도 성경을 인격화한다. 그는 성경이 하나님의 뜻과 행위를 구현하는 것으로 묘사한다. 유사한 진술에서 하나님을 행위의 주체로 제시한 롬 11:32 참조

"가두다"로 번역된 동사는 감옥을 연상시킨다. 그러나 바울은 형벌적 구금이라는 부정적 의미를 염두에 두었는가, 아니면 안전이나 훈련을 위한 보호라는 긍정적 의미를 염두에 두었는가? 이곳에는 긍정적 요소도 나타나지만, 확실히 초점은 부정적 의미에 맞추어진다. 죄와 죄의 권세 아래에 있다는 것은 바람직한 상태가 아니다. 그러나, 이 진술의 궁극적인 목적은 건설적이다. 24절 참조 이곳과 가장 유사한 진술인 로마서 11장 32절에서 바울은 "하나님이 모든 사람을 순종하지 아니하는 가운데 가두어 두심은 모든 사람에게 긍휼을 베풀려 하심이로다"라고 말한다. 이 구절에서 가둔다는 표현은 확실히 긍정적인 의도를 가진다. 이곳의 본문에서도 바울은 여전히 율법이 하나님의 약속과 반대되느냐는 질문에 대답하는 중이다. 그러므로 우리는 그가 긍정적인 반응을 보일 것이라는 기대를 할 수 있다. 3장 22절부터 4장 11절까지는 율법 아래에 있는 상태의 양면성을 보여준다. 그것은 일종의 은혜로운 구속이다.

그러므로 성경은 공개적으로, 그리고 분명하게, 모든 것이 죄의 영역 아래에 있다고 선언한다. 이 긴 단락에서 "아래"라는 전치사가 마치 북소리처럼 반복적으로 사용된 것은 온 세상이 노예 상태에 있음을 보여준다. 다른 두 가지 세부적인 내용은 중요하다. "모든 것"이라는 단어는 인간 세계뿐만 아니라 모든 피조 세계가 갇혀 있음을 보여준다. 바울이 이 본문에서 범법이라는 표현 대신 "죄"라는 단어를 사용한 것은 율법을 불순종함으로써 범법행위를 한 유대인을 포함한 전 세계의 도덕적 무질서를 보여준다. 19절 참조

죄에 대한 성경의 부정적 판단은 "예수 그리스도를 믿음으로 말미암는 약속을 믿는 자들에게 주려 함"3:22이라는 긍정적 기능을 한다. 여기서 바울의 초점은 궁극적인 긍정적 결과에 맞추어진다. 바울은 이 결과를 "약속"과 "믿음"이라는 익숙한 용어로 진술한다. 이것은 2장 15절부터 시작되는 단원 전체의 핵심 주제다. 바울은 여기서 "은혜"라는 단어를 사용하지 않지만, 하나님이 약속을 주신다는 진술 속에는 이러한 개념이 들어 있다. 예수 그리스도의 오심을 통해 아브라함에 대한 하나님의 약속이 성취된 것이다. 현재의 문맥에서, 이 약속은 성령을 받음3:14과 하나님의 아들이 되는 것3:26에 초점을 맞춘다. 믿음을 가진 신

자는 이 약속을 삶 속에서 경험한다.

우리는 여기서 다시 한번 "예수 그리스도를 믿음"이라는 구절을 어떻게 번역할 것인가라는 문제에 직면한다. 문법적으로는 "예수 그리스도를 믿음"과 "예수 그리스도의 믿음"이라는 두 가지 해석 모두 가능하다. 후자의 경우, 이 믿음이 그리스도 자신의 믿음인가, 아니면 예수 그리스도와 관련된 모든 사건에 대한 믿음^{주, 예수께서 규정하시는 믿음}인가라는 문제는 여전히 남는다. 지금까지 우리는 두 번째 대안을 주장해왔다.^{2:16을 보라. ["예수 그리스도의 믿음" 참조]} 따라서 "예수 그리스도의 믿음"은 예수 그리스도 및 그의 사역과 관련되고 믿음으로 효력이 발생하는 바울의 복음 메시지를 가리키는 요약적 표현이다. 신자의 믿음은 부각되지 않지만, 이 믿음은 복음 전체를 가리킨다. 이것은 이어지는 구절에서 바울이 제시한 예수 그리스도의 삶과 사역 전체를 포괄하는 "믿음"의 용례^{3:23, 25의 "믿음이 오다"라는 표현}와 일치한다. 우리는 갈라디아서 1장 23절 및 6장 10절 등의 분명한 용례를 통해, 믿음이 기독교 메시지 전체를 나타낸다는 사실을 배웠다. 이 경우, 바울의 강조는 신자의 믿는 행위가 아니라 그리스도의 사역에 맞추어진다. 신자의 행위는 다음 절에서 "믿는 자들"로 진술된다.

요약하면 "그리스도를 믿음으로 말미암는 약속"은 "그리스도의 믿음으로 말미암는 약속"으로 해석해야 하며, 이 믿음은 예수 그리스도의 사역을 통해 아브라함 언약에 기초한 약속을 성취한 하나님의 구원 계획을 가리킨다는 것이다. "믿는 자들"이라는 표현은 사람이 신적 제안을 받아들인다는 것을 의미한다. 따라서 전자는 복음을 가리키는 전문적 표현이며, 후자는 하나님과 인간의 관계를 실현하기 위해 사람이 복음을 받아들여야 할 필요성을 강조한다.

"믿음이 오기 전에 우리는 율법 아래에 매인 바 되고 계시될 믿음의 때까지 갇혔느니라."^{3:23} 이 진술은 하나의 사건으로서 믿음에 대한 묘사^{"믿음이 오기 전에"}로 시작한다. "전에"와 "까지"라는 전치사는 시간적으로 특정 순간을 가리킨다. 이곳의 문맥은 이 사건이 예수 그리스도의 나타나심을 가리킨다는 사실을 분명히 보여준다.^{다음 절의 "그리스도께로" 참조} 그러나 바울은 이곳에서 "믿음"이 오는 것으로 묘사한다. 믿음이 온다는 것은 복음이 온다는 것과 같은 말이다. 우리는 여기서 다시 한번^{3:22 참조} "믿음"이 복음 전체를 가리킨다는 사실을 확인할 수 있다. 바울은 여기서 믿음에 관한 복음이 예수 그리스도의 이야기에 기초한다는 사실을 강조한다. 이것은 앞서 "예수 그리스도의 믿음"^{2:16; 3:22의 문자적 번역}이라는 구절에 대해 우리가 제시한 의미다. 믿음이 오는 것을 계시로 묘사한 것^{"계시될 믿음"}도 중요하다. 그것은 신적 계시다. 예수 그리스도의 사역에 기초한 복음은 사람의 생각이 아니라 하나님의 목적을 드러낸 계시다. ^{갈 1:12; 롬 1:17}

그러나 바울은 앞서 아브라함의 믿음이 율법이 오기 전에 있었다고 했을 때도 믿음이 "오다" 믿음이 "드러나다"라는 표현을 사용한 이유는 무엇인가? 율법의 괄호 시대가 끝난 후 다시 믿음이 무대에 등장할 것이라는 의미인가? 그런 것 같지는 않다. 왜냐하면, 앞서 언급했듯이[3:19] 바울은 율법 시대에 믿음을 배제하지 않기 때문이다. 오히려, 이런 표현들은 바울이 그리스도의 시대를 전혀 새로운 것은 아니지만 상당히 새로운 것으로 생각한다는 사실을 보여준다. "이제는 율법 외에… 율법과 선지자들에게 증거를 받은 것이라"[롬 3:21] 그것은 성취다. 즉, 아브라함에게 나타난 믿음의 단순한 반복이 아니라 원래적 믿음에 포함된 약속의 성취라는 것이다.

NRSV는 여기서 동사의 순서를 바꾼다. "우리는 보호를 받았으며['갇혔으며']… 매인 바 되었느니라." 원래의 문자적 번역은 "매인 바 되고… 갇혔느니라"이다. 두 번째 동사 "가두다"는 이 절을 앞 절의 같은 동사와 연결한다. 두 동사는 행위자가 생략된 수동태로 제시된다. "매다"의 행위자는 "율법 아래"라는 구절이 암시하듯이 율법으로 볼 수 있다. 그 뿐만 아니라, 이어지는 두 절은 같은 맥락의 진술을 하면서 초등교사인 율법에 대해 확실하게 언급한다. 따라서 바울이 말하는 것은 성경과 율법이 둘 다 가두는 역할을 한다는 것이다. 앞서 언급했듯이, 바울은 이 가두는 역할에 대해 의도적으로 부정적인 면과 긍정적인 면을 제시한다. 두 동사의 행위자가 언급되지 않은 것은 독자에게 이러한 이중적 기능을 염두에 두게 한다. 따라서 수동태 동사는 "우리"라는 대명사와 함께, 행위를 받아들이는 자에게 초점을 맞춘다.

이 절과 이어지는 두 절에 언급된 "우리"는 바울이 자신을 자기 백성과 동일시한 사실이 보여주듯이, 유대인을 가리키는 것이 분명하다. 26-29절의 "너희"는 갈라디아의 이방인을 가리킨다. 이러한 구분을 차별적 개념으로 이해해서는 안 된다. 양자는 과거의 경험이 다를 뿐이다. 이곳과 4장 5-6절에서 볼 수 있는 주어의 전환_{우리→너희}은 의도적으로 두 경험을 연결하는 기능을 한다. 유대인과 이방인의 역사가 다르다는 사실을 인정하지만 모든 사람이 죄 아래 갇혀 있다는 것이다. 갈라디아 신자들은 유대인 신자들과 마찬가지로 율법과 무관하다는 사실을 인식해야 한다. 동시에, 그들은 이제 하나님의 자녀가 되어 다른 유대 신자들과 함께 위대한 구원 역사에 동참하게 되었다는 사실을 받아들여야 한다.

"이같이 율법이 우리를 그리스도께로 인도하는 초등교사가 되어 우리로 하여금 믿음으로 말미암아 의롭다 함을 얻게 하려 함이라."[3:24] 이 문장 원래 앞 절의 "매인 바"된 결과를 보여주는 종속절이다. 율법은 초등교사의 역할을 한다. 우리는 이미 바울이 이 단어를 율법에 대한 존중을 보여주는 긍정적 의미로 사용한 사실을 알고 있다.[3:19, 22] 그것은 비교적 정확한 초등교사의 이미지 때문이다. 이 단어는 교육자라는 의미를 가진 것으로 알려진 페다고그^{pedagogue}로 음역되지만, 누구를 교육하거나 가르친다는 현대적 의미는 없다.

이런 이미지 때문에 율법이 그리스도를 가리키는 선생이라고 생각하는 사람들도 있다. 그러나 이러한 관점은 잘못된 것이다. 그리스-로마 세계에서 페다고그는 아이들을 보호하는 노예를 가리킨다. 페다고그는 주로 어린이를 돌보는 긍정적 역할을 한다. 페다고그는 젊은이를 나쁜 영향으로부터 보호하며, 따라서 그들이 도덕적 성품을 함양하도록 돕는다. 여기에는 교정과 훈련이 포함될 수 있다. NRSV의 "엄하게 훈련시키는 자"^{disciplinarian}는 형벌적 의미로 이해되지 않는 한 적절한 번역이라고 할 수 있다. 페다고그의 권위는 아이가 성장할 때까지, 한정된 기간만 지속된다는 사실은 바울에게 중요하다. 이것은 그가 주장하는 율법의 한시적 역할과 부합된다. 바울은 4장 1-2절에서 이러한 연결을 분명히 한다.

이전 영역 성경은 페다고그의 교육적 기능^{선생, 가정교사}에 초점을 맞추었으며, 그리스도에 대한 전치사구를 "그리스도께로"라는 의미로 이해했다. 율법은 우리를 그리스도께로 인도하는 교사라는 것이다. 그러나 이것은 확실히 잘못된 해석이다. 이 전치사는 앞 절의 "계시될 믿음의 때까지"에 사용된 것과 동일한 전치사다. 이 전치사는 NRSV의 번역처럼, 시간적 의미가 있다. 즉, 그리스도가 오실 때"까지"라는 것이다. 사실상 이 전치사는 보호하는 행위^{23-24절["메인 바"]}의 목적이 그리스도의 오심을 준비하는 것이라는 뉘앙스를 보여준다.

"우리로 하여금 믿음으로 말미암아 의롭다 함을 얻게 하려 함"이라는 목적절은 24절을 완성한다. 이 구절은 모든 것을 "그리스도를 믿음으로써 의롭다 함"이라는 2장 16절로 되돌린다. 물론, 이것은 "엄격한 조련사"^{초등교사}로서 율법의 역할이 하나님의 의롭다 하심을 받게 하는 것이라는 의미는 아니다. 오히려 바울은 율법이 하나님의 백성을 붙잡아 두었다가 그리스도께서 오시면 믿음에 기초한 하나님과의 바른 관계를 제공하는 복음을 받아들일 수 있게 보호하는 보호국의 역할을 염두에 두고 있다. 바울은 자신이 언급하지 않은^{그러나 3:19-23에 대한 주석 참조} 이 보호국 개념에 대해 정확히 어떤 생각을 가지고 있는가? 핵심 요지는 하나님의 백성이 하나님의 뜻과 목적이라는 영역 안에 매인 바 됨으로써^{또는 보호를 받음으로써} 메시아의 오심을 준비한다는 것이다. 따라서 이 사상은 4장 4절의 "때가 차매"라는 개념과 밀접하게 연결된다.

성서적 맥락에서의 본문

바울과 구약성경의 유일신론

하나님은 한 분이시라는 신명기의 가르침을 인용한 데서 알 수 있듯이^{갈 3:20} 바울 신학은 유대적 유산에 뿌리를 내리고 있다. 바울의 이교도 비판⁴:⁸과 우상은 실체가 없으므로 우상에게 바친 음식에 영적 의미를 부여하지 않은 것고전 8:4-6에는 유대 신학인 핵심인 우상 거부 사상이 나타난다. 결과적으로, 바울은 유일신 사상에 대한 신선한 통찰력과 적용을 통해 자신의 복음을 뒷받침한다. 한 분 하나님에 대한 믿음은 하나님이 창조하신 세계의 하나 됨과 통일성을 함축한다. 하나님은 다른 신들과 진리 체계를 배격하신다.

이스라엘이 빠지기 쉬운 한 가지 유혹은 유일신론을 이용하여 자신을 하나님의 배타적 백성으로 구별한다는 것이다. 신명기는 이러한 유혹에 대해 거듭 경고한다. 가령 7:7-11 바울은 여기서 유대인과 이방인이 믿음이라는 같은 수단을 통해 하나님의 의롭다 하심을 받아 복음 안에서 하나가 되었다는롬 3:29-30; 요나서 참조 자신의 주장을 강화하기 위해 유대교가 강조하는 유일신론을 활용한다. 갈라디아서에서는 하나님과 사람의 관계에 있어서 유일신론은 중보자를 통한 어떤 형식의 관계보다 더 직접성과 단일성이라는 특권을 부여한다고 주장한다.³:²⁰ 이러한 통찰력은 율법이 하나님의 경륜 안에서 종속적 지위를 가진다는 바울의 주장을 뒷받침한다. 끝으로 바울은 유일신론을 주장함으로써, 초기 교회가 그리스도나 성령을 하나님과 별개의 신적인 존재로 생각하는 것을 막았다.

생명과 율법

이곳 본문에서 바울은 율법이 살리지 못한다는 사실을 강조한다. 갈라디아서 전체의 요소요소에서 바울은 하나님 앞에서 인간의 상태를 묘사하기 위해 이 개념을 사용한다. 이 마지막 요소에서는 특히 신명기와 요한복음에 나타나는 성경적 전승을 따른다. 요한복음은 예수 그리스도 안에 "풍성한 생명"이 참되고 완전한 형태로 존재한다는 바울의 주장에 부합된다.요 1:3; 10:10; 14:6 그러나 신명기에서 생명은 하나님이 모세에게 주신 율법을 지키는 것과 관련된다.신 5:33 또한 시편 1편과 119편에서 시편 기자는 율법이 하나님과의 교제와 복된 삶에 도움을 준 것에 감사한다.

신명기와 시편에 나타난 율법에 대한 긍정적 주장은 이곳의 갈라디아서 본문과 상충되는 것처럼 보인다. 우리는 이것을 어떻게 보아야 하는가? 우선 바울의 관점은 복잡하기 때문에, 율법은 살게 하지 못한다는 단순한 거부로 보기 어렵다. 로마서 7장 10절에서 바울은 율법이 생명을 약속한 사실을 인정한다. 그는 같은 본문에서 율법은 생명을 원하지만 죄는 그것을 이용하여 사망으로 끌어간다는 사실을 분명히 한다. 율법은 의도했던 목적지로 도달하지 못했다. 바울은 율법이 선하며 어느 정도 악을 통제할 수 있다는 사실을 부인하지 않는다. 그러나 바울은 율법 자체는 힘이 없다고 생각한다. 그 결과, 율법은 선이나 악의 지배를 받을 수 있다.

앞서 인용한 신명기나 시편을 자세히 읽어보면, 생명은 율법 자체에서 오는 것이 아니라는 사실을 알 수 있다. 율법은 하나님과의 관계를 보호하며, 사람들에게 무엇이 하나님 앞에서의 삶을 위협하거나 강화하는지를 가르치며 상기시킨다. 마음과 뜻과 힘을 다하여 하나님을 사랑하는 것은 이 관계를 유지하는 초석이 된다.[신 6:5] 구약성경의 선지자들이나 예수님과 마찬가지로, 바울은 율법이 영적 목적과 인간적 선을 위한 도구가 되지 못하고 끝날 수 있으며, 실제로 끝났다고 생각한다. 이 경우, 율법은 지위를 상실한다. 바울은 율법이 그리스도 안에 있는 믿음의 관계에 확실히 종속되고 복음의 새로운 통찰력에 비추어 해석되는 한, 율법은 옳고 그른 것을 분별하는 기준이 된다고 생각한다. 따라서 저자의 상황과 관심사에 따라 구체적인 관점은 달라질 수 있지만, 대체로 성경 전체에는 율법과 생명의 본질적인 관계에 대한 폭넓은 공감대가 형성되어 있다.

수사학과 진리

우리는 바울의 갈라디아서를 해석할 때, 바울이 사용하는 수사학적 형태에 상당한 의미를 부여할 필요가 있다. 수사학은 원하는 결과를 얻기 위해 사용하는 어법과 관련이 있다. 물론 진실은 말한 내용 및 그것의 정확성과 연결된다. 그러나 양자는 상호 관련성이 있다. 예를 들면, 나는 자신의 주장을 강조하기 위해 과장법을 사용할 수 있다. 이 경우, 내가 말한 내용의 진실성은 전달 방식을 고려하여 판단을 받아야 한다. 그렇지 않으면, 진실에 대한 이해가 왜곡될 수 있다. 바울이 갈라디아서에서 고도의 수사학적 기법을 사용했다는 것은 의심의 여지가 없다. 바울은 독자에게 진리를 설득시키기 위해 노력한다. 우리는 갈라디아서에서 탁월한 방식의 조율이나 세심한 수식 또는 주제에 대한 포괄적 접근을 기대해서는 안 된다.

바울은 비록 가장 강력한 논증 방식은 아닐지라도 특정 청중을 설득시킬 수 있다고 생각하는 논증을 사용한다. 이 방식은 소위 대인논증[ad hominem argument]으로 알려져 있다. 바울이 여기서 이 방식을 사용했다는 것은 바울이 나중에 덜 논박적인 상황에서 유사한 주제를 다룬 로마서를 기록할 때 이 논증을 반복하지 않는다는 사실에 잘 나타난다. 이러한 사실은 두 성경에서 확실히 동일한 주제를 다루고 있는 부분에서도 찾아볼 수 있다. 갈라디아서에만 나타나는 독특한 사례로는 자손[3:16]과 중보자[3:19-20]에 대한 언급, 하갈과 사라에 대한 비유[4:21-5:1] 등이다. 이 모든 사실이 말해주는 것은 갈라디아서를 해석할 때 바울의 모든 글을 고려하여 해석해야 한다는 것이다. 에세이 "갈라디아서의 문학 및 수사학적 특징" 참조

교회 생활에서의 본문

율법과 그리스도인

우리는 사도 바울과 함께, 율법은 하나님이 자기 백성을 위해 전개하시는 목적의 정당한 한 부분이라고 고백할 수 있으며, 마땅히 그래야만 한다. 그것은 실수가 아니며 하나님의 구원 경륜의 나머지 부분과 양립할 수 없는 것도 아니다. 그러나 율법은 인간의 필요를 채우기에는 부족하고 불완전하다. 이제 그리스도를 통한 하나님의 결정적 행위에 비추어 볼 때, 영성의 기반을 율법에 두는 것은 확실히 역행적이다. 하나님의 목적은 언제나 앞으로 나가지만, 그것은 뒤로 퇴보한다.

우리가 율법에 우선적 권위를 부여하지 않는 근본적 이유는 모세보다 큰 이가 여기에 계시기 때문이다.[히 3:1-6] 이것은 부정적 함축과 긍정적 함축을 동시에 가진다. 그리스도의 오심이라는 새로운 관점에서 보면, 율법은 결함이 있다.[베드로가 행 15:10에서 인정했듯이] 이러한 결함은 한 마디로 율법은 생명을 주지 못한다는 말로 요약할 수 있다. 율법은 옳고 그른 것을 기술하고 규명하지만, 사람에게 의로운 삶을 살게 하지 못한다. 율법은 생명 없는 존재와 같으며, 이상을 실현할 수 있는 내재적 힘이 없다. 따라서 율법은 우리에게 죄를 깨닫게 하지만, 연약한 죄인에게 도움을 주지 못한다.[롬 8:3-4]

이것은 우리를 그리스도께서 가져오시는 복음의 긍정적 함축으로 향하게 한다. 생명의 원천은 언제나 하나님 안에 있다. 이제 율법 외에, 보다 새롭고 위대한 차원에서 이 생명에 접근할 수 있다. 그리스도 안에서 살아가는 우리는 생명의 원천이신 하나님과 살아 있는 관계를 가질 수 있다. 또한 우리 가운데 임재하신 살아계신 성령 하나님을 통해 선을 행하고 악을 거부하는 능력을 부여받는다. 바울은 갈라디아서에서 이러한 요소들에 초점을 맞춘다. 우리는 어떻게 그리스도 안에서 하나님의 뜻을 이루고 살며, 성령은 어떻게 이러한 삶을 살 수 있게 도우시는가?

우리는 개인적 삶과 교회의 삶에서, 생명의 참된 원천을 우선하는 것이 중요하다. 우리의 양육 사역은 그리스도와의 관계와 성령께 열린 영성에 초점을 맞추어야 한다. 우리는 의를 추구하면서, 사람들에게 옳은 일을 하라고 촉구해야 한다. 그러나 이런 호소는 영향력을 발휘하기 어렵다. 왜냐하면, 집단의 생각이나 사회적 기대가 기준이 되어 쉽게 물러설 수밖에 없기 때문이다. 바울이 갈라디아서에서 사용한 용어를 사용하면, 이것이 율법과 육체의 방식이다. 그것은 복종에 대한 외부의 압력이 없으면 사라지는 인위적인 의를 조성하는 첩경이다.

이 모든 것은 이제 율법이 그리스도인에게 아무런 가치가 없다는 의미인가? 전혀 그렇지 않다. 바울은 율법이 지속적 가치를 가진다고 주장한다. 그가 율법을 포용하는 이유는 충분히 제시되지 않지만, 갈라디아서 5-6장과 같은 여러 본문을 통해 율법에 호소한 행위는 이러한 사실을 뒷받침한다. 바울은 심지어 "그리스도의 법"6:2이라고까지 말한다. 바울은 신자들에게 하나님의 뜻을 따르라고 촉구하면서 율법을 인용하기를 주저하지 않는다. 바울은 교회를 위한 구체적인 규칙이나 행동 지침이라고 할 수 있는 새로운 법을 제정하는 것을 반대하지도 않는다. 바울에 따르면, 율법주의가 위험한 것은 사실이지만 어떤 형태의 윤리적 법도 거부하는 도덕률 초월론antinomianism은 진취적 태도가 아니라는 것이다. 우리는 바울처럼, 모세 율법을 비롯한 어떤 법도 (1) 그리스도를 통한 하나님과의 교제와 고상한 생명의 원리에 종속되며, (2) 예수 그리스도가 경험하고 가르치셨던 가치관 및 이상과 부응해야 하며, (3) 그리스도 안에서 하나님의 결정적인 계시를 위한 여지를 남겨야 하며, (4) 시간과 장소의 변화에 따라 달라지는 성령의 생명력 있는 분별력에 순응해야 한다는 인식을 가져야 한다.

그리스도 안에서의 성취
갈 3:25-29

사전검토

이 세상에서 이 단락의 메시지만큼 강력하고 혁신적인 메시지는 거의 없다. 그리스도 예수의 복음은 참으로 놀라운 전환을 가져왔다. 그것은 불평등한 사회적 지위의 들쑥날쑥한 지형을 순식간에 갈아엎은 은혜의 지각변동이었다. **"너희는 유대인이나 헬라인이나 종이나 자유인이나 남자나 여자나 다 그리스도 예수 안에서 하나이니라."**3:28 할렐루야! 하나님이 그리스도를 통해 믿음을 재도입하심으로, 모든 이방인과 유대인은 그리스도 안에서 공평한 경쟁의 장에 설 수 있게 되었을 뿐만 아니라, 하나님의 가족이 되고, 아브라함의 자녀가 된 것이다.

하나님의 자녀로서 기독교 신자의 지위는 이 단락의 핵심 내용이다. 이 이미지는 바울의 설명에 도움을 준다. 가족 이미지로서는 아브라함의 유업에 동참한다는 주제3:29와 연결된다. 바울은 "하나님의 아들"3:26이라는 구절을 그리스도를 따르는 자들에게 적용함으로써 유대인에게 중요한 자기지정self designation을 근본적으로 확장한다. 이제 그리스도 안에 있는 '모든' 신자는 하나님의 백성이 받는 유업을 주장할 수 있게 되었다.6:16. "하나님의 이스라엘" 참조 그뿐만 아니라 바울은 이곳에서 가족의 친밀한 이미지를 사용하여 복음이 하나님과의 친밀한 관계를 회복시켜 준다는 자신의 주장을 뒷받침한다.이곳의 "그리스도 안" 참조, 3:19-20과 대조해보라 끝으로 하나님의 자녀라는 이미지는 유대인과 이방인의 연합이라는 주제를 강력히 강조하는 한편, 이 주제를 삶의 모든 영역으로 확장한다.

주석

앞 단락에서 다음 단락으로 바뀌는 전환점은 명확히 규명되지 않는다. 25절은 초등교사로서 율법에 대한 논의를 끝내지만, 성취의 시대에 대한 묘사를 시작한다. 25절 문두에 나오는 접속사hti는 25절과 26절을 밀접하게 연결한다. 26절의 화제는 더 이상 율법이 아니다. 전환은 명확하지만, 정확한 지점은 규명하기 어렵다.

"믿음이 온 후로는 우리가 초등교사 아래에 있지 아니하도다."3:25 바울은 이 진술과 함께 초등교사라는 인물에 기초한 설명을 마친다. 바울은 다시 한번 믿음을 역사적 사건으로 묘사하며, 그리스도의 구원 사건 전반에 대해 언급한다.3:23도 보라 초등교사의 역할이 일시적이라는 것은 24절의 그리스도가 오시기까지["그리스도께로"]라는 구절에 암시된다. 이제 바울은 이 사실을 대담하게 진술한다. 우리는 더 이상 "초등교사 아래에 있지 아니하도다." 물론, 이 언급은 율법의 권위와 통제가 끝났다는 말이다. "우리"라는 대명사는 믿는 유대인의 관점을 반영한다. 그들은 모세 언약에서 그리스도로의 전환을 경험한 자들이다. 그러나 여기서 바울이 말하고 싶은 요지는 이방인인 갈라디아 사람들이 율법의 지배를 받을 필요가 없다는 것이다. 이것은 이어지는 절에서 대명사가 "우리"에서 "너희"로 갑자기 바뀐 배경에 대한 설명이 된다.

바울은 유대적 관습이 그리스도 중심적 믿음이나 그리스도 안에서 모든 사람의 연합이라는 언약적 이상과 대립하지 않는 한, 유대 신자의 관습이 유지되는 것을 받아들이는 것처럼 보인다. 그러나 유대인이나 이방인은 율법에 복종할 의무가 없다. 이방인의 자유에 대한 바울의 주장은 모든 신자가 유대 방식의 삶을 따라야 한다는 보수적 그룹과 갈등을 빚게 했다. 바울이 이 자유를 유대 신자들에게까지 확장한 것은 예루살렘에 있는 기둥같이 여기는 사도들과의 마찰을 초래했다. 바울이 갈라디아서 5장 6절 및 6장 15절에서 분명히 밝혔듯이, 할례를 받거나 받지 않는 행위는 도덕적으로 중요하지 않다.

"너희가 다 믿음으로 말미암아 그리스도 예수 안에서 하나님의 아들이 되었으니."3:26 바울은 "다"라는 단어와 "그리스도 예수 안"이라는 구절을 문두에 위치시키는 방법으로 강조한다. "그리스도 예수 안"을 "믿음"과 연결하지 않고즉 용통성 없이 헬라어순에 집착해서 "그리스도 예수에 대한 믿음으로…"로 번역하지 않고 하나님의 아들이라는 지위와 연결한 NRSV의 번역은 확실히 옳다. 다음 절은 확실히 "그리스도 안"에 있는 것과 하나님의 자녀가 된 것을 연결한다. 바울은 독자에게 익숙한 용어를 사용하여, 이제 모든 사람은 하나님의 가족이 되라는 초청을 받으며 예수 그리스도는 하나님의 참된 가족의 준거가 된다는 요지를 강조한다. 바울은 이러한 지배적 주제에 덧붙여, 사람들이 그리스도 안의 새로운 실재로 들어가는 수단으로서 "믿음"이라는 나머지 주제를 다룬다. 바울은 율법의 시대가 끝나야 하는 이유를 설명하기 위해 26절 문두의 'for' 참조 이러한 요소들을 재진술한다.

새로운 것은 갈라디아서에서 처음 나타나는 "하나님의 자녀[아들]"라는 개념이다.그러나 3:7, 29에는 "아브라함의 자손"이라는 언급이 나타난다. 4장 5-7절과 4장 21-31절은 이 구절에 초점을 맞춘다. 롬 8:14-19 참조 이 용어는 많은 종교에서 신과의 관계 및 그의 소유임을 드러내는 용어로 흔히 사용된다. 그러나 바울은 하나님의 선민 이스라엘을 아들/자녀로 부르는 성경적 전통을 반영한다. 가령, 출 4:22-23; 호 11:1 이처럼 가족과 관련된 용어가 어떻게 갈라디아서에 나타난 바울의 관심사와 연결되며 설득력을 가지는지에 대해서는 사전검토를 참조하기 바란다. 4장 7절에 비추어볼 때, 바울은 자녀가 되는 것과 종이 되는 것의 차이를 분명히 구별한다. 사실상 두 은유는 율법 아래 있는 것과 그리스도 안에 있는 것의 차이를 예시한다.

"그리스도 예수 안에서"라는 구절은 앞서의 주제1:22; 2:4, 17; 3:14를 이어받는 동시에 다음 세 절에서 논의를 시작함으로써 이 주제를 더욱 확장한다. 바울은 율법을 능가하는 복음의 특징적 요소들에 대해 언급한 이곳에서, 이 구절이 그의 사상에 얼마나 중요한지를 보여준다. TBC, 2:20-21 및 TBC/TLC, 4:19 참조

"누구든지 그리스도와 합하기 위하여 세례를 받은 자는 그리스도로 옷 입었느니라."3:27 이 절은 헬라어 어법에서 앞 절과 같은 접속사for로 시작한다. 이것은 바울이 "그리스도 예수 안"이라는 구절에 대해 부가적 언급을 하고 있음을 보여준다. 따라서 바울이 이곳에서 세례를 그리스도 안으로 들어가는 행위"그리스도와 합하기 위하여"로 묘사한 것은 놀랍지 않다. 이 문구는 상거래시 소유권의 이전과 관련하여 사용된다. 29절의 "너희가 그리스도의 것이면"이라는 구절에서도 이런 뉘앙스를 찾아볼 수 있다. 그러나 "그리스도 안"과 마찬가지로, "그리스도 안으로"into Christ라는 구절은 그리스도의 이름으로 세례를 받는 신자와 그리스도의 인격적 연합의 깊이를 보여준다. 3:28 및 TBC의 세례에 대한 부가적 언급 참조

이 절의 핵심 내용은 신자가 그리스도를 입는다는 표현이다. 이것은 옷을 입는 이미지를

가리킨다. 바울은 "그리스도 안"에 있다는 것이 어떤 상태인지를 보여주기 위해 생생한 묘사와 함께 더욱 추상적인 이미지로 제시한다. 옷을 입는 이미지 자체는 당시에 특정 성품이나 인격을 덧입는다는 은유적 의미로 광범위하게 사용되었다. 예를 들면, 누군가의 역할을 맡은 배우에게 사용되었다. 이런 용례는 특히 신자가 그리스도로 옷 입는다는 이곳의 본문과 관련이 있다. 옷을 입는 이미지는 신구약 성경 전체에서 어떤 사람이 가진 미덕이나 성품과 관련하여 나타난다. 가령, 사 61:10; 슥 3:3-5; 골 3:12 및 성령의 능력에 대해 언급한 눅 24:49

바울은 로마서 13장 14절에서 그리스도로 옷 입는다는 표현을 사용하며, 에베소서 4장 24절 및 골로새서 3장 10절에서는 "새 사람을 입으라"고 말한다. 세 본문 모두 강력한 윤리적 관심사가 드러나며, 후자의 두 본문은 회심을 통해 옛 자아로부터 새 자아로의 변화를 언급한다. 특히 골로새서 3장 10-12절은 이어지는 부분이 갈라디아서와 매우 유사하다는 점에서 이곳과 밀접한 관계가 있다. 이곳 갈라디아서 3장 27절에서 바울은 2장 17-20절에도 나타나는 회심과 윤리의 밀접한 관계를 확인한다. 이것은 그리스도 안에서의 삶은 완전하다는 확신의 기초를 형성한다. 이것은 윤리적 지침이나 동기 부여를 위한 율법은 필요 없다는 것이다. 그러나 실제적인 요지는 진정한 하나님의 자녀는 예수 그리스도와의 깊은 인격적 만남을 통해 연약한 인간성에도 불구하고 그의 인격을 덧입는다는 것이다. 바울은 옷을 입는다는 이미지를 통해, 회심은 외적인 행위가 아니라는 사실을 분명히 한다. 말하자면 입는다는 것은 마음속에 있는 진정한 인격을 덧입는다는 것이다. 바울은 이 은유를 사용하여 실제적인 인격의 변화에 대해 언급한다.

"옷 입었느니라"라는 동사는 완성된 사건을 가리키는 완료 시제다. 바울은 여기서 세례로 상징되는 그리스도와의 첫 번째 만남에 대해 언급하고 있다. 바울이 말하는 세례의 의미에 대해서는 28절 주석 및 TBC를 참조하라 바울은 그리스도 안으로 세례를 받은 자는 누구나 그리스도로 옷 입은 자라고 말한다. 로마서 13장 14절 및 에베소서 4장 24절의 유사한 본문은 이러한 행위가 신자에 대한 지속적인 명령임을 보여준다. 이것은 과거 신적 행위에 관한 언어를 현재적 명령의 기초로 삼음으로써 후자가 전자에게서 논리적 근거를 얻는 바울의 전형적인 기법에 해당한다. 이 동사의 재귀적 형태는 일반적으로 스스로 옷 입는 행위를 가리킨다. 그러나 바울이 그리스도인의 경험이라는 문맥에서 이 표현을 사용할 경우, 이것은 외부의 행위, 즉 하나님의 행위에 대한 순종의 행위를 가리킨다.

"너희는 유대인이나 헬라인이나 종이나 자유인이나 남자나 여자나 다 그리스도 예수 안에서 하나이니라."3:28 27-28절은 바울이 세례 의식에서 사용되는 전통적 자료를 인용했다는 인식이 일반화되어 있다. 그러나 27절은 이러한 관점에 해당되지 않는 것으로 보인다.

27절은 앞 절과 자연스럽게 연결되기 때문이다. 우리는 앞서 25절의 대명사 "우리"가 26절에서 "너희"로 바뀐 것은 바울이 편집적 선택이라는 사실에 대해 살펴보았다. 27-28절에서 "너희"를 사용한 것은 이러한 용례가 지속되고 있음을 보여주며, 따라서 이 부분이 인용된 자료라는 주장을 뒷받침하지 않는다. 이곳에 언급된 세례가 제의적 세례 의식과 직접 연결되는지도 확실하지 않다. Dunn 1993: 203; Witherington: 276; TBC, "바울의 세례" 참조 이 세례는 26-29절의 주제인 그리스도와의 연합의 영적 실재를 반영한 것으로 보인다.

28절의 앞부분은 바울서신 여러 곳에서^{고전 12:13; 골 3:11} 세례에 대한 언급과 함께 유사한^{똑같은 같은 것은 아니지만} 형식으로 반복되기 때문에, 세례 의식에 관례적으로 사용된 문구라는 추측이 강력히 제기된다. 이 진술은 문법적으로 전후 문맥과 연결되지 않으며, 문체도 매우 공식적이다. 이 부분을 세례의식에 사용되는 관용구로 보는 가장 큰 이유는 유대인/헬라인 조합만 갈라디아서의 논증과 관련된 것처럼 보이기 때문이다. 그러나 바울이 다른 이유로 종/자유인, 남자/여자를 포함했을 수도 있다.^{아래 참조} 어쨌든, 바울은 우리가 아는 어떤 초기 기독교 자료보다 이 표현이 더 자신의 사상과 부합했기 때문에 사용했을 것이다. 바울은 새롭고 급진적인 방식으로 생각하고 말했다. 그가 어떤 상황에서 이 문구를 처음 사용했는지는 확실히 알 수 없다. 다만, 바울이 세례를 베푸는 것에 소극적이었다는 사실에 비추어 볼 때^{고전 1:16-17}, 아마도 이 문구는 그가 가르치거나 저술하는 과정에서 점차 관용화되었을 것이다. 그러나 이 표현이 세례 의식에 사용되었는지는 알 수 없다.

그리스도로 옷 입는다는 개념^{27절}은 28절에서 느닷없이 사회적 차별을 금지하는 내용으로 바뀐다. 앞 절과의 연결은 이 절 끝에 가서야 명확히 이루어진다. 즉, "그리스도 안"에 있다는 것은 하나 됨의 상태를 포함하며, 사회적 차별을 금지한 내용이 들어간 것은 그런 이유 때문이라는 것이다.^{헬라어에는 "for"라는 접속사가 있다["하나이기 때문에"]} 이러한 차별이 정체성이나 사회적 역할에 대한 규명에 근본적인 중요성을 가지는 것은 오직 그리스도 안에서다. 참된 하나 됨의 영역에는 어떤 차별도 없다. 이러한 하나 됨은 오직 그리스도 예수 안에서만 존재한다. 이것은 우리의 사회적 연합과 결속력은 일상에서 경험하는 사회적 특징인 인종적/민족적 정체성, 사회적 계층, 성별 가운데 하나에 기반을 두어서는 안 된다는 것이다. 하나 됨은 믿는 자들이 그리스도 안에서 나누는 영적인 관계를 통해서만 존재한다.

우리는 이러한 주장을 통해, 그리스도 안에서의 하나 됨은 바울의 복음에 중요할 뿐만 아니라, 그의 사역의 주된 관심사라는 사실을 알 수 있다. 사실상 하나 됨은 하나님의 통치를 실현하는 한 가지 요소다. 안디옥 사건^{2:11-14}이 보여주듯이, 바울에게 있어서 이러한 하나 됨은 사회적 상호작용이 일어나는 모든 영역에서의 평등을 요구한다.

이 목록의 첫 번째 쌍으로 "유대인이나 헬라인"^{고전 12:13; 골 3:11; cf. 롬 10:12}이라는 구절이 제시된 것은 당연하다. 이 문제는 바울의 사역에 중요한 요소이자 초기 교회의 가장 심각한 갈등을 초래했다. 이 이슈는 갈라디아서의 핵심 주제 가운데 하나다. 우리는 여기서 "이방인"이라는 일반적 표현 대신 기본적 의미가 같은 "헬라인"이라는 단어가 사용된 것을 볼 수 있다. 이 짧은 문구는 헬라인을 포함하여 어떤 민족도 배제한 유대인의 자기 정체성^{2:15}을 정면으로 부인한다.

"종이나 자유인"은 갈라디아서에서 중요하게 다루는 어휘를 상기시킨다. 그러나 여기서는 사회경제학적 지위를 가리키는 언급으로 사용되며, 그리스-로마 문화의 노예제도와 자유 시민의 지위를 대조한다. 이것은 바울이 두 가지 용례 사이에 어떤 접점도 찾지 못한다는 뜻이 아니다. 바울은 영적 세계와 물질적 세계의 구분을 거부한다. 이러한 사실은 유대인과 이방인이 어떻게 연결되어야 하는지를 보여주는 안디옥 에피소드^{2:11-14}를 통해 확인할 수 있다. ^{바울이 종/자유인의 원리를 어떻게 적용했는지에 대해서는 TBC를 참조하라.}

남자와 여자에 대한 언급의 특이한 점은 접속사가 다른 두 쌍과 달리, or^{남자나 여자} 대신 and^{남자와 여자}가 사용된다는 것이다. 이것은 의식적으로 창세기 1장 27을 반영했다는 것이 일반적인 생각이다. 또 하나의 가능성은 바울의 세계에서 남녀의 구별은 인종적 차별이나 사회적 계층 간의 차별만큼 크지 않았을 수 있다는 것이다. 즉, 바울은 당시의 가부장제가 다른 요소와 달리, 아직은 공적인 갈등을 빚지 않는다고 생각했다는 것이다. 어쨌든, 이 문구는 바울의 복음이 교회 안에서 남자와 여자에 대한 인식의 변화를 요구한다는 사실을 보여준다. 젠더 문제가 그리스도 안에 있는 하나 됨과 평등에 지장을 주어서는 안 된다는 것이다.

고린도전서 12장 13절과 골로새서 3장 11절과 같은 본문은 남녀 평등의 문제를 다루지 않는다. 그렇다면 왜 이곳에서만 이 문제가 강조되는가? 아마도 바울은 여성의 지위와 역할에 대한 율법의 부정적 시각을 염두에 두었을 것이다. 어쨌든 갈라디아서에서 중요하게 다루고 있는 할례부터 남성에 국한된 문제다. 따라서 바울은 하나님이 그리스도를 통해 완성하신 새로운 차원의 자유를 묘사한다. 다른 본문에서 이 부분이 생략된 것은 고린도 교회에서 드러난 것처럼^{고전 11:1-16; 14:34-35}, 이 문제로 오해와 남용이 있었음을 보여준다.

최근의 연구는 이 절에 언급된 세 쌍이 할례의 언약에 대해 언급하는 창세기 17장 9-14절에 명시적으로나 암시적으로 나타난다는 사실을 보여준다. 할례는 이론적으로 이스라엘을 다른 백성과 구별한다. 애굽에서는 할례가 시행되었으며 가나안에서도 부분적으로 시행되었으나 팔레스타인에서는 시행되지 않았다. 이스라엘에 거주하는 다른 나라의 노예는 할례를 받아야 했으나, 외국인의 경우는 해당되지 않는다. 할례의 표적은 남자에게만 해당하기 때문에, 바울은 그리스도께서 율법의 제약을 극복하셨다는 자신의 주장을 강조하기 위해, 구약성경이 사회적 차별만 언급한 부분에서 의도적으로 세 가지 영역의 차별에 대해 언급했을 것이다.Martin: 111-25

"다 그리스도 예수 안에서 하나이니라"라는 마지막 구절은 26절과 밀접하게 연결된다. 두 진술에서 "다"라는 단어는 강조하는 위치에 있으며, 두 문장 모두 "그리스도 예수 안"이라는 구절로 끝난다. 두 문장은 주제에서 차이가 있다. 26절은 하나님의 아들의 지위를 강조하고, 28절은 하나 됨이나 연합의 실재에 초점을 맞춘다. 우리가 그리스도의 몸 안에서 하나가 된다는 것은 그리스도 안에서의 교제를 통해 하나님의 가족의 일원이 된다는 것이다.

"너희가 그리스도의 것이면 곧 아브라함의 자손이요 약속대로 유업을 이을 자니라."3:29 이 진술은 요약적 성격이 있다. 이 문장은 조건절 형식으로 제시되지만, 어법상 "너희가 그리스도의 것이기 때문에"라는 의미를 내포하고 있다. "그리스도의 것"은 앞서의 "그리스도 안"과 "그리스도로 옷 입었느니라"의 변형된 형식이다. 아브라함과 약속에 대한 언급은 3장 6절부터 시작되는 단원 전체를 하나로 묶는다. "유업을 이을 자"는 3장 18절의 주제를 계속하며, 4장을 시작할 준비를 한다. 그러나 새로운 내용은 "자손"후손이라는 단어를 그리스도를 따르는 자들에게 적용한 것이다. 앞서 바울은 아브라함의 약속된 자손이 그리스도를 가리킨다고 주장한 바 있다.3:16 여기서는 이 자손이 그리스도 안에 있는 신자들을 가리키는 것으로 이해한다. 이러한 변화는 신자와 그리스도는 전적으로 결속한다는 26-28절의 주장에 비추어볼 때 충분히 이해할 수 있다. 그들이 아브라함의 유업에 동참할 것이라는 진술은 이러한 결속을 잘 보여준다.

성서적 맥락에서의 본문

바울의 세례

우리의 텍스트에서 세례에 대한 언급은 그리스도인의 삶이 시작되는 시점에 초점을 맞춘다. 바울은 확실히 모든 신자는 세례를 받아야 한다고 생각한다. 이 문맥에서 분명하게 드러나지 않는 요소는 바울이 세례 의식 자체를 얼마나 그리스도로 옷을 입는 행위나 수단으로 생각했는지, 또는 그가 세례라는 상징을 통해 성령의 회심 사역에 대해 언급하려 했느냐는 것이다. 갈라디아서 3장 27-28절과 유사한 고린도전서 12장 13절은 세례를 성령의 행위와 연결한다. 이것은 이곳에 나타난 바울의 강조점이기도 하다. 고린도에서 있었던 바울의 경험은 그가 세례 의식을 회심이라는 영적 사건 자체와 분리해서 이해하고 있음을 보여준다. 고전 1:14 참조 이것은 성령의 사역이 무엇보다 중요하다는 갈라디아서의 주장과 일치한다. 바울은 세례와 할례를 대조하지 않고, 성령과 할례를 대조한다.

동시에 바울의 사상은 성령과 물세례의 밀접한 관계를 가정한다. 이상적 용어를 사용하자면, 세례 의식은 영적 행위를 상징하는 육체적 행위다. 외적 행위는 공적인 효력을 강화함으로써 영적 실재를 뒷받침한다. 구원의 내적 요소와 외적 요소의 중요성은 로마서 10장 9-10절에 나타난다. 그곳에서 바울은 입술의 고백과 마음의 믿음을 연결한다. 베드로전서 3장 21절은 같은 관점을 보여준다.

바울의 평등

3장 28절에 나타난 인종적, 사회적 차별을 금지하라는 근본적 촉구는 여러 방면에서 왜곡된 해석을 조심해야 한다. 한편으로, 바울은 인간이 경험하는 모든 삶에서 어떤 구분도 없어야 한다는 말이 아니다. 성별에 따른 신체적 구분은 하나님의 목적에 중요하며, 인종적 특징은 도덕적 중성에 해당한다. 바울은 모든 구분을 무조건 거부하거나 부인하지 않는다.

다른 한편으로, 갈라디아서 2장의 안디옥 사건은 바울이 연합과 평등이라는 영적 원리를 식생활이라는 일상적 삶에 적용하기 위해 주변 상황을 면밀히 살폈다는 사실을 잘 보여준다. 바울이 다른 구절가령, 딤전 2:12, 여성의 역할 축소은 실제적 삶에 적용하고 이 구절은 순전히 영적인 차원에만 적용했다는 식으로 신약성경 본문들을 조화시키려는 시도는 바람직하지 못하다. 우리가 그리스도와의 수직적 관계에서 평등하다면, 다른 사람과의 수평적 관계도 평등해야 한다.

바울의 이상은 그리스도와 하나님의 새로운 백성에게 적용되는 다른 이상을 훼손하지 않는 범위 내에서, 가능한 많은 자유와 평등을 실천하는 것이다. 바울은 종종 광범위한 문화가령 노예제도와 교회여성의 역할 참조 안에서의 제약으로 인해, 자신의 이상에 못 미치는 상태를 받아들여야 했던 것으로 보인다. 빌레몬서는 바울이 노예 문제와 관련하여, 평등에 대한 이상과 사회경제적 현실 사이에서 자신의 길을 찾았음을 보여준다. 바울은 교회에서 여성의 역할에 대해 다양한 관점에서 언급한다. 고전 11:1-16; 14:34-35 및 바울의 저작성에 대한 논쟁이 있는 딤전 2:8-15 그곳의 상황은 더욱 복잡하다. 왜냐하면, 이들 본문은 지역적, 한시적 문제에 대해 권리의 일시적 제한을 요구하기 위해, 머리 되심과 같은 신학적 규범을 사용하기 때문이다. 바울은 복음이 질서 있는 교회 생활을 훼손하지 않으면서 최대한의 자유를 추구하는 것으로 본다. TLC 참조 바울은 이런 입장에서 다른 성경 저자들보다 앞서 나가지만, 당시로는 전례 없는 방식으로 여성을 자신의 사역에 동참시킨 예수님과 보조를 같이 한다.

교회 생활에서의 본문

교회에서의 젠더 문제

갈라디아서 3장 28절은 교회에서 자유와 해방을 부르짖는 함성이 되었다. 얼마든지 그럴 수 있다! 갈라디아서의 어떤 진술도 서신 전체에 나타나는 자유에 대한 비전을 그처럼 강력하고 확실하게 제시하지 못한다. 그리스도의 자유 안에서 사는 교회를 향한 바울의 비전은 교회가 하나님 앞에서 평등한 지위를 드러내어야 한다는 것이다. 특히 이곳에서 중요한 것은 바울이 이러한 영적 이상을 사용하여 사회적 관계에 있어서 평등이라는 고질적인 문제를 다룬다는 것이다. 갈라디아서 2장의 안디옥 사건 참조 교회는 어떻게 "하나님의 자녀들의 영광의 자유" 롬 8:21 를 완전히 실현하려는 비전을 유지할 것인가? 또한 이러한 비전은 남녀의 역할과 관계라는 문제를 어떻게 풀어나갈 것인가?

바울서신에 따르면, 다음 세 가지 영역이 젠더 문제에 영향을 미친다. (1) 창조와 관련된 차이, (2) 젠더에 대한 문화적 관습, (3) 새로운 창조의 영향. 첫째로, 하나님은 남자와 여자를 신체적으로 다르게 창조했으며, 이러한 차이는 각자의 역할에도 영향을 미친다. 가령, 임신 그러나 남녀의 전형적인 개성은 뚜렷한 차이가 나지 않는다. 진정한 자유와 평등은 이러한 차이를 존중해야 한다.

둘째로, 문화는 여성과 남성을 대하는 관행을 발전시키며, 이러한 사회적 관습은 종종 개인에 대해 강력한 지배를 행사하는 역할 규정으로 바뀐다. 사회적 관습이 창조의 본질을 반영할 수도 있지만, 그것을 넘어설 수도 있다. 따라서, 가령 남녀의 개성과 같은 전형적 차이가 개인적 차이와 예외 가령, 모든 남자가 여자보다 덜 감정적인 것은 아니다 를 존중하지 않는 엄격한 캐리커처로 바뀔 수 있다. 사회적 기대와 구조는 엄청난 힘으로 사람들을 규범적 역할에 순응하게 할 수 있다. 이러한 차별은 사회적 메커니즘을 유연하게 돌아가게 할 수 있지만, 하나님의 창조의 한 부분이기도 한 개인의 자유를 침해할 수밖에 없다. 신학적으로 말하면, 문화는 인간의 작품이기 때문에 당연히 인간의 악한 상태를 반영할 수밖에 없다는 것이다. 성별의 차이가 없는 완전한 자유와 평등을 제한하는 것은 죄다. 따라서 교회는 이러한 제한이 잘못된 것임을 밝히고 개선을 요구해야 한다.

이것은 우리를 세 번째 영역으로 인도한다. 새 창조는 젠더 문제에 영향을 미친다. 복음의 기쁜 소식은 자유와 평등을 선포한다. 성령은 남자와 여자가 원래적 재능과 문화적 기대를 넘어서는 일도 가능하게 한다. 하나님은 교회가 회심하지 않은 세상의 이상이 아니라 하나님 나라의 이상에 따라 살도록 촉구하신다. 이것은 교회를 향해 가장 큰 도전 가운데 하나를 제시한다. 세상을 변화시켜야 하는 하나님의 대리인으로서 교회는 인간의 문화를 인간의 질서 있는 삶을 위한 하나님의 선물로 존중한다. 그러나 교회는 더욱 의로운 실재를 가진 대안적 비전을 선포하고, 그러한 비전에 따라 살아야 한다. 따라서 교회는 언제, 어디서, 어떻게, 사회적 규범에 도전할 것인가에 대한 질문을 끊임없이 해야 한다. 그러나 교회가 최선의 분별력을 발휘해야 하는 이러한 도전에서, 정의와 평등이라는 하나님의 뜻은 담대한 행동의 근거가 되기에 충분하다.

하나님 자녀의 자유
갈 4:1–7

사전검토

이 시점에서 바울은 갈라디아 사람들에게 한 가지 비유로 도전한다, 어떤 사람이 되고 싶은가? 유업을 이을 자냐, 종이냐? 율법에 복종하는 것은 후견인과 청지기 아래에 있는 미성년자가 되는 것이다. 이런 미성년자에게는 최소한의 자유만 주어질 뿐이다. 그러나 성령의 구원 행위는 갈라디아 사람들을 하나님의 자녀로 삼았으며, 그들을 하나님의 약속을 유업으로 받을 자가 되게 하셨다. 따라서 바울은 "무엇을 원하느냐, 다른 사람의 지배를 받는 종으로 돌아가고 싶은가, 아니면, 하나님의 약속을 유업으로 받을 자유로운 성인이 되고 싶은가"라고 묻는다. 바울은 선택을 쉽게 만든다.

바울은 "유업을 이을 자"라는 언급과 함께, 율법에 의존하지 않는 복음을 위한 신학적 논증의 또 한 가지 요소를 소개한다. 유업을 이을 자가 된다는 것은 이 단락의 지배적 사상이다. "유업을 이을 자"는 인클루지오라는 문학적 기법을 사용한 이 단락의 첫 부분과 마지막 부분에 나온다. "유업을 이을 자"라는 메타포는 바울의 관심사에 정확히 부응한다. 바울은 주어진 약속에서 성취된 약속으로, 아브라함에서 예수 그리스도로, 신적 목적의 변화에 대해 묘사하고 싶어 한다. 그는 이 그림 안에, 모든 것이 성취되기 전에 일시적이지만 특별한 조정이 이루어진 기간이 있었음을 보여주고 싶어 한다. 이 일시적 조정은 율법이다. 유산의 상속도 유사한 과정을 통해 이루어진다. 아이는 날 때부터 상속이 보장되지만, 성인이 되기까지는 특별한 보호와 감독을 받아야 한다. 이 특별한 보호는 중요하지만, 한시적이다. 하나님은 이런 방식으로 하나님의 가족을 다루신다.

바울은 이 유추 속에, 다른 개념도 발전시킨다. 그는 미성년자이지만 유업을 받을 자의 지위를 종의 지위에 비유한다. 바울은 초등학문[43]이라는 헬라의 철학적 개념을 사용하여, 이 비유는 율법 아래에서 종살이하고 있는 노예 상태로 확장한다. 이 단락의 강조점은 신자를 하나님 자녀의 완전한 지위로 인도하는 그리스도 안의 구원이 율법 아래에서 종살이하던 시대를 끝냈다는 부분에 맞추어진다.

주석

"내가 또 말하노니 유업을 이을 자가 모든 것의 주인이나 어렸을 동안에는 종과 다름이 없어서."[4:1] 이 사상은 "유업을 이을 자"라는 단어와 함께 앞 절과 연결된다. 이 메타포는 그리스도와 기독교 신자가 아브라함에게 주어진 약속을 유업으로 받을 자라는 지금까지의 주장을 뒷받침한다. 이제 바울은 가족에 대한 비유를 확장하여, 아브라함과 함께하는 하나님 가족의 시작과 자녀가 자신의 권리와 특권을 완전히 소유하는 시점 사이의 시간적 지연율법 시대에 대해 조명한다.

유아기와 아동기의 자녀는 가족의 일에 책임을 질 수 없다. 미성년자는 가족의 온전한 일원으로 성장할 때까지 기다려야 한다. 문맥특히, 4:3은 독자에게 지연된 시간이 율법 시대임을 보여준다. 따라서 이 비유 자체는 율법의 역할에 대한 설명을 제시한다. 즉, 율법의 역할은 필요하지만, 더 나은 것으로 대체될 것을 내다보는 일시적 준비 기간이라는 것이다.

바울은 확실히 당시 사회의 유산 문화를 반영하고 있다. 그가 정확히 어떤 법적 합의유대, 헬라, 로마를 염두에 두고 있는지는 논쟁이 되고 있다. 그러나 미성년자의 지위에 관한 기본적 개념은 충분히 이해할 수 있다. 대부분의 비유와 마찬가지로, 이 비유도 바울이 말하려는 본질에서 벗어나지 않는 것이 중요하다. 예를 들면, 옛 세대가 떠나야 새 세대가 유산을 물려받는다는 설정은 하나님이 아버지로 묘사되는 이곳의 비유에서는 적절한 설명이 될 수 없다.

1절의 유추와 5절의 양자에 대한 유추 사이에는 긴장이 있다. 이것은 5절에서 아들의 명분을 얻는 것은 그리스도 안의 성숙한 새 언약으로 진입하는 순간이지만, 1절에서 유업을 이을 자는 미성년자로서 이미 아들의 지위를 가지고 있다는 사실 때문이다. 그러나 이러한 차이는 바울이 추구하는 다원적 논증 때문이다. 유업을 이을 자에 대한 유추는 아브라함부터 율법 시대를 거쳐 예수 그리스도까지 이어지는 구원 역사의 흐름을 다룬다. 이곳에서 유대인은 이미 하나님의 아들이나, 아직 성장하지 못했다. 한편으로, 양자에 대한 유추는 우리가 종의 지위에서 아들의 지위로 옮길 때 그리스도를 통해 이루어진 결정적인 구원 사건에 초점을 맞춘다. 그러나 이스라엘과 교회는 둘 다 양자로 하나님의 자녀가 되었다는 바울의 생각에는 변함이 없다. 롬 9:4 참조. 바울 사상의 일관성을 보여주는 더욱 중요한 요소는 이곳 1절에서 종 이미지를 사용한 것이다. 물론, 이 구절은 앞서 언급했듯이 복잡한 메타포를 사용하며, 5절에서는 아들바울은 확실히 성차별이 없는 "자녀"라는 단어를 염두에 둔 것이 분명하다의 지위로 바뀐다.

미성년자인 아들은 종이나 다를 바 없다. 이것은 결코 사실이 아니지만, 유산의 영역에서는 사실이다. 바울의 초점은 여기에 맞추어진다. 아이는 장차 집안의 주인이 될 사람이지만, 미성년자 시절에는 이러한 특권을 온전히 누리지 못한다. 이러한 권한의 부족은 같은 집에 거주하는 종의 상황과 다르지 않다.

"그 아버지가 정한 때까지 후견인과 청지기 아래에 있나니."[4:2] 아이를 감독한다는 언급은 3장 24–25절의 "초등교사"와 연결된다. 둘 다 보호적 차원에서의 구속에 대해 언급한다. 그러나 이곳에 사용된 용어는 다르다. "후견인"과 "청지기"라는 단어는 당시의 문화적 관습에서, 가정 내에서의 역할을 가리키는 전문 용어다.

두 용어의 차이는 명확하지 않으나, "후견인"은 종종 초등교사와 동의어로 사용되는 반면, "청지기"는 구체적으로 소유권에 대한 관리를 맡은 자를 가리킨다. 청지기의 사무가 노예를 배경으로 한다는 사실은 미성년자가 종과 다를 바 없다는 바울의 주장과 연결된다.

"정한 때"로 번역된 단어는 법적 만기일을 가리키며, 이곳에서는 아이가 성년의 지위를 얻는 시점을 가리킨다. 아버지가 이 시기를 결정할 수 있는 권한을 가지게 된 정확한 배경에 대해서는 알 수 없으나, 이 비유에 사용된 여러 가지 용어는 바울이 고아의 경우를 염두에 두고 있음을 보여준다. 아버지는 이미 가정의 유산을 아들에게 넘겼으며, 아들이 유업에 대한 책임을 온전히 행사할 시기를 정해놓았다. 그러나 이 비유에서 바울은 고인이 된 아버지의 지위에 대해서는 어떤 언급이나 적용도 하지 않는다.

"이와 같이 우리도 어렸을 때에 이 세상의 초등학문 아래에 있어서 종 노릇 하였더니."[4:3] 바울은 이제 비유의 적용을 명확히 한다. 1인칭 복수 대명사우리는 논리적으로 유대인을 가리킨다. 앞서 언급했듯이, 미성년자에 대한 유추는 이스라엘이 신앙적으로 경험한 역사적 단계를 가정한다. 4–5절은 "때가 차매"와 "율법 아래"라는 개념과 함께, 이러한 준거의 틀을 계속한다. 동시에, 확장된 문맥은 최근 이방인 신자가 아브라함의 자손으로서[3:29] 하나님 백성의 이야기 안으로 들어온 사실을 분명히 한다.

이제 바울은 앞 절에서 종 비유를 가져온다. 그는 그곳에서 암시만 했던 내용을 훨씬 직접적으로 주장한다. 즉, 율법 아래에 있는 자는 종이라는 것이다. 이곳의 "아래에 있어서 종노릇 하였더니"라는 정확한 표현은 "아래"라는 반복되는 전치사를 통해 율법[3:23], 초등교사[3:25], 그리고 앞 절의 후견인, 청지기와 연결된다. 이곳에 나타난 바울의 생각은 사람을 지배할 수 있는 이러한 실체들이 하나님의 목적을 위하거나 반대할 수 있는 권력이라는 점에서 묵시적이라고 할 수 있다. 율법 아래에서의 삶은 어느 면에서 종살이라는 것은 놀랍지만 피할 수 없는 결론이다. 이러한 주장은 확실히 청중의 관심을 사로잡았을 것이다.

오늘날 독자는 종살이를 시키는 주체를 "이 세상의 초등학문"으로 묘사한 것에 당황할 것이다. 이 용어는 우리의 경험은 물론, 바울이 말하는 이스라엘의 역사나 율법과도 분명한 연결점이 없다. 이 단어는 성경에서 나온 것이 아니라 헬라의 철학 사상에서 온 것이다. 바울은 성경적 세계와 세속적 세계라는 두 개의 언어적, 상징적 세계를 연결한다. 이 단어를 "영들"[NSAV]로 번역한 것은 해석학적 논쟁이 되고 있다. 1984년역 NIV는 이것을 "기본적 원리들"로 번역한다. 우리는 이러한 차이가 인격적 언급[영]과 비인격적 언급[원리] 사이의 선택에 의한 것임을 알 수 있다. 이 단어에 대한 중립적 해석은 "element"[주의, 원리]로 보는 것이다. "영"이라는 단어는 나타나지 않지만, 그런 식의 해석은 가능하다

바울의 글 여기저기에는[갈 4:3, 8-10; 골 2:8, 20] 그가 "초등학문"이라는 용어를 주로 개인이나 특히 사회가 삶에 의미와 질서를 부여하는 개념이나 행위로 인식한다는 사실이 암시된다. 또한 이 용어는 역사적 지평 위의 실재를 영적 영역의 실체나 존재와 연결한다.[이 해석에 대한 변론은 TBC를 보라] 바울이 역사적 실재와 영적 존재의 연결에 대한 이러한 이해를 동시대인과 공유했다는 사실은 천사가 율법을 전달하는 과정에 관여했다는 언급[3:19]에도 나타난다. 특히 이 언급은 바울이 율법을 원리와 연결한 이곳의 의도를 들여다볼 수 있는 좋은 사례다. 바울의 실제적 관심사는 이스라엘을 통제하고 명령하는 율법의 권세가 어떻게 그리스도보다 열등한지를 보여주는 것이다. 동시에 바울은 사람에게 율법을 전달한 영적 권세들의 역할을 인정한다.

이곳 본문의 핵심은 이렇다. 즉, 율법은 사람들이 무엇을 생각하고 행동할 것인지에 대한 결정권을 쥐고 그들을 지배하는 원리들 가운데 하나라는 것이다. 바울은 이러한 사실에 대해 정확한 설명을 하지 않지만, 우리는 대략 다음과 같은 식으로 이해할 수 있다. 율법은 선한 목적을 달성할 힘이 없으며, 따라서 율법을 이용하는 세력들의 먹이가 되었다. 특정 세력은 악한 의도를 가지고 악한 목적을 위해 율법을 이용했다. 로마서 7장에서 바울은

죄와 사망이 율법을 남용한 악한 세력이라고 규명하며 유사한 논증을 전개한다. 또한 고린도전서 15장 56절에서는 "죄의 권능은 율법"이라고 단언한다. 따라서 율법 아래에 있다는 것은 자유가 아니다. 그것은 그리스도 안에서 성령의 인도하심을 받는 삶에 비하면 일종의 노예적 구속에 해당한다.[4:4-6]

"때가 차매 하나님이 그 아들을 보내사 여자에게서 나게 하시고 율법 아래에 나게 하신 것은."[4:4] 이 대조는 시간과 관계된다. 바울은 율법 아래에 구속된 시기와 그리스도 안에서 성취의 시기를 구분한다. "때가 차매"라는 표현은 3장 23–25절 및 4장 2절의 역사적 단계에 대한 언급과, 약속과 유업에 대한 개념을 요약한다. "때가 차매"는 자녀의 성장에 대한 언급이 아니라 아버지[하나님]의 뜻[4:2]이 이루어질 시점을 가리킨다. 이어지는 내용은 하나님의 구속 행위를 묘사함으로써 이러한 초점을 유지한다. 4–6절의 문제는 특히 세련되고 대칭적이다. 이것은 바울이 전통적인 관용구를 인용했을 가능성을 보여준다. 그러나 "아들 됨"과 "영"이라는 핵심 개념이 갈라디아서의 논증에 중요한 요소라는 사실은 바울이 전통적 개념이나 형식을 사용하여 구문을 작성했을 가능성을 뒷받침한다.

6절에서 반복된 주동사[보내사]는 확장된 구문의 축을 형성한다. 이 단어는 "파송하다"라는 의미가 있다. 이 단어의 명사형은 앞서 특정 임무를 위해 신적 위임을 받아 파송된 대리인을 가리키는 "사도"[1:1; 2:8]다. 이곳에는 확실히 이러한 개념이 나타나며, 아들에게 적용된다. 대부분 해석가는 아들의 선재성[지상에 오시기 전의 존재]에 대한 암시도 있는 것으로 본다. 유사한 구절에 나타나는 성령도 마찬가지다. ["아들"이라는 호칭에 대한 주석은 1:16을 보라] 바울은 그리스도를 믿는 자들의 아들 됨[3:26]이라는 주제를 중심으로 그의 논증을 전개한다. 바울이 이곳에서 그리스도를 하나님의 아들로 제시한 것은 이러한 관계의 사슬을 완성한다. 그리스도를 통한 하나님과 신자의 밀접한 관계는 복음의 우월성에 대한 바울의 논증에 중요한 요소가 된다.

두 개의 수식구는 그리스도의 탄생과 관련된 언급이다. "여자에게서 나게 하시고"는 그리스도의 인성을 강조하며, "율법 아래에 나게 하신 것"은 하나님의 백성 가운데 있는 그의 지위를 강조한다. 전자의 묘사는 인간의 출생에만 사용되지만, 파송과 관련된 언어가 그리스도의 선재성을 암시한다면, 여자에게서 나셨다는 언급은 신학적인 의미를 가질 수 있다. [빌 2:6–8은 병행구로 볼 수 있다] 이곳의 문맥은 그리스도가 유대인으로 나셨기 때문에 율법이 결정하는 삶의 방식을 따라야 한다는 것이 분명하다. 바울은 앞서 3장 13절에서 이러한 사실에 대해 암시한 바 있다. 즉, 그리스도는 율법 아래에 있는 자들을 구원하시기 위해 율법의 저주 아래로 오셨다는 것이다. 이어지는 4장 5a절은 그리스도의 지위와 그의 구속 사역을 똑같이 연결한다. 그리스도께서 아브라함으로부터 율법 시대를 거쳐 내려온 구원의 이야기를 완성하시기 위해서는 이 이야기의 한 부분이 될 필요가 있다.

이제 바울은 아들을 보낸 목적, 또는 의도에 대해 진술한다. "율법 아래에 있는 자들을 속량하시고 우리로 아들의 명분을 얻게 하려 하심이라"[4:5] 목적에 대한 이중적 진술은 구원의 부정적인 면과 긍정적인 면, 둘 다 관련된다. 이것은 우리가 "어디서" 구원을 받았으며, "무엇을 위해" 구원을 받았는지에 대해 말해준다. 두 진술 모두 갈라디아서의 논증에서 전개 중인 주제, 즉 아브라함의 자녀의 지위와 특히 하나님의 지위에 대해 다룬다. 바울은 3장 13절과 26절에서 이러한 요지를 분명하게 밝힌다. 3장 13절에는 "속량"이라는 같은 동사까지 사용된다. "속량"은 노예시장에서 노예를 산다는 개념이다. 이것은 자유인처럼 풀어주기 위한 목적으로 산다는 의미일 필요가 없다. 그보다는 주인이 바뀌었음을 의미한다. 이러한 의미는 1장 10절에서 자신을 종[노예]이라고 부른 바울의 신학과 부합된다. 그러나 현재의 본문에서, 바울은 그리스도 안에 있는 성장의 유익을 분명히 하고 싶어 한다. 따라서 바울은 주인이 바뀐 것을 종의 지위에서 아들의 지위로의 이동으로 언급한다. 바울이 말하는 양자["아들의 명분"]는 이러한 변화를 가리킨다.

따라서 속량의 목적은 입양된 아들과 딸로서 하나님의 가족이 되는 것이다. 이 양자는 신약성경 가운데 바울서신[롬 8:15, 23; 9:4; 엡 1:5]에만 나타난다. 4장 1절의 "유업을 이을 자"와 양자 이미지 사이의 분명한 갈등에 대해서는 그곳의 주석을 참조하기 바란다. 바울은 로마서 9절에서 이스라엘을 양자로 언급한다. 이것은 옛 언약과 새 언약에서 하나님의 자녀로서 지위는 똑같은 기초 위에 있다는 사실을 보여준다. 그것은 인간의 미덕이나 주도권이 아니라 하나님의 선택에 기초한다. 갈라디아서에서, 바울은 율법을 넘어 그리스도와의 관계로 들어간 자들에게 "아들"이라는 지위가 부여된 것으로 제시한다. 율법에서의 구원이라는 주제를 고려할 때, "우리"라는 대명사는 당연히 그리스도 안에 있는 유대 신자들의 역사적 경험을 반영한다.[그러나 4:6["너희"]을 보라] 이 문맥에서 양자라는 주제는 전에 알려지지 않았던 권리와 특권을 포함한 하나님과의 영적 관계의 새로운 특징을 가리킨다.

"너희가 아들이므로 하나님이 그 아들의 영을 우리 마음 가운데 보내사 아빠 아버지라 부르게 하셨느니라."[4:6] 우리는 여기서 "우리"에서 "너희"로 바뀌는 대명사의 전환을 다시 만난다. 이 전환은 이 단락 전체를 구분한다. "너희"는 갈라디아 사람들을 가리키며, 그들을 구원 이야기에 포함한다. 3장 25-26절에서 언급한 대로, 이러한 대명사의 전환은 바울이 구원 역사에서 유대인과 이방인을 포함하는 시기로의 전환을 인정하는 방식이다. 그러나 이것은 갈라디아 사람들을 율법 아래에서의 삶에 대한 바울의 부정적 묘사에 포함하며, 따라서 율법준수에 대한 매력을 느끼지 못하게 한다. 이 절의 두 번째 구절에서 다시 1인칭 복수우리 마음로 바뀐 것은 "우리"라는 단어가 유대 그리스도인뿐만 아니라 모든 신자를 포함한다는 점만 제외하면 같은 맥락의 연결로 볼 수 있다.

"because""이므로"라는 원인 접속사는 마치 구원이 성령을 받는 것과 별개의 것이기라도 한 것처럼 아들 됨이 영을 보내는 선결 조건으로 보이게 할 수 있다. 그러나 바울은 이러한 결론을 의도하지 않는다. 이것은 3장 1-5절의 서술과, 영에서 아들 됨으로 이어지는 로마서 8장 14절의 병행구에서 볼 수 있듯이, 단지 같은 경험의 다른 면에 대한 언급일 뿐이다. 바울의 초점은 순서가 아니라 연결에 맞추어진다. 바울은 갈라디아서에서 그리스도와 아들 됨의 지위를 나누는 것과 그리스도와 같은 성령을 나누는 것 사이의 논리적 연결을 보여주고 싶어 한다. 우리가 하나님의 아들의 구원을 통해 하나님의 자녀가 된다면, 그 아들과 같은 영을 나누어야 한다. 따라서 하나님의 자녀가 되는 것과 성령을 받는 것은 신자가 되는 데 필요한 두 개의 불가분리의 영역이다. 바울에게, 성령과 그리스도는 어느 한쪽이 없는 존재는 생각할 수 없을 만큼 밀접하게 연결되어 있다.고전 12:3 참조

"보내사"라는 동사는 4절에 사용된 것과 같은 단어이며그곳 주석 참조, 아들과 성령이라는 한 쌍의 개념에 초점을 맞춘 복음에 대한 요약적 진술의 균형을 잡는다. 첫 번째 "보내사"는 예수님의 지상 사역이라는 단회적이고 영원한 사건과 관련되며, 두 번째 "보내사"는 개인이 회심할 때마다 반복되는 성령의 보내심을 가리킨다. 결과적인 장면은 아들의 사역에 기초하고 성령에 의해 시행되는, 하나님 자신이라는 선물을 계속해서 세상에 보내시는 하나님의 모습이다. 이 하나님은 하늘을 열고 내려오신다.막 1:10; 사 64:1과 대조해보라

영을 보내심에 상응하는 신자의 행위가 있다. 원래의 어법에서 아빠, 아버지라는 단어를 부르짖는 것은 영이다. 동시에, 이 부르짖음은 사람의 음성이다. 왜냐하면, 이 구절은 영과 하나님의 관계가 아니라 신자와 아버지 하나님과의 관계에 초점을 맞추기 때문이다. 이것은 신적 주도권과 인간의 반응적 행위에 대한 성경의 전형적인 관점이다. 이 영적 만남의 핵심은 마음이다. 성경적 용례에서 마음은 성경에서 이성적 능력과 감정과 정서의 좌소이다. 다시 말하면, 인지cognitive와 감정이 상호 대립하지 않고 함께 머무는 곳이라는 것이다. 부르짖다.³"부르게"라는 표현은 강렬하고 깊은 자각을 보여준다. 이 부르짖음은 참으로 마음 깊은 곳에서 우러나오는 경건한 외침이며, 진정한 영적 엑스터시다. 이것이 방언과 같은 영적 현상인지는 분명하지 않지만, 아빠라는 단어는 그런 현상을 뒷받침하지 않는다. 이 문제에 대해서는 좀 더 상세히 살펴볼 필요가 있다.

아빠라는 단어가 나타난 것은 놀라운 일이며, 따라서 중요하다. 이 단어는 예수님 시대에 팔레스타인에서 사용되던 아람어다. 이것은 헬라 독자를 위해 "아버지"라는 번역이 제

시된 이유를 설명해준다. 이 단어는 마가복음 14장 36절 및 로마서 8장 15절에도 번역과 함께 나타난다. 일반적으로 이 단어는 예수께서 하나님을 "아버지"라고 부른 모든 본문의 배경이 된다고 알려진다. 이것은 확실히 예수께서 특히 기도하실 때 하나님을 부르시는 방식이자, 제자들에게 하나님을 그렇게 부르라고 가르치신 방식이 분명하다. 예수님은 당시 아이들이 아버지를 아빠라고 불렀던 일상적 삶으로부터 이 단어를 취하셨다. 예수께서 이처럼 친밀한 용어를 사용하여 하나님을 불렀다는 것은 유대적 환경에서 전적으로 새로운 것은 아니지만, 하나님과의 관계에서 새로운 차원의 영적 친밀함을 보여준다. 이것은 간접적으로, 예수께서 이처럼 새롭고 근본적인 하나님과의 관계의 기초가 자신이라고 생각했음을 보여준다. 예수 안에서 하나님의 나라가 가까이 왔으며 막1:14-15, 예수 안에서 하나님도 가까이 오셨다. 초기 교회가 이것을 기독교 신앙의 특징을 보여주는 중요한 단어로 생각했다는 사실은 교회가 이 단어를 계속해서 차용어로 사용한 사실에서도 나타난다.

바울은 이것을 신자들에게 없어서는 안 될 중요한 용어로 받아들였다. 이것은 바울이 이방인 선교를 할 때 유대의 문화적 제국주의의 흔적을 가진 어떤 것에 대해서도 민감했다는 사실에 비추어 볼 때 더욱 놀랍다. 바울이 이곳의 본문에 이 단어를 포함한 것은 이해할 수 있다. 가족의 친밀한 유대를 나타내는 이 단어는 복음에서 하나님 자녀의 우월한 지위를 강조하려는 바울의 목적과 부합한다. 더구나 이 단어는 하나님의 자녀가 되는 것과 성령을 받는 것이 일맥상통한다는 바울의 주장을 더욱 강화한다. 아빠라고 부르는 것은 성령의 선물이기 때문이다. 바울이 이 단어를 사용한 것은 예수님을 그대로 이어받았음을 보여준다. 예수님과 바울에게, 하나님 가족의 친밀한 관계는 예수께서 시작하신 새로운 창조의 핵심이기 때문이다.

"그러므로 네가 이 후로는 종이 아니요 아들이니 아들이면 하나님으로 말미암아 유업을 받을 자니라."4:7 이 문장의 첫 부분은 논증을 요약하는 진술로, 속박당한 상태에서 하나님 가정의 자녀로 옮겼음을 보여준다. 바울은 이어지는 단락에서 갈라디아 사람들이 예전에 보여주었던 특정 속박 상태에 대해 묘사한다. 그럼에도 불구하고, 바울이 갈라디아 사람들을 "네가"라고 부른 것은 앞서 율법 아래에 있는 사람들에 대한 언급에 그들도 포함하고 싶어 한다는 사실을 보여준다. 그곳에서는 "우리"라는 대명사를 사용했지만

이곳에서는 또 한 차례의 대명사 전환이 나타난다. 6절의 "너희"는 복수지만, 7절의 "네가"는 단수다. 이것은 바울이 집단에서 개인으로 초점을 옮긴 것을 보여준다. 바울에게 있어서, 구원은 공동체와 개인이라는 두 영역으로 나뉘며, 둘 다 중요하다. 아마도 "네가"라는 단수로의 전환은 앞서 언급한 아바 아버지이신 하나님과의 마음에서 우러나오는 교통

이 본질상 개인적이라는 사실 때문으로 보인다.

그러나 놀라운 것은 바울이 이 단락의 절정에서 "유업으로 받을 자"라는 단어를 사용한다는 것이다. 이것은 아직도 성취되지 않은 것이 있다는 의미다.[4:1 참조] 그러나 이곳의 명확한 의미는 3장 29절과 같다. 그곳에서 이 단어는 아브라함의 유업을 가리키며, 그리스도를 통해 하나님의 자녀로 입양된[이방인] 신자가 이 유업을 이어받을 것이라는 의미가 있다. 다시 말하면, 바울은 3장 6절부터 시작된 이 긴 논증이 절정에 달한 이곳에서 복음은 아브라함에 대한 약속의 진정한 성취라는 자신의 주장을 매듭짓기 위해 이 단어를 사용했다는 것이다.

동시에, 우리는 하나님의 약속의 온전한 성취를 계속해서 기대하는 그리스도인의 소망에 대한 언급일 가능성도 배제할 수 없다.[5:5 및 병행구인 롬 8장, 특히 17절 참조] 바울에게 양자와 성령은 강력한 미래적[종말론적] 개념을 가진다. 다른 곳에서 바울은 성령을 신자들에게 아직 오지 않은 것에 대한 보증으로 제시한다.[고후 1:22; 5:5] 그리고 로마서 8장 23절에서 신자는 여전히 [하나님의 자녀로] 양자 될 것을 기다리며, 그것은 곧 몸의 미래적 속량이라고 덧붙인다. 복음 안에서 우리의 생명은 이미 실현된 것과 여전히 실현되지 않은 영역이 있다.

"하나님으로 말미암아"라는 마지막 구절은 이 문장의 어떤 요소와도 자연스럽게 연결되지 않는 것처럼 보인다. 따라서 이 구절은 앞 진술 전체, 즉 종의 상태에서 해방되어 하나님의 가족이 되는 모든 과정에 대한 언급으로 보인다. 이것은 이 모든 것이 인간의 노력이 아니라 신적 사역이라는, 1장 1절부터 지금까지 논증의 지배적 주제를 강조하는 동시에 3장 1-5절에서 시작된 성령과 육체의 대조에 초점을 맞춘다.

성서적 맥락에서의 본문

세상의 초등학문

이 구절의 의미는 바울의 글에서 해석상의 난제 가운데 하나다. 그러나 우리는 이 구절이 바울의 세계관이 무엇이며 인간의 근본적인 역학에 대해 어떻게 생각하는지에 대한 광범위한 통찰력을 제공한다는 사실을 알 수 있다. 그리스-로마 세계에서 "원리"[초등학문]라는 단어는 광범위한 문헌에 나타난다. 가장 대표적이고 가능성 있는 의미는 다음과 같다. (1) 세계를 구성하는 기본적 물질[불, 물, 땅, 공기], (2) 세상을 설명하는 기본적인 원리나 가르침, (3) 천체[가령, 별], (4) 영적 존재나 세력. 세 번째와 네 번째 의미는 천체가 사실상 세상의 운명을 지배하는 신적 세력이라는 믿음과 연결될 수 있다. 이 두 가지 의미는 적어도 바울의 글 이

후 한 세기가 지나기까지 성경 외적 자료에는 발견되지 않는다. 그러나 신적인 세력과 물질계의 기본적 원리를 연결한 사례는 고대 사회에서 광범위하게 찾아볼 수 있다. _{롬 8:38-39}가 두 요소를 같은 리스트에 두고 인간의 삶에 개입하는 행위자로 의인화한 사실에 주목하라.

바울은 갈라디아서 4장 3절과 9절, 골로새서 2장 8절과 20절에서 "세상의 원리[초등학문]"라는 표현을 네 차례 사용한다. 신약성경 다른 곳에는 히브리서 5장 12절["초보"]과 베드로후서 3장 10절 및 12절["물질"]에서 "원리"라는 단어만 사용된다. 히브리서와 베드로후서의 용례는 위 [1]과 [2]의 의미로 사용된 것이 분명하다. 갈라디아서와 골로새서에서는 인간 사회의 구체적인 신념체계와 관습에 초점을 맞추며, 따라서 이 구절의 의미를 이해하는 데 도움이 된다. 갈라디아서 4장에서 이 단어는 율법[4:3] 및 날과 달과 해를 지키는 행위[4:10]와 연결된다. 골로새서에서는 사람의 철학[2:8], 음식 규례[2:16, 21], 절기를 지키는 행위[2:16], 또는 사람의 전반적 규례[2:20-22]와 연결된다. 동시에, 두 본문은 영적 존재의 영역에 대해서도 언급한다. 갈라디아서 4장 8절과 골로새서 2장 15절["통치자들과 권세들"], 2장 18절["천사"]을 참조해 보라.

바울은 이 모든 요소가 상호 연결이 되는지, 된다면 어떻게 연결되는지에 대해 직접 설명하지 않는다. 그러나 어느 정도 연결이 있다는 것은 분명하다. 아마도 바울은 일반적으로 존재에 대한 의미와 목적을 부여하는 기능을 한다고 생각되는 사상이나 행위를 의미하는 단어를 선택한 것으로 보인다. 그는 인간 문화의 물질계와, 이러한 물질을 통해 인간에게 영향을 미칠 수 있는 보이지 않는 영적 세력의 영역이 밀접하게 연결되어 있다는 당시의 지배적 사상을 공유한다.

어쨌든 바울은 "원리"라는 물질적 표현에 더욱 큰 관심을 가진다. 무엇보다도 바울은 율법에 대한 모든 분석을 이러한 "원리" 개념 안에서 진행한다. 한편으로, 바울은 한 하나님에 대한 그의 믿음에 따라 영적 세력들의 의미를 축소한다. _{고전 8:4-6 및 아래의 갈 4:8-9 주석 참조} 후자의 유일신 하나님에 대한 진술은 성경 전체, 특히 예수님의 말씀에서 나온 것으로 보인다. 영적 영역은 필요에 따라 인정되기도 하고 맞서 싸워야 할 대상도 되지만, 철저히 하나님의 지배와 통치하에 머문다.

특히 중요한 것은 이 모든 것이 삶에 관한 바울의 예리한 통찰력에 대해 보여준다는 것이다. 그는 인간 문화의 형식들이 어떤 역학에 의해 탄생되었으며, 이러한 형식들이 어떻게 인간을 섬기지 못하고 스스로의 부족함이나 다른 힘에 이용당해 사람들을 노예화하는지에 대해 관찰한다. 그 결과, "원리"는 악이 인간의 삶을 장악하는 도구가 되었다. 실제로 그리스도 밖에 있는 모든 사람은 이러한 "원리"에 예속되어 있으며, 모든 세상은 이러한 원리를 통해 인류를 지배하는 보이지 않는 세력에 복종하고 있다. 이 세력들은 율법처럼 그 자체로는 선한 것을 이용하여 인간에 대한 통제력을 더욱 강화할 수 있다. 오직 그리스도만이 이처럼 피할 수 없는 속박에서 벗어나게 할 수 있다. 바울이 분명하게 발전시키지 않은 한 가지 함축은 이러한 원리가 그리스도의 통제하에 들어올 수 있으며, 따라서 선한 목적을 위해 사용될 수 있다는 것이다. 골 2:15 및 엡 1:21-23에는 유사한 내용이 나타난다 갈라디아서 5장과 6장에 제시된 율법의 선한 용례는 이러한 관점을 보여준다.

초기 그리스도인이 경험한 복음

바울이 갈라디아서 4장 5-6절에서 우리에게 제시한 내용은 초기 기독교 운동의 주관적인 삶의 일면을 보여주는 드문 사례다. 초기 그리스도인이 근본적이고 감동적인 경험을 했다는 사실은 여러 곳에 나타난다. 그들은 성령을 통한 하나님의 새로운 복으로 인해 풍성한 기쁨을 누렸다. 그들 가운데는 극도의 엑스터시를 경험한 사람도 있다. 독창적인 예배 찬양과 동료 신자와 이웃에 대한 사랑의 감정에는 이러한 신앙적 감정과 정서가 그대로 드러났다. 이러한 경험의 실제적 모습은 감지하기 어렵다. 어떤 신약성경 기자도 상세한 묘사나 분석을 제시하지 않는다. 성경 기자들은 사람의 경험보다 하나님의 행위를 중시하며, 신자들의 마음이나 감정 상태보다 그들의 새로운 행위에 초점을 맞춘다.

무엇보다 놀라운 것은 이 본문이 진정한 그리스도인의 신앙을 위한 경험적 증거를 제공한다는 것이다. 로마서 8장 16절에서 바울은 "아버지아빠"라는 부르짖음이 "성령이 친히 우리의 영과 더불어 우리가 하나님의 자녀인 것을 증언"하신 것이라고 말한다. 바울에게 있어서 성령에 대한 진정한 경험의 가장 기본적인 표지는 마음에서 하나님을 아버지로 부르는 것이다. 이것은 어떤 성령의 열매윤리적 증거나 성령의 은사예배, 방언, 사역의 열매보다 중요하다.

갈라디아서와 로마서 본문은 이 "아버지!"의 실제가 자신의 영과 무관한 것은 아니지만, 자신을 초월하는 원천으로부터 자동적으로 부상한다는 사실을 보여준다. 갈라디아서 여러 곳에서 볼 수 있는 것처럼, 바울은 신적 주도권과 인간의 반응에 대한 깊은 인식을 가지고 있다. 따라서 이것은 갈라디아서에 나타난 바울의 관심사에 대한 또 하나의 통찰력이다. 즉, 신적 행위에 기초한 영성만이 진정성을 가진다는 것이다. 이렇게 결합한 성령과 하나님은 참된 그리스도인의 삶에 영감을 주고 양분을 공급하는 에너지가 흘러나오는 원천이다. 끝으로, 이 진정한 믿음의 표지는 초기 그리스도인이 강력한 공동체적 집단임에도 불구하고 근본적으로 감정적이고 정서적인 삶을 경험했다는 사실을 보여준다. "아버지!"라고 부르는 경험은 하나님의 자녀로 입양된 경험과 함께, 이러한 신자들이 하나님 및 이웃 신자들과 누리는 친밀한 관계를 묘사하기 위해 바울이 사용하는 가족 메타포를 강조한다.

교회 생활에서의 본문

세상의 초등학문: 현대적 의미

앞서 살펴본 대로, 바울이 말하는 "초등학문"이라는 개념은 의미 있는 삶을 뒷받침하기 위해 만든 인간의 문화 전체를 포괄하지만, 특히 그러한 삶의 의미에 중요한 원리들을 가리킨다. 어떤 사람은 오늘날 사용되는 "세계관"이라는 단어는 바울이 말하는 원리에 가장 가깝다는 합리적인 주장을 제시한다. 세계관은 세상을 보는 관점으로, 모든 문화와 이데올로기가 삶의 의미를 깨닫고 그것에 의미와 목적을 부여하기 위해 발전시키는 기본적인 신념의 틀이다. 특정 의식과 관습은 세계관의 모습을 드러내며, 실제적 삶에 적용한다. 그것은 종교와 같다. 사실 종교는 세계관의 가장 좋은 사례에 해당한다.

오늘날 사상가들은 인간 공동체가 어떻게 살 것인가에 대한 근거를 제공하기 위해 이야기와 신화를 만들어낸다고 강조한다. 그들 가운데 일부는 궁극적이고 절대적인 진리와 관련하여 자신들이 가지고 있는 근거가 얼마나 보잘것없는 것인지, 또한 그런 이유로 어쩔 수 없이 개인적인 관심사나 집단적인 관심사를 반영할 수밖에 없다는 사실을 보여줌으로써, 이 "큰 이야기"거대 담론를 드러낸다. 그 결과 우리는 우리가 짓고 있는 의미의 집에서 노예가 되었다. 이 상황은 자신의 집을 짓는 거미의 상황과 유사하다. 거미는 거미집에 의존하여 살아가지만, 한편으로 거미집은 거미를 통제한다. 거미의 먹이는 거미집에 걸려든 희생물이지만 어느 면에서 거미도 희생물이다.

막다른 곳에 처한 인간의 속박과 대조적으로, 바울은 우리에게 하나님의 보내심을 받아 참된 자유의 길을 여신 예수 그리스도를 보라고 촉구한다. 따라서 그는 지상의 "원리"의 한계를 벗어나신다. 하나님은 예수를 통해, 인간의 관심사가 아니라 하나님의 사랑에 기초한 삶에 관한 거대 담론을 전개하신다. 이 이야기가 제공하는 삶은 체계적 사상이나 일련의 윤리적 지침이 아니다. 그것은 예수 그리스도의 인격과 성령의 효율적인 사역을 통해 하나님 가족의 일원이 된다는 이야기다. 이 이야기는 확실성의 근거로 인간의 지식에 호소하지 않는다. 중요한 것은 하나님이 우리를 아신다는 확신이다.갈 4:9a 주석 참조 우리의 이야기가 하나님을 포함하는 것이 아니라, 하나님의 이야기가 우리를 포함한다. 이 이야기는 인간적 지식의 한계를 보고 운명의 지배를 받으라고 요구하는 자들에게는 아무런 의미가 없다. 이것은 지식의 한 방편으로서 믿음을 가지고 예수 그리스도를 대면하여 참된 자유인의 경험을 한 자들에게만 의미가 있는 이야기다.

갈라디아 사람들에 대한 적용

갈 4:8-11

사전검토

앞 단락에서, 바울은 갈라디아 사람들이 직면한 선택에 초점을 맞추었다. 그들은 하나님의 자녀로서 성령의 인도하심을 받는 삶을 살며 하나님의 약속을 유업으로 받기를 원하는가, 아니면 이전의 노예 상태로 되돌아가기를 원하는가? 바울은 여기서 그들이 처한 노예 상태에 대해 실제적인 용어로 규명하면서[특히 10절], 계속해서 선택을 촉구한다. 4장 11절에 나타난 바울의 절실함은 이 선택이 바울과 갈라디아 사람들의 관계에 중요한 영향을 미칠 것임을 보여준다.

이 단락과 함께, 3장 1절에서 시작된 주요 단원은 결론에 이르게 된다. 따라서 이 단락은 갈라디아서의 두 개의 주요 단원 사이의 전환점이 된다. 이처럼 중요한 자리에 걸맞게, 이 단락의 내용은 바울이 생각하는 갈라디아의 상황에 대해 직접적이고 구체적으로 언급한다. 3장 6절부터 시작된 신학적 논증은 하나님이 이스라엘을 다루시는 이야기를 준거의 틀로 제시한다. 바울은 갈라디아 사람들을 "너희"로 지칭함으로써 그들을 논증의 장으로 끌어들인다. 이제 바울은 이교주의라는 무지의 계곡으로부터 참되신 하나님을 아는 정상으로 이어지는 갈라디아 사람들의 영적 여정에 대해 묘사한다. 그러나 그들은 이 여정 중에 헛된 종교적 관습을 따름으로써 다시 한번 종살이의 계곡으로 빠져들고 있다. 어떻게 그럴 수 있는가? 갈라디아 사람들은 왜 종살이의 계곡으로 다시 돌아가고자 하는가?

바울이 갈라디아 사람들에게 보낸 서신이 독자의 배경이 이방인이라는 사실을 가장 분명히 드러낸 곳이 이곳이다. 이 단락의 주제들은 새로운 것이 아니지만, 갈라디아 사람들의 경험에 적용한 것은 새롭다. 갈라디아 사람들은 율법을 지킴으로써 그들이 성령 안에서의 새로운 삶을 경험하기 전에 했던 일로 돌아가지 않으려 했다. 그들은 율법을 지키는 것이 논리적으로 하나님을 향해 성숙해가는 믿음의 다음 단계라고 생각한 것이 분명하다. 그러나 바울은 이곳에서 그들의 율법준수를 통한 "전진"이 사실상 이전 종살이로의 회귀임을 분명히 한다.

주석

"그러나 너희가 그 때에는 하나님을 알지 못하여 본질상 하나님이 아닌 자들에게 종 노릇 하였더니."[4:8] 종노릇에 대한 언급은 바울이 율법 아래에 있는 유대인의 상태에 대해 언급한 4장 3절을 상기시킨다. 이제 비슷한 상황에 처한 비유대인에 대한 묘사가 제시될 것이다. 이 단락에서 "하나님을 알지" 못했다거나 "하나님이 아신 바" 되었다는 표현은 이 절과 다음 절에 세 차례 나타난다. 바울은 자신이 하나님에 대한 지식을 핵심 개념으로 하는 유대 성경에 뿌리를 내리고 있음을 보여준다. 성경에서 하나님을 안다는 것은 하나님의 일을 이해하는 것과 실제로 그를 섬기는 행위를 포함한다. 여호와 하나님에 대한 지식은 이스라엘을 우상을 섬기는 주변 나라들로부터 분리한다.

갈라디아의 신들은 신이 아니라 자연이라는 바울의 주장 배후에는 유일신 사상이 깔려 있다. 바울은 신이라는 용어를 유대의 전통적 하나님[사 37:19; 렘 2:11] 외에는 사용하고 싶어 하지 않는다. 그는 그런 신들의 실체를 전적으로 부인할 필요도 없다. 바울은 신이라는 지위는 부인하지만, "원리들" 가운데 하나로서 기능은 인정한다.[이어지는 절 및 4:3 주석 참조] "본질상"이라는 용어는 그리스철학을 배경으로 하며, 사물의 참된 본질을 형성하는 요소에 대한 논의를 반영한다. 따라서 바울은 이방인 독자를 위해 히브리 개념과 그리스 개념을 하나로 묶는다.

우리는 바울이 이 단락에서 언급하는 종교의 정체에 대해 알지 못한다. 어떤 사람들은 영적 존재와 절기에 대한 바울의 언급[4:8-10]이 천체에 대한 관찰에서 나온 것일 수도 있다는 점에서 점성술을 가리키는 것으로 생각한다. 다른 사람들은 기념일을 정해 한 인간을 경배하게 황제 숭배를 가리킨다고 생각한다. 그러나 "원리"에 대한 바울의 광범위한 용례에 나타난 의미와 갈라디아 사람들의 다양한 종교적 배경을 고려할 때, 바울의 묘사를 협의의 의미로 제한할 필요가 없다.

"이제는 너희가 하나님을 알 뿐 아니라 더욱이 하나님이 아신 바 되었거늘 어찌하여 다시 약하고 천박한 초등학문으로 돌아가서 다시 그들에게 종 노릇 하려 하느냐."[4:9] "알다"라는 두 동사의 시제는 갈라디아 이방인들이 참되신 하나님을 알게 된 회심의 시점을 가리킨다는 것을 보여준다. 하나님은 이제 복음이 유대인과 이방인에게로 향하기를 원하신다. 그리스도를 믿는 유대인 신자로서 바울은 영적인 문제를 관계적 차원에서 생각한다. 따라서 바울이 하나님과 사람이 서로 아는 것을 인격적이고 상호적 관계로 보았다는 사실에 놀랄 필요가 없다. 바울은 여기서 사람이 하나님을 아는 것과 하나님이 사람을 아시는 것을 나란히 제시한다. 그러나 바울은 하나님이 우리를 아시는 것을 우선한다.

바울이 하나님의 지식을 우선한 것은 바울의 글 여러 곳에서 발견된다.[고전 8:3; 13:12] 성경 기자들 간에 차이는 있지만, 이 사상은 그들과 모순되지 않는다. 이것은 그의 신학과, 특히 갈라디아서의 메시지에 중요한 요소다. 참된 믿음은 처음부터 끝까지 하나님의 주도권과 행위로부터 인간의 반응으로 흘러간다. 7절의 "하나님으로 말미암아"라는 구절에는 동일한 관점이 나타난다. 바울은 이 하나님의 행위를 기독교 공동체 안의 성령의 사역과 연결한다.[3:1-5 및 4:6의 "아버지"] 성령의 사역은 하나님이 신자를 자신의 소유로 인정하신다,[즉, 아신다는] 것을 보여준다.[롬 8:16 참조] 따라서 바울은 갈라디아 사람들이 처음에 그리스도를 통해 하나님께로 돌아선 사건이 가장 탁월하고 고상한 경험이라고 생각한다. 이 경험에 무엇을 보태려는 것은 결단코 퇴보일 뿐이다.

그러나 놀랍게도, 갈라디아 사람들은 지금 다른 방향으로 돌아가려 하고 있다. "돌아가서"에 해당하는 단어는 죄에서 하나님께로 돌이키거나 반대의 경우를 가리키는 전형적인 성경 용어다. 이것은 급격한 방향 전환을 의미한다.[1:6[함께 사용한 단어는 다르지만] 여기서는 안타깝게도 갈라디아 사람들이 이전의 종노릇 할 때로 되돌아가려 한다는 것이다. 바울은 "다시"라는 단어를 반복함으로써 이러한 사실을 강조한다. 그는 "초등학문"이라는 단어를 통해 갈라디아 사람들이 어디로 돌아가려 하는지를 보여준다.[4:3 및 그곳의 주석] 따라서 바울은 첫째로, 갈라디아 사람들이 섬겼던 이교도의 거짓 신들이 이 "초등학문"과 밀접하게 연결되어 있음을 보여준다. 둘째로, 이것은 바울이 율법을 "초등학문"으로 이해하고 있음을 보여준다. 갈라디아서는 확실히 그들이 율법을 지키는 방향으로 되돌아가려 하고 있음을 보여주기 때문이다.

우리는 "약하고 천박한[빈약한]"이라는 표현을 통해 바울이 초등학문을 어떻게 생각하고 있는지에 대한 통찰력을 얻을 수 있다. 이 단어는 자원과 힘이 부족한 상태를 강조한다. 이 사상은 갈라디아서 전체의 주제와 일치한다. 율법은 생명을 줄 수 없다.[3:21; cf. 롬 8:3-4] 성령은[물질이나 인간의] 육체가 할 수 없는 일을 할 수 있다.[갈 3:3-5] 바울은 5장 16-24절에서 그리스도인의 승리적 삶과 함께 성령과 육체에 대한 똑같은 대조를 제시한다.[골 2:20-23 참조]

따라서 "초등학문"은 사람들에게 종교와 같은 영향을 미치지만, 실제적인 힘은 없다. 바울에게 율법은 이교도의 종교나 철학처럼 인간이 고안해낸 것이 아니라 하나님이 주신 것이지만, 이교도의 우상과 마찬가지로 무능함을 보인다. 율법 자체는 종교적 믿음과 행위의 불완전한 체계다. 그리스도에 대한 바울의 경험에 있어서 핵심은 그리스도의 영이 율법의 공의와 의를 이루게 했다는 것이다.[5:14-16; 롬 8:3-4 참조] 갈라디아 사람들이 율법을 지키라는 대적의 말을 따르는 것은 성령의 능력과 그리스도 안에 있는 풍성한 은혜[다 바울의 글에 끊임없이 나]

타나는 주제다 위에서 성장하기를 버리고 연약하고 천박한 상태를 택하는 것이다. 그런 상태는 종노릇 하는 것과 같다. 4:1-7 TBC, "세상의 초등학문" 참조.

"너희가 날과 달과 절기와 해를 삼가 지키니."4:10 9절과 10절의 동사는 현재 시제다. "돌아가서," "지키니," "종노릇 하려." 이것은 갈라디아 사람들이 실제로 새로운 가르침을 받아들였다는 의미인가? 실제로 할례를 받았다는 의미인가? 아마도 그럴 것이다. 물론 바울이 되돌릴 수 없는 상황이라고 생각했다면 그런 말을 하지 않았겠지만 말이다. 이 절은 갈라디아 사람들이 이러한 의식에 동참하기 시작했다는 사실을 보여주는 것일 수 있다. 열거된 목록은 의식 및 절기와 함께 유대 달력을 상기시킨다. 그러나 이 용어들은 일반적이며, 골로새서 2장 16절의 목록에 나오는 "절기"나 "초하루"나 "안식일"처럼 구체적이지 않다. 아마도 바울은 이곳에서 헬라인과 유대인 모두에게 적용함으로써 갈라디아 사람들의 이전 이교주의와 새롭게 돌아가려는 율법준수가 유사함을 강조하기 위해 일반적인 용어를 사용하였을 것이다.

바울의 대적들이 거룩한 절기 및 그것과 관련된 의식을 지킬 것을 촉구했다고 해도 놀라운 일은 아니다. 특히 안식일은 그리스 문화 안에서 신실함과 유대인의 정체성을 상징한다. 바울이 갈라디아서를 기록한 1세기에는 다양한 절기와 그것을 지키는 시기에 관해 그룹마다 다른 견해를 가지고 있었다. 에녹1서: 희년 바울은 절기에 관한 논쟁을 통해, 갈라디아의 이전 이교적 관습과 거짓 선생들이 촉구하는 유대적 삶의 방식을 연결한다. 둘 다 인간의 삶을 지배하는 "초등학문"에 해당한다.

"내가 너희를 위하여 수고한 것이 헛될까 두려워하노라."4:11 바울은 이 고백과 함께 이전 단락의 이성적 논증을 끝내고 개인적인 호소에 치중한다. 바울은 자신이 갈라디아 사람들을 위해 노력했다는 언급을 통해, 독자에게 수치심과 후회하는 마음을 불러일으키려 한다. 3장 4절에는 과거의 삶이 전적으로 헛된 것이라는 유사한 개념이 나타난다. 바울은 계속해서 갈라디아 사람들이 선택의 기로에 있음을 보여준다.

성서적 맥락에서의 본문

아는 것과 아신 바 됨

신자와 하나님이 서로 안다는 바울의 진술은 중요한 계시다. 이 앎은 두 가지 의미가 있다. 바울은 신앙적 경험을 통해 아는 것의 중요성을 확인함으로써 강력한 성경적 전통 위에 선다. 성경에서 안다는 것은 정보적 지식과 관계적 지식으로 나뉜다. 하나님은 모든 것을 아신다. 하나님이 모르시는 것은 없다. 사람의 지식은 제한적이지만, 하나님이 누구시며 무슨 일을 하시는지 안다.

성경은 개인적 관계에서 앎이란 인식의 차원을 넘어 보다 깊은 이해와 결속을 포함하는 것으로 묘사한다. 이러한 지식은 반드시 상호적이어야 하는 것은 아니다. 하나님과 그의 백성의 관계는 바로 이러한 개인적 앎의 관계다. 한편으로, 하나님은 모든 족속 가운데 오직 이스라엘만 아신다.^{암 3:2; 그러나 9:7 참조} 따라서 하나님은 이스라엘이 그들의 하나님을 알기를 기대한다.^{호 5:3-4 참조} 참된 앎이 아름답고 신실한 헌신적 관계와 사실상 동의어라는 것은 놀랍지 않다. 이러한 관점은 특히 신자와 예수와 성부 하나님 사이에 존재하는 영적 관계의 친밀한 인격적 교제를 강조하는 요한복음에 두드러지게 나타난다.^{요 10:14-15}

바울이 이 주제에 덧붙인 것은, 하나님이 신자를 아시는 것이 신자가 하나님을 아는 것보다 우선한다는 주장이다. 이러한 관점은 갈라디아서 4장 9절의 언급과 함께, "더욱이[~보다]"라는 비교급 단어에 분명히 나타난다. 또한 고린도전서 8장 3절과 13장 12절에도 이러한 사상이 함축되어 있다. 우리는 후자의 본문을 통해, 하나님의 지식이 탁월한 이유가 다음 세 가지 요소 때문임을 알 수 있다. (1) 사람의 지식은 하나님을 대면할 때까지 제한적이다. (2) 인간적 지식은 교만으로 이어지기 쉽다. 바울은 신자들에게는 사랑이 지식보다 중요하다는 결론을 내린다.^{고전 8:3} 이것은 신자의 편에서 특별한 지식에 기초한 사랑이 하나님과의 관계를 위한 전제조건이 된다는 사실을 함축한다. 일단 관계를 맺은 신자는 완전한 지식을 소유할 필요 없이, 하나님이 소유하신 완전한 지식의 수혜자가 된다.

교회 생활에서의 본문

자유와 속박

갈라디아서는 자유라는 주제를 다룬 중요한 논문과 같은 성경이다. 비록 자유라는 단어는 나타나지 않지만, 바울은 이 주제를 1장 4절, 2장 4절, 4장 21-31절, 5장 1절, 13절에서 다루지만, 자유에 대한 가장 상세한 설명은 이곳 4장에 제시한다. 갈라디아서가 분명하게 제시하는 것은 자유는 절대적, 독립적 가치가 아니라는 것이다. 자유는 내용에 대한 설명이 필요하다. 자유의 의미를 알기 위해서는 광범위한 준거의 틀이 필요하다는 것이다. 완전한 자유를 누릴 수 있는 개인은 없다. 사람은 외부적 통제로부터의 완전한 자유를 갈망할 수 있지만, 결코 얻을 수 없다. 절대적 자유는 자신의 상태에 대한 완전한 지배를 필요로 하지만, 인간에게는 그런 능력이 없다. 갈라디아서에 따르면, 외부의 세력은 인간에 대한 통제권을 행사한다.

하나님은 인간이 자신보다 위대한 것을 섬기도록 창조하셨다. 우리는 태생적으로 누군가를^{또는 무엇인가를} 섬겨야 한다. 우리는 한 가지 권위를 떨쳐버릴 때, 자주적 결정의 인식을 경험할 수 있다. 그러나 우리가 다른 삶의 방식이나 세계관을 선택하는 순간, 자신의 미래적 대안을 제한하고 조작하는 무엇에 복종하게 됨으로써 이러한 인식은 사라지고 만다. 이것은 바울이 말하는 "초등학문"의 의미를 보여준다. 우리를 지배하는 세력은 인간의 비극적 상황을 초래하는 실체로서, 우리가 생각하는 최상의 관심사와 부합되지 않는다. 자유에 대한 갈망은 언제나 우리를 속박으로 몰아간다.

이곳에서는 그리스도 안의 자유에 대한 이야기가 사실상 기쁜 소식으로 나타난다. 그것은 우리가 그리스도 안에서 절대적 자유와 자치권을 얻는다는 것이 아니다. 오히려 우리는 그리스도를 통해, 하나님의 자녀로서 우리의 진정한 상태로 데려가는 주인을 만난다. 바울에 따르면, 참된 자유를 얻기 위해서는 누구의 도움을 받아 인간적 잠재력을 극대화할 것인가를 선택할 수 있어야 한다. 복음을 듣고 받아들이는 것이 바로 이러한 자유에 해당한다. 이것은 하나님 아래에서 서로 사랑하고 섬기는 공동체 안에서 누리는 자유다.^{5:13} 이것은 독립된 자아로서 신적인 자율성이라는 허황한 꿈이 아니다.^{5:1-12 TBC 참조}

지식과 믿음

기독교 신앙은 인간성 및 하나님과의 관계의 본질적 부분은 지성이라고 생각한다. 이성은 다른 요소보다 중요하지 않다. 또한 아는 것이 이성에 우선한다. 아는 것은 직관과 경험을 포함할 수 있기 때문이다. 믿음도 일종의 아는 것이다. 따라서 지식이나 이해는 우리의 믿음에 중요한 요소다. 지식은 인간적 영역의 한 부분이다. 그리스도인의 경험에는 지식과 이성에 역행하는 요소가 나타나지 않는다. 예수님도 성경 가운데 가장 중요한 계명^{의 한 부분}으로서 하나님을 사랑할 때 지성이 필요함을 확인하신다.^{신 6:4-5; 막 12:28-34}

그러나 우리는 언제나 우리의 아는 능력을 과대평가하는 경향이 있다. 우리는 자신이 실제보다 많이 알고 있다고 생각하며, 지나친 확신을 하고 있다. 포스트모더니즘이라는 철학적 사조는 우리에게 인간 지식의 한계를 믿지 말라고 가르쳤다. 그러나 성경적 사상에 깊이 배어 있는 사람들에게 이것은 결코 새로운 내용이 아니다.^{전 5:2; 고전 8:1b-2} 사람의 마음은 제한적이며, 오류와 거짓에 취약하다.

그러나, 하나님에 대한 믿음은 무의미한 늪에서 빠져나갈 탈출구를 제공한다. 완전하고 참되게 아시는 하나님이 존재하시며, 믿음은 이러한 지식과 연결되는 방법이다. 믿음은 지식을 제공하지 않지만, 모든 것을 아시는 하나님과의 관계를 가능하게 하는 통로를 제공한다. 바울이 신자가 하나님을 아는 것보다 하나님이 신자를 아시는 것을 우선하는 이유는 이 때문이다. 실제적 함축은 중요하다. 모든 것을 아시며 우리보다 우리 자신을 더 잘 아시는 하나님에 대한 확신은 우리에게 삶에 대한 자신감을 부여한다. 첫째로, 우리는 우리가 사는 세상은 비록 눈에 보이거나 입증할 수는 없지만 의미와 목적으로 가득한 세상이라는 확신을 가질 수 있다. 둘째로, 하나님의 지식은 각 신자의 개인적 지식을 포함한다. 따라서 우리는 하나님이 모든 상황과 미래적 결말을 주관하신다는 확신을 가질 수 있다. 사실, 하나님을 아는 것은 위대한 특권이며, 하나님의 아신 바 된 것은 가장 위대한 특권이다!

권면: 진리에 대한 순종

갈라디아서 4장 12절-6장 10절

개관

우리는 마침내 수사학적 형식의 책망을 담고 있는 갈라디아서 첫 번째 주요 단원의 결론에 이르렀다. 바울은 갈라디아에서 지금까지 대적의 주장에 맞서 자신의 입장에 대한 논리적인 변론을 제시했다. 1장 6절과 3장 1-5절이 보여주듯이, 바울은 직접적인 책망을 회피하지 않는다. 그러나 바울은 4장 12절에서 권면이라는 새로운 수사학적 형식을 사용한다. 이 형식의 특징은 명령형 동사다. "너희도 나와 같이 되기를 구하노라"⁴:¹²라는 명령은 갈라디아서에 실질적으로 처음 나오는 명령형이다. 1:8-9절의 명령형은 갈라디아 사람들을 직접 겨냥한 것이 아니며, NRSV가 직설법으로 번역한 3:7의 "알지어다"는 어법상 내러티브적 요소를 가진다. 이 단원 전체의 핵심 모티브는 "진리를 순종"⁵:⁷하는 것이다. 이곳에서 바울은 갈라디아서 첫 부분의 신학적 기조를 잃지 않으면서 행위윤리 문제에 초점을 맞춘다.

바울은 이 단원을 갈라디아 사람들과의 개인적 관계에 대한 호소로 시작한다. 이어서 바울은 성경에서 끌어낸 또 하나의 확장된 논증에 돌입하며, 이 논증은 거짓 선생들에게 맞서라는 촉구와 함께 절정에 달한다. 독자에게 직접 자유 안에 굳게 서라고 호소한 바울은 바른 삶이 어떻게 율법이 아닌 복음의 원천에 기초하는지에 대해 설명한다. 이곳의 주제는 자유, 육체, 성령, 율법이다. 바울은 앞서 이러한 개념들을 도입했으나, 이제 믿음 중심의 복음이 율법의 요구에 호소하지 않는다면 어떻게 거룩하고 의로운 삶으로 인도하느냐는 중요한 문제에 이러한 개념들을 적용한다. 바울의 대답에서 핵심은 성령이다. 성령은 율법으로는 불가능한 방법으로 바른 삶을 성취한다. 성령은 율법의 기본 정신인 사랑을 성취하면서 율법을 넘어선다.

개요

사도들의 모범, 4:12-20

바른 행위를 위한 성경적 사례, 4:21-31

자유 안에 굳게 서라, 5:1-12

성령으로 육체를 이기라, 5:13-24

성령을 따라 행하라, 5:25-6:10

사도들의 모범

사전검토

이 단락에서 바울은 1장과 2장의 자서전적 형식으로 돌아간다. 그러나 앞 단락의 이성적 논증과 대조적으로, 여기서는 감정과 정서에 직접 호소한다. 그는 갈라디아 사람들이 처음에 보여주었던 호의적 태도를 상기시키며, 존경과 신뢰를 상실한 지금과 대조한다. 바울은 그들을 이간시키려는 목적을 가진 선생들의 행위를 폭로하는 방식으로, 갈라디아 사람들을 위한 자신의^{그리고 자신을 위한 그들의} 희생을 상기시킨다. 마지막으로 감정이 폭발한 바울은 갈라디아 사람들이 예수 그리스도를 온전히 닮은 존재로 태어나게 하고 싶다고 말한다. 얼마나 수사학적인 비유인가! 해산의 고통을 견디고 있는 바울을 생각해보라! 이것은 바울이 신자가 되는 것과 성령으로 사는 것에 관해 기록할 때의 심정을 가장 강력히 드러낸 표현 가운데 하나임이 분명하다.

주석

"형제들아 내가 너희와 같이 되었은즉 너희도 나와 같이 되기를 구하노라 너희가 내게 해롭게 하지 아니하였느니라."⁴ᐟ¹² NRSV는 "형제들"이라는 문자적 의미를 "친구들"이라는 포괄적 용어로 번역한다. 그러나 "친구들"은 "형제들"이라는 단어에 담긴 초기 그리스도인의 신앙적 결속을 담아내지 못한다. 바울이 이 용어를 일정한 간격을 두고 반복적으로 사용하고 있는 갈라디아서에서 이러한 뉘앙스는 중요하다. 바울은 독자들과의 관계를 강조하는 동안 형제적 친밀함을 유지하고 싶어 한다. 바람직한 번역은 NRSV가 3장 15절 및 54장 13절에서 했던 것처럼 "형제자매"로 번역하는 것이다.

"구하노라"I beg you라는 표현에는 바울의 간절함이 드러난다. 바울이 자신을 통해 개종한 사람들에게 그리스도를 따르는 자신의 길을 본받는 자가 되라고 호소한 것은 바울의 전형적인 묘사다. 예를 들면, 고전4:16; 11:1; 빌3:17 이곳의 강조점은 성령 안에서 사는 바울의 삶의 방식이나 일반적 의미에서 그리스도의 성품이 아니다. 그것도 중요하지만, 여기서는 갈라디아서 다른 본문에서와 마찬가지로, 바울이 율법준수라는 문제에 접근하는 방식에 초점을 맞춘다. 갈라디아 사람들은 바울이 유대적 삶의 방식을 버리면서까지 이방인인 자신들과 하나가 되었던 것과 그의 삶에서 경험한 복음을 자신들의 형편에 맞추어 희생적으로 상황화 한 고전9:21 사실을 상기하며 바울의 호소에 공감할 것이다.

17절은 거짓 선생들이 바울과 정반대의 행동을 한 것으로 묘사한다. 그들은 갈라디아 사람들이 자신처럼 되지 않는다면 교제를 끊을 것이라고 위협한다. 바울은 독자들이 다시한번 안디옥 사건의 교훈2:11-14을 되새기기를 원한다. 당시 유대 신자들은 이방인 신자들이 율법에 기초한 행위를 하도록 압력을 가했다. 갈라디아 사람들이 자신을 해롭게 하지 않았다는 확신은, 바울이 열심을 내는 것은 밝혀지지 않은 과거의 행적 때문이라는 의혹을 방지하기 위한 것이다. 또한 이 확신은 앞으로 갈라디아 사람들이 거짓 선생들의 편을 든다면 그에게 해를 끼치게 될 것이라는 암시일 수 있다.

"내가 처음에 육체의 약함으로 말미암아 너희에게 복음을 전한 것을 너희가 아는 바라."4:13 이것은 바울이 경험한 건강 문제에 대한 언급이 분명하다. 그러나 구체적인 내용은 의혹에 쌓여 있다. 우리는 고린도후서 12장 5절과 7절을 통해 바울이 일종의 신체적 질환을 앓았다는 사실을 알고 있다. 정확한 병명이 무엇이든, 바울은 그것으로 인해 갈라디아 지역으로 가게 된 것이다. 이러한 지리적 언급은 바울이 말라리아와 같은 병을 앓았을 것이라는 추측으로 이어졌다. 해안가 지역이 아닌 갈라디아는 이러한 질병에서 회복하기에 좋은 장소였을 것이다. 그러나 이어지는 절들을 보라 "처음에"라는 시간적 언급은 이들 교회에 여러 차례 방문하였음을 보여주지만, 바울은 이전의 긍정적인 방문과 지금의 위기 상황을 대조하고 있는 것으로 보인다.

"너희를 시험하는 것이 내 육체에 있으되 이것을 너희가 업신여기지도 아니하며 버리지도 아니하고 오직 나를 하나님의 천사와 같이 또는 그리스도 예수와 같이 영접하였도다."4:14 여하튼, 앞서 언급한 질병은 바울이 감출 수 있는 것이 아니다. 이 질병은 갈라디아 사람들에게 부담이 되어 이 순회 전도자와의 관계를 망칠 수 있는 일종의 시험대였다. 바울에 대한 부담과 반감을 품을 수 있는 상황임에도, 갈라디아 사람들은 그 문제로 바울을 싫어하거나 혐오하지 않았다. "업신여기다"로 번역된 단어는 특히 흥미롭다. 이 단어의 문자적 의미는 "침을 뱉다"이다. 이것은 질병이나 귀신을 막기 위해 침을 뱉는 고대 관습을 암시한다.^{3:1의 악한 마술에 대한 암시 참조} 이것은 자신의 질병을 암시하고 갈라디아 사람들이 얼마든지 바울에게 등을 돌릴 수 있는 상태였음을 보여주려는 바울의 생각과 일치한다.

이곳의 용례가 비유적인지 문자적인지는 분명하지 않다. 비유적 의미라면, 단순히 경멸하거나 멸시하다라는 의미일 것이다. 어떤 사람들은 바울의 병이 간질이라고 생각한다. 당시 간질은 귀신 들린 자에게 나타나는 현상이라고 여겼기 때문이다. 그러나 일반적인 질병일 가능성이 크다. 바울은 자신의 문제의 신체적 성격을 강조한다. 더욱이 이어지는 절^{15절}에서 갈라디아 사람들이 눈이라도 빼 주었을 것이라는 바울의 언급은 그가 안질을 앓았을 가능성을 보여준다. 눈병은 본문에 나타난 여러 가지 단서와 잘 부합된다. 바울이 갈라디아서 끝부분에서 자신이 큰 글자로 썼다고 언급한 것^{6:11}은 시력에 문제가 있었음을 보여주는 것일 수 있다.

앞서의 언어가 갈라디아 사람들이 악한 영향을 두려워하여 바울을 거부할 수도 있었다는 사실을 보여준다면, 천사와 같이 영접했다는 이곳의 언급은 대조적인 평행을 보여준다. 갈라디아 사람들은 바울의 약점에 흔들리지 않았다. 오히려, 그들은 바울을 하나님이 보내신 메신저로 따뜻하게 맞았다. 천사가 인간의 모습으로 지상에 나타났다고 믿는 것은 당시에 흔히 볼 수 있는 일이다.^{행 12:15; 히 13:2} 사도행전 14장 11-12절에 기록된 사건은 바울이 편지를 쓰고 있는 도시들 가운데 하나에서 일어난 일로, 당시 대중의 사고를 잘 보여준다. 모인 무리는 바울을 신의 메신저인 헤르메스라고 불렀다. 이 구절의 배경에는 메신저가 자기를 보낸 자와 동일한 권위를 가지고 온다는 사상도 깔려 있다.^{마 10:40 참조} 바울은 갈라디아서 1장이 보여주듯이, 자신을 예수 그리스도의 사도로 보내심을 받은 대리인으로 생각한 것이 분명하다. 바울은 갈라디아 사람들이 지금은 의심하지만, 처음에는 자신의 사도직을 받아들였다고 주장한다.

"너희의 복이 지금 어디 있느냐."^{4:15a} 바울 사도는 독자에게 자신이 그들과 함께 있으며 사이가 좋았을 때의 마음 상태와 기분을 상기해보라고 말한다. 그는 당시의 상태를 복으로 묘사한다. 바울은 문자적으로 "너희의 복이 어디 있느냐"라고 묻는다. 이 질문은 다양한 의미로 해석될 수 있다. 이것은 갈라디아 사람들이 경험한 복을 가리키거나 신체적 결점을 가진 바울을 위해 빌었던 복을 가리킬 수 있다. 이 첫 번째 의미는 바울의 다른 글에 나타난 이 단어의 의미나^{롬 4:6-9} 이방인이 아브라함의 복을 받아들였다는 개념^{갈 3:9, 14, 똑같은 단어를 사용한 것은 아니지만}과 일치한다.

그러나 이곳의 문맥은 두 번째 의미인 "호의"라는 뜻으로 사용되었음을 보여준다. 갈라디아 사람들이 눈이라도 빼 주고 싶어 한다는 진술은 이러한 주장을 뒷받침한다. 바울은 두 개념 모두 염두에 두고 있는지도 모른다. 성경이나 인간의 경험에 나타난 복의 속성에 따르면 누군가가 경험한 복은 즉시 다른 사람에게 전파된다. 바울에 대한 갈라디아 사람들의 호의는 그들이 하나님에게서 받은 복의 결과이며 증거다.

"내가 너희에게 증언하노니 너희가 할 수만 있었더라면 너희의 눈이라도 빼어 나에게 주었으리라."[4:15b] 위에서 언급한 대로, 바울은 앞서 갈라디아 사람들의 호의에 대한 자신의 주장을 뒷받침하기 위해 이처럼 가설적이고 확실히 과장된 진술을 제시한다. 이러한 사실은 "for"[왜냐하면]라는 접속사를 통해 확인할 수 있다. 이 수사학적 표현이 말하고자 하는 것은 시력은 그만큼 큰 가치가 있다는 것이다. 바울이 눈을 빼어 다른 사람에게 준다는 독특한 이미지를 사용한 것은 그의 신체적 질병이 눈과 관련이 있을 것이라는 추측을 가능하게 하지만[4:13-14 주석 참조], 확실한 것은 아니다. 어쨌든, 바울은 앞서 갈라디아 사람들이 보여주었던 충성과 도움을 무조건적이고 전례 없는 것으로 여기는 것이 분명하다.

"그런즉 내가 너희에게 참된 말을 하므로 원수가 되었느냐."[4:16] 이처럼 돌발적이고 급격한 전환은 독자의 의표를 찌른다. 바울은 극적인 효과를 의도한 것이 분명하다. "그런즉"이라는 접속사는 일반적으로 앞 절의 결과를 제시한다. 따라서 이곳의 용례는 반의적이다. 그렇다면, 구두점은 감탄사가 되어야 어울릴 것이다. 바울의 생각은 이런 식으로 표현할 수 있다. "그런데 결과가 어떻게 되었느냐? 내가 참된 말을 하므로 너희에게 원수가 되었구나!" 바울은 죄의식과 수치심을 끌어내고 있는 것이다. "원수"라는 충격적인 표현은 극단적일 수 있지만, 어디까지나 수사학적 효과를 위한 것이다. 후기 유대 기독교 저서들은 바울을 진리의 원수로 생각한 사람들이 있다고 말한다. 바울의 글과 사도행전은 할례와 같은 이슈에 대한 긴장이 고조되었음을 보여준다. 이곳에서 말하는 진리는 2장 5절 및 14절에 언급된, 바울이 갈라디아에 전파한 복음의 진리를 가리킨다.

"그들이 너희에게 대하여 열심 내는 것은 좋은 뜻이 아니요 오직 너희를 이간시켜 너희로 그들에게 대하여 열심을 내게 하려 함이라."[4:17] 여기서 제삼자인 "그들"은 갈라디아 사람들에게 바울을 반대하게 한 선생들을 가리킨다. 바울은 1장 7절이나 3장 1절과 같은 본문에서 이 대적들에 대해 언급한 바 있지만, 실제로 그들을 특정한 것은 아니다. 그들의 가르침에 초점을 맞춘 것은 사실이지만, 그들에 대한 묘사는 간접적이다. 이제 바울은 이 거짓 선생들에 대해 직접 공격한다. 그러나 바울의 묘사는 짧고 간결하다. 확실히 원래의 독자는 그들에 대해 알고 있는 것이 분명하다. 이 진술은 같은 핵심 동사를 절의 처음과 마지막 부분에 사용함으로써[이 동사는 다음 절에 세 번째 나타난다] 재치 있는 대칭구조를 형성한다.

NRSV가 "높이 평가하다"로 번역한 이 핵심 동사"열심내다"는 영어로 번역하기 어렵다. 이 단어는 "열심"이라는 어원과 함께, 유대적 상황에서 다양한 의미가 있다. 이것은 율법에 대한 신실함을 유지하려는 유대인의 종교적 열심을 상기시킨다.행21:20. 특히 갈1:14 이 단어가 이곳에서처럼 사람을 행위의 대상으로 할 경우, "누군가에게 깊은 관심을 가지다"나 "누군가의 호의를 얻기 위해 애쓰다"라는 뜻이 되며, "누군가를 질투하다"라는 의미로도 사용된다. 여기서는 이 가운데 두 번째 의미로 사용된다. 선생들은 갈라디아 사람들의 호의를 얻어 자신들에게 호의를 베풀게 하려고 노력했다는 것이다.

그러나 바울은 선생들과 갈라디아 사람들 사이의 상호적 호의를 위한 노력은 거짓에 근거한 것이라고 말한다. 이 선생들은 좋은 의도로 갈라디아 사람들에게 접근한 것이 아니다. 사실, 그들은 갈라디아 사람들을 배제하거나 차단하고 싶어 한다. 아마도 그들은 갈라디아 사람들이 바울과 접촉하지 못하도록 막고 싶었을 것이다. 그들은 열심당원처럼바울이 이 동사를 선택한 것은 그 때문이다, 유대인과 할례받지 아니한 이방인 사이에 율법에 기초한 경계선을 긋고 싶었을 것이다. 이것은 안디옥에서 보여주었던 유대 그리스도인의 행위와 유사하다.2:12-13

선생들은 이런 전략을 통해 이방인 개종자들을 소외시킴으로써 그들이 선생들을 더욱 사모하게 하는, 고전적 지배 기법을 사용한 것이다. 선생들의 궁극적 목적은 갈라디아 사람들이 율법에 기초한 유대적 삶의 방식을 받아들이는 것이다. 이것은 사실상 선생들로서는 좋은 의도를 가진 선교 전략이며, 그들이 이방인 신자에 무관심하거나 싫어한 것은 아니다. 그러나 바울에게는 이 모든 것이 악한 의도에서 나온 것으로, 갈라디아 사람들에게 어떤 유익도 주지 못한다. 사실상 그들의 전략은 바울이 이 서신을 통해 그처럼 반대했던 노예화였다.

"좋은 일에 대하여 열심으로 사모함을 받음은 내가 너희를 대하였을 때뿐 아니라 언제든지 좋으니라."4:18 이 절은 앞 절에서 두 차례 제시된 동사"열심내다"로 시작한다. 앞에서는 부정적 의미로 사용되었으나 여기서는 긍정적인 의미로 사용된다. 즉, 목적이 선하다면 다른 사람에게 "호의를 구하는 것"위 주석 참조이 당연하다는 것이다. 이 절의 앞부분은 일반적 원리를 제시하며, 따라서 아마도 바울은 잘 알려진 격언이나 속담을 이용한 것으로 보인다.

독자는 이 절의 뒷부분에 와서야 바울이 대적이 아니라 자신을 염두에 둔 표현임을 알게 된다. 바울도 갈라디아 사람들의 호의를 얻기 위해 열심을 내며 그들의 호응을 기대하고 있지만, 어디까지나 선한 목적을 위해서라는 것이다. 그런데도 바울의 간접적 비난을 왜곡하는 또 하나의 시각이 있다. 그것은 바울이 갈라디아 사람들과 함께 있을 때 이러한 상호 이해를 공유했으나 지금은 약화하거나 사라졌다는 것이다.

"나의 자녀들아 너희 속에 그리스도의 형상을 이루기까지 다시 너희를 위하여 해산하는 수고를 하노니." 4:19 이제 다시 한번 분위기가 바뀐다. 바울은 이기적인 생각이 전혀 없는 것은 아니지만, 갈라디아 사람들에 대한 사랑과 진리를 향한 관심에 기초하여 자신이 느끼는 여러 가지 감정을 표현한다. 이제 그는 부모와 같은 사랑과 유대감을 드러낸다. 자신을 아버지로, 개종자를 자녀로 부르는 것은 바울의 전형적인 방식이다. 고전 4:14; 고후 12:14; 살전 2:11 이곳의 본문에서 바울은 자신을 어머니로 묘사한다. 살전 2:7 참조 바울은 강력한 인간적 결속을 보여주는 이미지를 사용하여 자신의 감정을 전달한다. 이 이미지는 두 사람의 관계에서 일어날 수 있는 가장 근본적인 형성을 반영한다. 바울의 심정은 어머니가 자식을 출산하기 위해 애쓰는 것과 같다는 것이다. 해산의 고통과 수고는 갈라디아 사람들의 변절을 염려하는 바울의 고뇌를 보여준다. 출산의 고통에는 큰 기대와 불안이 따른다. 어떤 아이가 나올 것인가? 갈라디아인은 건강한 아이일까 사산아일까?

갈라디아 사람들에 대한 바울의 호소는 인간이 경험하는 보다 기본적이고 강력한 감정 가운데 하나를 끌어낸다. 그러나 유산이 될 경우, 이 유추는 돌변할 것이다! 이제 긴장과 고뇌는 바울의 고통이 아니라 갈라디아 사람들이 그들 속에 그리스도의 형상을 이루는 과정과 연결된다. 그리고 바울은 갑자기 산파가 된다. 그러나 바울이 자신에게 그리스도의 형상이 있으므로 다른 사람들도 자신을 닮기를 원했다는 사실을 생각하면, 이러한 이미지 변신은 충분히 이해된다. 4:14 주석; 롬 8:29; 고후 3:18; 골 3:9-10 참조 바울은 그리스도의 형상을 가지고 있으므로, 그의 자녀도 같은 형상을 가져야 한다는 것이다. 2:20; 6:15 참조

"형상을 이루기"에 해당하는 단어는 고린도후서 3장 18절 "그와 같은 형상으로 변화하여" 과 로마서 12장 2절 "오직 마음을 새롭게 함으로 변화를 받아" 에 사용된 동사의 변형된 형태다. 그리스도를 닮거나 형상을 이룬다는 것은 그리스도께서 신자들 속에 형상을 이룬다는 것이다. 이러한 본문들은 모든 차원의 인간적 경험에서 형성이 이루어져야 함을 보여준다. 즉, 사상과 신념, 관계와 공동체, 성품과 개성, 행동과 행위의 모든 영역이 포함되어야 한다는 것이다.

해산의 수고는 바울에게 다른 의미도 가진다. 후기 제2성전 유대교는 말세에 있을 하나님의 새로운 질서의 탄생을 묘사하기 위해 해산의 고통이라는 이미지를 사용했다. 새로운 질서는 이러한 고통 "재난" 과 함께 찾아온다. 이 관점은 마태복음 24장 8절, 마가복음 13장 8절, 요한계시록 2장 1-5절에 나타난다. 이것은 바울의 "새 창조" 개념과 직접 연결된다. 6:15; 고후 5:17

바울은 성령 안에서의 삶과 사역이란 그리스도의 죽음 희생과 고난 을 통해 새 생명을 얻는 것이라고 말한다. 고후 1:5-7; 4:10-11 이것은 정확히 바울이 갈라디아 사람들과 관련하여 자신을

보는 관점이다. 말세에^{고전 10:11} 하나님의 새로운 세계가 이 땅에 모습을 드러낼 것이며, 바울은 그 일을 돕는 사역을 할 것이다. 갈라디아 사람들에 대한 바울의 경험이 말해주듯이, 선교는 그리스도를 위한 즉각적이고 단순한 결심 이상이다. 그것은 가치관과 성품과 행위의 변화를 포함한 확장적이고 형성적인 과정으로, 전도자 자신이 전인적 모범이 되어야 한다.^{TBC 및 TLC 참조}

"내가 이제라도 너희와 함께 있어 내 언성을 높이려 함은 너희에 대하여 의혹이 있음이라."^{4:20} 개인적 경험에 기초한 이 단락의 끝부분에서, 바울은 갈라디아 사람들을 촉구하기 위한 또 하나의 감정을 드러낸다. 그는 현 상황의 불확실성과 의혹을 인정한다. 갈라디아 사람들은 그를 당황하게 하는 것으로 끝나지 않는다. 아마도 바울은 오랫동안 멀리 떨어져 있어서 상황을 완전하게 파악하기 어려웠을 것이다. 혹은 그동안 상황이 변하여, 그의 편지가 의도와 다른 결과를 야기했는지도 모른다. 따라서 바울은 갈라디아 사람들과 함께 있으면서 이러한 소통의 문제를 바로 잡고 싶다는 바램을 드러낸다. 어조를 바꾸고 싶다는^{"언성을 높이려"} 구체적인 표현은 그가 듣거나 생각하는 것보다 더 좋은 상황이기를 바란다는 뜻이다. 어쨌든, 이 절의 의미는 유동적이며, 유연한 접근이 필요하다. 따라서 바울은 극단적 감정을 드러내지 않기 위해 논쟁의 여지를 남긴다.

성서적 맥락에서의 본문

그리스도의 형상을 이룸

19절의 "수고"과 "해산"이라는 개념의 이미지는 신학적 중요성과 수사학적 영향력 의외로 크다. 해산의 수고에 대한 언급은 갈라디아의 문제에 대한 감정적 고통이 얼마나 큰지를 보여준다. 동시에, 이 이미지는 그리스도와 하나 됨, 그리스도의 형상을 이룸, 그리스도 안에 있음이라는 바울의 핵심적 특징과 연결된다.

이 언어가 가리키는 실체의 핵심에는 그리스도가 하나님의 구원적 목적의 완전한 표현이라는 확신이 나타난다. 그는 하나님이 명하시는 삶을 예시하는 분이시자 다른 사람에게 이러한 삶을 가능하게 하는 분이시다. 그리스도는 우리에게 완전한 구원이 어떤 것인지를 보여주시며, 성령을 통해 이러한 구원을 신자들에게 베푸시는 분이시다. "속에"라는 전치사는 이 주제와 관련하여 바울이 사용하는 전형적 용어로, 이러한 포괄적 구원관을 잘 보여준다. 바울은 물질적 공간이라는 문자적 의미를 염두에 두지 않았다. 그는 영적 형성에 대해 비유적으로 언급하고 있다. 이 영적 형성은 다른 요소를 포괄하며 어느 면에서는 그것을 규정하고 지배하는 광범위한 실재에 대한 전적인 헌신을 가리킨다. 특히 헬라어에서 "속에"라는 단어는 "수단"이나 "협력"의 의미로 사용되기도 한다. 바울의 사상에는 이러한 뉘앙스도 나타나며, 그리스도는 우리가 구원을 받는 수단이자 우리가 그와 같은 삶을 살기 위해 본받아야 할 모범이심을 보여준다.

어떤 사람들은 바울의 사상에서 히브리인의 집단적 인격 개념을 본다. 즉, 한 사람이 전체 백성이나 부족을 대표한다는 것이다. 아담을 인류의 대표로 보는 바울의 관점롬 5:12-21은 이러한 개념을 잘 보여준다. 성경 자체에 이러한 개념이 존재하는지는 논란이 되고 있다. 그러나 성경 문화에서 강력한 사회적 결속 개념은 확실히 바울 사상의 중요한 전제다. 바울은 인간관계에 수반되는 형성적 영향력에 대해 알고 있으며, 그것을 하나님과 사람의 관계에 적용한다. 그리스도와 관계를 맺는다는 것은 그의 인격의 형성적 영향력을 경험한다는 것이다. 이것은 개인뿐만 아니라 집단이나 교회에도 적용된다. 그들은 그리스도의 형상을 이루어야 한다.

바울이 말하는 그리스도와의 연합은 관계적 요소와 행위적윤리적 요소를 가진다. 관계적 요소는 신자와 그리스도 사이에 존재하는 교통이나 교제를 가리킨다. 그것은 그리스도인이 하나님과 교제하는 방식이다. 십자가의 죽음을 통한 그리스도의 사역은 우리를 하나님과 화목하게 하고 공동체적 관계를 가능하게 한다. 이러한 그리스도와의 연합을 "신비"로 묘사하기도 한다. 연합이 하나님과 인간 사이에 놓인 거대한 심연을 뛰어넘는 영적인 교제 방식이라면 유익한 것이다. 그러나 바울과 모든 성경은 이러한 연합이 물질세계를 벗어나 하나님께 흡수되는 영성을 주장하는 이원론적 개념이라면 잘못된 것이라고 말한다. 특히, 신비주의는 지나치게 개인주의적이기 때문에 바울의 사회적 비전을 뒷받침할 수 없다. 사실상 바울의 관계적 영역의 중요한 한 부분은 신자들 상호 간의 교제, 즉 그리스도의 몸 된 교회 안에 있는 경험이다.

또 하나의 요소는 행위적이다. 이것은 도덕이나 윤리적 영역을 가리키며, 성품과 행동을 포함한다. "그리스도 안"에 있다는 것은 그리스도의 형상으로 변화하며고전 3:18-23 그의 형상을 본받는다는 것이다.롬 8:29 갈라디아서 2장 19-20절은 이것을 죽음과 부활후자는 암시적으로 언급된다의 과정으로 묘사한다. 미덕과 바른 행위에 대한 문제들은 종종 연합이라는 주제와 연결된다. 그리스도의 섬김의 삶은 신자의 삶의 토대가 된다. 고전적 본문은 빌립보서 2장 1-11절빌 2:1, 5의 "그리스도 안"이라는 구절과 함께이다. 바울의 글에 나타난 삶에 대한 적용의 범위는 이 본받음이 삶 전체로 확산되어야 함을 보여준다. 바울은 모든 함축에 대해 구체적으로 밝히지는 않는다. 그는 신자가 각자의 상황에서 성령의 인도하심과 그리스도의 표준에 따라 하

나님의 뜻을 찾기를 원한다. 롬 12:2; 엡 5:1–2; 빌 1:9–11

"그리스도 안"이라는 표현에 중요한 의미를 부여한 다른 성경 기자는 요한이다. 가령, 요 15:4–7; 17:21; 요일 5:20 요한복음에는 영적 교제에 관한 내용이 두드러진다. 신자와 그리스도의 관계서로 "안에" 있다는 그리스도와 하나님의 관계처럼 상호적이다. 바울의 글에는 이러한 상호적 이미지가 두드러지게 드러나지 않는다. 공관복음의 제자도라는 주제는 바울과 요한의 하나 됨이라는 주제와 밀접하게 연결된다. 바울과 요한은 문자적으로 예수를 따르는 것이 불가능해지자 제자도 개념을 잠시 미루었다.

베드로전서[2:21]는 제자도라는 용어를 사용하지만, 바울은 사용하지 않는다. 그러나, 신자는 예수 의 가르침을 받는 배우는 자라는 엡 4:20–21 참조 제자들이 예수를 따르는 것은 바울의 "그리스도 안"과 마찬가지로 관계적이며, 행위적이다. 모든 삶은 잠재적으로 자신의 삶을 다른 사람과 공유함으로써 치유함을 얻고 변화된다. 바울과 요한이 말하는 "그리스도 안"은 복음서의 제자도를 변형된 형태로 확장한 것이다. 이 새로운 형태는 지상의 예수와의 물질적 방식의 연결로부터 승귀하신 그리스도와의 영적 방식의 연결로의 변화와 부합된다. 아래 TLC와, 2:20–21 TBC 참조

바울이 말하는 본받음

우리가 살펴보고 있는 텍스트는 자신의 믿음을 본받으라는 바울서신의 일반적인 주제에 대한 흥미로운 통찰력을 제시한다. 바울은 이 단락의 첫 부분에서 갈라디아 사람들에게 "나와 같이 되기를" 원한다고 했다. 이것은 독자와 바울의 관계를 보여주기 위해 "본받는 자"라는 단어를 사용한 다른 본문고전 4:16; 11:1; 빌 3:17; 살전 1:6; 살후 3:7, 9; 사용된 단어는 다르지만 빌 4:9과 같은 의미다. 바울은 나중에 갈라디아 사람들이 자신을 그리스도 예수와 같이 영접했다고 말한다. 이 주장은 이곳에 제시된 바울의 관점에 비추어 볼 때, 바울이 그리스도를 본받았기 때문에 바울을 본받는 것은 곧 그리스도를 본받는 것이라는 사실을 때로는 명시적으로 암시한다. 바울은 자신이 그리스도를 다른 사람에게 보여줄 수 있을 만큼 그리스도와 밀접하게 연결되어 있다고 생각한다. 따라서 본받음이라는 주제는 확실히 형성이나 연합이라는 주제와 연결된다. 앞 단락의 TBC 참조

바울에게 있어서 이 주제는 이론적 통찰력과 실제적인 통찰력을 함께 제공한다. 실제적인 통찰력은 바울이 그리스도인의 삶에 대한 자료를 가지고 있지 않은 첫 세대 개종자들을 다루고 있다는 것이다. 그들에게는 자신들을 가르칠 오래된 신자나 증인이나 문헌 자료신약 성경 복음서는 존재하지 않았다가 없다. 바울이 "그리스도처럼 됨"과 같은 추상적 개념으로부터 그것의 의미를 보여주기 위해 구체적인 사례를 제시하는 방식으로 전환하는 과정을 반복한 것은

이 때문이다. 또한 본받으라는 초청은 규칙을 성문화하는 것을 거부한다. 그 이유는 인격적 존재는 역동적이기 때문이다. 그것은 변화를 위한 적응과 성장을 필요로 한다.

본받는다는 개념은 도덕성이 바울의 중요한 담론임을 보여준다. 도덕적 삶은, 추상적으로는 분별할 수 없지만 다른 사람의 지혜를 보고 모방함으로써 전수되는 모범적 미덕과 행위에 기초한다. 그리스도인의 모범은 예수 그리스도다. 그의 삶은 역사에서 완전한 경건이 실현된 한 시점과 공간을 드러낸다. 본받음은 도덕적 비전이 세대에서 세대로 전수되는 방식이다. 따라서 바울의 본받음 개념은 제자도라는 주제를 예수의 삶을 통해 확장한 것이다. 이것이 바로 복음서가 기록되어 성경의 한 부분이 된 이유다. 예수의 삶에 관한 서술은 신자들이 그리스도를 배우도록 도왔다. "진리가 예수 안에 있는 것 같이"엡4:20-21

바울의 글에서 이 주제를 자세히 살펴보면, 자신을 본받으라는 바울의 호소는 교만한 마음을 감추고 조작된 방식으로 권위를 행사하기 위한 것이라는 주장이 잘못된 것임을 알 수 있다. 이곳의 본문에서 자신과 같이 되라는 호소는 바울이 이전에 갈라디아 사람과 같이 되었다는 사실에 기초한다. 다시 말하면, 바울은 스스로 개종자와 같이 되기 위해 노력한 것에 상응하는 반응을 보이라는 것이다. 본받는다는 것은 한편으로 지배하면서 한편으로 복종하는 이중적 경험이다. 확실히 본받을 수 있는 모범이 된다는 것은 권위를 행사한다는 것이다. 문제는 그렇게 함으로써 자신에게서 그리스도의 모범을 향해 한 걸음 더 나아가며, 서로에게 배우고 사랑으로 복종하는 과정에 동참할 수 있느냐는 것이다.5:13, "서로 종노릇하라"

교회 생활에서의 본문

제자도와 그리스도 안에서의 삶

바울의 영성은 그리스도와의 연합에 대한 초점과 함께, 종종 교회에서 간과되었다. 바울을 선호하는 일부 집단은 그리스도와의 연합보다 이신칭의를 핵심 사상으로 받아들인다. 반면에, 제자도를 강조하는 급진적 개혁주의 전통은 복음서와 베드로전서를 바울서신보다 선호하는 경향이 있다. 그러나 칭의나 연합은 핵심 사상과 연결되지 않는다. 특히 바울의 연합 사상에 대한 신비적 이해나 영적 이해는 예수님을 실제로 따르는 신앙에 관심을 가진 전통과 멀어지게 했다. 한 세기 전, 자유주의까지도 바울의 초세속적인 그리스도 예배보다 예수님의 윤리적 신앙을 선호했다.

그러나 그리스도와의 연합에 대한 바울의 강조는 이 사상을 경시하는 성향에 대해 재고

해보아야 할 필요성을 보여준다. 바울의 언어는 사실상 제자도, 개인적 영성, 공동체의 삶 및 그리스도와 같은 삶으로 요약할 수 있다. "그리스도 안"에서의 삶의 관계적 요소와 행위적 요소에 대해서는 위 TBC 참조 제자도는 믿음이 우리를 일상적 삶에 어떤 의미가 있느냐에 초점을 맞추게 한다. 그러나 제자도는 그리스도인의 믿음은 전적으로 윤리적이며 신실함은 역사적 예수를 그대로 모방하는 것이라는 오해를 초래할 수 있다.

바울의 확장된 관점에 비추어 볼 때, 그는 이러한 오해를 염려했다. 바울은 연합에 관한 언어와 함께, 우리의 관심을 영적 영역과 도덕적 영역 및 양자의 본질적 연결에 관심을 돌릴 것을 요구한다. 더욱이 그리스도를 따른다는 것은 그의 과거적 지상 사역에 초점을 맞추는 것이 아니라 현재적 주 되심에 초점을 맞추는 것이다. 신자는 그리스도의 마음을 자신의 현재적 상황에 적용해야 한다. 바울은 교회가 항상 새롭고 변화하는 상황에서 어떻게 우리의 현재이신 주님의 인도하심을 받아 신실할 수 있는지에 관심을 가진다.

교회는 제자도와 연합 사이에서 선택해야 할 필요가 없다. 복음서와 바울 서신 가운데 어떤 조명을 받을 것인가도 마찬가지다. 신약성경의 수수께끼 가운데 하나는 복음서와 그들의 예수님 이야기가 어떻게 복음 선포와 연결이 되느냐에 대한 증거가 부족하다는 것이다. 예수님의 사례는 왜 복음서 밖에서는 거의 인용되지 않는가? 아마도 앞 단락은 그 이유를 설명하는 데 도움이 될 것이다. 어쨌든, 초기 교회는 복음서와 서신서가 제자도와 "그리스도 안"에서의 경험을 뒷받침하는 데 필요하다는 결정을 내렸다.

바울과 다른 기자들은 그들이 이 관계를 어떻게 이해했는지에 대한 암시를 준다. 간략히 요약하면, 바울은 독자들에게 그와 같은 형상으로 변화하기 위해 거울에 비친 모습을 보듯이 주의 영광을 보라고 말한다.고후 3:18 그러나 바울은 주의 영광을 어떻게 볼 것인지에 대해서는 정확히 진술하지 않는다. 그는 독자/청중이 이해할 것으로 생각한다. 신약성경 전체의 내용에 비추어 볼 때, 처음에는 구전으로 보존되다가 이제는 복음서로 모습을 드러낸, 예수님의 삶에 관한 내러티브가 그리스도의 영광을 묵상할 수 있는 거울의 기능을 한다. 다른 어느 곳에서 예수 그리스도의 얼굴에 접근할 수 있겠는가?고후 4:6!

복음서에 제시된 구체적인 내러티브는 우리를 막연하고 주관적인 묵상에 빠지지 않게 한다. 한편으로, 바울의 언어는 성령 안에서의 새로운 삶이 단지 역사로의 여행이 아니라 우리의 주가 되신 예수님과의 살아 있는 만남이 되어야 한다는 사실을 보여준다. 살아 있는 영으로서 그리스도는 예수가 오늘날 교회에 어떤 의미와 관련성이 있는지를 보여주신다. 이러한 관점은 우리를 율법주의와 형식주의에 빠지지 않게 한다.고후 3:4-17 참조 이 관점은 모든 신실한 교회와, 특히 급진적 개혁주의의 제자도 전통에 알려져야 한다.

바른 행위를 위한 성경적 사례

사전검토

소위 하갈과 사라에 대한 비유는 특히 오늘날 독자에게 어렵다. 이유는 바울이 채택하는 독특한 해석 방식 때문이다.[3:16 및 주석 참조] 이러한 성경적 용례는 바울 특유의 방식이 아니다. 이 본문이 특이하다는 것은 전혀 관습적이지 않은 결말 때문이다. 바울이 몇 군데 중요한 지점에서 구약성경 본문을 통해 도출한 결론은 원래적 청중이나 오늘날 청중에게 반직관적이다. 그가 성경에 대해 독특한 접근을 한다는 것은 초기 기독교 문헌 가운데 이곳에만 등장하는 "비유"[4:24]라는 용어를 사용한 데서도 알 수 있다.

또 하나의 난제는 하갈과 그의 아들을 하나님의 은혜를 받지 못한 나쁜 종으로 묘사한다는 것이다. 오늘날 갈라디아서를 해석하는 많은 사람은 바울이 하갈을 있는 모습대로 진지하게 대하지 않는다고 비판한다. 하갈의 용기와 힘, 그리고 극한 상황에서 보여준 그의 믿음을 존중해주지 않는다는 것이다. 그러나 바울은 하갈이나 그의 이야기를 진지하게 받아들이거나 창세기 본문을 있는 대로 해석하려 하지 않는다. 그는 자신의 주장을 위해 하갈의 이야기를 하나의 비유로 다룬다. 사실, 어떤 스토리나 사람을 사례로 들 때 전적으로 공정하고 포괄적이거나 균형 잡힌 해석을 하는 저자는 별로 없다.

이 본문의 문제는 더 있다. 그것은 이 텍스트가 왜 이곳에 자리 잡았느냐는 것이다. 바울은 이미 성경을 통해 자신의 주장을 했으며 이제 자신의 경험과 관련된 내용으로 옮겼다. 그렇다면 이것은 다시 한번 생각을 정리한 것인가, 아니면 아직 제시하지 않은 더욱 심화된 내용인가? 적어도 두 가지 면에서는 더욱 깊이 있는 내용으로 볼 수 있다. 첫째로, 본문의 끝에 위치한 "여종과 그 아들을 내쫓으라"라는 언급은 갈라디아 사람들에게 거짓 선생들을 내쫓으라는 간접적인 호소라는 것이다. 이 호소는 독자/청중의 특별한 반응을 요구하는 명령형 동사가 특징인 갈라디아서의 이 부분과 부합된다.[4:12 참조] 둘째로, 이 본문의 사상은 원래의 약속과 율법에 대한 주제와, 이어질 내용에 지배적으로 등장할 성령과 육체에 대한 주제를 연결한다는 것이다. 이 본문은 구약성경에 관한 언급과 함께 앞 3장과 연결되며 이 내용을 다시 한번 정리한 것으로 볼 수도 있다. 그러나 앞서 언급한 두 가지 이유로 인해 이 본문의 위치는 이곳이 가장 잘 어울린다.

이러한 난제에도 불구하고, 바울의 핵심 요지 및 갈라디아서 전체 메시지와의 연결은 확실하다. 바울은 하갈과 사라, 그리고 그들의 아들을 통해 두 언약, 또는 하나님 앞에서의 삶의 방식을 보여준다. 두 가지 삶의 방식은 지금까지 갈라디아서에서 종의 삶과 자유의 삶 사이의 친숙한 대조와 일치한다. 여종인 하갈은 종살이를 가리킨다. 아브라함 아내이자 하나님의 약속을 성취한 사라는 자유를 가리킨다. 충격적인 반전은 율법준수를 주장한 선생들은 사실상 하갈과 하나가 되며 이방인은 유대인 사라와 하나가 된다는 것이다. 또 하나의 충격적인 사실은 유대인의 중심이자 교회에서 기둥같이 여기는 자들이 거주하는[2:9] 현재의 예루살렘이 종살이의 상징으로 제시된다는 것이다.

바울은 하갈을 통해 이스마엘을 낳음으로써 억지로 하나님의 약속을 성취하려고 했던 아브라함의 시도를 "육체를 따라"[4:23, 29] 난 자로 묘사한다. 한편으로, 사라가 이삭을 기적적으로 잉태한 것은 약속에 부합하는 하나님의 행위로 제시된다. 따라서 바울은 이삭을 "약속을 따라 난 자"와 "성령을 따라 난 자"로 묘사한다. 그것은 하나님의 목적과 행위에 기초한 것이다. 지금까지 바울은 텍스트를 해석할 때 비유에 의존하기보다 관습적 해석을 따랐다. 이 편지에는 자유로 인도하는 믿음이나 약속과, 종살이로 인도하는 율법이나 육체 사이에 근본적인 차이가 있다는 바울의 확신이 나타난다. 그리고 알레고리적 요소가 이어진다.

이 이야기와 논리의 기본적인 요소는 다음과 같다.

스토리: 아브라함의 두 아들

여종의 아들	자유 있는 여자의 아들
육체를 따라 난 자	약속을 따라 난 자

비유: 두 언약으로서 두 여자

하갈	사라
시내산/현재의 예루살렘	위에 있는 예루살렘

종노릇 하는 자녀	약속의 자녀
육체를 따라	성령을 따라

주석

"내게 말하라 율법 아래에 있고자 하는 자들아 율법을 듣지 못하였느냐."[4:21] 이전의 감정적 호소가 끝난 후 바울은 갑자기 이성적인 논증으로 돌아간다. 서두의 진술은 갈라디아 사람들이 유대 율법의 요구에 복종하려 한다는 사실을 가장 명확히 제시한다. 또한 이 절은 바울에게 율법은 다중적 의미가 있음을 보여준다. 첫 번째 언급은 토라의 특정 요구를 가리키지만, 두 번째 언급은 토라의 내러티브를 가리키며 바울은 이 내러티브 자료에 대해 언급하고자 한다.

바울은 갈라디아 사람들을 압박하는 율법이 자신의 복음에 대한 이해를 뒷받침할 수 있다는 사실을 보여주고 싶어 한다. 바울이 이곳에서 인용한 본문은 아브라함의 참된 후손은 할례를 받은 이삭의 후손이며 할례받지 않은 이방인인 이스마엘이 아니라는 사실을 보여주기 위해 대적들이 사용한 본문이라는 주장은 일리가 있다. 바울이 "들어라"라는 동사를 사용한 것은 일반 사람들이 성경을 직접 읽기보다 읽는 것을 들었던 문화적 상황을 반영한다. 이것은 성경의 전형적인 방식으로, 듣는 자는 말씀에 귀를 기울이고 순종해야 한다.

"기록된 바 아브라함에게 두 아들이 있으니 하나는 여종에게서, 하나는 자유 있는 여자에게서 났다 하였으며 여종에게서는 육체를 따라 났고 자유 있는 여자에게서는 약속으로 말미암았느니라."[4:22-23] 이 절은 바울의 관심이 어디 있는지를 잘 보여준다. 그가 이야기를 해석하는 방식은 문학적 요소에 기초한다. "자유 있는 여자"와 "육체를 따라"는 원래의 창세기 본문에 없는 용어다. 전자는 하갈과 대조되는 사라의 지위를 묘사한다. 후자는 아내가 아닌 여자를 통해 하나님이 약속하신 후손을 얻으려 했던 아브라함의 인간적 행위를 묘사한다. 바울의 어휘 선택은 확실히 이 이야기를 갈라디아서의 주제들과 연결하려는 의도에서 비롯된 것이지만, 바울의 생각은 창세기 본문의 의미에 기초한다. 바울은 여기서 이름은 언급하지 않지만^{이삭은 4:28에 거명된다}, 아브라함의 두 아들인 이스마엘과 이삭에게 초점을 맞춘다. 바울이 이야기를 인용한 방식을 고려할 때, 그는 성품이나 정체성보다 인물의 알레고리적 가치에 관심을 가진 것을 알 수 있다.

4장 22-23절의 핵심 내용은 종과 자유, 육체와 약속이라는 두 쌍의 대조임이 분명하다. 육체와 약속을 대조한 것은 약속과 율법, 육체와 성령이라는 두 쌍의 일반적 대조 방식 사이의 상관성을 보여준다는 점에서 중요하다. 따라서 율법과 육체는 공통 기반을 가지며,

약속과 성령은 기반이 다르다. 율법과 육체, 약속과 성령을 연결한 것은 갈라디아서의 중요한 흐름이며, 바울의 논증에 핵심적인 요소다.[3:2-3; 3:14; 5:16-18] 바울이 아브라함의 아들 이야기에서 아직 주어지지도 않은 율법을 약속과 대조되는 개념으로 제시한 것은 시대착오적이라 할 수 있다. 그러나 우리는 4장 24-25절을 통해 율법과의 대조가 비유 안에서 이루어지는 의도된 연결이라는 사실을 기억해야 한다.

"**이것은 비유니 이 여자들은 두 언약이라.**"[4:24a] 이 시점에서 "비유"라는 단어를 도입한 것은 바울의 진술이 이야기와 비유라는 두 단계로 이루어짐을 보여준다.[사전검토에서 제시한 구조를 보라.] [알레고리 개념에 대해서는 TBC 참조] 현재의 본문은 복합적 비유다. 바울은 먼저 아브라함의 아들들에 대한 이야기의 단순한 의미에 기초한 영적 통찰력을 제시한 후 그것에 기초하여 비유를 확장한다.

이제 내러티브의 초점은 아브라함의 아들들에서 그들의 어머니로 전환된다. 확실히 두 어머니는 언약 전승을 상징한다. 따라서 바울은 해산의 이미지로 돌아가서[4:19], 다시 한번 어머니 이미지를 이용한다.[4:26] "위에 있는 예루살렘은… 우리 어머니라." 바울이 비유의 단계로 들어간 것은 두 어머니, 하갈과 사라를 두 언약을 상징하는 인물로 제시하기 위함이다. 이 단계는 두 언약 유형의 기원을 아브라함의 이야기에 둔다. 앞으로 살펴보겠지만, 바울은 지금까지 주장해온 약속과 율법, 자유와 종살이 사이의 대조를 염두에 두고 있다.

우리는 이 대조가 시내산에서 율법을 주신 것보다 앞선다는 사실에 주목할 필요가 있다. 이 대조는 아브라함과 모세, 옛 언약과 새 언약의 대조[나중의 구속사에서는 언급되지만]가 아니다. 바울은 지금 특정 언약이 아니라 언약의 유형과 그것이 요구하는 하나님 앞에서 삶의 방식에 대해 다룬다. 바울은 구약과 신약을 대조하고 있는 것이 아니다.[마치 그가 신약성경을 알고 있는 것처럼] 바울은 창세기부터 시작되는 하나님이 자기 백성과 소통하시는 역사를 통해 상호작용하는 두 가지 유형의 언약을 대조하고 있다. 갈라디아서에 나타난 바울의 관심사는 자신이 전하는 자유의 복음이 '하나님이 모세 율법보다 오랫동안 인간과 관계해온 방식'과 더욱 진정성 있게 연결된다는 사실을 보여주는 것이다.

"**하나는 시내 산으로부터 종을 낳은 자니 곧 하갈이라.**"[4:24b] 아들과 함께 종으로 사는 하갈은 아라비아에 있는 시내 산으로서 현재의 예루살렘에 해당한다. 아브라함의 여종인 하갈은 종살이를 대표하는 어머니다. 하갈은 이러한 역할을 하는 가문의 머리에 해당한다. 이 비유에서 바울이 부계 중심이 일반적인 사회에서 하갈과 사라로부터 시작되는 모계를 따른다는 것은 흥미롭다. 바울이 의도적으로 여성의 지위를 배려한 것인지는 알 수 없으나, 이러한 움직임은 복음의 젠더 포괄적 관점[갈 3:2] 및 여성 이미지에 대한 익숙함[갈 4:19; 살전 2:7]

과 일치한다. 아마도 바울은 아브라함과 함께 사라를 이스라엘을 낳은 자로 언급한 이사야 51장 2절을 염두에 두고 있는 것 같다.

이 비유의 핵심은 시내산이다. 시내산의 지리적 위치는 하갈 및 모세 율법과 연결될 수 있기 때문이다. 시내산은 유대교에 익숙한 자라면 누구나 아는 대로 율법이 주어진 곳이다. 그러나 하갈과 시내산의 경우, 어떤 구약성경도 두 이름을 함께 언급하지 않기 때문에 연결고리가 약하다. 그럼에도 불구하고 창세기 16장과 21장의 내러티브는 하갈을 시내산이 있는 시내 반도^{광야}에 둔다. 하갈과 시내산의 연결에 대한 다른 주장은 추측일 뿐이며 바울의 생각을 반영하는 것으로 보이지 않는다. _{자세한 내용은 Longenecker나 Dunn 1993을 참조하라}

"이 하갈은 아라비아에 있는 시내 산으로서"^{4:25a}라는 확장된 진술은 헬라어 문법으로는 의미가 분명하지 않다. 따라서 초기 헬라어 사본은 "하갈"이라는 단어를 생략하기도 했다. 헬라어 문법으로는 "지금 시내산은 하갈인데, 아라비아에 있다"라고 해석할 수도 있다. 바울은 이 산의 위치가 어디인지를 보여주고 싶어 하는가, 아니면 하갈이 시내산이라는 사실을 보여주고 싶어 하는가? 24절에서 하갈은 시내산으로부터 오지만, 25절에서는 하갈이 시내산이다. "지금 있는 예루살렘"이라는 25절의 언급은 24절의 진술이 비유의 요소들에 대한 지리적 정보임을 말해주는 것으로 보인다.

따라서 바울은 이러한 지리적 정보를 현재의 예루살렘까지 연결한다. "같은 곳이니"는 "같은 목록이나 계열에 해당한다"는 뜻이다. 따라서 하갈이나 시내산^{율법}은 예루살렘과 같은 범주에 해당한다. "지금 있는 예루살렘"^{4:25}은 율법준수의 핵심을 가리키는 언급으로, 예루살렘의 대표자로 자처하며 율법의 보호자라고 주장하는 바울의 대적을 암시한다. 이 범주는 사라와 "위에 있는 예루살렘"^{4:26}의 범주와 대립한다. 전자의 범주는 종살이가 특징이며, 후자는 자유를 특징으로 한다.

하갈과 그의 후손의 종살이에 대한 이중적 언급은 바울의 강조점이 어디에 있는지를 보여준다. 이 비유에서 종 개념은 하갈의 지위^종에서 온 것이다. 그러나 바울은 앞서 율법과 속박의 연결에 대한 다른 근거를 제시한 바 있다. ^{3:23; 4:1-10} 이것은 어떻게 비유가 이러한 근거를 토대로 도출한 진리를 위한 설명인지를 보여준다. 앞서 율법준수를 속박과 연결한 진술이 유대 그리스도인에게 놀라움을 주었다면, 율법과 유대교를 이방인 하갈과 그의 후손과 연결한 것은 그들을 더욱 놀라게 했을 것이다. 바울은 청중에게 충격을 주려 한 것이다!

"오직 위에 있는 예루살렘은 자유자니 곧 우리 어머니라."^{4:26} 이 여자는 이스마엘과 이삭처럼 이름이 나타나지 않는^{4:22 참조. 이삭은 4:28에 언급된다} 사라다. 사라는 위에 있는 예루살렘과 같은 범주에 속한다. 갈라디아서의 이 부분에서 자유의 범주에 대한 묘사는 놀라운 것이 아니다. 언급되지는 않았지만, 바울의 복음 역시 이 범주에 해당한다. 위에 있는 예루살렘이 우리의 어머니라는 주장도 같은 맥락에서 볼 수 있다. "우리"라는 대명사는 율법을 떠나 그리스도 안에서 사는 유대인과 이방인 신자를 가리킨다. 이것은 바울이 전한 복음이다. 예루살렘을 어머니로 언급한 것은 새로운 것이 아니다. 사50:1; 51:17–18; 렘50:12; 호4:5

위에 있는 예루살렘 개념은 이 비유에 나타난 어떤 본문과도 연결되지 않는 순수한 알레고리적 형식에 해당한다. 새 예루살렘 개념은 확실히 선지자 전통에서 온 것이다. 사2:1–5; 미4:1–4; 렘31:38–40; 사65:17–25 유대 묵시 영역에서 새 예루살렘의 회복이나 갱신에 대한 예언은 하나님의 나라에 토대를 둔 하늘의 새 예루살렘에 대한 소망으로 발전된다. 사65:17–25; 제2에스드라서10:25–28; 계21:2 성전과 관련해서도 이와 유사한 예언적 소망의 진화를 볼 수 있다. 겔40–48; 히8:5; 출25:40; 유대교 내의 반 성전 정서에 대해서는 행7:47–51; 요4:21–24; 히9:1–14; 바나바서신16.1–2을 참조하라 이러한 예언적 진화는 신실한 유대인이 더 나은 미래적 전망을 제시하는 이상적인 하늘의 시스템과 비교하여 기존의 예루살렘 시스템을 비판하는 수단을 제공한다. 4:25의 "지금 있는 예루살렘" 참조 바울은 여기서 지상의 예루살렘에서 율법을 준수하는 어머니 교회를 대표한다고 주장하는 갈라디아의 거짓 선생들을 향해 이러한 비판의 화살을 돌리게 한다.

"기록된 바 잉태하지 못한 자여 즐거워하라 산고를 모르는 자여 소리 질러 외치라 이는 홀로 사는 자의 자녀가 남편 있는 자의 자녀보다 많음이라 하였으니."4:27 우리의 논증의 혼합적 특징은 이사야 54장 1절의 예언적 텍스트에 대한 인용으로 더욱 고조된다. 바울은 후기 제2성전 유대교의 전형적인 방식에 따라, 포로기 이후 이스라엘을 회복하실 것이라는 하나님의 뜻에 대한 예언을 메시아예수 그리스도를 통해 메시아적 백성교회에게 이루실 하나님의 최종적 목적의 성취에 적용한다. 이 이사야 본문은 이사야 51장 2절이 분명히 언급하듯이, 사라를 가리키는 것으로 볼 수 있다. 어쨌든, 바울은 불임에 대한 언급"잉태하지 못한 자" "홀로 사는 자"을 통해, 아이를 낳지 못하는 상태에서 성취의 시대에 자유의 복음을 대표하게 된 사라에 대한 비유와 연결한다. 즐거움과 환호에 대한 언급은 종말론적 엑스터시를 보여주며, 실현된 소망에 대한 기쁨을 나타낸다.

바울에게 이 인용문의 정점은 마지막 구절일 것이다. 역설적인 것은 불임의 여자가 결혼한 여자보다 자녀가 많다는 것이다. 이것은 하갈과 사라에 대한 언급이다. 잉태하지 못한 자의 자녀가 많다는 것은 열방에 대한 아브라함의 복을 가리키며, 이 복은 이방인이 메시아를 통해 하나님의 백성이 되면서 성취되고 있다. 3:8–9. 14 자유의 언약은 하나님이 성령의 능력으로 아들과 딸을 양자로 삼으시는 기적을 계속해서 베푸시는 생육과 번성의 장이다. 갈라디아 사람들은 이 인용문의 의미를 깨닫고 바울이 전하고 싶어 하는 열정을 공유하는가?

"형제들아 너희는 이삭과 같이 약속의 자녀라."⁴:²⁸ 바울은 갈라디아 사람들이 이 비유와의 관련성을 놓치지 않도록 쉽게 설명한다. "너희"라는 대명사는 헬라어에서 강조를 위해 문장의 서두에 위치한다. 갈라디아 사람들은 약속의 자녀다. 그들은 이삭과 마찬가지로 사라의 후손이다. 바울은 이 계보를 묘사하기 위해 "약속"⁴:²³으로 돌아간다. "형제들아"라는 표현에 대해서는 4장 12절을 참조하라.

"그러나 그 때에 육체를 따라 난 자가 성령을 따라 난 자를 박해한 것 같이 이제도 그러하도다 그러나 성경이 무엇을 말하느냐 여종과 그 아들을 내쫓으라 여종의 아들이 자유 있는 여자의 아들과 더불어 유업을 얻지 못하리라 하였느니라."⁴:²⁹⁻³⁰ 여기서 비유는 새로운 전환을 맞는다. 이것은 바울이 갈라디아서의 이 부분에서 비유를 시작할 때 염두에 두었던 전환이다. 바울은 갈라디아 사람들이 거짓 선생들에 대해 이러한 행동을 촉구하고 싶었는데, 하갈과 사라의 이야기는 정확히 그런 행동의 원천이 되었던 것이다. 바울은 창세기 21장 9절에서 이스마엘이 이삭을 박해한 모티브를 가져온다. 박해에 대한 언급은 후기 유대교가 창세기 본문을 "놀리다, 조롱하다"라는 뜻으로 해석한 것에 기인한다. 그러나 이곳에서는 할례당에 의한 박해를 가리킨다. 갈라디아에 있는 바울의 대적은 할례당에 속하며, 이어지는 절에서 보여주듯이 그들을 내쫓아야 한다. 그러나 이 박해는 바울이 개종하기 전에 동참했던, 그리스도인 전체에 대한 광범위한 박해의 한 부분이다.¹:¹³; cf 고후 11:24; 살전 2:14–15

바울이 아브라함의 두 아들을 묘사하기 위해 사용한 언어는 중요하다. 그는 이미 4장 23절에서 "육체를 따라"라는 구절을 사용했으며, 그곳에서 "약속으로 말미암아"라는 구절과 대조한 바 있다. 그러나 여기서는 보다 일반적인 "성령을 따라"라는 표현을 사용한다. 성령은 이 비유에서 처음 언급된다. 갈라디아서 다른 곳에서 볼 수 있는 것처럼, "성령을 따라"는 신적 약속과 연결되며 약속의 성취를 위해 하나님이 직접 베푸시는 능력에 대한 언급이다. 특히 이곳에서는 이삭의 기적적인 출생을 가리킨다.

이제 바울은 창세기 21장 10절⁷⁰인역의 사라에 대한 진술을 인용한다. 사라는 아브라함에게 하갈과 이스마엘을 내쫓으라고 요구한다. 바울은 이 명령이 어떻게 갈라디아의 상황에 적용될 수 있는지 밝히지 않지만, 그의 의도는 분명하다. 바울은 은근히 그들을 모두 내쫓으라고 촉구한다. 율법을 주장하는 선생들은 진정한 성경적 믿음의 유업에 동참할 수 없다는 것이다. 거짓 선생들의 사상과 참된 복음의 관점은 구별되어야 한다. 그러나 유업이라는 개념은 이 비유와 이전 진술³:¹⁸, ²⁹; ⁴:¹, ⁷ 사이에 또 하나의 연결을 제공한다. 바울이 이 개념을 사용한 것은 하나님의 목적은 역사에 통일성과 연속성을 부여하며, 진정한 믿음은 세대에서 세대로 이어진다는 그의 관점을 반영한다. 이곳의 문맥에서 알 수 있듯이, 실제적인 적용은 신자들이 이러한 역사적 흐름의 통일성과 순수성을 보호할 책임이 있다는 것이다. 이 임무는 진리를 변론하고 신실한 공동체의 순수성을 보전할 것을 요구한다.

"그런즉 형제들아 우리는 여종의 자녀가 아니요 자유 있는 여자의 자녀니라."4:31 이제 바울은 "형제자매"4:12 주석 참조보다 더 큰 존중의 의미를 담은 "형제들"이라는 표현을 두 차례이곳과 28절 사용한다. 이러한 용례는 편지가 계속되면서 더욱 강화된다. 이 절은 단락 전체를 요약한다. 바울은 다시 한번 "종"과 "자유"라는 용어를 사용함으로써 4장 22절의 출발점으로 돌아간다. 동시에, 이 절은 계속되는 두 주제에 대한 부연 설명을 준비하게 한다.

성서적 맥락에서의 본문

성경의 비유적 용례

바울은 자신이 다루는 하갈과 사라에 대한 이야기를 비유로 부른다. 이 본문에서 비유는 어떤 역할을 하는가? 바울은 이 이야기에서 아브라함/사라/이삭을 복음과 연계한다. 바울은 3장에서 이러한 요지에 대해 다룬 바 있다. 이곳에서 새로운 내용은 바울이 하갈을 이용하여 종과 율법을 연결한다는 것이다. 하갈과 율법은 둘 다 시내산과 관련이 있지만, 양자 사이에는 본질상 연결점이 없다. 바울은 이 우발적 연결을 토대로 종과 율법을 연결한다. 그는 계속해서 종/율법의 관계를 현재의 예루살렘을 포함한 관계로 확장하며, 자유/복음의 관계를 위에 있는 예루살렘을 포함한 관계로 확장한다. 이러한 연결은 성경에서 나온 것이 아니다. 예루살렘은 율법을 지키는 신앙의 중심이기 때문에, 율법과 예루살렘의 연결은 독자/청중에게 논리적으로 충분히 이해될 수 있는 내용이다. 진정한 복음과 위에 있는 예루살렘의 연결은 바울의 영적 통찰력과, 하나님이 이스라엘을 회복하실 것이라는 이스라엘의 종말론적 소망이 그리스도 안에서 하나님의 행위를 통해 실현되고 있다는 바울의 확신, 즉 바울의 복음에 기초한다.

하나의 방법론으로서 비유는 텍스트로부터 통찰력을 구하지 않는다. 이런 면에서 성경에 대한 "알레고리적" 해석은 잘못된 것이다. 오히려 통찰력은 텍스트 외부에서, 즉 다른 텍스트나 해석자의 신학으로부터 온다. 이것은 성경에 대한 비유적 사용이 잘못될 수밖에 없다는 말이 아니다. 진리는 인용된 텍스트 자체에 있는 것이 아니라 외부에서 텍스트 안으로 들어온다는 것이다. 엄격히 말하면, 텍스트에 대한 해석이 아니라 다른 곳에서 도출된 진리를 조명하기 위해 텍스트를 이용하는 것이다.

알레고리는 텍스트의 신화나 미신을 더 이상 받아들이지 않는 세대를 위해 옛 문헌을 이용하는 방식으로, 그리스 사람들이 발전시킨 수사학이다. 이것은 좋은 평가를 받는 예전의 텍스트에 극단적인 방식의 새로운 의미를 부여해야 할 만큼 세계관이 변했다는 것이다. 그러나 이것이 역사에 나타난 유일한 사례는 아니다. 우리는 그리스 문화 안에 사는 유대 백성에게서 유사한 사례를 찾아볼 수 있다. 알렉산드리아의 필로는 새로운 철학의 통찰력이 이미 성경에 나타난 사실을 보여주기 위해, 알레고리를 이용하여 유대 성경과 그리스철학을 연결했다. 바울이 "알레고리"[비유]라는 단어를 사용한 것은 이 방식을 사용한 의도를 보여준다.

현재의 본문은 사실상 복합적 알레고리다.[Witherington: 323] 알레고리의 요소들이 다른 유형의 해석과 공존한다는 것이다. 아브라함이 독단적으로 자식을 가지는 행동으로 약속의 정신을 위배했다는 진술은 문자적 해석에 속한다. 우리는 여기서 예표론이라는 해석의 형태를 볼 수 있다. 예표론은 신약성경에 나오는 "모형"이라는 단어에서 왔다. 이것은 구약성경의 사례[모형]를 신약성경의 유형["원형" 가령, 롬 5:14; 히 8:5]과 연결할 때 사용된 용어다. 예표론을 사용한 신약성경 기자들은 모형이 보다 완전한 사례에 대한 예시라고 본다.[히 10:1] 다시 말하면, 예표론은 모형과 원형을 약속과 성취로 연결한다. 이러한 해석 방법의 배후에는 하나님이 자신의 목적에 따라 역사를 인도하시며, 우리는 이러한 하나님의 행위를 통해 일관성과 통일성을 발견할 수 있다는 가정이 깔려 있다.

예표론은 역사적 상황에 알레고리를 부여한다. 그 결과, 해석이 도출하는 원형들은 독단적인 것이 아니라 사실상 하나님의 구원 행위에 관한 광범위한 역사 안에서 연결된다. 현재의 본문은 바울이 알레고리로 이동하기 위한 예표론적 프레임을 형성한다. 이 프레임은 아브라함에 대한 신적 약속 −율법이 개입한 시기가 끝난 후 그리스도를 통해 성취되었다− 에 기초한 바울의 구속사관이다. 바울은 3장에서 이 프레임에 대해 신중하게 접근한다. 그는 성경에 대한 해석을 텍스트에 대한 자신의 전제나 독단적 재구성에 기초하지 않고, 예표론과 문학적 틀 안에서 알레고리를 이용한다.

하나님의 백성에 대한 징계

이 단락의 목적 가운데 하나는 앞서 언급한 대로, 갈라디아 사람들이 거짓 선지자들을 쫓아내게 하는 것이다. 바울은 그들에 대한 갈라디아 사람들의 징계를 촉구한 것이다. 징계라는 주제는 1장 8−9절에서 변질된 복음을 전하는 자들에 대한 저주를 선포할 때 다룬 바 있다. 바울은 사도로서 자신의 행위나 회중의 행위에 기초하여 교회 안에서 징계를 시행했다. 갈라디아서는 두 가지 사례를 모두 보여준다. 즉, 1장 8-9절의 사도적 징계와 이곳 4장 30절과 6장 1절에서의 회중의 징계다. 바울이 징계의 두 가지 유형에 대해 언급한 고린도전서 5장에는 유사한 사례가 나타난다.

바울은 이스라엘과 여호와가 맺은 언약의 순수성을 지키려는 징계 공동체에 대한 자신의 사상을 뒷받침하기 위해 성경에 호소한다. 그는 현재의 본문에서, 창세기 21장 10절을 인용한다. 또한 고린도전서 5장 13절에서는 신명기 17장 7절을 인용한다. 후자의 본문은 일련의 교훈본문의 경우 우상 숭배자에 대한 징계에 대한 결론으로 제시된다는 점에서 특히 관련이 있다.

신구약 성경에서 징계의 개념은 이 땅에서 하나님의 거룩하심을 반영하는 특별한 백성에 대한 비전에 기초한다. 하나님과 맺은 언약의 순수성 및 이 땅에서 하나님의 백성이 감당해야 할 사명의 순수성은 이 특별한 비전을 보호할 것을 요구한다. 그러기 위해서는 하나님의 백성이 자신에게 합당하지 않은 것들을 떠남으로써 구별됨을 유지할 필요가 있다. 바울이 고린도전서 5장 6-7절에서 사용한 누룩 이미지는 확실히 동일한 관점을 보여준다. 즉, 적은 누룩이 온 덩어리에 부정적인 영향을 준다는 것이다. 하나님히 12:5-11과 하나님의 백성마 18:15-20은 징계를 한다. 신약성경은 마태복음 18장, 사도행전 5장, 요한계시록 2장과 같은 본문에서 교회 징계에 대해 가르친다.

사도행전 5장의 아나니아와 삽비라의 경우는 예외로 보이지만, 일반적으로 신약성경은 징계 행위의 목적이 회복에 있음을 강조한다. 갈라디아서 6장 1절은 이러한 목적에 대해 언급하는 동시에, 징계를 시행하는 자가 자신의 연약성도 염두에 두어야 한다는 사실을 덧붙인다.고전 5:5; 고후 2:5-11 또한 바울은 세상과 구별된 정체성을 가진 공동체를 유지하기 위한 노력이 세상에 대한 선교적 사명을 상실한 고립된 공동체를 만들지나 않을까 염려한다.고전 5:9-11 마태복음 5장 13-16절은 제자 공동체의 순수성이 세상에 대한 효율적 선교를 가능하게 한다는 예수님의 관점을 보여준다.

교회 생활에서의 본문

교회 공동체의 성경 해석

종교 집단이 신앙적 권위를 인정하는 텍스트를 어떻게 해석할 것인가라는 문제는 대단히 중요하다. 어떻게 일정한 시간과 공간에서 기록된 텍스트를 다른 시대, 다른 장소에 적용할 수 있는가? 이 질문에 대한 대답은 매우 유동적이며 끊임없이 변한다. 기독교 교회는 새로운 텍스트가 이전의 텍스트를 해석하는 방식으로 신구약 성경 둘 다 권위를 인정하기 때문에 더욱 큰 도전에 직면한다. 즉, 새로운 언약의 저자가 그리스도를 통한 하나님의 행위에 비추어 옛 언약을 해석한다는 것이다. 따라서 신약성경에는 새로운 시대를 위해 옛 텍스트를 재해석하는 경우가 나타난다.

세속적 영역에서 이 문제는 사회적으로 권위 있는 문헌을 어떻게 해석하고 적용할 것이냐는 논쟁에 나타난다. 어떤 사람들은 엄격한 해석이나 문자적 해석만이 텍스트의 신실함을 보장할 수 있다고 주장한다. 다른 사람들은 원래적 의도에 충실하기 위해서는 광범위하고 역동적인 방식의 해석이 필요하다고 주장한다.

우리는 양측 접근방식의 가치를 모두 인정해야 한다. 광범위한 접근방식은 문화의 차이로 인한 의미 변화를 고려하여, 상황이 새로운 적용을 요구한다는 사실을 받아들인다. 성경의 드러난 계시를 포함하여 인간의 모든 지식은 항상 변화하는 문화에 얽힐 수밖에 없으며, 따라서 이러한 변화는 성경에 대한 해석과 적용에서의 전환을 요구한다. 이것은 권위 있는 텍스트를 적용하는 과정에서 심층적 의미를 파악하기 위해서는 텍스트에 대한 문자적 적용에서 떠날 필요가 있다는 뜻이다. 한편으로 문자적 접근은 지나치게 철저히 새로운 문화적 상황에 맞추려다 텍스트가 문화를 비판하지 못하는 상황에 이르는 것을 반대한다.

16세기 아나뱁티스트는 위 사례를 잘 보여준다. 그들은 단순하고 직접적이며 문자적인 성경 해석을 통해, 유아세례나 국가 교회와 같은 시대적 편의주의를 비판하고 거부한다. 한편으로 그들은 징계에 대해 가르치는 신약성경의 텍스트를 문자적으로 해석함으로써 화해와 사랑의 정신이 빠진 엄격한 적용을 하는 경우가 종종 있다.^{아래 참조}

아나뱁티스트는 그리스도인이 구약성경을 어떻게 사용할 것인가에 대한 지혜를 보여준다. 그들은 원수를 사랑하라는 예수님의 명령을 문자적으로 받아들이기 때문에, 전쟁이나 폭력에 관한 구약성경의 텍스트를 교회의 실제적 표준으로 받아들일 필요가 없다는 해석 방식이 필요했다. 그들이 채택한 방식은 우리가 말하는 소위 "그리스도 중심적 해석학"이다. 그리스도 중심적 해석에서 그리스도와 그의 가르침은 다른 성경을 해석하고 적용하는 기준이 된다. 바울은 갈라디아서에서 같은 접근방식을 통해, 그리스도의 오심이 모세 율법의 역할과 타당성을 크게 변화시켰다고 주장한다.

광범위한 해석과 엄격한 해석이라는 딜레마는 성령과 텍스트의 정신에 초점을 맞출 때만 해결될 수 있다. 그러므로 독자는 겉으로 드러난 텍스트에 대한 철저한 연구를 통해, 거대한 영적 비전이 어떤 식으로 구체적인 인간의 모습과 행위를 통해 드러나는지 알아야 한다. 이러한 인식은 새로운 시간과 장소에서의 적용으로 향할 수 있게 한다. 포스트모던 시대의 민감성은 우리가 사회적 위치와 관심사 때문에 어쩔 수 없이 우리의 통찰력을 쉽게 왜곡하고 제한하는 해석을 받아들이게 한다는 사실을 인지시킨다. 교회는 성령에 맞서는 이러한 도전에 적절히 대처할 수 있는 원천이 있다. 개혁주의는 하나님의 뜻을 분별하기 위해서는 말씀과 성령이라는 이중적 사역이 필요하다는 사실을 강조한다. 교회가 분별하기 어려운 문제를 만나면, 말씀과 성령의 도우심에 의지함으로써 도전을 극복해야 한다.^{고전 14:26-} ^{33a} 이것은 말씀을 읽을 때, 성령의 음성에 귀를 기울여야 한다는 뜻이다. 이 과정은 혼잡하고 통제하기 어려울 수 있지만, 중요하다. 특히 교회는 "모든 진리 가운데로 인도"하시는 성령께 의지해야 하며^{요 16:13}, 신자들의 모임 전체^{해석 공동체}에 나타난 다양한 성령의 은사를 통해 그렇게 해야 한다.

신자들의 교회의 징계

신자들의 교회는 전형적으로 징계에 관한 성경의 가르침을 진지하게 받아들인다. 이 전통에서 참된 교회는 헌신적 신앙을 가진 자들로만 구성되며, 이러한 순수성을 계속해서 유지할 것을 요구한다. 따라서 참된 교회의 표지는 징계다. 이 징계의 목적은 교회의 순수성이나 순결함을 보존하는 것이다. 이 부분에 대한 강조가 약한 교회들^{가령, 국가 교회나 기성 교회들}은 교회를 전체 사회의 필요를 충족하기 위해 사역하는 봉사 기관으로 보는 경향이 있다. 교회와 사회의 구분은 덜 강조되거나 전적으로 무시된다.

16세기의 급진적 개혁주의를 포함하여 신자들의 교회 전통은 징계의 성공과 실패에 대해 살펴볼 수 있는 좋은 사례가 된다. 징계를 받은 자를 외면하고 추방했던 극단적 경향은 완전주의, 율법주의, 분파주의 및 분열에 기여했다. 한편으로는 과거의 엄격한 징계에 대한 반발 때문에, 다른 한편으로는 오늘날의 개인주의적 영향으로, 일부 교회는 역사적으로 헌신해왔던 서로 돌아보고 책임을 지는 공동체를 포기했다.

교회는 복음을 전하고 선교해야 하는 열린 공동체이자 다양한 정체성을 가진 사회에서 독특한 정체성을 유지해야 하는 닫힌 공동체이기 때문에, 긴장이 지속되는 것을 피할 수 없다. 교회 안에서는 의에 대한 고상한 비전 및 이상과, 신앙 여정에서 거듭된 실패를 경험하는 신자들의 현실 사이에서 이러한 긴장이 유지된다. 이 긴장의 핵심에는 "사랑 안에서 참된 것을 하여"라는 아름다운 진술로 제시된^{엡 4:15}, 진리와 사랑의 역동적 관계가 자리 잡고 있다. 복음의 진리^{2:5}와 서로에 대한 사랑을 촉구한^{5:13} 갈라디아서의 핵심 부분에는 진리와 사랑에 대한 동일한 이중적 강조가 나타난다.

바람직한 징계는 의와 사랑이 참으로 역사하는 대안적 공동체를 촉구한다는 점에서 복음 전도에 효과적인 공동체가 되게 한다. 이러한 공동체의 징계는 각 신자의 신앙적 발전을 격려하고 돕는다. 징계의 가장 큰 강조점은 언제나 영적 성장에 대한 적극적인 격려가 되어야 한다. 우리는 이것을 "형성적 징계"라고 부를 수 있다. 이 형성적 징계는 바울이 갈라디아서에서 신자들이 그리스도의 생명으로 하나가 되어[2:19-20] 그의 형상을 이루라고 촉구한[4:19] 본문에 잘 나타난다.

동시에 교회는 도덕적 실패와 교리적 오류를 바로잡기 위한 징계를 포기하지 말아야 한다. 이러한 징계는 처벌보다 회복을 목적으로 한다. 바울은 갈라디아서 뒷부분에서 공동체가 성령의 열매인[5:22-23] "온유한 심령"으로 바로잡으라고 촉구한다.[6:1 그곳 주석 참조]

자유에 굳게 섬

사전검토

종살이와 자유에 대한 비유를 끝낸 바울은 이제 갈라디아 사람들에 대한 강력하고 직접적인 호소를 준비한다. 바울은 복음을 처음 전했을 때 그들이 보여주었던 헌신에 굳게 서기를 원한다. 다행히도, 이 헌신의 "대가"는 종살이로부터의 자유다.

이 서신은 정점으로 향하고 있다. 바울의 강력한 주장에는 최종적 성격이 담겨 있다. 이제 우리는 문제의 핵심에 도달했다. 이 단락은 우리가 권면 부분에서 기대하는 대로, 명령형이 많고 개인적 호소와 관련된 용어들이 대부분이다. 이처럼 중요한 시점에서 바울이 자유라는 용어를 자주 사용한다는 것은 그것이 이 서신을 하나로 묶는 주제임을 보여준다. "굳건하게 서서"는 바울의 호소를 통해 자유라는 주제를 선포한 바울은 그들을 찾아온 선생들의 거짓 가르침이 가진 약점과 자신의 복음이 가진 장점에 대해 제시한다. 5장 5-6절에 제시된 바울의 요약적 언급은 바울 신학 가운데 가장 놀랍고 기억에 남을 만한 진술 가운데 하나다.

개요

율법적 의의 멍에, 5:1-4
그리스도의 의의 자유, 5:5-6
행동에 대한 촉구, 5:7-12

주석

율법적 의의 멍에5:1-4

"그리스도께서 우리를 자유롭게 하려고 자유를 주셨으니 그러므로 굳건하게 서서 다시는 종의 멍에를 메지 말라."5:1 이 절이 이전 본문과 연결되는지 이후 본문과 연결되는지에 대해서는 의문이 제기된다. 이 절은 이전 비유에 나타난 자유와 종살이라는 주제를 이어가지만, 연결어가 없다는 것은 단락이 종료되었음을 보여준다. 더구나 자유를 주시는 그리스도의 사역에 대한 바울의 묘사는 비유에서 나온 것이 아니다. 한편으로, 1절과 2절은 분명한 단절을 통해 분리된다. 따라서 5장 1절은 앞뒤의 내용을 이어주는 일종의 전환구로 보는 것이 바람직하다.

바울이 자유라는 단어를 동사"자유롭게 하려고"와 명사"자유"의 두 가지 형태로 사용한 것은 서두의 진술을 강조하는 역할을 한다. 바울이 수식하는 명사의 의미를 가장 잘 드러낼 수 있는 영어 전치사가 무엇인지는 논쟁이 되고 있다. for자유를 위해인가, in자유 안에서인가, by자유에 의해인가? 이것은 목적과 결과가 가장 근접한 진술 가운데 하나다. 그리스도는 "우리를 자유롭게 하려고" 자유를 주셨으며, 그 결과 "우리는 계속해서 자유를 누릴 수 있게" 된 것이다. 그리스도의 자유를 주시는 사역은 우리가 더욱 "성장"하여 모세 율법을 지킬 수 있을 때까지 일시적으로 필요한 과정이 아니다. 이러한 사실은 구원이 우리의 삶에 어떤 의미가 있는지를 다룬 단락의 서두에 잘 나타난다.4:4-5 참조 그리스도께서 신자들에게 자유를 주신 목적은 "자유로운 삶을 위해서"라는 것이다. 바울은 이곳에서 그리스도의 사역을 묘사하기 위해 "자유"라는 단어를 처음 사용한다. 그러나 사실 그는 1장 4절과 3장 25절 및 4장 5절에서 자유라는 주제를 소개한 바 있다.이 자유의 의미에 대해서는 그곳 주석을 참조하라

바울은 하나님이 그리스도를 통해 자유를 주셨다는 확신에 덧붙여, 그렇게 해서 누리고 있는 결과적 상황에 굳건히 서라는 명령을 제시한다. 이것은 신적 행위에 관한 직설법을 인간적 반응에 관한 명령형과 연결하는 바울의 전형적 방식을 보여주는 고전적 사례다.TBC 참조 이러한 언어적 용례는 바울의 신앙적 확신을 들여다볼 수 있는 또 하나의 창을 제공한다. 바울은 갈라디아서에서 영적 진정성은 인간의 신앙적 행위가 하나님의 행위와 일치하거나 하나님으로부터 지속적인 도우심을 받을 때만 가능하다는 확신을 보여주기 위해 노력한다.

굳건하게 서라는 바울의 적극적인 명령은 다시는 "종의 멍에"를 메지 말라는 소극적인 명령과 짝을 이룬다. "다시는"이라는 단어는 바울이 4장 8절에서 갈라디아 사람들이 이교

주의에 매여 있다고 언급한 사실을 염두에 두고 있음을 보여준다. 갈라디아 사람들이 지금 메고 있는 멍에는 그것과 다르지만, 거의 동일한 속박에 해당한다. "메지 말라"라는 단어는 신약성경 기자들이 신자들에게 상호 복종을 요구할 때 사용한 단어와 다르다. 이 단어에는 "말려들다"나 "짊어 메다"라는 뜻이 있다. 이 단어의 부정적 개념은 종 이미지와 잘 부합된다.

"종의 멍에"라는 언급은 이중적 암시를 보여준다. 유대 공동체는 율법 준수와 관련하여 "율법의 멍에"라는 표현을 사용했다.ᵉ ⁵⁵; ᵉ ¹⁵¹⁰ 그러나 "멍에"는 멍에를 메고 종으로 끌려가는 전쟁 포로의 이미지도 상기시킨다.^{딤전 6:1의 "멍에 아래에 있는 종"} 바울이 그리스도의 자유와 율법의 속박을 대조하는 문맥에서 어떤 이미지를 가지는지는 분명하다.^{예수님은 마 11:29에서 이 단어를 긍}
정적 의미로 사용하셨으며, 바울의 "그리스도의 법"[갈 6:2]도 같은 맥락의 표현으로 볼 수 있다

"보라 나 바울은 너희에게 말하노니 너희가 만일 할례를 받으면 그리스도께서 너희에게 아무 유익이 없으리라."⁵²ᵉ 바울은 주의를 집중시키는 용어와 두 개의 인칭 대명사, 그리고 자신의 이름에 대한 언급과 함께 2절을 시작한다. 이것은 주의를 기울여 들어야 할 엄숙하고 강력하며 권위 있는 호소라는 것이다. 바울은 4절까지 계속해서 강한 어조를 유지한다. 지각력 있는 독자라면 지금쯤 거짓 선생들이 갈라디아 사람들에게 할례를 부과하려 했다는 사실을 알겠지만, 바울이 이러한 사실을 명백히 언급한 것은 이곳이 처음이다. 조건절의 문법만 보면 갈라디아 사람들이 할례를 무시했다는 것인지, 이미 할례를 받은 사람이 있다는 것인지 알 수 없다.

어느 쪽이든, 가설적 진술에 담긴 원리는 바울에게 중요하다. 즉, 갈라디아 사람들에게 할례와 그리스도는 양립할 수 없다는 것이다. 할례가 포함된 율법에 복종하는 것은 그리스도께서 주시는 유익을 거부하는 것과 같다. "유익"이라는 단어는 경제적 이익과 손실을 가리킨다.^{이어지는 절 참조} 이 절의 개념은 율법으로 의롭게 될 수 있다면 그리스도의 죽음이 아무런 의미가 없다는 2장 21절과 유사하다. 미래 시제^{"유익이 없으리라"}를 신자들에 대한 최후의 보상이라는 미래적 언급으로만 생각할 필요는 없다. 바울은 확실히 언제든지 아무런 유익이 없다는 의미로 말한 것이 분명하다. ^{영어의 미래 시제는 이곳의 헬라어 어법이 조건절이기 때문에 온 것이다.}

할례와 그리스도는 왜 양립할 수 없는가? 우선, 이것은 우리가 율법을 지킨 결과 하나님이 어떤 것을 주지 않고 유보했다는 진술이 아니다. 게다가 할례는 본질상 악한 것도 아니다. 무엇보다도 바울 자신이 나중에 유대 그리스도인을 위해 할례를 받아들였다. 그러나 이곳에 나타난 바울의 생각은, 이방인인 갈라디아 사람들이 할례를 받아들인다는 것은 율법이 요구하는 모든 가치관을 받아들이는 것이며 그리스도의 사역을 경시하는 것과 같다

는 것이다. 이것은 결국 성령의 능력으로 말미암는 그리스도와의 연합의 충족성을 부인하는 것이다.

또한 바울은 이방인이 할례를 통해 완전한 유대인이 되어야 한다면, 그리스도 안에서의 새로운 삶은 이방인에게 복을 약속한 아브라함 언약의 성취가 될 수 없을 것이라고 확신한다. 그렇게 되면 "이방인"으로서는 구원을 얻을 수 없게 될 것이다. 아브라함에 대한 하나님의 약속은 그리스도를 통해 성취되었으며, 이방인이 자유롭게 하나님의 백성이 되는 것은 그리스도의 유익이다. 그리스도는 유대인과 이방인을 분리한 장벽을 제거하신다. 그는 어느 한쪽이 다른 편에 동화되는 것을 원하지 않으신다. 그리스도는 둘이 새로운 하나가 되기를 원하신다.3:28; cf. 엡 2:13-16 할례를 요구하는 율법을 의무적으로 받아들이는 것은 자유와 평등의 유익을 거부하는 것이다.2:4, cf. 2:11-14 및 3:6-14

"내가 할례를 받는 각 사람에게 다시 증언하노니 그는 율법 전체를 행할 의무를 가진 자라."5:3 증언이라는 용어는 법정의 엄숙함을 상기시킨다. 바울의 "다시"는 3장 10절의 내용을 염두에 둔 것이거나, 단순히 바울이 증거하는 두 가지 결정적 주장2절과 3절 가운데 두 번째라는 의미일 것이다. 어쨌든, 이 사상 자체는 3장 10절과 연결된다.그곳 주석 참조 영어 번역은 2절의 "유익"과 이곳의 "의무" 사이의 언어유희를 포착하지 못한다. 전자에는 채권이라는 개념이 있고, 후자는 빚을 가리킨다. 바울이 말하고자 하는 것은 그리스도 안에 있는 신자는 풍성한 은혜의 채권자이지만, 율법 안에서는 언제나 빚쟁이라는 것이다. 그리스도는 신적인 풍성함의 통로가 되는 관계를 제공하신다. 율법은 의무를 부여하며 그것의 성취를 위한 어떤 수단도 제공하지 않는다. 이러한 경제적 이미지는 생명 이미지와 비슷하다. 즉, 율법은 살게 하지 못하지만2:19; 3:21, 하나님은 그리스도 안에서2:19-20 성령으로 말미암아3:1-5; 5:25 생명을 주신다.

이 주장의 핵심 요지는 우리가 율법의 한 부분에 대한 의무를 받아들인다면, 그것이 아무리 작은 것이라 할지라도 율법 전체에 대한 빚을 지게 된다는 것이다. 이것은 야고보서 2장 10절 및 유대 문헌에서 종종 발견되는 논리다. 바울은 갈라디아 사람들이 율법 전체의 무게를 느끼기를 원한다. 아마도 갈라디아 사람들은 이러한 사실에 대해 듣지 못했을 것이다. 거짓 선생들이 율법의 요구에 대한 선택적 관점을 가진 이유는 분명하게 드러나지 않는다. 그러나 로마서 2장 17-29절은 유대 공동체 가운데 일부가 이러한 선택적 관점을 가지고 있었음을 보여준다. 바울은 갈라디아서에서, 할례를 주장하는 자들이 율법을 온전히 지키지 못하였다고 말한다.6:13 그러나 이곳의 본문에서는 바울의 율법에 대한 관점이나 유대인의 일반적 생각에 대해 추론할 수 있는 근거를 찾을 수 없다.

"율법 안에서 의롭다 함을 얻으려 하는 너희는 그리스도에게서 끊어지고 은혜에서 떨어

진 자로다.[4:4] 여기서 바울은 증인의 자리에서 재판관의 자리로 이동한다. 그는 그들이 할례에 복종했다는 판단을 내린다. "의롭다 함을 얻으려 하는"이라는 현재 시제 동사는 갈라디아 사람들이 칭의를 원한다는 사실을 정확하게 전달하지만, 바울의 관점에 따르면 그런 식으로는 결코 의롭다 함을 얻을 수 없다. 갈라디아 사람들 가운데 이미 할례를 받아들인 자들이 있다고 할지라도, 의롭다 함은 칭의의 진정한 원천인 "그리스도에 대한 믿음"으로 돌아가느냐에 달려 있다. 바울은 칭의가 율법으로는 불가능하다고 믿는다. "끊어지고"와 "떨어진"은 과거 시제로, 완성된 동작을 나타낸다. 이것은 갈라디아 사람들 가운데 할례를 받아 믿음의 "진보"를 이루라는 거짓 선생들의 호소에 복종한 사람들이 있음을 보여준다. 그렇다 할지라도, 바울이 5장 6절에서 분명히 밝히는 대로 모든 것이 사라지는 것은 아니다. 중요한 것은 "사랑으로 역사하는 믿음"으로 돌아오는 것이다. 그러나 헬라어 어법에서는 이와 동일한 과거 시제 동사들이 할례 행위의 결과로 초래된 참상을 뼈저리게 느끼게 하는, 극적인 효과를 위해 사용될 수 있다. 이 경우, 할례 행위가 실제로 있었느냐는 문제가 되지 않는다. 이것은 2절의 조건절에 나타난 가설적 어조의 문맥과 일치한다.

바울은 앞부분의 논증에서 칭의에 관한 언어를 사용한 바 있으나[3:24 참조], 여기서는 부정적인 면에 대해 진술한다. 율법에 의한 의는 모세 율법을 지키는 방법에 의존한다. 3장 24절에 나타난 대로, 바울은 이런 방식을 거부하며 믿음으로 말미암는 의를 주장한다. "율법으로 말미암아[율법 안에서]"라는 구절은 3장 11절에도 발견되며[2:21의 "율법으로 말미암으면"도 보라], 또 하나의 핵심 단어인 "율법의 행위"와 실제적인 동의어다. 이 절과 앞 절의 밀접한 평행은 할례가 율법으로 의롭다 함을 얻으려는 구체적인 사례임을 보여준다. 이러한 문제들에 대한 가장 상세한 논의는 2장 16절과 3장 10-12절에 제시된다.[그곳의 주석 참조]

율법에 기초한 의를 좇은 결과는 그리스도에게서 끊어지고 은혜에서 떨어지는 것이다. "끊어지고"로 번역된 단어는 분리되거나 떨어져오다는 뜻이다. 이것은 신체적인 할례 행위에 대한 언급이 아니다. 바울은 개인적 관계가 단절되는 심각한 문제에 대해 말하는 중이다. 율법에 충성하는 행위는 2장 20절이나 4장 19절과 같은 본문에 나타난 그리스도와의 친밀한 연합을 위협한다. 율법을 좇은 결과를 보여주는 또 하나의 표현 방식은 은혜로부터 떨어졌다는 것이다. 현재로서 은혜는 갈라디아서의 지배적 주제가 아니다. 바울은 앞서 1장 6절에서 복음에 대한 경험을 그리스도의 은혜로의 부르심으로 묘사한 바 있다.[1:15; 2:9도 보라] 바울은 이곳의 본문과 유사한 평행구에서, 율법으로 말미암는 칭의나 의는 하나님의 은혜를 폐하는 것과 같다고 주장한다.

우리는 여기서 바울의 강력한 논리를 다시 한번 듣는다. 율법은 본질상 그리스도나 은혜와 양립할 수 없는 것이 아니지만, 그것을 하나님과의 관계를 보장하는 기초로 삼는 것은 그리스도의 십자가를 통한 하나님의 결정적 행위를 부인하는 것과 같다는 것이다. 그리스도는 하나님의 뜻을 드러내며, 하나님의 뜻을 행하기 위해서는 성령의 능력 주심이 절대적으로 필요하다. 그 외의 것은 모두 죄로부터의 자유나 의를 위한 자유보다 못한, 종노릇에 해당한다. 더군다나 은혜 속으로 들어간 신자라 할지라도 나중에 그 은혜를 버릴 수도 있다. 바울은 한 민족을 택하시는 하나님의 자유와 하나님의 주권적인 구원 행위를 강조하면서 하나님과의 언약 관계에서 인간의 책임을 경시하거나 축소하지 않는다. 구원의 상실은 신자의 입장에서 경각심이 요구되는 실제적인 가능성이다.[TBC 참조]

그리스도의 의의 자유5:5-6

"우리가 성령으로 믿음을 따라 의의 소망을 기다리노니."[5:5] 이제 바울은 율법에 기초한 의의 부정적인 면으로부터 그리스도에 기초한 의의 긍정적인 대안에 대한 서술로 전환한다. "우리"라는 대명사는 바울이 제시한 자유의 복음과 하나가 된 모든 사람을 가리킨다. 이 절은 바울이 그리스도인의 믿음에 대해 짧고 기억하기 쉬운 진술을 선호한다는 사실을 보여준다. 영어로는 14개의 단어로 구성되지만, 헬라어로는 8개의 단어로 구성된다. 영어 번역만 해도 몇 마디의 단어에 광범위한 사상이 담겨 있음을 볼 수 있다. 바울은 요약한 형태의 복음을 통해 독자에게 거짓 선생들이 제시하는 복음과 본질적으로 다르다는 사실을 보여준다. 6절은 이러한 요약적 진술의 일부일 수 있다. 특히 "사랑으로써 역사하는 믿음"이라는 마지막 구절은 새롭고 중요한 영역을 덧붙인다.

따라서 여기서 지금까지 언급된 핵심적 용어들이 나타난다는 것은 놀랍지 않다. 성령, 믿음, 의와 같은 용어들은 바울의 설명에서 매우 중요한 개념이다. 헬라어는 성령[Spirit]과 영[spirit]을 구분하지 않기 때문에 다양한 해석[번역]을 가능하게 한다. 여기서 Spirit은 일반적인 영이나 인간의 영이 아닌 성령을 가리킨다. 바울에게 하나님의 의롭게 하시는 능력은 성령의 행위를 통해 온다.

"성령으로"[by]의 문법적 구조는 "성령 안에서"[in]나 "성령으로 말미암아[성령에 의해]"[through(by)]라는 의미로 해석할 수 있게 한다. 갈라디아서에서 성령의 사역에 관한 논쟁은 성령에게 실효성 있는 대리인의 역할을 부여한다. 이러한 사실은 "성령으로"라는 해석을 뒷받침한다. 한편으로 "성령 안에서"는 성령과의 개인적 관계[4:6]를 함축하며, 도구적 개념[성령을 가지고도]도 암시된다. 우리는 문맥에 따라 한 가지 대안을 선택해야 하지만, 두 가지 뉘앙스를 모두 가진 개념으로 이해하는 것이 바람직해 보인다.

문장의 순서는 중요하다. 우리가 알고 있는 지금까지의 바울의 사상에 따르면, 성령이 문장 첫머리에 제시된 것은 놀랄 일이 아니다. 이것은 그리스도인에게 있어서 하나님은 존재의 근원이자 원천이시며 성령은 실효성 있는 대리인이라는 바울의 신학을 반영한다. 다음 순서는 사람의 반응이다. 이것은 간접적이지만 중요한 요소다. 이 반응은 "믿음을 따라"[b]로 표현된다. 신적 원천과 능력에 대한 전적인 의지를 보여줄 수 있는 사람의 반응은 믿음뿐이다. 또한 믿음은 우리의 개인적, 공동체적 삶에 하나님의 의를 실현하기 위해 반드시 있어야 할 요소다. 아무리 성령이 믿음의 반응을 주도적으로 끌어낸다고 해도, 믿음은 우리가 구원이라고 부르는 언약적 관계의 진정한 파트너로 만드는 진정한 인간적 행위다. "의"라는 단어 역시 이 서신의 독자에게 친숙한 표현이다. 우리는 지금까지 의를 "하나님 및 하나님의 언약 백성과의 바른 관계"로 규정해왔다. 아래에서 설명하겠지만, 이곳의 의는 이 절의 새로운 용어와 밀접하게 연결된다.

우리가 바울의 요약적 복음에 언급된 용어들에 놀라지 않았다면, "의의 소망을 기다리노니"라는 구절에는 놀라지 않을 수 없을 것이다. 지금까지 이 서신은 미래에 대한 언급을 거의 하지 않았다. 우리는 4장 7절[6:8-9도 보라]에서 미래적 주제에 대한 가능성을 살펴보았다. 갈라디아서에서 이 문제는 이스라엘에 대한 이전 언약이 바라보는 그리스도 안에서의 지금 언약의 관계로 다루어졌다. 바울은 현재 그리스도 안에 있는 언약의 유익이 더 크다는 사실을 강조한다. 그러나 지금 바울은 미래를 복음의 지배적 요소로 소개한다. "기다리노니"라는 주동사는 다가올 미래에 대한 간절한 기다림을 표현한다. 목적어는 "소망"이다. 이 소망은 의가 전제된 소망이다. 바울이 이곳에서 이러한 미래로 방향을 전환한 이유는 확실하지 않다. 아마도 이러한 미래 개념이 그의 사상에 중요한 요소이기 때문일 것이다. 게다가 바울에게는 현재와 미래가 상호 이동이 자연스러울 만큼 밀접하게 연결된다. 이곳의 "기다리노니"라는 동사는 미래와 현재를 연결하는 가교 역할을 한다. 이것은 칭의에 있어서 성령의 능력의 실재를 인정하지만, 완전한 구속은 아직 이루어지지 않았다는 바울의 인식을 반영한다.

바울은 복음에 대한 이러한 조감도 속에, 갈라디아 사람들의 시선을 끌 수 있는 흥미로운 내용을 제시한다. 이 내용 가운데 하나는 복음이 제공하는 위대한 미래적 소망이다. 바울은 "의의 소망"이라는 구절과 함께, 이 소망을 갈라디아서의 핵심 주제인 의와 연계한다.

구약성경에서 "의"는 만물이 하나님의 뜻에 따라야 한다는 신적 의도를 나타낸다. 바울은 이러한 전통 위에 서 있다. 바울의 관점에서 복음은 우리에게 지금 가지고 있는 것보다 더 많은 것을 제공하고 미래적 성취를 향해 강력히 이끌며 그것을 위해 헌신하게 한다. 하나님과 바른 관계에 서 있는 우리의 지위도 미래적 영역에 해당한다. 우리의 지위에 대한 신적 재판관의 최종적 선고 역시 미래적 영역에 속한다.^{계 20:12-13} 이러한 사실은 바울에게 염려를 끼치는 것이 아니라, 오늘의 삶을 위한 희망과 동기를 부여한다. 따라서 이 절은 바울이 앞서 제시한 "의"의 용례에 기초하면서도 더욱 온전한 의미를 부여한다.

바울에게 있어서 "의"는 언제나 미래적 영역이다. 바울의 복음은 성격상 미래 지향적^{종말론적}이다. 따라서 성령 안에서의 삶은 하나님의 미래를 현재에 맛보는 삶과 완전히 성취될 미래에 대한 소망이 섞여 있다. 바울은 그리스도 안에서의 삶의 현재적 미덕을 가장 우선적으로 강조해왔다. 그러나 여기서 바울은 독자에게 모든 것이 완전한 것은 아니라는 사실을 상기시킨다. 그리스도 안에 있는 현재의 의는 마지막 종점이 아니라 영광스러운 정점을 향한 출발점일 뿐이다. 더구나 성경 전체의 사상에 따르면, 의의 소망은 하나님이 모든 것을 바로잡으실 피조세계 전체를 포함한다.^{롬 8:19-25; cf. 벧후 3:13} 하나님의 목적의 정점은 모든 영역에서 만물을 받아들이시는 것이다.

"그리스도 예수 안에서는 할례나 무할례나 효력이 없으되 사랑으로써 역사하는 믿음뿐이니라."^{5:6} 이것은 결론에 해당한다. 어느 면에서, 이 절은 바울이 갈라디아서에서 이해하기를 원하는 내용 전체에 대한 요약이다. 이것은 자유의 복음에 대한 긍정적 묘사를 계속해서 확장한다. 사도들이 즐겨 사용하는 "그리스도 예수 안"이라는 구절은 그리스도인의 신앙 전체를 나타내며 그리스도 중심적 바울 신학을 보여준다. "사랑으로써 역사하는 믿음"이라는 구절에는 앞서의 간결한 형식이 다시 나타난다. 이 마지막 구절이 5절과 함께 요약적 진술에 해당한다는 것은 믿음과 소망과 사랑이라는 언약의 3대 미덕이 언급된다는 사실을 통해 알 수 있다.^{고전 13:13; 살전 1:3; 5:8}

이제 바울은 할례라는 당면한 문제로 향한다. 바울이 할례가 갈라디아 신자들에게 아무런 가치가 없다고 믿은 것은 독자에게 새로운 사실이 아니다. 그러나 "할례나 무할례나 효력이 없으되"라는 바울의 진술은 새롭고 놀랍다. ^{"할례나 무할례가 아무것도 아니다"는 언급은 6:15 및 고전 7:19에도 나타나며, 고전 8:8에도 음식과 관련하여 비슷한 개념이 나타난다.} 바울은 할례 자체의 옳고 그름에 대해 말하지 않는다. 할례를 받든 받지 않든 그리스도 안의 삶과는 무관하다는 것이다. 그것은 도덕적으로 중요하지 않다. 그러나 갈라디아의 반대자들처럼 누군가 그것에 도덕적 의무를 부과한다면 그것은 문제가 된다. 그것은 복음의 순수성에 위협이 된다.

이것은 바울이 복음에 유익하다면 기꺼이 할례도 받아들인 이유이기도 하다.^{행 16:3} "효력이 없으되"로 번역된 단어는 힘과 능력이라는 어원적 개념을 가지고 있다. 이 개념은 이곳의 본문과 잘 어울린다. 이 절의 후반부는 "역사하는 믿음"에 대해 언급한다.[아래 참조] 좋은 결과를 산출하는 능력과 힘은 어디서 나오는가? 믿음은 그런 힘을 가지고 있지만, 할례나 무할례는 그렇지 못하다. 골로새서 2장 3절에는 이러한 요지가 더욱 분명히 제시된다. "이런 것들은 자의적 숭배와 겸손과 몸을 괴롭게 하는 데는 지혜 있는 모양이나 오직 육체 따르는 것을 금하는 데는 조금도 유익이 없느니라."

이제 바울이 가장 선호하는 전환구가 이어진다. 그것은 "사랑으로써 역사하는 믿음"이다. 이것은 바울 윤리학[도덕적 가르침]의 핵심을 보여준다. 이 구절은 앞 절의 요약적 진술과 함께 상세한 설명 없이 바울 신학 전체를 포괄한다. 바울은 율법을 지키지 않으면 도덕적 기준이 사라진다는 반대자들의 비판에 대한 대답하는 방식으로[2:17 참조], 믿음과 사랑을 연결함으로써 윤리를 자신의 신학의 나머지 부분과 하나로 묶는다. 믿음은 확실히 이 서신의 핵심 주제다. 바울은 사랑에 대해, 자신을 내어주신 예수 그리스도의 속성으로 언급한다.[2:20] 이곳의 본문에서 사랑은 신자들의 도덕적 삶의 모습으로 규명된다. 바울에게 사랑은 그리스도에 의해 규명된다. 5장 13-14절에서 살펴보겠지만, 모세 율법도 이러한 정의에 기여한다. 사랑은 감정이라기보다 행동이다.

특히 중요한 것은 "역사하는 믿음"이라는 표현에 담긴 동사의 개념이다. "역사하는"이라는 단어는 단순한 노동 이상의 의미를 담고 있다. 이것은 결과에 영향을 미치기 위해 노력한다는 뜻이다. 이러한 특징은 데살로니가전서 1장 3절의 "믿음의 역사"와 "사랑의 수고"라는 두 구절에 잘 나타난다. 믿음은 사랑의 행위를 통해 드러난다는 것이다. 믿음은 사랑의 행위라는 형식으로 일한다.

앞서도 살펴보았고 앞으로도 살펴보겠지만, 바울은 이곳에서도 연약한 상태에 있는 인간이 하나님의 뜻을 성취할 수 있는 활력과 힘의 원천을 어디서 찾을 수 있느냐는 문제에 집중한다. 그의 대답 가운데 하나는 "사랑으로써 역사하는 믿음"이다. 이 믿음은 하나님과의 바른 관계의 유일한 수단이며, 신자에게 사랑을 실천하게 하는 힘이기도 하다. 이 힘의 원천은 성령이다.[5:16-25] 믿음은 이 원천을 이용한다. 믿음은 바울 사상의 윤리에 절대적으로 중요하다. 바울이 로마서 14장 23절에서 강력히 주장한 대로, "믿음을 따라 하지 아니하는 것은 다 죄"기 때문이다.

행동을 촉구함 5:7-12

이 단락에서 바울은 다시 한번[4:12-20에서처럼] 신학적 논증에서 구체적인 상황적, 개인적 호소로 옮겨간다. "너희가 달음질을 잘 하더니 누가 너희를 막아 진리를 순종하지 못하게 하더냐"[5:7] 바울은 갈라디아 사람들이 복음에 합당한 삶을 보여주었던 시절을 칭찬한다. 그는 종종 삶을 경주로 묘사한다. 바울은 2장 2절에서 자신의 사역을 달음질에 비유했다. 이 메타포는 영적인 삶은 상호의존적 단계들로 이어지는 여정이라는 바울의 확신을 잘 보여준다. 좋은 시작은 반드시 결과로 이어져야 한다. 좋은 결과가 없는 시작은 무익하다. "막아"로 번역된 단어는 "끼어들다"라는 문자적 의미로 받아들여야 한다. 즉, 경주에서 다른 사람을 가로막거나 방해한다는 것이다. 이것은 갈라디아에 있는 대적에 대한 언급이 분명하다. 거짓 선생들이 신자를 가로막고 바른 궤도에서 벗어나게 한다는 것이다! 그들은 그렇게 함으로써 처음에 받은 복음의 진리를 순종하지 않았다.[2:5, 14 참조]

바울은 "진리를 순종"이라는 구절을 통해, 자신이 강조하는 진리가 실제적 행위와 밀접한 관계가 있음을 보여준다. 그는 지식과 행동의 분리를 허용하지 않는다. 머리와 발은 연결어야 한다. 바울이 말과 행동이 다른 베드로와 그의 일행을 책망한 2장 14절에는 이러한 사실이 분명히 언급된다. 갈라디아서는 이러한 진리관을 가장 분명히 반영한 성경 가운데 하나다. 바울은 추상적 개념[신학]을 주장하지만, 이러한 개념들은 역사에 구체적으로 나타난 하나님의 행위[선포된 복음]에 기초하며, 신자들의 지속적 행위[실천적 윤리]로 이어져야 한다.

"그 권면은 너희를 부르신 이에게서 난 것이 아니니라 적은 누룩이 온 덩이에 퍼지느니라."[5:8-9] 앞 문장의 "순종"이라는 단어는 헬라어 어법에서 "설득 당하다"라는 개념을 가지고 있다. 여기서는 설득의 개념[권면]이 분명히 제시된다. 바울은 갈라디아에 있는 대적의 가르침을 염두에 두고 있는 것이 분명하다. 또 한 가지 흥미로운 것은 "너희를 부르신"이라는 구절에 사용된 현재 시제다. 바울은 1장 6절과 15절에서 믿음의 첫 번째 단계와 관련하여 "불렀다"라는 과거 시제를 사용한 바 있다. 이곳의 현재 시제는 갈라디아 사람들이 바울의 대적들이 부르는 소리에 귀를 기울이자 그들에 대한 현재적 부르심으로 제시된다.

누룩에 대한 경구는 당시에 잘 알려진 속담일 것이다. 고린도전서 5장 6절에는 같은 경구가 나타난다. 이 경구의 기본적 의미는 명백하지만, 바울이 이것을 어떤 의미로 현재적 상황에 적용했는지는 알 수 없다. 이 경구는 본문과 문법적으로 어떤 연결고리도 없이 독립적으로 제시되기 때문에, 독자는 이것이 현재적 상황과 어떻게 연결되는지 분별해야 한다. 확실히 이 진술의 어조는 부정적이다.[막 8:15] 이것은 한 가지 문제[할례]에 대한 거짓 가르침이 다른 문제로까지 이어질 수 있다는 의미일 수 있다. 또는 이미 할례를 받아들인 소수의 사람이 갈라디아 지역 신자 전체에 영향을 줄 수 있다는 바울의 염려를 반영한 것일 수도 있다. 아마도 바울은 독자들이 모든 가능성을 적용하기를 원했을 것이다.

"나는 너희가 아무 다른 마음을 품지 아니할 줄을 주 안에서 확신하노라 그러나 너희를

요동하게 하는 자는 누구든지 심판을 받으리라."^{5:10} 바울은 앞서 권면에 대한 언급에 덧붙여, 대조적 방식을 통해 "주 안에서 확신하노라"라는 자신의 권면을 덧붙인다. 바울은 이런 식으로 하나님과 사람들 및 믿음의 문제에 관한 확신을 드러내고 싶어 한다. 로마서 14장 14절에는 "주 예수 안에서"나 "그리스도 안에서"라는 동일한 형식의 진술이 나타난다. 빌립보서 2장 24절과 데살로니가후서 3장 4절에서 바울은 칭찬을 미리 하는 방식으로 설득한다. 이러한 확신의 특별한 목적은 갈라디아 사람들이 바울처럼 생각하게 하는 것이다. 이곳의 언어는 7-8절에서 볼 수 있는 것처럼, 믿음의 문제에서 이성의 위치를 존중한다. 바울에게 중요한 것은 마음이다. 바울에게 진리는 바른 지적 통찰력과 하나님에 대한 신뢰, 성실한 실제적 삶을 포함한다. 우리는 진리를 생각하는 동시에 그 진리에 따라 행하여야 한다.

바울은 독자들에 대한 확신과 함께, 다시 한번 엄격한 비판과 긍정적 존중 사이에 적절한 균형을 잡는다. 그는 갈라디아 사람들을 무조건 책망하거나 비판하거나 심판을 선언하지 않는다. 바울은 자신과 독자 사이에 불필요한 장애물을 만들지 않으려고 조심한다. 이 진술은 1장 7-9절과 유사하다. 그곳 본문에서 "교란하여"라는 동사는 거짓 선생들의 영향에 대한 언급이며, 바울은 그들에 대한 심판 또는 저주를 선언한다. 바울은 다른 곳에서는 이들 대적에 대해 복수 형태를 사용하지만, 이곳에서는 단수^{"요동하게 하는 자"}를 사용한다. 바울이 지도자를 염두에 둔 것으로 보이지는 않는다. 이 진술은 바울이 자신을 반대하는 집단의 구성이나 면면에 대해 정확한 윤곽을 파악하지 못한 상태임을 보여준다. 부정 대명사와 단수 동사로 구성된 "누구든지"는 반대하는 그룹에 속한 모든 개인에 대한 강력한 심판의 선언이다.

"형제들아 내가 지금까지 할례를 전한다면 어찌하여 지금까지 박해를 받으리요 그리하였으면 십자가의 걸림돌이 제거되었으리니."^{5:11; "형제들아"라는 번역에 대해서는 4:12 참조} 이 진술은 매우 놀랍다. 갑자기 주제가 바뀌고 진술의 내용은 갈라디아서의 다른 진술들과 모순되는 것처럼 보인다. 이 질문은 누군가 바울이 할례를 전파한 것처럼 말했다는 것이다. 헬라어 어법에서 조건절의 형식은 이것이 이론적 주장을 위한 가설적 상황이 아니라는 사실을 보여준다. 바울이 아닌 누군가가 바울이 계속해서 할례를 전한다고 말하고 있다는 것이다. 이 편지에는 나타나지 않지만, 바울이 갈라디아의 문제와 관련하여 들은 정보는 이 고소와 관련된 것이 분명하다.

이 문제에 대해서는 여러 가지 해법이 제시되었으나, 어느 것도 만족스럽지 못하다. 그러나 두 가지 대안은 가능성을 보여준다. 첫째로, "할례를 전한다"는 언급은 바울이 개종하기 전에 율법 준수를 주장한 사실을 가리킨다는 것이다. 이 대안의 문제점은 바울의 극적인 변화에 대해서는 누구나 알고 있는 상황에서 그의 개종 전 행동을 문제 삼는 것이 무슨 효력이 있겠느냐는 것이다. 이 대안은 "지금까지 박해를 받으리요"라는 진술과도 부합되지 않는다. 바울은 개종 전에 박해를 받지 않았기 때문이다.

더욱 그럴듯한 대안은 바울의 사역 가운데 그가 여전히 할례를 전한다는 주장을 뒷받침할 만한 요소가 있다는 것이다. 우리가 알고 있는 유일한 가능성은 그가 실용적 이유에서 할례를 시행한 적이 있다는 사실이다. 한 가지 사례는 사도행전 16장 3절에 기록된, 디모데에게 할례를 준 것이다. 더구나 바울은 비록 율법의 권위에 기초한 것은 아니지만, 분명히 유대적 배경을 가진 신자들을 위해 할례를 받아들였다.[3:25 주석 참조] 바울이 실제로 할례 문제에 유연한 태도를 보였다는 사실은 그가 고린도전서 9장 19-22절에서 언급한 선교 전략에서도 확인된다. 바울은 그리스도의 법을 위배하지 않는 한, "여러 사람에게 여러 모습이" 되었다. 엄격한 입장을 가진 자들은 이런 유연성을 이용했을 가능성이 있다. 따라서 바울의 대적은 그의 행동이 할례를 적극적으로 지지하는[전파를 포함하여] 입장이라고 [잘못] 주장했을 것이다.

이러한 설명에 대해서는 바울이 일관성이 없는 것처럼 보이는 자신의 태도에 관해 설명하지 않았을 뿐이라는 비판이 제기될 수 있다. 그러나 바울은 이러한 비판을 대수롭지 않게 여겼을 가능성이 있다. 대신에 그는 수사학적 반어법을 통해 대답한다. 바울은 대적이 할례를 부분적으로 용납한 자신의 행위를 문제 삼으면서 한편으로는 할례 문제에 대해 자신을 박해하고 있다는 모순을 지적한다.

바울은 자신이 어떤 박해를 염두에 두고 있는지는 언급하지 않는다. 우리는 사도행전을 통해 바울이 선교하는 중에 유대인의 박해를 받았다는 사실을 알고 있다. 그러나 이곳의 문맥은 자신을 반대하는 유대 그리스도인의 박해를 의미하는 것으로 보인다. 이것은 만일 자신이 할례를 전한다면 십자가의 걸림돌이 제거되었을 것이라는 바울의 부연 설명과도 일치한다. 할례는 분쟁의 원인이었다. 바울이 말하는 박해가 이런 것이라면, 폭력적 박해라기보다 바울을 멸시하고 그의 사역을 방해하는 행위를 가리키는 언급일 것이다.[2:1-10 참조]

걸림돌이라는 이미지는 신약성경 전체에서 광범위하게 발견된다. 바울은 고린도전서 1장 23절에서 이 표현을 구체적으로 십자가에 적용한다. 십자가는 유대인에게 걸림돌[거리끼는 것]이라는 것이다. 메시아가 십자가에 못 박히셨다는 것은 치욕적 사건[스캔들]이다. 그러나 이 사건을 할례와 관련하여 언급한 이곳에서는, 의의 수단인 율법에 대한 죽음이 십자가이며[2:21; 3:13; 4:5] 따라서 할례는 중요한 문제가 아니라는 관점에서 보아야 한다. 이것은 율법을 고수하고 싶어 하는 유대 그리스도인이 받아들이기 어려운 스캔들이다. 이러한 사실은 대적이 유대인의 박해를 면하기 위해 할례를 촉구했다고 비난한 6장 12절에 잘 드러난다. 따라서 이곳의 본문에 제시된 바울의 진술에는 대적에 대한 비판이 함축되어 있다.

"너희를 어지럽게 하는 자들은 스스로 베어 버리기를 원하노라."^{6:12} 바울은 계속해서 우리를 놀라게 한다. 그는 이처럼 거칠고 과격한 언어를 끝으로 권면을 위한 수사학적 수단을 모두 동원하여 갈라디아 사람들에 대한 열정적 호소를 한다. 우리는 그때나 지금이나 이런 언급은 예의에 어긋나는 표현이라고 생각할 수 있다. 바울은 독자에게 자신이 대적에 대해 얼마나 큰 좌절감을 느꼈는지를 보여주기 위해 충격적인 요법을 사용하고 있는 것이 분명하다. 바울은 "어지럽게 하는"이라는 표현을 통해 1장 7절과 5장 10절에서 사용한 것보다 강한 용어로 대적의 행위를 묘사한다. "베어 버리기"로 번역된 단어는 "끊어내다"보다 일반적인 의미로 사용되며 표피를 일부를 잘라내는 할례를 넘어 완전히 거세한다는 뜻이 담겨 있다.

그러나 이것은 실망한 한 사도의 잔인한 농담이나 냉소적이고 원색적인 탄식이 아니다. 일부 유대 전통에서 거세는 예배 회중으로부터의 추방을 위한 근거가 된다.^{레 21:20; 신 23:1; 그} ^{러나 사 56:3b-5도 참조하라} 갈라디아 지역을 본산으로 하는 키벨레^{Cybele} 숭배에서, 제사장이 되려는 남성은 어머니 여신과의 결속을 보여주기 위해 스스로 거세했다. 따라서 거세에 대한 바울의 언급은 대적들이 의도하거나 원하는 것과 완전히 상반된, 할례의 부정적 개념을 끌어낸다.

성서적 맥락에서의 본문

성경이 말하는 자유

바울은 자유라는 주제에 초점을 맞추지만, 모든 성경은 자유에 대한 언급으로 가득하다. 사실 하나님은 인간과 피조세계가 타락한 상태에서 벗어나기를 원하신다. 속박과 종살이는 개인적. 사회적. 우주적 차원에서 드러난다. 마찬가지로, 하나님의 구원 행위는 이 모든 영역에서 작동한다. 성경 전체는 이러한 구원관으로 가득하다.

구약성경에서 이러한 자유의 가장 중요한 사례는 이스라엘이 애굽의 종살이에서 해방된 사건을 들 수 있다. 이 사건은 예수님의 죽음과 부활을 포함하여 이어지는 하나님의 해방 사역의 패러다임^{준거가 되는 모델이나 유형}이 된다. 자유는 하나님의 구원을 경험한 자들의 상태를 묘사한다. 따라서 성경적 의미에서 자유는 단순한 인간적 관심사가 아니라 하나님의 목적이라는 관점에서 정의된다. 자유는 언제나 "하나님을 위하여" 존재한다. 따라서 하나님을 섬기기 위한 것이지만, 넓은 의미에서 이 섬김에는 이웃도 포함된다. 이것은 갈라디아서에서 자유와 섬김이 나란히 제시되는 이유를 설명한다. 더구나 성경에서 자유는 오직 하나님의 개입을 통해서만 얻을 수 있다.

구약성경은 자유를 우선적으로 묘사하지만, 국가로서 이스라엘의 정치적 자유에만 초점을 맞춘 배타적 관점은 아니다. 시편은 개인과 공동체에 대한 모든 위협으로부터의 자유에 대한 탄원과 감사로 가득하다. 이사야는 출애굽 모티브를 사용하여 해방된 이스라엘의 자유를 묘사한다. 예수님은 평화와 축복의 이상적 세계 속의 해방된 백성에 대한 이사야의 비전을 성취하신다.

누가복음과 사도행전은 예수의 사역과 지상 교회의 삶을 통해 이러한 성취를 강조한다. 누가복음 4장 17-21절은 예수께서 나사렛에서 행한 프로그램적 설교에서 경제적, 신체적, 사회적 속박으로부터의 해방이라는 강력한 언어를 통해 이사야 61장 1-2절의 성취를 선포하신다. 예수께서 귀신 들린 자를 치유하시고 구원하신 행위는 이러한 해방을 입증하는 탁월한 사례다. 누가행전의 기독교적 메시지의 핵심 용어에 해당하는 "죄사함"이라는 단어까지 원어의 문자적 의미는 죄로부터의 해방이나 자유를 뜻한다. 누가복음의 해방은 그리스도께서 초래하신 구원의 모든 영역을 포괄한다. 따라서 바울은 자유를 주는 복음의 능력을 강조하는 오랜 성경적 전통 위에 서 있다.⁴:⁸⁻¹¹, TLC도 참조하라

직설법과 명령형

바울을 연구하는 학자들은 직설법과 명령형 동사의 상호작용이 바울의 윤리를 이해하기 위한 핵심이라는 사실에 대체로 동의한다.Furnish:9 직설법의 동사들은 종종 과거 시제로 제시되며, 신자를 위한 하나님의 행위나 선물에 대해 언급한다. 명령법 동사들은 하나님의 선재적 행위나 선물에 대한 신자들의 반응을 요구한다. 이러한 문법적 특징은 바울이 윤리와 신학의 나머지 부분을 어떻게 연결하는지를 보여준다.

앞서의 주석에서 언급한 대로, 5장 1절은 바울의 전형적 언어에 대한 사례를 잘 보여준다. **"그리스도께서 우리를 자유롭게 하려고 자유를 주셨으니 그러므로 굳건하게 서서 다시는 종의 멍에를 메지 말라."** 그리스도께서 우리에게 자유를 주셨다는 선재적 사실은 직설법으로 제시되며, 기정사실을 확인한다. 자유에 굳게 서서 종노릇 하지 않는 인간의 반응은 명령형으로 제시된다. 두 부분은 전반부가 후반부를 요구하거나 동기를 부여한다는 "그러므로"라는 접속사를 통해 연결된다. "그러므로"의 이러한 용례는 바울의 글 여러 곳

에서 발견된다. 특히 두드러진 것은 로마서 12장 1절이다. 이 절은 두 부분으로 구성된 로마서 전체의 전환구로서, 직설법을 특징으로 하는 전반부와 명령형을 특징으로 하는 후반부를 연결한다. 이러한 수사학은 하나님의 행위가 그러한 행위에 대한 인간의 반응적 행위의 근거와 자극이 된다는 사실을 보여준다.

바울이 이러한 수사학을 처음 사용한 것은 아니다. 모든 성경에는 이러한 수사학이 나타난다. 모세 언약의 핵심인 십계명의 경우는 모호하다. 출애굽$^{20:2}$과 십계명$^{5:6}$은 둘 다 이스라엘을 애굽으로부터 구원하신 하나님의 행위에 관해 진술하는 서문으로 시작한다. 따라서 이스라엘은 하나님이 무엇을 요구하시기 전에 그들에게 유익한 일을 하셨다는 사실을 상기한다. 다른 신약성경에도 동일한 직설법–명령형 구조가 나타난다. 예를 들면, 베드로전서 1장의 경우, 13절의 "그러므로"가 전환구의 역할을 하는 구조로 이루어진다.

우리는 성경을 이런 식으로 이해하는 관점으로부터 몇 가지 핵심적인 함축을 도출할 수 있다. 첫째로, 하나님은 언제나 구원과 축복 계획에 있어서 주도적이시라는 것이다. 구원 운동은 사람에게서 하나님으로 향하는 것이 아니라, 하나님에게서 사람으로 향한다. 둘째로, 하나님의 행위는 사람에 대한 하나님의 요구를 정당화하거나 근거가 된다. 가장 심오한 차원에서, 하나님의 행위의 특징과 방법은 인간이 어떤 방식으로 반응해야 할 것인지를 규명한다. 우리는 하나님이 우리를 대하듯이 이웃을 대하여야 한다. 롬 5:44–45; 롬 15:2–3; 엡 4:32–5:2; 요일 3:16

이 마지막 요지는 바울의 글, 특히 갈라디아서에 분명히 나타난다. 하나님의 행위와 성령의 임재가 없는 한, 거룩한 삶을 위한 능력도 없다. 이것은 직설법과 명령형이 그리스도인의 경험을 시간적으로 분리된 단계로 구분하지 않는다는 뜻이다. 오히려, 바울이 강력히 주장한 대로$^{3:3}$, 하나님의 능력 주심에 대한 직설법은 인간의 반응에 대한 명령을 뒷받침한다. 성경적 관점에서 볼 때, 세상을 구원하시려는 하나님의 목적에 드러난 하나님의 뜻과 행위는 인간의 뜻과 행위를 대체하지 않는다. 오히려 전자는 인간의 반응과 완전히 맞물리며, 하나님의 목적을 인간의 경험 속에 실현하기 위해 인간의 반응에 의지하기까지 한다.

은혜와 견인

이 단락에서 또 하나의 주제는 신적 의지와 행위가 인간의 의지와 행위와 어떻게 연결되느냐의 문제를 다룬다. 5장 4절에서 바울은 갈라디아 사람들이 그리스도에게서 끊어지고 은혜에서 떨어져 나갔다고 말한다. 이 절은 성경이 구원은 인간의 인내에 달렸다고 가르치는지, 아니면 하나님의 주권적 선택택함과 예정으로 말미암아 인간의 신실함과 무관한 무조건적 구원을 가르치는지에 대한 논의에 중요한 역할을 한다. 은혜와 구원에 대한 조건적 관점을 지지하는 자들이 이 절을 인용하여 그리스도를 소유하지 못하거나 ^{지속적이고 악의적인} 불순종을 통해 구원을 상실할 수 있다는 결론을 내린다는 것은 놀랍지 않다.

모든 성경이 분명하게 말하는 것은 우리가 하나님의 자녀가 되는 모든 과정을 하나님이 주도하신다는 것이다. 인간은 주도적으로 시작할 수 없으며, 구원의 근거를 제공할 수도 없다. 하나님이 먼저 구원과 은혜의 행위로 시작하신다.^{앞 TBC에서 살펴본 대로} 또 한 가지 분명한 것은 인간이 자신의 행위와 그러한 행위로 말미암은 결과에 대한 책임을 져야 한다는 것이다.

성경 내러티브를 자세히 읽어보면, 하나님의 언약과 약속이 아무리 무조건적인 것처럼 보이더라도 그것이 절대적인 것은 아니라는 사실을 알 수 있다. 하나님은 인간이 하나님의 약속을 주장하면서 약속을 하신 하나님의 뜻을 거스르는 것을 용납하지 않으신다. 성경에서 무조건적 언약과 조건적 언약을 엄격히 구분하는 것은 잘못된 것이다. 성경은 무조건적인 것처럼 보이는 언약도 사실은 조건적이라는 사실을 증거한다. 다윗의 왕위가 영원할 것이라는 하나님의 약속^{삼하 7:12-16}은 좋은 사례다.

한편으로, 시인 프란시스 톰슨^{Francis Thompson}이 표현한 것처럼, "하늘의 추적자"인 하나님은 하나님의 언약적 약속들을 결코 포기하지 않는다. 하나님의 언약과 약속은 하나님의 변함없으신 성품과 목적을 반영한다. 그 결과, 처음의 언약과 약속은 다른 형태로 다시 나타날 수 있다. 디모데후서 2장 11-13절의 미쁘신 말씀은 이러한 사실을 아름답게 표현한다. 이 본문에서 저자는 하나님의 반응에 대해 처음에는 사람의 행위에 달린 것처럼 말하지만 결국 하나님은 언제나 자신에게 신실하시므로 사람의 불성실에 영향을 받지 않으신다는 결론을 내린다. 이 미묘한 균형은 성경의 정신을 잘 보여준다. 이것은 하나님과 사람의 관계는 역동적이므로 인간의 논리나 추측으로 설명할 수 없다는 뜻이다. 또한 이것은 하나님은 주권적 하나님이시며, 따라서 그의 약속조차 책임을 추궁할 수 있는 근거가 될 수 없다는 것을 의미한다.

교회 생활에서의 본문

4:8-11, 교회생활에서의 본문 "자유와 속박" 참조

노예적 순종과 자녀의 순종

바울이 이 단락에서 채택한 진리에 대한 순종의 개념은 성령의 감동에 의한 순종과 성령

의 능력으로 사는 삶을 어떻게 이해할 것이냐는 문제를 제기한다. 순종은 요구에 부응하는 것이 아닌가? 순종은 바울의 복음과 실제로 부합되는가? 바울은 확실히 그렇다고 생각한다. 갈라디아서에는 순종에 관한 언어가 많지 않지만, "진리를 순종"[5:7; cf. 롬 1:5 및 16:26의 "믿음의 순종"["믿어 순종하게"]]이라는 중요한 표현이 나타난다. 바울이 복음의 진리를 따라 살지 아니하는 행위를 책망한 갈라디아서 2장 14절의 유사한 진술은 바울에게 있어서 순종이란 정형화된 행위를 모방하는 것이 아니라 그리스도 안에서 성령으로 변화된 삶을 통해 지속적으로 복음에 합당하게 사는 것을 의미함을 보여준다.[2:20; 5:5]

바울이 이러한 순종을 종과 아들의 이미지와 대조한 것은 다른 유형의 순종을 묘사하는 또 하나의 방식이다. 교회사에 나타난 다른 저자들은 이 이미지를 그런 목적을 위해 채택했다. 16세기의 아나뱁티스트 초기 지도자인 새틀러[Michael Sattler]는 『두 종류의 순종』[Two Kinds of Obedience, Yoder 1973: 12125]이라는 소책자를 저술했다고 한다. 새틀러는 이 책에서 노예나 종의 순종과 자녀의 순종을 비교 및 대조한다. 종은 외부의 통제를 받으며 선택권이 없이 주인이 시키는 대로만 한다. 종은 주어진 일 외에는 관심이 없으며, 할당량에 대한 보상에만 초점을 맞춘다. 이 관계는 지배와 의무를 특징으로 한다. 새틀러는 이것을 모세 율법 아래에서의 삶에 비유한다.

한편으로 아들은 상호 사랑과 관심의 관계 속에 있다. 부모와 자식의 본래적 결속은 이러한 관계에 필요한 행위를 알려주고 동기를 부여한다. 순종은 그 자체가 목적이 아니다. 그것은 자신의 유익만 생각하는 것이 아니라, 상호 유대와 가족의 유익을 위해 섬긴다. 이론적으로는 적어도 아들은 단순한 복종이 아니라 가족의 유대를 존중하는 마음으로 순종한다. 자녀의 순종은 그리스도 안에 있는 새로운 언약의 방식이다. 새틀러는 자녀의 순종을 내적 증거와 성령의 음성에 귀를 기울이는 것으로 묘사함으로써 바울의 강조점을 현재적 상황에 반영한다.

교회의 삶에 있어서 주된 관심사는 그리스도 및 다른 신자와의 깊은 관계를 배양하는 것이 되어야 한다. 요약하면, 가족의 정체성을 형성해야 한다는 것이다. 하나님 가족의 이상에 부응하는 삶을 위한 의지와 에너지는 살아 있는 관계로부터 나온다. 이것은 교회가 주어진 시간과 상황에 필요한 행위를 규정하거나 기술해서는 안 된다는 뜻이 아니다. 그러나 쉽게 의무나 제재에 의존하는 것은 진정성이 결여된 형식적 순종을 강화하며 율법주의로 흐를 수 있다. 그것은 노예적 순종이다. 자녀의 순종은 바울이 그의 글에서 끊임없이 주장했던 그 일을 하는 것이다. 이러한 순종은 우리의 행위를 그리스도 안에서의 삶이라는 영적 실재의 근원과 연결한다.[4:5-7의 주석 및 위 TBC의 직설법과 명령형에 대한 논의를 참조하라.]

사랑으로써 역사하는 믿음

주석에서 살펴본 대로, "사랑으로써 역사하는 믿음"[5:6]은 바울의 영적 비전을 가장 잘 보여주는 어법이다. 이 구절의 간결함은 다양한 해석의 여지를 남기지만, 전반적 요지는 명확하다. 참된 그리스도인의 경험은 믿음과 사랑의 결합이며, 이러한 결합은 경건한 삶으로 이어진다는 것이다. 바울이 말하는 믿음의 배타적 지위["오직 믿음"]는 복음이 하나님과의 수직적 관계나 내적 태도로서의 믿음에만 한정된다는 의미가 아니다. 믿음과 행위는 양립할 수 있다. 우리가 받아들일 수 없는 것은, 믿음에 기초한 행위가 아니라 다른 것, 가령 율법에 기초한 행위를 주장하는 것이다.[롬 14:23] 믿음 자체는 정당하고 참된 형식의 행위가 분명하지만, 이것은 어디까지나 오직 하나님의 은혜에 대한 반응으로서만 그렇다는 것이다. 행위는 일상적 삶에서 살아 있는 능력을 경험하는 믿음으로부터 나온다. 하나님만 의지하고 신뢰하는 삶은 행위에 동기를 부여하고 격려하는 "관계"를 통해 성장한다. 이것은 다음 단락에 제시된 바울의 주장과 일치한다. 즉, 성령은 경건한 삶을 위한 능력을 준다는 것이다. 신자의 믿음과 성령은 상호 보완적이며 경건한 삶을 뒷받침한다.

이런 삶은 적어도 대략적으로는, "사랑"이라는 단어로 묘사할 수 있다. 믿음이 관계에 초점을 맞추듯이, 사랑의 초점도 관계에 맞추어진다. 바울이 생각하는 그리스도인의 삶은 하나님과의 관계[믿음]에서 비롯되며, 하나님 및 이웃과의 관계[사랑]로 드러난다. 따라서 관계는 진정한 인간 존재의 핵심이다. 우리는 관계를 통해 우주의 질서 속에서 우리가 있어야 할 자리를 찾으며, 또한 이러한 관계는 하나님과 이웃이 없는 자에게 필요한 능력이 흘러나오는 원천을 제공한다. 사랑에 대한 상세한 언급은 5:13-14, 22를 보라. 마틴 루터의 이 절에 대한 주석에는 이러한 요지를 잘 나타난다.

이것은 한 마디로, 꾸며내거나 위선적인 믿음이 아니라 진실하고 살아 있는 믿음이라는 것이다. 이러한 믿음은 사랑으로 말미암은 선한 행위를 요구한다. 이것은 다음과 같이 말할 수 있다. 진정한 그리스도인이 되거나 그리스도의 나라의 일원이 되기 위해서는 참된 신자가 되어야 한다. 만일 그의 믿음에 사랑의 수고가 따르지 않는다면 진정으로 믿는 것이 아니다. Luther: 465:66

성령으로 육체를 극복함

사전검토

의롭다 함을 위해 율법을 지키는 오류에 대해 강력히 비판한 바울은 이제 자신의 주장에 대한 반박을 예상한다. 바울은 일상적 성령의 실제적 능력에 대한 신학적 설명으로 초래될 수 있는 파멸의 길에 대한 독자들의 우려에 대해 진술한다. 이러한 우려는 교회가 특정 관행을 허용할 경우 악과 부도덕의 빗장이 풀릴 수도 있다는 염려에서 나온 것이다. 모든 제약과 통제가 사라진다면, 고삐 풀린 악이 지배할 것이다. 바울이 여기서 말하는 갈라디아 사람들의 우려는 율법이 없으면 무엇이 신실한 삶으로 인도해 줄 것이냐는 것이다. 율법의 명령과 통제가 없다면 도덕적 혼란이 일어나지 않겠는가?

바울서신은 종종 이론적이거나 신학적인 중간부에서 실제적이고 윤리적인 결론부로 이어지는 것을 볼 수 있다. 갈라디아서의 경우, 이러한 전환은 5장 13절, 또는 빠르면 5장 1절이나 2절에서 이루어진다. 안타깝게도 일부 주석가들은 바울서신의 후반부가 전반부와 단절되며 덜 중요한 내용이라고 생각한다. 그들은 갈라디아서의 경우 바울이 핵심 이슈와 무관한 문제들에 대한 일련의 윤리적 호소를 사후에 덧붙였다고 주장한다. 다른 사람들은 바울이 율법 준수보다 도덕적 방종에 기운 갈라디아의 일부 집단에 대해 언급한다고 생각한다.

그러나 사실 이 단락은 율법, 성령, 육체, 자유라는 주제를 다룬 이전 내용과 밀접하게 연결된다. 바울은 4장 12절에서 책망 부분에서 권면 부분으로 옮기지만, 이 서신을 신학적 부분과 실제적 부분으로 나누려는 시도는 바울의 신학적 방법론에 대한 바른 접근이 아니다. 바울은 5장 13절에서 예수의 제자들은 어떻게 의롭고 거룩한 삶을 추구할 것이냐^{이것은 선}

택의 문제가 아니다라는, 갈라디아서의 논쟁 가운데 중요한 이슈를 다룬다. 이런 점에서는 이 단락의 내용이 실제적 문제를 다룬다고 할 수 있지만, 모든 진술은 이 서신의 중심이 되는 논지를 이어가는 강력한 신학적 틀 속에서 전개된다.

바울은 자신의 논증으로 말미암아 파멸의 길로 들어설 수 있을 것이라는 염려를 할 필요가 없다고 주장한다. 복음이 제시하는 도덕적 삶은 율법보다 훨씬 고상하고 윤리적인 열망과 가능성을 기초로 한다! 그의 구체적인 주장은 그리스도인의 도덕성의 핵심은[1] 일반적인 사랑의 원리와[2] 능력을 주시는 성령의 임재라는 것이다. 성령의 지배를 지속적으로 받는 신자는 육체를 극복하고 하나님의 뜻을 개인과 공동체에 이룰 수 있는 능력의 유일한 원천을 얻는다.

개요

성령과 육체의 갈등, 5:13-18

육체의 일과 그 결과, 5:19-21

성령의 열매, 5:22-23

육체를 십자가에 못 박음, 5:24

주석

성령과 육체의 갈등 5:13-18

"형제들아 너희가 자유를 위하여 부르심을 입었으나 그러나 그 자유로 육체의 기회를 삼지 말고 오직 사랑으로 서로 종 노릇 하라."[5:13] 이 서두는 5장 1절의 자유라는 주제로 시작하며, 이전 진술과 마찬가지로 직접적이고 확고한 주장의 형식을 취한다. 바울의 강조점은 앞서 언급한 거짓 선생들과 극명한 대조를 이루는 "너희"에 맞추어진다. 하나님은 갈라디아 사람들을 자유로 부르셨다. 부르심이라는 주제는 친숙하며[1:6, 15; 5:8] 하나님의 주도권을 보여준다. 이 부르심은 갈라디아서에서 하나님과의 영적 친밀함에 대한 강조 가운데 하나로, 살아 있는 역동적 관계에 기초하며 신자들 안에서 신적 역사의 행위로 드러난다. 바울은 모든 신자가 하나님이 믿음의 삶으로 부르신 사실에 대한 온전한 인식을 가지기를 기대한다.

바울은 소위 "육체의 소욕"이라는, 인간의 욕구충족적이고 이기적인 성향으로 인해 자유가 왜곡될 수 있다는 사실을 잘 알고 있다. 따라서 바울은 자유는 남용되기 쉽다는 분명한 경고로 자신의 논증을 시작한다. 이것은 거짓 형태의 자유에 대한 언급이 아니라 악에 의해 이용당할 수 있는 자유에 대한 언급이다. 바울은 롬 7:8에서 율법에 대해 같은 뉘앙스의 진술을 한다 자유의 적은 육체다. NRSV는 "방종"이라는 문자적 번역을 취한다 "육체"라는 개념은 갈라디아서의 주제적 문장 가운데 하나인 3장 3절에 처음 나타난다. 그곳의 주석 참조 육체는 우리의 본래적 속성을 나타낸다. 육체 자체는 악한 것이 아니다 이러한 속성은 성령의 인도하심과 통제가 없는 한, 악으로 휩쓸리기 쉽다. 이러한 정의가 앞으로 있을 성령에 대한 논의를 어떻게 작용할 것인지에 주목하라.

진정한 자유가 아닌 것에 대해 진술한 바울은 이어서 "사랑으로 서로 종노릇 하라"는 진정한 자유의 정의를 덧붙인다. "사랑으로"는 5장 6절과 같은 어법이다. 즉, 사랑은 서로를 섬기기 위한 수단이나 도구라는 것이다. 이러한 자유와 섬김의 연결은 우리의 본성 특유의 이기적인 자유와 정면으로 배치된다는 점에서 놀랍다.

종 이미지를 사용한 것은 종의 지위를 하나님 자녀의 지위와 부정적으로 대조한 4장의 논증과 모순되는 것처럼 보인다. 그러나 바울은 1장 10절에서 이 단어를 긍정적인 의미로 사용한 바 있다. 즉, 그는 "그리스도의 종"이라는 것이다. 전자는 제한적이지만 지배적인 종이며, 후자는 자유로운 인격의 자발적인 선택에 따라 "하나님의 백성과 그들의 사명"이라는 지상 최대의 대의명분의 과업과 짐을 짊어진 종이다. 바울이 진정한 자유를 개인적 용어가 아니라 공동체 안에서의 관계라는 집단적 용어로 규명한 것은 중요하다. 이것은 도덕적 삶에 초점을 맞춘 이 단락의 핵심 요소를 예시한다. 우리는 아래에서 바울이 공동체의 윤리를 구축하고 유지하는 일에 모든 초점을 맞춘 이유를 살펴볼 것이다.

"온 율법은 네 이웃 사랑하기를 네 자신 같이 하라 하신 한 말씀에서 이루어졌나니."[5:14]
바울은 5장 3절에서 어휘를 조금 바꾸어 율법의 무한한 의무라는 부정적 의미의 "율법 전체"라는 표현을 사용한 바 있다. 이곳에서는 준거의 틀을 달리하여, 같은 개념을 긍정적 의미로 사용한다. 이제 초점은 율법 전체를 구성하는 세부적 요소가 아니라 율법 전체의 의도에 맞추어진다. 바울은 온 율법이 사랑의 계명을 통해 다 이루어졌다고 말한다. 율법은 이웃 사랑으로 요약될 뿐만 아니라, 이 사랑을 통해 시행된다.

바울은 이곳과 유사한 로마서 13장 8-10절의 확장된 본문에서 이곳 본문이 "이루어졌나니"에 해당하는 단어와 함께 정확히 "요약"이라는 의미를 가진 단어[말씀 가운데] 다 들었느니라를 사용한다. 두 본문의 구분은 바울에게 중요하다. 갈라디아서의 강조점은 우리가 이웃을 사랑할 때 율법이 이루어졌거나 실천되었다는 것이다. 롬 8:4의 "이루어지게" 처럼

여기서 "이루어지다"라는 단어는 새로운 성숙의 단계에 이르렀음을 가리킨다. 갈라디아서에 나타난 바울의 주장은 하나님이 그리스도와 성령을 통해 자신의 목적을 이루었다는

것이다. 이것은 율법을 그리스도에 종속된 새로운 자리에 앉히는 동시에 성령과 관련하여 새로운, 그러나 부수적인 역할을 부여한다. 그리스도와의 관계에 대해서는 갈 3장을 살펴보고, 성령과의 관계에 대해서는 아래를 참조하라. 이 단락의 배후에는 하나님의 뜻에 실제적으로 순종할 수 있는 새로운 방식을 보여주려는 의도가 나타난다. 바울은 이 새로운 방식은 율법을 포함하지만, 율법의 역할은 다르다고 말한다.

이 본문에 나타난 확실한 함축은 율법이 하나님의 뜻을 신실하게 반영한다는 것이다. 지금까지 율법에 대한 부정적인 진술과 균형을 맞추기 위해, 우리는 바울의 관점 가운데 이 부분에 무게를 두어야 한다. 이곳에 언급되지 않은 바울의 확신은 율법은 더 이상 인간의 뜻이나 노력에 기초한 법전이나 기준으로 접근해서는 안 된다는 것이다. 바울이 사랑이라고 표현한, 율법의 근본정신이 신자들을 사로잡아야 한다. 이 사랑은 외적인 준거가 아니라 성령의 능력으로 양육되는 내적 미덕이다. 5:22 바울은 율법의 최소공분모를 찾는 지적인 게임을 하고 있는 것이 아니다. 그는 그리스도와 성령 안에서의 삶에 대한 역동적이고 관계적인 관점이라는 렌즈를 통해 율법을 들여다보려고 한다. 고린도후서 3장의 편지와 영 참조

율법을 간략한 진술로 요약하는 행위는 후기 제2성전 유대교에서 흔히 볼 수 있는 일이었다. 예수님도 그렇게 하셨다. 막 12:28-34 및 병행구 랍비 힐렐Rabbi Hillel, Babylonian Talmud, Shabbat 31a 도 마찬가지다. "너희가 싫어하는 일은 다른 사람에게도 하지 말라." 예수께서 마태복음 7장 12절에서 요약한 율법은 동일한 진술을 긍정적 형태로 제시한 것이다. 또한 예수님은 이 기법을 율법 안에서 상대적 우선순위를 정립하는 방식으로도 사용하셨다. 마가복음 12장 28-34절에서, 예수님은 계명 가운데 가장 중요한 계명이 무엇이냐는 한 서기관의 질문에 기꺼이 대답하신다. 바울이 갈라디아서 5장 14절에서 제시한 유사한 요약은 율법 전체의 목적을 사실상 성취할 뿐만 아니라, 율법준수를 버릴 때 일어날 수 있는 도덕적 혼란에 대한 염려를 잠재운다.

사랑은 바울이 묘사하는 윤리관에서 중요한 역할을 한다. 사랑은 율법과 그리스도 안에서의 삶 사이의 중요한 연결을 제공한다. 율법은 사랑의 일반적 윤곽을 규명한다. 그러나 사랑은 살아 계신 성령의 임재에 의존하며, 원수를 포함하여 모든 백성을 위한 그리스도의 자기희생적 사랑을 통해 완성된다. 2:20; cf. 눅 23:34; 마 5:43-48 바울이 갈라디아서 전체를 통해 주장한 대로, 이 새로운 구성은 율법의 세부 조항이방인을 어떻게 볼 것인가와 같은 것에 대한 재규명을 요구한다. 이것은 왜 초기 교회와 특히 바울이 사랑을 그처럼 강조한 이유와, 하나님이 그리스도를 통해 그들에게 보여주시고 그들이 이웃을 향해 보여준 타인 지향적이고 행위 지향적이며 무조건적인 사랑룜 15:1-3; 엡 4:31-5:2을 표현하기 위해 "아가페"라는 헬라어 단어를 처음

사용한 이유를 설명해준다.

"만일 서로 물고 먹으면 피차 멸망할까 조심하라."[5:15] 바울은 갑자기 사랑에 대한 교훈을 갈라디아 사람들에게 적용한다. 이것은 바울의 갈라디아 교회에서 일어나고 있다고^{일어날 가} ^{능성이 있다고} 생각한 것을 반영한 것이 틀림없다. 바울은 5장 26절에서 공동체의 삶에 나타난 갈등에 대해 이러한 직접적인 언급을 반복한다. 육체의 일과 성령의 열매에 대한 목록은 삶 속에서 함께 경험되는 악과 미덕이 대부분이다. 가장 바람직한 설명은 갈라디아 교회의 선생들이 재촉한 신학적 논쟁이 고통과 분파주의와 분열을 가져왔다고 보는 것이다. 바울은 이 문제를 다루고 싶어 한다.

바울의 이미지는 극적이다. 그가 사용한 용어는 동물의 세계에서 서로 먹이로 생각하여 잡아먹으려는 이미지를 떠올리게 한다. 이 수사학은 인간 공동체에서 사랑이 없는 싸움은 사실상 미개한 동물적 삶과 같다는 사실을 보여준다. 결국 공동체는 피차 멸망하게 될 것이다.

텍스트는 모두 멸망하게 될 것이라고 말한다. 공동체의 갈등은 공동체의 멸망으로 이어지기 쉽다. 누가 옳고 누가 그른지와 관계없이 모든 사람이 손해를 보게 될 것이다.

"내가 이르노니 너희는 성령을 따라 행하라 그리하면 육체의 욕심을 이루지 아니하리라."[5:16] 사랑은 바울의 도덕적 비전의 첫 번째 핵심 요소다. 성령 안에서의 삶은 두 번째 요소다. 이제 바울은 이 두 번째 요소로 향한다. 바울은 13절에서 "육체"라는 개념을 도입하였으나 여기서는 이 개념에 대해 더욱 깊이 다루며 반대 개념인 성령과 대조한다. 5장 2절에서처럼, 바울은 "내가 이르노니"라는 엄숙한 선언과 함께 문장을 시작한다. 이 선언은 명령형으로 시작하여, 단언적 진술로 마친다.^{NRSV와 달리}

바울은 광범위한 문맥에서^{5:18, 25 참조}, 성령 안에서의 삶에 대해 묘사하기 위해 여러 가지 동사를 사용한다. 이러한 동사들의 차이는 중요하다. 바울은 5장 16절에서 "너희는 성령으로[안에서] 행하라"고 말한다. 성령 안에서 행한다는 개념은 지속적인 임재를 암시한다. 그러나 이곳의 본문에는 돕는 자로서 성령의 개념^{성령으로}도 나타난다. "하나님과 함께 행함"이라는 이미지는 구약성경 영성의 근본적인 이미지며, 초기 그리스도인은 자연스럽게 이 이미지를 받아들였으며, 교회는 사람이 걷는 길이라는 뜻에서 "도"^{the Way}라는 이름으로 알려졌다.^{행 9:2; 18:25} 이 표현은 성경적 믿음을 삶의 모든 행로로 강조한다. 바울은 이 언어를 채택함으로써 성령을 이 길의 동반자로 규명하는 새로운 접근을 보인다. 이것은 신실한 삶으로서 율법보다 성령을 강조한 3장 1-5절의 요지를 계속한다.

바울은 자신의 메시지에서 윤리적 힘을 발견하지 못한 반대자들을 염두에 두고 성령으로 행하는 자는 "육체의 욕심을 이루지 아니하리라"고 강조한다. 이 헬라어는 영어의 명령형이나 NRSV의 "이루지 말라"처럼 직설법의 강조적 부정으로 번역할 수 있다. 그러나 광범위한 문맥에서 발견되는 바울의 주장을 고려할 때, 이 구절은 강조적 부정으로 해석하는 것이 바람직해 보인다. 바울은 성령이 지배하는 곳에서 육체는 힘을 잃는다고 확신한다. 그런 상황에서는 하나님의 뜻이 확실히 드러난다. 바울은 갈라디아의 문제를 감안하여, 그리스도와 하나가 되고[2:20] 성령이 내주하는[4:6] 자들의 삶은 도덕적 갱신이 본질적이라는 사실을 보여주고 싶어 한다.

"욕심"은 이곳과 바울의 다른 글에서 중요한 단어다. 이 단어는 명사나 동사 형태로 5장 16절 17절, 24절 등 이 단락 전체에 나타난다. 이 단어는 "육체"와 마찬가지로, 도덕적으로 중립적이거나 부정적일 수 있다. 중립적 의미로는 인간의 생존과 번영에 필요한 욕구, 식욕, 충동과 같은 인간의 본성을 가리킨다. 부정적 의미로는 이러한 개념이 이기심과 악한 세력의 지배를 받는 경우다. 본문에는 부정적 의미가 적용된다.

"육체의 욕심"이라는 구절은 히브리어로 악한 성향이나 충동을 가리키는 단어[예체르 하라]에 해당한다.[창 6:5; 8:21] 바울은 이 단어가 욕구와 갈망이라는 특성을 가진 육체를 가리키는 것으로 이해했다. 이런 환경은 죄의 세력이 빈자리를 채울 기회의 장이 된다.[롬 7:5-6 참조] 바울은 악한 세력[4:1-11의 "초등학문"]이 육체를 이용하여 죄를 충동질할 수 있다고 믿는다. 그는 육체 자체를 사람과 같은 속성을 가진 세력으로 묘사한다. 바울이 성령과 육체라는 두 세력이 상호 갈등 관계에 있다고 묘사하는 이곳 문맥에도 이와 동일한 관점이 나타난다.

"육체의 소욕은 성령을 거스르고 성령은 육체를 거스르나니 이 둘이 서로 대적함으로 너희가 원하는 것을 하지 못하게 하려 함이니라."[5:17] 이 문장은 인간의 본성을 들여다볼 수 있는 창을 여는 흥미로운 진술이다. 또한 이 진술은 해석가에게 어려움을 주는 본문 가운데 하나다. 이것이 묘사하는 그림은 분명하다. 육체와 성령은 인간에게 갈등을 불러일으키는 대조적 세력이다. 이곳에는 "소욕"이라는 단어가 동사 형태로 나타난다. 육체가 소욕의 주체[행위자]라는 사실은 앞 절에서 이미 제시된 바 있다. 이제 바울은 성령도 이러한 욕구와 갈망을 가진 행위자임을 보여준다. 이것은 소욕이 본질적으로 부정적인 의미는 아님을 보여준다. 사실 이러한 성령의 속성은 신자가 도덕적 성취를 이루도록 돕는 추진력을 부여한다는 점에서 바울의 관심을 끈다.

두 세력의 도덕적 대립에 대한 묘사에 이어 바울은 해석하기 더욱 어려운 구절[못 하게 하려 함이니라]을 덧붙인다. 이 구절은 목적이나 결과로 해석할 수 있다. (1) 목적으로 해석하면, "너희가 원하는 것을 하지 못하게 하려 함이니라"라는 뜻이 되고, (2) 결과로 해석하면, "너희가 원하는 것을 하지 못하게 되었느니라"가 된다. 어느 쪽 해석이든 가능하다. 목적적 해석은 의도를 나타내지만, 결과가 필연적인 것은 아니다. 따라서 목적적 해석은 "성령을 따라 행하라"라는 16절의 명령형과 이곳에 진술된 "너희가 원하는 것"이라는 인간의 의지에 함축된 인간의 선택 가능성에 대한 여지를 남긴다. 한편으로, 바울이 성령과 육체의 대립 자체가 어떤 의도를 가진다는 뜻으로 말했다면 매우 부자연스러운 주장이 될 것이다. 결과적 해석은 이러한 논리를 선호하는 것으로 보인다.

우리가 이 구절을 목적절로 해석할 경우, 바울은 성령과 육체의 대립적 의도가 사람의 방향 설정에 영향을 미친다는 뜻으로 말한 것이 된다. 그러나 결과절로 해석할 경우, 바울은 육체와 성령의 갈등이 우리의 의지와 상관없이 정해진 결과를 초래한다는 뜻으로 한 말이 아닐 것이다. 오히려 두 세력의 대립은 필연적으로 인간의 의지를 육체와 성령의 갈등 속으로 끌어들일 수밖에 없다는 뜻으로 한 말일 것이다. 이러한 해석은 이 절의 의미에 가장 부합하는 것으로 보인다.

어느 쪽이든, 실제적 문제는 성령과 육체와 사람^{너희}이라는 세 주체의 상호작용에 대해 어떻게 이해할 것인가라는 것이다. 여기에는 다양한 갈등이 존재한다. 성령과 육체 사이, 그리고 사람의 의지와 성령, 또는 사람의 의지와 육체 사이에는 갈등이 존재한다. 문맥과 바울 신학에 가장 적합한 설명은 다음과 같다. 대립하는 세력으로서 성령과 육체는 둘 다 사람의 삶을 지배하고 싶어 한다. 이 다툼은 보편적이지만, 2인칭 대명사가 보여주듯이 바울은 갈라디아 신자들을 염두에 두고 있는 것이 분명하다.^{아래 참조} 두 세력 가운데 어느 한쪽의 노력은 사람의 의지와 충돌할 수밖에 없다. 특정 인간의 욕구가 선하든 악하든, 이 욕구는 육체나 성령의 반대를 받게 된다. 즉 육체는 선을 반대하고 성령은 악을 반대할 것이다. 바울은 이 본문을 통해 앞서 제기되었던, 자유가 육체의 도구가 될 수 있느냐는 문제^{5:13}에 대답하고 있는 것으로 보인다. 그렇다면, 바울은 이곳에서 육체와 대립하고 있는 성령도 신자 안에 거하면서 자유를 이용하여 육체를 따르려는 성향을 반대한다는 사실을 강조하고 있다.^{Barclay:115} 긍정적으로 진술하면, 성령은 사람이 불의를 위해 자유를 이용하려는 육체의 욕심에 맞서 싸울 수 있게 돕는다. 바울의 구체적인 생각이 무엇이든, 확장된 본문의 일반적 요지는 어떻게 신자가 현실적으로 유혹에 대한 취약점을 지속적으로 드러내면서도 죄를 극복하는 삶을 살 수 있는지를 보여준다.

우리는 여기서 로마서 7장^{특히 14 20절}의 도덕적 갈등과 유사한 논리를 발견할 수 있다. 사람에게는 일정한 도덕적 민감성과 바르게 살려는 욕구가 있다. 그러나 육체는 죄를 거부할 힘이 없다.^{롬 7:15 "내가 원하는 것은 행하지 아니하고"} 갈라디아서 역시 이러한 갈등에 대해 언급하며, 우리는 자신이 원하는 것을 하지 못한다고 말한다. 우리는 두 본문의 유사성에 대해 인정하지만, 갈라디아서 5장과 로마서 7장이 말하는 갈등의 차이에 대해 알아야 할 필요가 있다. 이곳과 달리, 로마서 7장 7-25절의 갈등에 대한 묘사에서는 성령이 등장하지 않는다. 로마서 7장의 갈등은 육체와 의지라는 두 주체 간의 갈등이다. 갈라디아서에서는 육체와 의지와 성령 사이의 3중적 갈등이다. 이것은 로마서의 갈등이 그리스도인이 되기 전 갈등이라는 관점을 뒷받침한다. 따라서 이 갈등은 예수 그리스도와 성령을 통해 극복된다.롬 7:25a; 8:1-17 그러나 갈라디아서에서는 성령이 갈등의 한 당사자가 되며, 그리스도인이 언급된다. 로마서는 그리스도 및 성령과의 관계 이전의 절망적인 상태에 대해 묘사한다. 갈라디아서는 성령과의 교제에서 헌신과 인내를 요구하는 희망적 상황에 대해 묘사한다.

그러나 이러한 신자 속의 갈등은 해소하거나 완화할 방법이 전혀 없이 끝까지 지속되는가? 이것은 다른 것은 차치하고라도 이러한 의미가 갈라디아 사람들에게 복음이 바른 삶을 보장한다는 사실을 보여주려는 바울의 목적을 저해한다는 이유만으로도 결론적 언급이 될수 없다. 우리는 갈등에 대한 이러한 묘사를 반드시 지속되어야 하는 경험이 아니라 지속될 가능성이 있다는 의미로 보려고 노력해야 한다. 일반적으로 불신자는 육체의 지배를 받는다는 단순한 이유만으로 이러한 갈등을 겪지는 않는다. 갈등은 영적 소용돌이나 자각이 있을 때 일어난다. 신자에게도 이와 유사한 상황이 발생한다. 이상적 상황이라면, 성령이 지배하고 육체는 극복된다. 문제는 성령이 육체보다 크냐가 아니라물론 그렇지만, 신자가 "성령을 따라" 행하고5:16 "성령의 인도하시는 바"가 될5:18 마음이 있느냐는 것이다. 한편으로 신자는 5장 13절이 보여주는 것처럼, 여전히 "육체 가운데" 살기 때문에2:20 육체의 유혹에 취약하다. 이런 상황의 경우, 대립하는 세력 간의 갈등은 고조된다.

우리는 바울이 일방적으로 낙관적이거나 비관적이라는 관점을 버려야 한다. 바울에게는 양면성이 있다. 이 땅에는 죄가 있으며 신자는 그것에서 벗어날 수 없다는 사실은 바울에게 현실이고 실재다. 그러나 바울은 성령이 지배하면 죄를 극복할 수 있다는 사실에 대해 매우 낙관적이다. 바울에게 죄에 대한 승리는 전적으로 가능하지만, 당연히 보장되는 것은 아니다. 이 승리는 무관심이나 자신감을 용납하지 않는다.6:1 그리스도인의 삶은 신자가 지속적으로 성령을 향한 마음의 문을 열어야 하는 역동적 경험이다. 그것만이 승리를 보장할수 있다. 이것은 이 단락 전체의 명령형과 직설법에 사용된 현재 시제 동사에 함축된 의미다.

"너희가 만일 성령의 인도하시는 바가 되면 율법 아래에 있지 아니하리라."5:18 여기서는 논의가 갑자기 방향을 전환하는 것처럼 보인다. 우리는 "너희가 만일 성령의 인도하시는 바가 되면 육체의 소욕을 따르지 아니하리라"와 같은 진술을 기대했을 수 있다. 그러나 이곳에는 성령과 율법의 대조가 제시된다. 바울이 이 서신의 핵심 주제로 돌아간 것은 그가 여전히 앞서 제기된 동일한 질문에 대해 대답하고 있음을 보여준다. 그리스도인은 율법에 복종해야 하는가? 그리스도는 죄를 짓게 하는 자인가[2:17]? 대답은 그렇지 않다는 것이다.

바울은 갈라디아서 다른 곳과 마찬가지로[3:2-3], 이곳에서도 율법과 육체를 연결한다. 죄의 지배를 받는 육체는 자신의 목적을 위해 율법을 이용하며, 죽음을 초래한다.[2:19; 롬 7장] 성령 충만한 신자는 이처럼 종이 되게 하는 세력의 지배를 더 이상 받지 않는다. 즉, 율법 아래에 있지 아니한다. 그뿐만 아니라, 성령의 인도하심을 받는 자들은 도덕적 통제를 위한 율법이 필요 없다. 이것은 성령이 우리를 율법에서 자유하게 한다는 의미가 아니다. 그 일은 그리스도께서 십자가에서 하셨다.[3:13; 4:5] 오히려 성령은 더욱 새롭고 나은 도덕적 지침으로써 율법의 필요성을 제거한다. 이것은 율법의 영속적 가치를 부인하는 것은 아니라는 사실을 알아야 한다. 신자 안의 성령의 임재는 도덕적 지침으로서 율법을 대체한다.[롬 7:6] 갈라디아 사람들과 모든 신자는 율법 아래에 있지 않으며, 율법에 복종하지 않는다.

바울은 성령의 임재와 관련하여 "인도하시는"[수동태, 현재]이라는 동사를 사용함으로써 신자의 삶의 순간마다 성령의 적극적 통제를 강조한다. 이 통제는 육체와의 싸움의 핵심이다. 율법은 육체를 통제할 수 없다.[롬 8:3] 율법은 요구는 하지만, 소욕은 없다. 즉, 육체와 성령은 자신을 따르는 자에게 자신의 이상을 성취하도록 동기를 부여하고 격려하지만, 율법은 그렇지 않다는 것이다.

16절의 "행하라"라는 능동태 동사와 이곳의 "인도하시는 바가 되면"이라는 수동태 동사의 균형에 주목할 필요가 있다. 바울은 그리스도인의 경험에서 신적 행위가 필요하지만, 그것이 인간의 행위를 완전히 대체하는 것은 아니라는 사실을 강조하고 싶어 한다. 인간의 행위는 육체와의 싸움에서 부족하지만, 믿음으로 말미암아 성령에 문을 열고 협력하는 인간의 행위가 없으면 성령은 우리를 위해 자유롭게 역사하실 수 없다.

육체의 일과 결과[5:19-21]

"육체의 일은 분명하니 곧 음행과 더러운 것과 호색과 우상 숭배와 주술과 원수 맺는 것과 분쟁과 시기와 분냄과 당 짓는 것과 분열함과 이단과 투기와 술 취함과 방탕함과 또 그와 같은 것들이라."[5:19-21a] 육체와 성령의 갈등에 대한 논의에 덧붙여, 바울은 이제 그들의 영향력을 보여주는 두 개의 목록을 제시한다. 이 목록은 바울의 신학적 원리에 대한 강조에도 불구하고, 도덕적 판단에 있어서도 확고하고 구체적일 수 있다는 사실을 보여준다.

그러나 이곳에서조차 바울은 오해를 받지 않기 위해 "또 그와 같은 것들이라"는 표현으로 목록의 대상을 열어둔다. 악이나 선은 아무리 철저히 규명해도 끝이 없다. 육체의 일은 명확하다. 요지는 모든 사람이 이러한 것들을 악으로 인식해야 한다는 것이 아니다. 왜냐하면 그런 일을 하는 자들이 인식하지 못하는 것들도 있기 때문이다. 오히려 바울의 요지는 육체의 일이 가시적이라는 것이다. 육체의 일은 감출 수 없다.

"육체의 일"이라는 묘사는 육체의 행위를 가리키는 것으로 보인다. 육체는 사람에게 영향력을 행사하는 행위자기 때문에, "육체의 일"은 "성령의 열매"5:22-23와 대조적 평행을 이룬다. 육체와 성령은 둘 다 사람의 협력을 통해 결과를 산출하는 능동적 행위자로서 세력이다. 바울은 "열매"라는 용어보다 "일"이라는 용어를 사용함으로써, 율법의 일과 정확한 평행은 아니지만 관련성을 보여주고자 한다. 바울의 논증에서는 둘 다 신적 원천이 아닌 인간적 원천에 기초한 행위를 나타낸다.

악의 목록은 유대인이나 그리스-로마에 잘 알려진 것들이다. 현재의 목록에 나타난 구체적인 항목은 바울에게만 한정된 것이 아니다. 고대 사회는 지역마다 편차는 있지만, 이곳에 열거된 이러한 도덕적 어휘의 대부분을 공유한다. 예를 들면, 이 목록에서 첫 번째 세 가지 악과 마지막 두 가지 악은 많은 집단에서 찾아볼 수 있다. 그러나 우상 숭배와 주술은 유대의 관심사를 반영한다. 목록의 중간에 제시된 여덟 개 항목은 상호 밀접하게 연결되며 악의 강도가 약하다. 이 그룹의 모든 항목은 인간상호간의 관계와 관련이 있으며, 갈라디아서의 이 단락에 나타나는 공동체에 대한 강조와 부합된다.5:13-15, 22-23, 26 이 여덟 개의 악은 갈라디아의 상황을 반영한 것일 수 있다. 그렇다면, 바울은 자신이 단언할 수 있는 것과 갈라디아 사람들이 충고의 형식으로 들을 필요가 있는 것을 이 목록에 포함한 것이 된다. 이것은 독자에 대한 그의 민감성을 보여준다.

첫 번째 세 가지 악은 밀접하게 연결된다.고후 12:21의 동일한 분류 참조 세 항목 모두 성적 행위에 대한 언급이 분명하다. 특히 음행은 이곳에서 부정한 성행위를 가리킨다. "더러운 것"은 제의나 도덕과 관련된다. 여기서는 도덕적으로 부정한 성적 타락에 대한 언급으로 보인다. "호색"은 성적 외설을 가리킨다. 롬 13:13; 벧전 4:3 벧후 2:7 "육체의 소욕"이 지배할 경우, "성적 충동"이라는 의미가 가장 적합할 것이다. 물론 우상숭배는 유대교의 강력한 유일신론 전통을 반영한다. 바울은 로마서 1장 21-27절에서 우상숭배와 도덕적 타락의 연결에 관해 설명한다. 주술은 "조제약"이라는 뜻의 단어로부터 나왔지만, 마법이나 요술이라는 의미로 사용된다. 이러한 주술에 약이 사용되었기 때문이다. 바울의 유대 전통은 초자연적 영역과 교통하는 대안적 방식, 특히 조작된 방식을 거부한다.

이어지는 여덟 개 항목은 사회적 악에 해당한다. 여덟이라는 숫자와 사회적인 악은 이 항목들이 특별한 중요성이 있음을 보여준다. 우리는 앞서 바울이 실제적이든 잠재적이든, 갈라디아에서의 상황을 염두에 두었을 것이라는 관점을 제시한 바 있다. 바울은 이러한 악을 열거하면서 자신을 지지하는 집단과 할례당 사이의 논쟁으로 말미암아 분열된 세력들에 대해 언급하고 있는 것으로 보인다.[5:15] 이 목록은 태도와 행동과 결과를 포함한다.

"원수 맺는 것"은 적대감의 감정이나 행위를 가리킨다. "분쟁"이나 불화는 명백히 원수를 맺은 결과다. "시기"는 "열심"과 관련이 있지만 여기서는 다른 사람보다 자신의 이익을 챙기는 부정적 열정을 가리킨다. ^{목록 뒷부분의 "투기"와, 다른 사람을 이용한다는 4:17 참조} 우리는 다시 한번 성향에서 행동으로 옮긴다. "분냄"은 분노의 표출을 가리킨다. "당 짓는 것"은 이기적이고 파괴적인 야망을 암시한다. 이 악은 "분열함"과 "이단"으로 이어진다. 마지막 두 항목, 특히 두 번째는 다른 본문에는 자주 등장하지 않는 용어다. 사도행전에서 볼 수 있듯이 "이단"은 종종 중립적 의미로 사용된다. 사도행전에서 교회는 유대교 내의 이단으로 묘사된다.[24:5,14:28:22] 아마도 바울은 율법에 대한 신실함의 방법에 있어서 의견을 달리하는 유대교 내의 이단들을 염두에 두었을 것이다. 그는 갈라디아 회중의 분파주의를 원하지 않는다.^{Dunn 1993: 305} 사회적 악의 마지막 항목은 "투기"^{또는 악의}로, 앞서 언급한 "시기"와 유사하다.

이 목록은 당시 사람들이 일반적으로 말하는 두 가지 도덕적 악으로 끝난다. "술 취함"은 술에 중독된 상태를 가리키며, "방탕함"이란 원래 축제와 관련된 용어로 과도한 쾌락이나 흥청대는 잔치로 번역할 수 있다. 연회나 잔치는 과음으로 연결된다는 점에서 두 악은 관련이 있다.

"전에 너희에게 경계한 것 같이 경계하노니 이런 일을 하는 자들은 하나님의 나라를 유업으로 받지 못할 것이요."[5:22b] 바울은 현재의 가르침을 이전에 갈라디아 사람들에게 가르친 내용과 연결한다.^{1:9 참조} 여기서 바울은 갈라디아 사람들에게 특정 행위의 심각한 결과에 대해 충고한다. 따라서 바울은 그들에게 경고한다. 육체의 일을 하는 자는 하나님의 나라를 유업으로 받지 못한다. 이 동사는 일시적이고 비정형적인 행위가 아니라 생활양식을 가리킨다. 하나님의 나라에 대한 언급은 예수님의 가르침에서 나온 것이다. 바울은 이 용어를 자주 사용하지 않으며, 그리스도와 성령의 일이라는 표현을 선호한다. 나라를 유업으로 받는다는 구체적인 언급은 마가복음 10장 17절에서 한 부자 유대인의 입을 통해 처음 언급된다. 바울은 고린도전서 6장 9-10절, 15장 50질 및 에베소서 5장 5절에서 이 표현을 사용한다. 나라를 유업으로 받는다는 것은 세상과 사람을 위한 하나님의 목적이 완전히 성취되고 하나님의 공의가 세워질 미래적 상황에 대한 언급이다. 이것은 3-4장^{특히 4:7}의 유업 개념과 잘 연결된다.

무엇보다 중요한 것은 바울이 미래적 구원이나 정죄를 사람의 행위와 연결한다는 것이다. 바울은 로마서 2장 1-11절에서 이러한 사실을 명확하게 제시하며 강조한다. 바울에게 사람의 행위는 그 자체로 하나님과의 바른 관계의 근거가 되는 것은 아니지만, 성령 안에서의 삶을 드러내며 신앙고백의 진위를 판단하는 기준이 된다. 바울의 신학에서 믿음과 도덕성은 나무와 열매의 관계처럼 밀접하게 연결되어 있다.[마 7:15-20]

성령의 열매5:22-23

"오직 성령의 열매는 사랑과 희락과 화평과 오래 참음과 자비와 양선과 충성과 온유와 절제니 이같은 것을 금지할 법이 없느니라."[5:22-23] NRSV의 "대조적으로"["오직"]라는 번역은 성령의 열매와 앞서 언급한 육체의 일의 근본적 차이를 보여준다. 바울은 5장 17절에서 언급한 육체와 성령의 대조에 관한 실제적 사례를 제시한다. 성령의 결과를 묘사하기 위해 "열매"라는 단어를 선택한 것은 바울의 거시적 관점과 일치한다. 이 단어는 "육체의 일"[5:19 참조]과 대조적 평행을 보인다. 갈라디아서에서 "일"[선한 행위라는 뜻은 아니지만]이라는 단어는 부정적 개념으로 사용되며, 따라서 바울이 성령의 일에 대해 다른 단어를 선택한 것은 놀랍지 않다. 그뿐만 아니라 나무가 열매를 맺는다는 메타포는 하나님과의 믿음의 관계는 자연적으로 결과를 산출한다는 바울의 관점과 잘 부합된다. 성령은 율법이 가지고 있지 않은 생명을 주는 힘[3:21]을 가지고 있다.

열매 메타포는 성경은 물론[참 1:31; 렘 17:10; 암 6:12; 마 3:8-10; 요15:1-8] 당시의 세속적 문헌에도 나타난다. 특별히 중요한 것은 마태복음 7장 16-20절에 나타난 예수님의 가르침과 바울이 로마서 7장 4-5절에서 "열매 맺다"라는 동사를 사용한 것이다. 바울이 복수형태인 "일"[works]이라는 복수 대신 "열매"라는 단수를 사용한 것은 큰 의미가 없다. 이 단어는 논쟁의 여지가 없는 바울의 글에서 항상 단수로 나타난다. 영어와 마찬가지로 헬라어도 열매를 집합적 의미의 단수로 사용할 수 있다. 이어지는 절은 앞서 언급한 목록을 가리켜 "이같은 것"이라는 복수를 사용한다.

악의 목록과 마찬가지로 미덕은 고대 자료에 광범위하게 나타난다. 마지막 세 가지 미덕은 특히 헬라 문헌에 두드러지게 나타난다. 처음 여섯 개 미덕은 신약성경의 목록으로 자주 등장한다.[고후 6:6; 딤전 4:12; 6:11; 딤후 2:22; 벧후 1:5-7] 이러한 성령의 열매가 예수님의 가르침의 영향을 반영한다는 것은 중요하다.[산상수훈에 나타난 팔복과의 유사성에 주목하라. Swartley: 411, citing Glen Stassen] 던[Dunn, 1993: 310]은 바울이 그의 목록을 일종의 "그리스도의 성품에 대한 묘사"로 보았다고 주장한다. 나중에 바울은 이러한 미덕을 행하는 자를 그리스도와 같은 성품을 가진 자[5:24; cf. 2:20], 그리스도의 법을 성취한 자[6:2; 그곳 주석 참조]로 규명한다. 이러한 미덕은 대부분 하나님에 대한 묘사에 사용되기 때문에 바울이 그리스도인의 미덕을 하나님의 성품에 기초한 것으로 보는 것은 놀랍지 않다.[마 5:45; 엡 5:1; 벧전 1:17] 우리는 이 목록에 대해 일반적 의미에서의 "미덕"이라는 단어를 사용한다. "희락"은 일반적으로 생각하는 미덕의 성격적 특성이 아니다. 바울은 이 목록에 제시된 대부분 미덕의 사회적 성격에 맞추어, 개인의 내적인 심리 상태보다 생활방식에서 우러나오는 인간상호간 화목에 대해 언급한다. "희락"과 "절제"만 개인적인 언급처럼 보인다.

기독교 사상에서 미덕은 외적인 행위와 내적인 성품에 대한 언급이다. 성경적 사상은 전형적으로 이들을 하나로 묶는다. 악과 마찬가지로, 성령의 열매도 배타적인 것은 아니지만 공동체를 형성하고 지탱하는 사회적 미덕을 지향한다.

"사랑"이 목록의 서두에 제시된 것은 충분히 예상할 수 있다. 사랑은 바울의 윤리에서 유도등과 같다. 사실상 사랑은 모든 항목을 포괄하며 그리스도인의 모든 미덕을 요약한다. 이러한 사실은 갈라디아서의 다른 본문[5:6, 13-14]에 잘 나타난다. 아가페 사랑은 그리스도를 닮는 것이다.[2:20; cf. 5:13-14] 그것은 그리스도인의 성품을 보여주는 대표적 미덕이다. 바울은 고린도전서 13장에서 사랑은 가장 큰 미덕이라고 말한다. 그것은 하나님이 신자들 안에서 성령으로 역사하시는 특별한 은사다. 로마서 5장 5절과 같이 "우리에게 주신 성령으로 말미암아 하나님의 사랑이 우리 마음에 부은 바 됨"이다.

"희락"은 인위적인 것이 아니라 인간의 외적 요소의 내적 요소의 상호작용을 통해 나온다. 희락은 그리스도 안의 새로운 삶의 특징이다.[요 15:11; 행 2:46-47; 벧전 1:8] 희락은 특히 성령의 임재와 사역으로 나타나는 하나님의 새롭고 최종적인 구원 행위에 동참하는 고양된 정신과 연결된다.[행 2:46-47] 바울은 전형적으로 희락과 성령을 연결한다.[롬 14:17; 15:13; 살전 1:6]

"화평"은 직전에 인용한 본문에 나타난 대로, 일반적으로 희락과 연결된다. 앞서 언급한 대로, 성경은 전형적으로 이 단어를 개인의 건강이나 온전함과 연계하며, 따라서 공동체의 행복이나 평화를 묘사한다. 이곳의 문맥은 내적 안정뿐만 아니라 다른 사람과의 조화로운 관계로 이어지는 평화를 가리킨다. 화평은 하나님과의 바른 관계에 기초하며, 따라서 화평은 하나님과의 바른 관계[5:1에서처럼, "의롭다 하심"]의 열매다.

"오래 참음"은 원히지 않는 상황이나 분노를 참거나 인내하는 힘이다. 이것은 증오와 폭력과 악으로 얼룩진 세상에 하나님의 평화로운 나라를 건설하고 유지하려는 사람에게 중요한 덕목이다. 인내나 오래 참음이 없으면, 희망을 잃고 현재의 악한 상황과 타협하게 된다. 로마서 2장 4절에 제시된 하나님은 이런 미덕의 좋은 사례다. "자비와 양선"은 밀접하게 연결된다. "자비"는 다른 사람에 대한 호의적인 태도를 말한다. [롬 2:4은 여기서도 좋은 사례가 된다] "양선"은 자비가 구체적인 행위로 나타난 것이다. 양선으로 번역된 단어는 문자적으로 "선함"이라는 의미가 있다. 이 개념은 넓은 의미에서 오직 홀로 선하신[막 10:18] 하나님의 뜻과 부합한다. [롬 12:2] 신약성경에서 이 단어는 바울의 글에만 나타난다. [롬 15:14; 엡 5:9; 살후 1:11] 대부분의 주석가는 이곳의 양선이 다른 사람에게 선을 베푸는 행위[즉, 은혜나 관대함]를 가리키는 것으로 보며, 이곳의 문맥은 이런 의미를 뒷받침한다.

이 목록에 충성[믿음과 정확히 일치하는 단어다]이라는 단어가 등장한 것은 놀랍다. 갈라디아서에서 믿음은 전형적으로 하나님의 약속에 대한 수용성을 가리키며, 신자의 마음이 성령의 사역을 향해 열리게 한다. 따라서 이 믿음은 성령의 열매의 전제가 된다. 그러나 이곳의 믿음["충성"]은 공동체 안에서 성령의 사역의 열매 또는 결과다. 3장 1-5절이 보여주듯이, 하나님을 확신하고 전적으로 의지하는 믿음은 성령 안에서의 삶에 지속적으로 필요한 중요한 요소다.[5:6 참조] 성령의 열매로서 믿음과 유사한 사례는 바울이 고린도전서 12장 9절에서 성령의 은사 가운데 하나로 믿음을 포함한 것이다. 믿음의 은사는 특정하지 않은 방식으로, 교회 내 다른 사람들의 필요를 돕는다.[가령, 예언을 통해, 롬 12:6]

이 단어는 이곳에서 헬라의 전형적 3대 미덕[마지막 두 항목과 함께]으로 제시되기 때문에 헬라어의 용례처럼 신실함과 신뢰성이라는 어조를 가질 수 있다. 또한 이 개념은 구약성경의 믿음관에도 나타난다. 바울은 이 단어를 하나님의 "미쁘심"[롬 3:3]과 같은 용례로 사용한다. 바울이 성령의 열매에서 사회적 관계의 미덕을 강조한다는 사실에 비추어 볼 때, 이 단어는 대체로 인간관계에 대한 언급임이 분명하다. 이 모든 내용은 믿음이 신뢰, 신뢰를 받기에 합당한 자가 됨[신실함], 다른 사람에 대한 신뢰와 믿음이라는 광범위한 의미가 있다는 사실을 보여준다. 다른 사람에 대한 믿음이라는 개념에 대해서는 "사랑은 모든 것을 믿으며"라는 고린도전서 13장 7절과 비교해보라. 하나님의 신실하심에 대한 신뢰나 믿음은 성령의 역사하심을 초래한다. 그는 우리 안에서 하나님과 이웃을 향한 신실한 삶을 살도록 영감을 준다. 이러한 상호 충실은 결혼 생활과 마찬가지로 신실한 공동체에 중요한 요소다.

마지막 세 가지 미덕 가운데 나머지 두 가지는 "온유와 절제"다. 성경적 문맥에서 "온유"는 "부드러움"으로 번역할 수 있다. 이것은 겸손과 유사한 의미로, 종종 함께 제시된다.[마 11:29; 고후 10:1; 엡 4:2; 골 3:12] 시편은 종종 의인을 온유한 자로 묘사한다. 이 성품은 그리스도 및 그의 가르침과 밀접하게 연결된다.[마 5:5; 11:29; 21:5, 슥 9:9] 고린도후서 10장 1절에서 바울은 이 그리스도의 미덕을 자신의 모범적 사례로 제시한다.[고전 4:21 참조] 우리는 여기서 바울이 전통적 미덕에 기독론적 내용을 덧붙이는 것을 본다.

또 하나의 미덕인 "절제"는 성경적 용례보다 헬라의 윤리적 강화에서 흔히 볼 수 있는 미덕이다. 구약성경에는 지혜 문학잠 25:28, NRSV는 "절제"로 번역한다 외에는 유사한 용례가 나타나지 않는다. 그러나 신약성경에는 사도행전 24장 25절, 고린도전서 7장 9절, 9장 25절, 디도서 1장 8절 및 베드로후서 1장 6절에 명사, 동사, 형용사로 나타난다. 이것은 열정에 대한 통제와 일반적 중용을 강조한 헬라의 용례를 반영한 것이다. 이러한 용례는 바울이 육체의 소욕을 통제하기 위한 성령의 도우심에 대해 언급하고 있는 이곳의 문맥과 잘 부합된다. 그러나 이 통제는 헬라 사상에 함축된 것처럼 인간 자아만의 책임은 아니다. 바울은 성령이 이러한 우리의 자아에게 힘을 주고 격려하는 것으로 본다.

악의 목록이 결과에 대한 진술로 끝났듯이, 미덕의 목록도 "이같은 것을 금지할 법이 없느니라"5:23b라는 진술로 끝난다. 이것은 단순하지만 수수께끼 같은 진술이기 때문에 율법과 성령이라는 갈라디아서의 핵심 주제에 중요한 의미임에도 불구하고 다양한 해석의 여지를 남긴다. 헬라어 문법은 "이런 [미덕을 가진] 사람들을 반대할 법이 없느니라"로 번역할 수 있다. 그러나 5장 21절의 "이런 일"이라는 유사한 표현은 이 번역을 반대한다. 더구나 성령의 열매는 미덕을 소유한 자보다 미덕 자체를 강조하며, 따라서 인간에 대한 언급을 뒷받침할 만한 전례는 결코 없다. 이 용어의 일반적 의미는 NRSV이 해석에 반영된 것처럼, 성령의 열매를 금할 수 있는 율법은 없다는 것이다. 그러나 많은 해석가는 이러한 의미가 너무 진부하다고 생각한다. 그들은 "이러한 일과 관련된 율법이 없느니라"로 해석한다. 즉, 이런 문제는 율법의 영역 밖이라는 것이다. 이 해석은 문법적으로는 가능하지만, 바른 해석은 아니다. 더구나 이 해석은 율법에서 사랑의 계명을 인용한 5장 14절의 분명한 의미와도 상충하는 것처럼 보인다.

바울은 이러한 풍자적 진술을 통해 갈라디아의 반대에 반박하는 것으로 보인다. 그렇다면, 바울은 이러한 미덕들이 확실히 율법에 배치되지 않기 때문에 성령 안에서의 삶은 율법에 의지하지 않고서도 미덕이 있는 삶을 살 수 있다는 사실을 보여준다. 그리스 철학가 아리스토텔레스는 비슷한 말을 한다. "덕이 있는 사람들에 대한against 법은 없다. 그들은 자신이 곧 법이다"Bruce: 255; Witherington: 422 정확히 같은 말은 아니지만, 이 진술은 적어도 "against"라는 단어의 용례가 반대나 대적의 의미가 아니라~와 맞섬 불필요하거나 무관하다는 의미로 사용되었음을 보여준다. 이러한 의미는 이곳의 문맥과 부합된다. 바울은 그리스도 안의 신자가 성령 아래에서 거룩한 삶을 사는 데 율법은 필요하지 않기 때문이다. 율법은 도덕적 지침을 제공할 수 있으나5:14, 그것의 성취를 위한 궁극적 권위나 힘은 없다. 더욱 확실한 것은 하나님의 뜻은 모세 율법을 포함하여 어떤 체계적 설명보다 크다는 것이다. 그러나 성령은 언제든지, 삶의 어떤 영역에서라도, 예수 그리스도를 통해 알려진 하나님의 모든 것에 대해 말할 수 있다.

육체를 십자가에 못 박음5:24

"그리스도 예수의 사람들은 육체와 함께 그 정욕과 탐심[소욕]을 십자가에 못 박았느니라."5:24 바울은 육체와 성령의 갈등과 대조에 관한 긴 설명을 마쳤다. 이제 진정한 신자들과 관련하여, 이 싸움의 결과에 대해 재진술한다. 바울은 5장 16절에서 성령을 따라 사는 삶은 육체의 소욕을 극복하게 한다고 주장한 바 있다. 바울은 5장 16절의 소욕이라는 단어에 대해 정욕이라는 새로운 동의어를 덧붙인다. 이제 바울은 육체를 이기는 승리의 근원이 그리스도와 하나가 되어 십자가에 못 박히는 것이라고 말한다.

바울은 여기서 그리스도와 함께 죽는 경험그곳 주석 참조에 대해 묘사한 2장 20절을 확장한다. 그러나 지금 바울은 그리스도의 십자가와 연합한 결과 및 이면을 강조한다. 즉, 그것은 소욕과 정욕에 대한 죽음이라는 것이다. 바울은 6장 14절에서 세상과 관련하여 이와 유사한 진술을 한다. 바울은 두 본문을 통해, 악의 도구로 사용되는 이러한 것들에 대해 죽어야 한다고 말한다.

바울은 갈라디아서 전체에서 율법에서 벗어난 삶을 그리스도와의 만남으로 설명하거나 성령을 따라 사는성령 안에서의 삶으로 설명한다. 바울은 이곳의 도덕적 삶에 대한 논증에서, 그리스도와 성령의 사역이라는 이중적 근거에 대해 다시 한번 재확인한다. 두 사역은 분리된 단계나 경험이 아니라 하나의 실재의 양면에 해당한다. 그리스도의 사역은 새로운 생명의 원천이자 형성이다. 성령의 사역은 그리스도의 사역을 새로운 삶으로 활성화한다. 두 요소는 신적 행위가 인간의 경험에 완전한 효력을 미치게 하는 중요한 요소다.

바울은 여기서 "십자가에 못 박다"라는 동사의 시제를 정확히 신자가 그리스도를 결정적으로 따르기로 헌신한 회심의 순간으로 연결한다.'못 박았느니라 그것은 육체를 비롯한 모든 지배 세력을 배제하고 그리스도의 지배가 시작되는 결정적 순간이다.롬 6:6 하나님의 과거 행위에 대해 단정적으로 진술한 바울의 직설법'못 박혔느니라'은 여기서 다시 한번 신자의 보완적 행동을 요구하는 명령5:1-12 TBC 참조으로 이어진다. 이곳의 본문에서 바울은 성령을 따라 살라는 명령을 제시한다.5:16, 25 이 직설법과 명령형 구조는 육체를 못 박는 일이 유혹과 도덕적 실패의 끝을 보장하지 않는다는 중요한 함축을 담고 있다. 이어지는 5장 25절~6장 1절의 호소는 이러한 사실을 분명하게 밝힌다. 바울은 영적인 성장도 유혹에는 취약하다고 말한다.

성서적 맥락에서의 본문

윤리적 규범으로서 사랑

바울은 갈라디아서 5장 14절에서 레위기 19장 18절의 사랑의 계명을 인용함으로써, 구약과 신약의 중심 개념이자 자신의 핵심적 주제를 제시한다. 구약성경에서 사랑은 하나님과 이스라엘을 묶는 언약적 상황의 정점에 해당한다. 사랑은 언약적이다. 구약의 본문에서 사랑은 관계를 유지하기 위한 헌신을 나타낸다. 그러나 관계는 법적이고 의지적인 것만은 아니기 때문에 관계를 형성하고 유지하기 위한 감정과 열정을 포함한다. 따라서 하나님은 이스라엘에게 사랑으로 알려지며^{신4:37}, 이스라엘은 하나님을 사랑해야 한다.^{신4:37} 여기서는 연인 간의 사랑이나 우정으로 이끄는 감정이 영적인 관계를 묘사한다. 호세아서는 남녀 간의 신실함과 부정은 물론 결혼 생활에 대한 유추를 하나님과 이스라엘 사이의 언약으로까지 확장하여 적용한다.

구약과 신약에서 사랑은 언약적일 뿐만 아니라 공동체적 특징을 가진다. 사랑은 공동체를 세운다. 사랑은 먼저 하나님과 그의 백성 사이에 그렇게 한다. 이어서 사랑은 하나님의 백성 사이에서 관계를 형성하고 양육한다. **"네 이웃 사랑하기를 네 자신과 같이 사랑하라."**^{레19:18} 언약적 사랑에서, 초점은 감정 자체가 아니라 하나님의 목적을 깨닫기 위해 사랑이 하는 일에 맞추어진다. 사랑은 그 자체로 끝나지 않는다. 중요한 것은 사랑의 성취, 즉 사랑의 열매다. 진정한 사랑은 하나님과의 진정한 교제와 열매 맺는 공동체의 삶으로 귀결되어야 한다. 요한일서^{3:17-18}는 이런 사실을 강조한다. 상대에 대한 구체적인 행동이 없는 사랑은 사랑이 아니라는 것이다. 그러나 이러한 행동은 사랑과 자비의 내적 원천과 불가분리의 관계에 있다. 바울은 사랑에 대한 찬양을 통해 이러한 사실을 분명히 한다. **"내가 내게 있는 모든 것으로 구제하고 또 내 몸을 불사르게 내줄지라도 사랑이 없으면 내게 아무 유익이 없느니라."**^{고전13:3}

신약성경에서도 사랑은 기독론적이다. 사랑은 예수 그리스도의 모범에 의해 규명된다. 우리는 예수님의 삶을 통해 사랑이 무엇이며 무엇을 하는지를 알게 된다. 그리스도인의 사랑은 인간의 행위를 따르는 것으로 정의되지 않는다. 사랑은 구체적인 정의를 제시하지 않은 채, 단순한 개념적 범주에 따라 유익한 윤리적 지침으로 정의할 수는 없다. 바울은 갈라디아서에서 그리스도인의 사랑은 일반적인 개념과 다르며, 자신을 내어주는 것이라는 사실을 분명히 한다. 사랑의 다른 속성은 5장 13절에 진술된다. "오직 사랑으로 서로 종 노릇 하라." 바울은 그리스도의 사랑과 자신을 내어줌을 연결한 2장 20절에서 자신을 내어주는 사랑의 속성을 명확히 제시한다.

바울이 그리스도의 사랑을 신자의 모델로 제시한 가장 명확한 사례는 빌립보서 2장 1-11절이다. 여기서 성육신하신 그리스도는 십자가에서 죽기까지 자신을 희생하신 분으로 묘사된다. 바울은 이 사례를 통해 자기의 일보다 다른 사람들의 일을 먼저 생각하는 빌2:3-4, 그런 유형의 사랑을 본다.빌2:1-2 우리는 에베소서 5장 2절, 25절과 베드로전서 2장 21-23절3:8-9와 함께 및 요한일서 3장 16절에서 이와 동일한 관점을 찾을 수 있다. 바울은 그의 서신 전체, 특히 고린도전서에서 종종 독자에게 자신의 유익이나 권리보다 공동체를 형성하고 보존하는 일을 우선하라고 촉구한다. 희생적 사랑은 이웃에 대한 무조건적 사랑이며 원수까지도 사랑해야 한다. 이러한 사랑은 선으로 악을 이기는 것이기 때문에 인간관계를 회복한다.롬 12:14-21; 13:10; 벧전 3:9; 마 5:44-45; 자신을 희생하는 사랑에 대한 바울의 관점에 관한 상세한 연구는 Gorman 2001을 보라 바울이 이러한 사랑의 개념에 이끌린 것은 내적 생명력 및 외적 행위와 결합하는 방식 때문으로 보인다. 또한 사랑은 갈라디아서의 주 관심사인, 경건한 삶을 위한 동기를 부여하는 힘과 연결된다. 사랑은 행동을 촉구하는 강력한 열정이다. 바울에게 중요한 또 하나의 개념인 육체의 소욕도 이러한 특징을 가지고 있다. 후자의 열정은 성령의 인도하심을 받지 않는 사람 안에서 죄의 지배를 받는 부정적 추진력이다. 그러나 또 하나의 소욕열정인 사랑은 그리스도께서 우리를 위해 베푸신 사랑을 반영한갈2:20 성령의 열매로, 신자 공동체를 세워나가는갈5:13-14 긍정적 추진력이다. 따라서 사랑이 바울의 윤리적 비전의 핵심 주제라는 사실은 놀랍지 않다.

사랑은 갈라디아서의 이 부분에서 율법에 대한 바울의 관점에도 도움을 준다.5:13-14 바울은 예수님의 가르침을 통해 모든 율법은 하나님과 이웃을 사랑하라는 주제로 요약된다는 통찰력을 얻는다.막 12:28-34 및 신 6:5와 레 19:18을 인용한 병행구 이러한 통찰력은 그리스도인에게 있어서 율법의 지위에 대한 바울의 논증에 도움을 준다. 율법의 본질은 사랑이며 사랑을 통해 보존되고 성취되기 때문에 바울의 사랑에 대한 강조는 율법을 존중한다.

한편으로, 사랑은 그리스도의 사역2:19-21, 이방인이 교회로 들어옴3:8, 14, 및 성령의 능력 주심3:14; 5:16과 일치하기 때문에 바울의 윤리적 비전에도 중요한 역할을 한다.앞 문단 참조 이런 면에서 신자는 더 이상 율법 아래에 있지 않다.5:18

성령, 육체, 인간의 의지

인간의 경험에서 도덕적 대안을 위해 "성령"과 "육체"라는 용어를 사용한 사례는 성경의 지배적인 용례가 아니다. 바울의 글 외에는 요한복음에 나타나며, 그곳에서 중요한 기능을 한다. 위에서 난 자^{"거듭난자"}는 성령으로 난 자이며, 따라서 영의 일이나 하늘의 일을 안다.^{요 3:5-8, 12; 요일 3:24} 다른 사람은 육으로 난 자며 모든 것을 세상적 관점으로 이해한다.^{요 3:5-8, 12; 요 일 2:16} 생명을 주는 것은 영이며, 육체는 무익하다.^{요 6:63}

바울과 요한은 육체를 부정적 방식과 긍정적 방식으로 사용한다. 위에서 인용한 갈라디아서와 요한복음은 부정적 의미로 사용한 것이 분명하다. 긍정적 의미는 바울이 그리스도 안에서 산다는 갈라디아서 2장 20절과 참 신자는 그리스도께서 육체로 오심을 인정한다는 요한일서 4장 2절에 사용된다. 따라서 신약성경에 나타나는 두 가지의 대표적인 음성은 육체가 근본적으로는 선하지만, 악의 지배를 받으면 악으로 묘사된다는 관점에 동의한다. 후자는 성령으로 살지 않는 세상 사람들의 상태를 보여준다. 바울에게 세상 사람은 모두 죄 아래에 있으므로 후자에 해당한다. 바울은 명백히 언급하지 않았지만, 성령이 지배하면 육체는 하나님의 일을 하는 도구가 된다. 하나님의 일이란 성령의 열매를 가리킨다.

신약성경 기자들은 구약성경에 나타난 인간의 본성에 대한 관점을 반영하지만, 자신이 사용하는 헬라어에 익숙해 있다. 구약성경의 육체는 연약한 인간성을 가리킨다. 이 단어는 일반적으로 욕망에 사로잡힌 인간^{전인}을 가리키는 정신으로 잘못 번역된다. 신약성경에서는 이 두 가지 요소가 "육체의 소욕"이나 "육체의 정욕"이라는 표현 속에 함께 나타난다. 사람은 강력한 욕구와 강력한 연약함으로 구성된다. 이로 인한 취약성은 쉽게 악한 세력의 영향을 받아 이용당할 수 있다.

현재의 본문에서 "영"이라는 용어는 구약성경에서와 마찬가지로 하나님의 영을 가리킨다. 신약성경에서는 갈라디아서 6장 18절^{"심령"}에서 볼 수 있는 것처럼 인간의 본성도 가리킨다. 바울이 인간의 의지에 대한 성령과 육체의 갈등에 대해 언급할 때, 우리는 두 행위자 가운데 어느 것이 인간의 외적 요소며 어느 것이 내적 요소인지 물을 수 있다. 확실히 성령은 인간의 외부에서 작용하는 요소다. 한편으로, 의지^{5:17. "너희가 원하는 것" 또는 의지}는 사람의 한 부분이다.

"육체"의 경우, 정확한 규명이 어렵다. 일반적으로 육체는 인간 본성의 한 요소다. 그러나 한편으로 갈라디아 5장 17절은 육체를 인간의 의지에 맞서는 힘으로 묘사하는데, 이것은 사람의 외적 요소임을 보여준다. 이러한 모순에 대한 대답은 육체 자체가 소욕을 가진 피조물로서 인간의 한 부분이지만, ^{바울의 글에서 힘으로 제시되는} 죄와 접촉하는 순간 육체는 인간의 외적 요소의 하수인이 된다는 것이다. 이것은 사람의 한 요소^{육체}가 하나님께로 기운 다른 요소와 대립하는 상황을 조성한다.^{롬 7장 참조. 그러나 위 5:17에 대한 주석을 보라} 따라서 바울은 외적인 힘과 내적인 힘 사이의 역동적 상호작용을 보며, 이것이 개인에게 미치는 영향력과 상호작용은 인간의 도덕적 행위의 복잡성을 설명한다.

바울은 이러한 답보 상태에서 벗어날 수 있는 희망으로서 성령의 사역에 의존한다. 성령은 국면을 전환하여 경건한 삶으로 향하게 할 수 있다. 이것은 바울이 로마서 8장 1-17절과 23절에서 제시한 것과 동일한 관점이다. 바울은 그곳에서 죄와 그것의 영향으로부터의 구원은 현재적 성취와 미래적 기대를 포함한다는 부가적 영역을 덧붙인다. 우리는 이미 성령이 육체를 정복한 실제적 상황 속에 살고 있지만, 어느 면에서 우리는 죄와의 싸움에서 벗어나지 못하였으며, 완전한 구속을 위해 만물이 완전히 회복될 때까지 기다려야 한다.^{롬 8:23} 바울은 이러한 "이미"와 "아직"의 그리스도인의 특징적 삶을 처음 익은 열매^{롬 8:23}와 보증^{고후 1:22; 5:5; 엡 1:14}으로서 성령의 현재적^{참되지만 완성되지 않은} 사역과 관련하여 제시한다. 바울은 예수 그리스도께서 가져오신 더 좋은 것의 핵심으로서 성령에 대한 강조를 통해, 예수님^{요 14:16-17} 및 초기 교회와 같은 입장에 선다. 그들은 모두 성령을 부어주심이 구약성경의 약속에 대한 성취라고 생각한다.^{행 2:16-21, 욜 2:28-32 인용; cf. 겔 36:26-27}

교회 생활에서의 본문

공동체를 형성하는 미덕

갈라디아서의 이 부분은 교회 안에서 함께 하는 삶을 강조한다. 이 단락에는 공동체의 삶에 위협이 되는 행동에 대한 경고^{5:15, 26}가 포함된다. 이러한 강조는 주로 공동체를 형성하는 미덕으로 구성된 성령의 열매를 통해 계속된다. 개인적 요소로 보이는 희락이나 절제까지 공동체적 함축을 가진다. 육체의 일과 관련된 목록에도 동일한 강조점이 주어진다.

공동체에 대한 바울의 강조는 하나님의 거룩한 공동체가 신구약성경에서 차지하는 중심적 위치와도 일치한다. 성경적 신앙은 개인적임에도 불구하고 공동체적 신앙이다. 따라서 오늘날 서구 문화의 개인주의에 대한 비판은 일반적이다. 이러한 비판은 구체적인 결과와 함께 서구 교회에도 적용된다. 고대로부터 중세 시대에 이르기까지 개인의 관심사는 사회의 집단적 관심사에 종속되었다. 개인의 권리와 유익은 사회적 선에 의해 희생되었다. 오늘날의 상황은 역전되었다. 우리는 이처럼 역전된 상황과 함께, 개인의 복지는 크게 증진되었지만, 이기주의가 끊임없이 공동체를 지배하는 손실을 경험하고 있다. 오늘날 서구 문화에서 기독교 공동체는 지속적인 위협을 받고 있다. 이 시대의 도덕적 딜레마^{가령, 이혼}는 대부분 개인과 공동체의 갈등적 이해관계를 어떻게 조정할 것인가에 달려 있다. 이 문제는 오늘날 교회에도 중요한 도전이 되고 있다.

오늘날 성경적 신앙의 일부 미덕은 개인의 유익을 위협하는 것처럼 보인다는 이유로 의심을 받고 있다. 앞서 언급한 대로, "겸손"은 성령의 열매 가운데 온유의 동의어에 가깝다. 개인적 관점에서 볼 때 겸손은 낮은 자존감을 조성할 수 있다. 실제로 일부 그리스도인은 겸손을 그런 식으로 이해하며, 그 결과 열등한 자기 이미지를 가지고 하나님이 주신 은사를 사용할 거룩한 야망을 품지 못하는 경우가 있다.

그러나 겸손을 공동체적 준거의 틀 안에서 이해한다면, 문제는 독립된 존재로서 자신을 어떻게 인식할 것이냐가 아니라 다른 사람과의 관계에서 자신을 어떻게 인식할 것이냐는 것임을 알 수 있다. 이 경우, 바람직한 자존감의 소유자는 다른 사람의 필요에 민감하고, 자신의 유익보다 공동체 전체의 유익을 앞세운다. 성경에서 겸손은 공동체적 미덕이다. 바울은 로마서에서 그리스도의 몸을 위한 자신의 역할과 관련하여 높거나 낮지 않은 정직한 자기 이미지를 촉구함으로써 이러한 이해를 드러낸다.^{롬 12:3-8} 신자들의 교회 전통에서 공동체에 대한 강조는 강력하다. 이 전통이 겸손을 매우 중요시한다는 것은 놀랍지 않다. 아나뱁티스트는 하나님에 대한 복종뿐만 아니라 교회 전체의 유익을 위한 복종의 태도 Gelassenheit를 중요하게 생각한다.^{5:25-6:10, TBC 참조}

그리스도인의 경험에서 성령의 위치

갈라디아서와 바울의 다른 글 및 나머지 신약성경은 성령이 초기 교회의 믿음과 경험의 핵심이라는 사실을 분명히 한다. 성령의 사역은 개인과 공동체의 삶에서 신적인 능력을 통해 가시적으로 드러났다. 이러한 사례가 교회사 전체를 통해 계속되었던 것은 아니지만, 영적 부흥의 시기마다 성령에 대한 강조와 함께 특별한 표적과 기사가 나타나기도 했다. 초기 아나뱁티스트도 이러한 사실을 보여주는 적절한 사례라고 할 수 있다. 그러나 대부분 교회사에는 표적과 기사를 찾아볼 수 없으며, 신자들은 종종 이러한 갱신 운동을 수반하기도 하는 광신주의를 염려했다. 우리는 이것을 어떻게 이해해야 하는가? 신실한 교회에서 성령의 바른 위치와 역할은 무엇인가?

어떤 사람들은 사도 시대는 성령의 활동이 강력한 특별한 시대였다고 믿는다. 복음의 의미에 대한 새로운 계시와 함께 기적을 통해 복음의 진리를 드러내기 위해 성령이 필요했다는 것이다. 이 시대는 사도 세대와 함께 끝났다고 주장하는 사람들도 있다. 오순절 은사 운동주의자와 같은 사람들은 신약성경, 특히 사도행전에서 모든 시대와 장소를 위한 청사진을 발견한다. 진정한 믿음을 입증하는 성령의 은사는 탁월한 가치가 있다.

아마도 진리는 이러한 입장들 어딘가에 있을 것이다. 한편으로, 성령은 복음의 뚜렷한 핵심적 개념이므로 어느 한 시기에 한정되거나 제한될 수 없다. 성령의 음성이 침묵한다면, 하나님이 더 이상 말씀하지 않으신다고 해야 하지 않겠는가? 우리에게는 성경이 있지만, 여전히 성령의 인도하심이 필요하다. 사실 이 시대의 새로운 문제에 대한 진실을 규명하기 위해서는 물론, 성경을 바로 이해하고 적용하기 위해서도 성령이 필요하다. 더욱이 우리의 복음 증거는 여전히 성령의 능력 있는 개입을 가시적으로 보여주는 증거가 필요하지 않은가? 이것은 우리가 사도행전에 나타난 성령의 역사를 시대와 문화가 다른 교회의 변화된 상황이나 성령의 자유를 고려하지 않은 엄격한 패턴으로 바꾸어야 한다는 말이 아니다.

성령의 사역을 전용하기 위해서는 균형이 필요하다. 신약성경은 하나님의 백성에 대한 성령의 복 주심을 다양한 방식으로 제시한다. 갱신 운동은 성령의 사역 가운데 그 시대의 갱신에 필요한 한 가지 요소에 초점을 맞추는 경향이 있다. "성령의 은사"는 실제적이고 화려한 특징으로 말미암아 더욱 많은 주목을 받는다. 이러한 은사는 교회와 세상을 향한 사역을 가능하게 하는 중요한 요소다. 은사 운동은 성령의 사역의 이러한 영역에 초점을 맞춘다.

이곳 갈라디아서에서 바울은 성령의 열매라는 도덕적 능력을 주시는 성령에 초점을 맞춘다. 제자도와 거룩함을 강조하는 교회는 성령의 이러한 요소가 중요하다는 사실을 깨닫는다. 그러나 요한복음에 두드러지게 나타나는 또 하나의 중요한 요소가 있다. 그곳에서 성령은 "진리의 영"으로 불린다.요 14:17 따라서 우리는 "성령의 진리," 곧 성령의 분별하는 기능에 대해 말할 수 있다. 요한은 "진리란 무엇인가" "진리는 어디에 있는가"라는 문제를 다룬다. 성령의 인도하심은 반드시 필요하다. 왜냐하면, 도덕적 어두움이 우리가 진실을 분별하지 못하도록 막기 때문에 따라서 이것은 우리가 진리를 분별하는 문제와 연결된다. 그것은 인간의 경험과 교회적 삶에 중요한 항구적 이슈다. 오늘날과 같은 의심의 시대에는 성령께서 우리를 온전한 진리로 인도하실 것이라는 약속이요 16:13 우리에게 새로운 확신을 제시한다. 진리와 열매와 은사라는 성령의 세 가지 영역을 진지하게 다루는 교회는 영적으로 번성할 것이다.

갈라디아 5장 25절-6장 10절

성령을 따라 행함

사전검토

그렇다면 성령 충만한 "몸의 삶"은 어떤 것인가? 사람들은 성령께서 능력을 주시는 증거나 징조에 대해 생각할 때 예배 상황을 생각하는 경향이 있다. 바울은 여기서 성령의 임재와 능력이 교회의 삶에 가져오는 변화에 관해 기술한다. 이전 단락에서[5:13-14], 바울은 사랑과 성령을 도덕적 삶의 핵심으로 규명한 바 있다. 이 단락에서[5:25-6:10] 바울은 동일한 두 요소가 어떻게 그리스도의 몸 된 교회의 삶의 핵심이 되는지를 보여준다.

바울은 이어지는 내용이 이전의 내용, 즉 성령이 우리에게 순종할 수 있는 능력을 주신다는 일반적 주제와 어떻게 연결되는지를 보여주는 요약적 진술[5:25]로 시작한다. 이곳의 전환이 갑자기 이루어지는 것은 아니기 때문에, 6장 1절을 전환점으로 보는 사람들도 있다. 이 단락은 4장 12절부터 시작된 "권면" 단원 전체에 대한 요약[6:7-10]으로 끝난다. 이 요약은 육체의 삶과 그 결과를 성령의 삶과 그 결과와 대조한다. 앞서 주장했듯이 3장 1-5절부터 시작된 육체와 성령의 대조가 갈라디아서의 핵심 주제라면, 이 요약은 사실상 갈라디아서 전체의 결론이라고 할 수 있다.

이 단원은 공동체에 대한 바울의 관심사를 계속 이어간다. 바울은 독자들이 성령의 열매를 통해 사랑으로 공동체를 허물지 않고 세워나가기를 원한다. 이곳의 언어와 개념은 비기독교 저서에도 발견되지만, 바울은 그리스도의 인격과 사역 및 성령의 능력이 제공하는 렌즈를 통해 건강한 몸의 삶에 대해 묘사한다. 그는 이러한 삶을 "그리스도의 법"[6:2]이라고까지 부른다. 바울은 그렇게 함으로써 이 서신 전체에서 격렬히 비난했던 "법"이라는 용어를 다시 소환한다.

개요

신앙 공동체를 세우는 미덕, 5:25-6:6

요약적 호소, 6:7-10

주석

믿음의 공동체를 세우는 미덕5:25-6:6

"만일 우리가 성령으로 살면 또한 성령으로 행할지니."5:25 바울은 조건절을 통해 성령 안에서의 삶의 일반적 원리에 대한 또 하나의 진술을 제시한다.5:16, 18 그러나 이곳에서 바울은 다른 뉘앙스를 위해 다른 어휘를 사용한다. "성령으로 살면"이라는 진술은 5장 16절의 "성령을 따라 행하라"와 본질상 같은 의미다. 이 진술은 성령의 인도하심에 온전히 맡기는 삶을 강조한다. 바울은 현재의 진술에서 이 진리를 하나의 전제로 도입한다. "만일 우리가 성령으로 살면"이것은 "우리가 성령으로 살기 때문에"로 번역할 수 있다

바울은 이 가정을 "성령으로 행할지니"라는 새로운 충고적 명령을 위한 근거로 사용한다. 이것은 가장 흥미로운 동사다. 바울은 이 용어를 조심스럽게 선택한 것이 분명하다. 그는 갈라디아서 마지막 부분에서 이 단어를 두 차례 사용한다.6:16 참조 이것은 4장 3절, 9절의 "초등학문"이라는 명사와 관련이 있다. 바울은 독자가 초등학문에 관한 논쟁과 관련이 있다는 사실을 알기를 원했을 것이다. 이곳의 단어는 "줄을 맞추어 서다"군인처럼나 "보조를 맞추다"라는 의미이다. 우리는 이 단어에서 패턴이나 기준에 적합하다는 개념을 발견할 수 있다. 이 개념은 자신의 삶을 [복음의] 원리, 표준에 맞추라는 6장 16절에 분명하게 드러난다.

바울은 그리스도인이 어떤 구체적인 삶이 성령의 뜻에 부합하는지 분별해야 한다고 주장한다.롬 12:2, 엡 5:10, 17; 빌 1:10 이런 삶의 형식은 이교도의 삶이나 율법 아래에 있는 유대교의 삶의 방식초등학문과 대조될 것이다. 한편으로, 바울은 성령 안에서의 삶은 자유분방하고 무질서하다는 개념에 조심해주기를 원한다.5:13 참조 그러나 다른 한편으로, 바울은 갈라디아 사람들이 율법 아래에서 원하던 질서 있는 도덕적 삶이 성령으로 말미암아 성취되었다는 사실을 알아주기를 원한다. 따라서 25절은 질서 있는 성령의 삶의 구체적인 사례를 제시한 이 단락의 서두에 부합되는 진술이다.

"헛된 영광을 구하여 서로 노엽게 하거나 서로 투기하지 말지니라."5:26 6장 1절 이하에서 더욱 적극적인 충고를 하기 전에, 바울은 피해야 할 것들에 대해 제시한다. 이것은 확실

히 기독교 공동체 안에서의 관계에 대해 다룬다. "자만하여"[헛된 영광을 구하여]라는 형용사는 신약성경에서 이곳에만 나타난다.[명사형은 빌립보서 2:3에만 나타난다] 이 단어는 자신을 과대평가하는 행위로서 교만과 자랑을 특징으로 하며, 성령의 열매인 온유함과 대조된다. 이어지는 두 개의 종속절은 그 결과를 묘사함으로써 이 단어의 의미를 더욱 구체적으로 드러낸다. 우리의 자아는 지위와 특권을 추구하기 때문에, 이러한 자만은 경쟁심을 초래한다.[노엽게 하거나] 더구나, 이 자만은 다른 사람의 성공과 영광이 자신의 중요성에 위협이 된다고 생각하기 때문에 투기로 이어진다.

"형제들아 사람이 만일 무슨 범죄한 일이 드러나거든 신령한 너희는 온유한 심령으로 그러한 자를 바로잡고 너 자신을 살펴보아 너도 시험을 받을까 두려워하라."[6:1] 앞 절이 암시하고 이 절이 분명히 밝히는 대로, 바울은 성령 공동체가 완전에 도달했다고 생각하지 않는다. 그는 도덕적 불완전함이 지속될 것이며 그리스도인 공동체는 이러한 상황에 대비해야 한다고 생각한다. 이러한 사실은 누군가의 도덕적 잘못이 드러날 가능성으로 진술된다. 범죄한 일이 드러난다는 것은 어떤 의미가 있는가?[1] 죄는 성령이 인도하는 삶에서 자연스러운 일이 아니라는 사실을 말하는가?[2] 범죄한 자가 죄를 감추고 있다는 의미인가?[3] 범죄한 자가 자신의 행위가 잘못되었다는 사실을 모르고 있는데 다른 신자가 알려주었다는 말인가[NRSV의 해석처럼]? 확대한 본문의 어조를 고려할 때, 첫 번째 대안이 가장 유력한 것으로 보인다. 그러나 바울은 의도적으로 여러 가지 의미가 담긴 단어를 선택한 것으로 보인다.

놀라운 사실은 바울이 영적 불완전에 대한 도움을 위해 영적 영역 밖으로 나가지 않는다는 것이다. 이것은 바로 신자들 안에 있는 성령에서 나온 속성이며, 이러한 속성은 공동체가 자신의 연약함과 실패에 주의를 기울일 수 있게 한다. 이곳의 "온유한"이라는 단어는 이러한 사실을 구체적으로 보여준다. 왜냐하면 온유는 성령의 열매이기 때문이다.[5:23] 이 미덕은 잘못한 자에게 동정심을 보이며, 따라서 회복에 대해 열린 마음을 가지게 한다. 온유한 마음은 범죄자가 큰 부담 없이 죄를 고백하게 하고 회복할 수 있는 환경을 조성한다.

바울은 성령을 받은 신령한 자들에게[신령한 너희는] 회복을 위한 사역에 주도적으로 나서라는 권면을 통해, 다시 한번 성령과 연결한다. 바울은 특정 집단을 염두에 둔 것은 아니지만, 성령 충만한 공동체에 대해 같은 관점을 가진 자는 누구나 회복을 위해 노력해야 한다는 의미로 보는 것이 가장 바람직해 보인다. 이곳에 드러난 놀라운 메시지는 성령의 임재와 능력은 교회의 징계에 대해 주의를 기울이게 할 뿐만 아니라 징계를 요구한다는 사실이다. 바울[고전 5:4-5]과 다른 신약성경 기자들[마 18:17]은 징계를 전체 신자들의 책임으로 본다. 그러나 바울은 성령이 열매 맺기를 원하는 경건한 성품이 반영된 징계를 원한다.

이곳에서 바울이 권면하는 징계는 형벌적 징계가 아니라 회복적 징계다. 그가 사용한 단어는 "잘못된 상황을 바로 잡아 이전 상태로 회복함"이라는 의미가 있다. 바울이 형벌적 반응을 촉구하는 경우도 있지만, 궁극적으로는 회복을 위한 것이다.^{4:30; 고전 5:1-5} 후자의 경우는 지속적이고 완고한 잘못이나 범죄에 해당하지만, 이곳의 본문은 범죄자가 잘못을 인정하고 고칠 준비가 된 우발적 범죄에 대한 언급이다.^{4:12-31, TBC 및 TLC의 징계에 대한 논의 참조}

공동체의 다른 지체가 범죄하는 것을 보면, 자신도 육체의 호소에 의한 유혹에 취약하다는 사실에 대해 성찰해야 한다. 이것은 어떤 일에 대해 주의 깊게, 비판적으로 살펴보라는 것이다. 이러한 태도는 바울이 5장 26절에서 서술한 자만과 대조된다. 공동체를 형성하고 보존하는 능력은 정직한 자기 인식과 자기비판 능력에 비례하며, 다른 사람과의 건설적이고 조화로운 관계를 요구한다. 형벌주의는 사랑의 징계에 실패한 교회와 마찬가지로 그리스도의 몸을 파괴한다.

"너희가 짐을 서로 지라 그리하여 그리스도의 법을 성취하라."^{6:2} 강력하고 목적적인 공동체 건설은 서로의 필요를 채워주는 나눔의 삶에 대한 실천에 달려 있다. 형제적 나눔은 부유한 자와 가난한 자 사이의 공정한 균형을 목적으로 한다.^{고후 8:13-14; 출 16:18; cf. 갈 2:10} 이것이 서로의 짐을 지라는 권면의 기본적 사상이다.

"짐"이라는 단어는 광범위한 의미가 있으므로 정확한 번역은 아니다. 바울서신에 사용된 사례 가운데 절반은 재정적 부담을 의미한다. 이 개념은 앞서 인용한 고린도의 이상적 상황이 뒷받침하듯이, 이곳의 본문과 일치한다. 이것을 앞 절의 도덕적 실패와 연결하는 사람들도 있지만, 바울이 앞 절과의 연결을 염두에 두었다면 두 절 사이에는 연결어가 있어야 자연스러울 것이다. 따라서 이 단어는 도덕적, 물질적, 사회적, 신체적, 심리적 짐이라는 광범위한 포괄적 의미로 받아들이는 것이 좋다. 그러나 이어지는 절의 접속어는 이 단어의 의미와 관련이 있다. 즉 이런 식으로^{"그리하여"} 그리스도의 법을 성취하라는 것이다.^{아래 참조}

이것은 우리를 갈라디아서에서 가장 놀랍고 논쟁적인 진술 가운데 하나로 인도한다. "그리스도의 법"이란 무엇을 의미하는가? 바울이 율법에 대한 논박적 문헌에서 "법"이라는 단어를 긍정적 의미로 사용한 것은 놀라우며 주목할 만한 가치가 있다. 5장 14절과 함께, 이 구절은 법에 대한 긍정적 관점을 복원한다. 놀라운 것은 바울이 이러한 긍정적 용례에 관해 설명하거나 변론하지 않는다는 사실이다.

"그리스도의 법"이라는 구절은 그리스도를 따르는 자들에 대한 기대를 반영한 삶의 표준이나 전형을 가리킨다. 이 구절에는 그리스도인이 자신의 신앙을 삶의 방식에 적용할 수 있으며, 또한 적용해야 한다는 의미가 함축되어 있다. 이러한 의미는 바울서신의 밀접한 평행구[고전 9:21]에만 나타난다. 이 평행구에서 바울은 율법 없는 이방인과 같이 되었음에도 불구하고 자신은 "하나님께는 율법 없는 자가 아니요 도리어 그리스도의 율법 아래에 있는 자"라고 말한다. 바울은 언제나 그리스도께서 정의하신 도덕적 표준의 인도하심을 받으며, 이러한 표준은 하나님의 뜻을 나타낸다는 것이다.

"그리스도의 법"을 더욱 정확히 규명할 경우, 즉시 논쟁에 휘말리게 되고 바울의 율법관에 대한 각자의 관점에 의존할 수밖에 없게 된다.[다양한 관점에 대해서는 Barclay: 127-31 참조] "법"이라는 단어가 구체적으로 모세 율법을 가리킨다고 주장하는 사람들도 있다. "그리스도"가 수식하는 절은 예수께서 해석하시고 적용하시는 율법을 의미한다는 것이다. 이런 입장은 모세 율법에 그리스도인의 신앙에서 계속해서 권위를 가질 수 있는 중요한 지위를 부여한다. 다른 사람들은 "법"을 예수님의 삶과 가르침에 나타난 의의 표준을 가리키는 직접적 언급이라고 주장한다. 이러한 표준이나 법은 모세 율법을 기초로 하지만, 그것을 넘어서는 교회의 유일한 권위가 된다. 갈라디아서에 나타난 바울의 관점에 대한 우리의 설명에 비추어 볼 때, 두 번째 입장이 선호된다.

"그리스도의 법"은 예수님의 삶과 죽음과 부활에 관한 가르침 및 그의 모범적 사례에 기초한 도덕적 비전이다. 이 비전은 구약성경의 율법[그리스도께서 가져오신 참되고 새로운 영역에 맞추어 수정은 되지만 4:4-7]과 근본적인 조화를 이룬다.[5:14] 동시에, 이 비전은 법을 고정적이고 완성된 행동 법전으로 보는 것이 아니라, 성령께서 신자의 살아 있는 미덕으로서 재창조하시고[5:16-23] 변화된 삶의 상황에 역동적으로 재적용되는[5:25] 하나의 전형[패러다임]으로 본다. 후자의 요지는 바울이 예수님의 가르침의 전통을 자주 인용하지 않은 이유를 설명해준다. 그는 모세 율법을 대체하는 새로운 법전이 세워지는 것을 피하고 싶었던 것이다. 동시에, 그리스도의 법은 그리스도인의 도덕성을 정의하고 구체화함으로써, 성령의 생각과 자신의 인간적 생각이나 악한 영의 생각과 혼동하지 않게 한다.

바울은 여기서 다른 사람의 짐을 대신 지시는 희생적 모범을 통해 이웃의 짐을 지는 표준이 되신 그리스도의 모범을 염두에 두고 있는 것으로 보인다. 이러한 의미는 서로 짐을 지라는 이곳의 본문과 잘 부합된다. 십자가는 이러한 자기희생을 보여주는 중요한 상징이다.[Gorman 2001: 174, 186] 이러한 그리스도의 모범은 바울이 전형적으로 강조하는 내용이며[가령, 빌 2:5-11; 롬 15:1-3] 갈라디아서에도 자주 등장한다.[1:4; 2:20; 3:13] 바울은 이러한 의미를 위해 사랑이라는 개념을 도입한다. 그는 사랑을 모세 율법의 성취로 본다. 이 사랑은 다른 사람을 섬기는 것을 특징으로 한다.[5:13-14 및 그곳 주석 참조] 그리스도의 법은 사랑과 동의어다. 그것은 예수 그리스도의 모범적 삶에 의해 규명된 사랑이다.[Elias: 338]

"성취하라"라는 동사는 그리스도의 법을 실천하는 것과 관련된다. 이 성취는 무엇을 대치한다는 것이 아니라 시행한다는 것이다. 이것은 그리스도의 법을 모든 면에서 시행한다는 뜻이다. 또는 그리스도 자신의 섬김이 그를 따르는 자들의 섬김을 통해 완성되어야 한다는 의미다. 바울은 똑같은 방식으로, 자신의 고난이 그리스도의 고난을 완성한다고 보았다. ^{골 1:24는 이곳과 유사한 동사를 사용한다} 본문은 두 가지 뉘앙스 모두 염두에 둔 것으로 보인다. 특히 후자의 개념은 본문의 의미에 적합하다.

"만일 누가 아무것도 되지 못하고 된 줄로 생각하면 스스로 속임이라."^{6:3} 초점은 앞 두 절^{6:1-2, 그러나 6:1b는 예외다}의 공동체적 관심으로부터 이어지는 세 절^{6:3-5}의 개인적 관심사로 옮긴다. 바울은 두 가지 관심사의 상호작용에 대해 인식하고 있으며, 둘 다 강력한 공동체 형성에 중요하다는 사실을 알고 있다. 힘 있는 개인은 공동체를 강하게 하며, 강력한 공동체는 개인을 강하게 한다. 강하다는 것은 그리스도의 성품을 닮아 성장한다는 것을 의미한다. 바울은 이러한 사실을 분명히 제시하고 싶어 한다.

앞서 언급했듯이, 5장 26절의 헛된 영광을 구하는 것^{자만}은 자신을 속이는 행위로서, 공동체 및 진정한 자기 인식과 반대되는 개념이다. 이곳의 접속사^{for}는 바울이 올바른 자기 이해와 건강한 공동체 사이의 상호의존적 관계를 재강조함을 보여준다. 바울은 아무것도 아닌 사람들이 있다는 뜻으로 한 말이 아니다. 오히려 바울은 자신에게 없는 능력을 요구해서는 안 된다는 사실을 강력히 주장한다. 그는 자신에 대한 실제적인 평가를 요구한다.^{롬 12:3} 개인과 공동체적 삶의 능력은 자신에 대한 올바른 인식에 달려 있다.

"각각 자기의 일을 살피라 그리하면 자랑할 것이 자기에게는 있어도 남에게는 있지 아니하리니 각각 자기의 짐을 질 것이라."^{6:4-5} 바울의 글에는 그리스도인의 경험의 제 단계에서 의미 있는 행위로서 검증 개념이 두드러진다.^{가령, 롬 12:2; 고후 13:5; 살전 5:21} 우리는 진정한 속성을 입증하기 위해 무엇을 검증하기도 한다. 흥미로운 것은 이곳에서 검증할 대상이 신자의 행위라는 것이다. 다시 한번 말하지만, 바울에게 행위는 전적으로 부정적인 의미가 아니다. 사람의 행위는 그 사람을 알 수 있는 좋은^{가장 좋은?} 방법이다. 진정한 자기 이해는 자기 행위와 다른 사람의 행위를 비교하는 것에서 오지 않는다. 다시 말하면 우리는 다른 사람의 공을 차지하려 해서는 안 된다는 것이다. 한 걸음 더 나아가, 우리는 그들이 다른 사람의 능력을 나누어 가졌다고 생각해서도 안 된다. 어느 쪽이든, 자신에 대한 잘못된 평가는 공동체에 기여하는 인물이 되게 하지 않는다.

바울이 자랑을 정당한 자기 평가의 결과로 언급한 것은 헛된 영광을 구하지 말라고 경고한 5장 26절과 모순되는 것처럼 보인다. ^{'자랑'을 부정적 의미로 사용한 6:13 참조} 그러나 헬라 문화와 바울의 글에서 자랑_{또는 교만}은 용납되는 성품으로 제시된다. 롬 15:17; 고전 9:15; 고후 1:12; 10:8, 13-17; 11:10, 30; 12:5-6, 9; 빌 2:16 이러한 본문들은 바울이 이곳 본문의 원리를 자신에게 적용했음을 보여준다. 특히 고린도후서 10장 12-18절에는 이러한 사실이 잘 나타난다. 바울은 자신을 정직하게 평가하며, 다른 사람의 업적을 가로채려 하지 않는다. 자랑에 대한 바울의 특별한 관점은 자신의 성취가 오직 하나님의 능력과 이웃에 대한 희생적 섬김을 통해서만 가능했다는 끊임없는 인식에 있다. 6:14 참조 아마도 바울이 생각하는 의미는 우리가 말하는 소위 자존감 개념에 가까울 것이다. 긍정적이고 건강한 자아만이 내 안에 있는 그리스도의 대안적 자아를 효과적으로 섬길 수 있으며2:20, 공동체의 집단적 자아와 결실 있는 상호교류가 가능하다.

공동체와 개인의 균형에 대한 마지막 진술은 바울의 명령으로 제시된다. "각각 자기의 짐을 질 것이라"6:5 어떤 사람들은 "질 것이라"라는 미래 시제를 각 사람이 자기 일을 직고 할 것이라는롬 14:12 참조 최후 심판을 가리키는 것으로 생각한다. 그러나 이곳의 문맥은 미래적 언급이 아니다. 이 진술은 의도적으로 "짐을 서로 지라"6:2라는 이전 명령과 대칭적 균형을 이룬다. 두 본문에 사용된 단어는 다르다. NRSV는 "짐"을 "burden"과 "load"로 번역한다. 두 단어는 의미가 같지만, 이곳 본문에서는 의미상의 차이를 요구한다. 6장 2절의 짐burden은 6장 1절에 언급된 영적 도덕적 검증처럼 비정상적이고 이례적인 짐을 의미하지만, 이곳 6장 5절의 짐load은 개인이 책임져야 할 정상적이고 합리적인 몫을 가리킨다. 어떤 짐은 나누어지지 않으면 우리를 파괴하고 공동체의 삶에 부적합하게 한다. 그러나 자신이 감당할 수 있는 짐이 있으며, 그런 짐은 각자가 져야 한다. 스스로 짐을 지는 것은 자신을 강하게 하며, 공동체의 변방에 머무는 자가 아니라 공동체에 동참하는 자가 되게 한다. 이러한 상호 돌봄과 개인적 책임의 균형만이 교회처럼 강력하고 발전적이며 목적적인 공동체를 뒷받침할 수 있다.

어떤 사람들은 이러한 공동체에 관한 호소에는 거짓된 자랑을 일삼는 거짓 교사들에 대한 비판이 숨어 있다고 생각한다. 아마도 그럴 것이다. 그러나 갈라디아서 전체에서 바울은 갈라디아 사람들이 복음에 합당한 행동을 하기를 바라면서 그들에게 직접 호소한다. 그는 이런 전략이 거짓 가르침을 가장 효과적으로 막을 방법이라고 생각하는 것 같다. 이곳의 본문은 이런 관점에서 보아야 할 것이다. 바울은 갈라디아 사람들이 자신이 전하는 그리스도와 성령 중심의 복음이 모든 삶에 영향을 미치는 새로운 사물의 질서를 만든다는6:15, "새로 지으심" 사실을 볼 수 있도록 최선을 다한다.

"가르침을 받는 자는 말씀을 가르치는 자와 모든 좋은 것을 함께 하라."6:6 바울은 짐을 나누는 주제에 대한 구체적인 사례가 생각났다. 이것은 신자 공동체의 선생들에 대한 물질적 뒷받침에 관한 언급이다. 이것은 바울이 권면하고 있는 상호 도움의 한 사례지만, 이 특별한 경우가 오해의 소지가 있어 언급하는 것으로 보인다. 가르치는 사역처럼 리더십을 필요로 하는 사역에 종사하는 자들은 교회에서 합당한 보상을 받을 자격이 있다는 것이다. 이것은 자원이 풍족한 자와 부족한 자의 균형을 맞추는 것 이상이다.

이것은 초기 그리스도인 회중에서 가르치는 역할의 중요성에 대한 통찰력을 던져준다. 그것은 가장 핵심적인 역할이었다. 왜냐하면 새 신자, 특히 이방인을 완전히 새로운 신앙과 삶으로 양육하는 과정은 준비와 실행에 많은 것을 요구했기 때문이다. 이 가르침을 "말씀"으로 묘사했다는 것은 이 가르침이 기독교 세계관 전체_{신앙과 행위}에 대한 언어적 진술을 포함한다는 의미다.

"함께 하라"로 번역된 단어는 초기 교회의 물질적 도움과 관련하여 일반적으로 사용되던 용어다. ^{"코이노니아" 및 동족어 참조} 이것은 예루살렘의 첫 번째 신자들 사이에서 발견된다. ^{행 2:44–45; 4:32–34} 바울은 자신이 예루살렘 성도를 위해 요청했던 연보를 "나눔"으로 묘사한다. ^{롬 15:26–27; 고후 8:4; 9:13} 로마서 15:27은 영적 사역과 물질적 도움을 교환하는 동일한 원리에 대해 언급한다. 특히 그리스도인 사역자에 대한 지원에 대해서는 같은 어원에서 나온 단어를 사용하는 빌립보서 1장 5절과 4장 15절을 참조하라. 바울은 예수님의 말씀을 인용한 고린도전서 9장 14절에서 사역자를 돕는 원리에 대해 진술한다. ^{눅 10:7}

바울이 염두에 둔 도움은 재정적인 것일 수 있지만, "모든 좋은 것"이라는 표현은 광범위한 의미로 적용할 수 있다. 우리는 다른 사람에게 유익이 되는 여러 가지 형태의 도움을 줄 수 있다. ^{6:10} 중요한 것은 가르치는 자와 배우는 자 사이의 상호나눔 개념이다.

요약적 호소^{6:7-10}

"스스로 속이지 말라 하나님은 업신여김을 받지 아니하시나니 사람이 무엇으로 심든지 그대로 거두리라 자기의 육체를 위하여 심는 자는 육체로부터 썩어질 것을 거두고 성령을 위하여 심는 자는 성령으로부터 영생을 거두리라." ^{6:7-8} 갈라디아서 본론에 대한 논증을 끝맺으면서 바울은 씨를 뿌리고 거두는 강력한 이미지로 돌아간다. 엄격히 말하면 이것은 5장 13절부터 시작된 단원에 대한 요약적 호소다. 바울은 이 단원에서 성령과 육체의 대조를 도덕적 삶에 적용했다. 이곳에는 같은 대조가 나타난다. 씨를 뿌리고 거두는 이미지는 도덕적 교훈에 광범위하게 사용되었다. 그러나 씨를 뿌리고 거둔다는 이 일반적 격언은 갈라디아서 끝부분에 이르러 성령과 육체라는 주제와 함께 나타난다. 따라서 이러한 상기 역시 편지 전체의 논증에 대한 결론으로 사용된다. ^{아래 참조}

"스스로 속이지 말라"는 독자의 주의를 끌기 위한 명령형이다. "업신여김"은 문자적으로 "콧방귀를 뀌다"라는 의미가 있으며, 누군가를 "경멸하다"라는 뜻이다. 하나님을 비웃고 조롱하는 자는 결국 책임을 져야 할 것이다. 하나님을 조롱한다는 개념은 성경에 자주 나타나지 않는 개념이지만참 1:30; 겔 8:17, 인간적 행위의 결과나 보상에 대한 메타포로서 씨를 뿌리고 거두는 이미지는 널리 알려져 있다. 바울은 고린도후서 9장 6절에서 이 이미지를 다른 방식으로 사용하며, 예수님은 마태복음 13장 3-9절에서 볼 수 있는 것처럼 이 이미지를 자신의 비유에 사용하신다. 구약성경의 사례로는 욥기 4장 8절; 잠언 22장 8절; 예레미야 12장 13절; 호세아 8장 7절에 나타난다.

바울은 여기서 씨를 뿌리고 거두는 격언에 새롭고 창의적인 적용을 덧붙인다. 육체를 위하여 심는 자는 육체로부터 썩어질 것을 거두지만 성령을 위하여 심는 자는 성령으로부터 영생을 거둔다. 바울은 살아 있는 존재를 구성하는 물질적 실체로서 육체는 썩어 부패한다는 명백한 사실을 제시한다. 그는 이러한 사실을 고린도전서 15장 42-49절의 부활한 몸에 관한 논리육적인 몸에서 영적인 몸으로 변화한다에 적용한다. 그러나 여기서는 육체의 도덕적 영적 의미를 사용하며, 영적 통제를 받지 않는 육체와 그것의 소욕에 관한 문제를 다룬다. 바울은 이러한 육체는 도덕적, 영적 부패로 이어지며 결국 파멸하게 된다고 말한다.

바울은 이런 식으로, 하나님을 떠난 물질적 존재로서 인간의 한계를 효과적으로 지적한다. 그 마지막은 언제나 부패로 이어진다. 이와 대조적으로, 성령은 끝없이 이어지는 영생을 거둔다. 이 대조에서 "영생"은 무한한 시간을 가리킨다는 점에서 양적 개념이다. 그러나 성경의 영생 개념은 일반적으로 질적 개념도 가진다.완전하고 풍성한 삶 바울은 여기서 다시 한번 고린도전서 15장 44절의 부활한 몸과 유사한 내용을 상기시킨다. 일반적 원리에 대한 또 하나의 진술이지만, 씨를 뿌리고 거두는 이미지는 나타나지 않는 또 하나의 본문에 대해서는 로마서 8장 13절을 참조하라.

이 진리는 바울이 갈라디아서에서 주장한 모든 것의 기초를 형성한다. 갈라디아 사람들은 그들 가운데 역사하시는 신적 능력에 의존함으로써 성령을 경험하기 시작했다. 그러나 다시 율법으로 돌아선 그들은 육체적으로는 할례를 행하고 영적으로는 그리스도와 성령을 따르는 삶과 무관한 권위를 받아들이는 육체의 원리로 향했다.

"우리가 선을 행하되 낙심하지 말지니 포기하지 아니하면 때가 이르매 거두리라."6:9 수확과 관련된 언급은 이전 내용과의 밀접한 연결을 보여준다. "선을 행하되"라는 표현은 6장 1-6절의 구체적인 도덕적 호소와 연결된 문자적 번역으로, "옳은 것을 행하되"라는 뜻이다. 이것은 이웃 신자들의 유익을 위한 사역을 강조한다. 바울은 정당화와 보상이 미래로 연기되기도 한다는 사실을 알고 있다. 따라서 바울은 낙심하는 경향에 대해 경고한다. 신자는 하나님의 나라가 온전히 이르기까지 그 나라의 가치를 위해 살아야 한다. 따라서 현재의 불완전함과 모호함은 불가피하다. 낙심하거나 낙담하게 하는 유혹을 이겨내어야 한다.[살전 3:13] 소망으로 가득 찬 믿음과 인내만이 이러한 긴장을 극복할 수 있다. 바울은 그리스도인의 사역이나 포기하고 싶은 유혹과 관련하여 "낙심"이라는 명사형을 사용한다.[고후 4:1, 16]

그러나 여기서 포기의 결과는 열매를 맺지 못하는 것으로 끝나지 않는다. 그들은 영원히 버림받게 된다. 이 호소는 진지하다. 썩어질 것을 거두는 것과 영생을 거두는 것에 대한 앞 절의 대조는 이곳의 "때"가 최후 심판을 가리킨다는 사실을 보여준다. 따라서 이곳의 "선을 행하되"라는 구절은 영원한 보상이 도덕적 속성과 연결된다는 사실을 보여준다. 바울은 행위가 구원의 근거가 된다거나, 신앙과 성령의 열매로서 행위가 없는 복이 존재한다고 생각하지 않는다.[5:6, 21 참조] 바울에게 구원과 행위는 불가분의 관계에 있다는 것은 의문의 여지가 없는 사실이다. 갈라디아서가 주장하는 것처럼, 성령은 그들을 하나로 묶음으로써 하나님의 가족이 되어[3:14; 4:5-6] 경건한 삶을 살 수 있게 했다.

"그러므로 우리는 기회 있는 대로 모든 이에게 착한 일을 하되 더욱 믿음의 가정들에게 할지니라."[6:10] 바울은 섬김의 열매는 그들에게 주어진 기회에 달려 있다는 사실을 인정한다. 그렇게 함으로써 바울은 이전 진술에서 부당한 요구가 될 수도 있는 요소를 제거한다. 바울이 교회 밖 이웃과 교회 안 신자에 대한 책임을 하나로 묶는 방식은 그의 통찰력을 보여준다. 바울은 교회의 우선권을 인정함으로써 교회를 존중하는 태도를 보여준다. 그러나 그는 모든 백성이 하나님의 관심사라는 강력한 창조 신학을 가지고 있다. 따라서 그들은 하나님 백성의 관심도 받을 자격이 있다. 이곳에서 하나님의 백성은 "믿음의 가정"[문자적으로는 "식구"]으로 불린다. 이 구절은 한 가정으로서 이스라엘에 대한 구약성경의 이미지를 반영한다. 바울은 이미 갈라디아서 3장 7절, 26절, 29절; 4장 5-6절에서 가족 이미지를 상기시킨 바 있다. 지중해 문화에서, 가정은 최고의 충성과 섬김을 보여야 할 사회적 단위다. 이러한 개념은 바울의 독자에게 결속과 자비를 상기시키며, 따라서 교회 안팎 사람들을 섬기려는 도전 의식을 강화하기에 적합하다.

교회를 우선한 것은["더욱 믿음의 가정들에게 할지니라"] 작은 집단인 교회가 모든 사람을 위해 할 수 있는 일에는 한계가 있다는 자연스러운 현실주의나 이기심의 발로가 아니다. 이것은 새로운 피조물의 모델로서[6:15], 세상의 빛으로 산 위에 세워진 하나님의 도성으로서[마 5:14; 사 2:2-4] 교회에 대한 신약성경의 관점과 일치한다. 교회는 세상의 모범이 되기 위해 자신의 문제를 돌아보아야 한다. 여기서 교회라는 공동체의 삶을 유지하는 것과 세상을 섬겨야 하는 사명은 상호의존적이다. 교회가 세상을 섬기기 위해서는 먼저 선한 모델이 되어야 한다. 교회가 그런 모범이 되기 위해서는 내적인 삶과 행위를 질적으로 승화시키기 위해 최선을 다해야 한다.

이 본문에서 바울의 주된 관심사는 신자가 다른 사람과의 관계에서 착한 일을 위한 구체적인 행동을 하는 것이다. "착한 일"선이라는 단어는 바울 윤리의 핵심이다. 롬 2:6-11; 12:2, 9, 21 이곳에서는 6절과 9절 및 10절에 나타난다. 헬라어의 두 가지 동의어로서 바울은 이것을 그리스도인이 지향해야 할 삶에 대한 요약으로 제시한다. 이 개념은 이곳의 짧은 본문 안에서 다른 사람에게 유익을 주는 구체적인 행위에 분명한 초점을 맞춘다.

그러나 "착한 일"이라는 단어 자체는 모호하다. 이 단어는 바울에게 하나님의 성품과 상호 사랑을 반영한다. Westerholm 2004b: 15657 이웃에 대한 사랑의 원리는 갈라디아서5:6, 13-14, 22에 두드러지게 나타난다. 궁극적으로 모든 사람에게 착한 일을 하라는 권면은 사랑에 기초한다. 사랑은 선을 규명하며, 선은 사랑의 구체적인 표현이다. 이 사랑은 배타적이지 않다. 그리스도인의 사랑은 포괄적이며, 모든 사람을 대상으로 한다.

성서적 맥락에서의 본문

개인과 공동체

신구약 성경의 명확한 특징 가운데 하나는 하나님의 백성, 공동체 중심이라는 것이다. 이러한 강조는 공동체를 중요하게 생각하는 고대의 사회상을 반영한다. 그러나 공동체는 성경적 비전의 중요한 요소이기도 하다. 하나님은 자기 백성을 선택하실 때, 아브라함과 사라의 가정으로부터 시작하셨다. 성경의 신앙은 하나님과 개인의 사적인 문제가 아니다. 하나님의 풍성한 복은 공동체를 통해 온다. 거룩한 공동체는 하나님의 구원 행위의 목적이다. 그것은 하나님이 세상을 구원하시는 중요한 도구이기도 하다.

하나님의 백성이라는 주제는 특히 구약성경 앞부분에서 강력히 제시된다. 포로 기간 중, 에스겔은 하나님 앞에서 자신의 행위에 대한 개인의 책임을 강조했다. 포로기와 포로기 이후 시대의 시편도 하나님의 앞에서의 개인을 강조하며, 개인과 공동체에 대한 균형 잡힌 관점을 보여준다. 이처럼 균형 잡힌 묘사는 갈라디아서의 이 부분에서 볼 수 있듯이, 신약성경과 바울의 글에도 나타난다.

오늘날 영어권 독자는 서구의 개인주의의 영향으로, 신약성경을 개인적 관점에서 읽는다. 더욱이 영어는 번역 과정에서 공동체에 대한 강조를 놓치기 일쑤다. 헬라어는 2인칭 대명사의 단수와 복수를 명확히 구분하지만, 영어[you]는 그렇지 않다. 결과적으로, 영어권 독자는 바울이 텍스트에서 공동체를 반영하기 위해 수시로 사용하는 복수 형태를 놓칠 수밖에 없다. 더구나 신약성경에 등장하는 헬라어 동사들은 종종 "함께"라는 뜻의 접두사[영어의 "~와 협력하여"라는 단어처럼]를 사용한다. 이러한 사실은 오늘날 독자가 공동체적 경험이나 나누는 행위에 대한 바울의 강조를 놓치기 쉽게 한다. "서로"[5:13, 15, 26; 6:2]라는 표현 역시 신약성경 본문에 자주 등장하며, 이곳에서는 바울의 공동체적 관점을 강조한다.

갈라디아서의 이 단락에서 바울은 공동체와 개인 둘 다에 대해 언급하며, 상호의존성을 강조한다.[롬 14장의 동일한 균형을 참조하라] 공동체와 개인은 서로를 대신하지 않으며 독립적이다. 신약성경의 사상에서 개인의 신앙과 교회의 삶은 둘 가운데 하나를 선택해야 하는 대안이 아니다. 개인과 공동체는 서로를 돕는다. 개인은 공동체를 세우고 공동체는 개인을 세운다. 바울의 목적은 둘 다 강화하는 것이다. 개인이나 공동체가 서로를 파괴한다는 어떤 관점도 잘못된 것이다.[5:13-24, TLC도 참조하라]

평등하고 상호적인 공동체

2장 6절, 15-17절에 암시되고 3장 28절["다 그리스도 예수 안에서 하나이니라"]에 분명히 제시된 평등에 대한 강조는 이 단락에도 명확히 나타난다. 평등에 대한 바울의 비전은 자연히 서로 돌보고 지원하는 상호성으로 이어진다. 이 비전은 구약성경 언약 공동체의 이상에 뿌리를 내리고 있다. 안식년과 희년은 공동체 안의 경제적 사회적 지위에 빚과 종살이에서 벗어난 평등을 부여했다.[레 25장; 신 15장] 선지자들은 이러한 초기 이상을 계속해서 유지했다.[사 61:1-2; 렘 34:8-22] 신약성경, 특히 누가행전은 마리아 찬가[눅 1:46-55], 예수님의 나사렛 설교[눅 4:16-21], 초기 신자들의 경제적 나눔[행 2:44-45; 4:32-35]에서 이러한 주제들에 대해 다루었다. 바울은 음식을 균등하게 공급한 출애굽 기사에서 근거하여[고후 8:15, 출 16:18 인용] 교회들 간의 재정적 도움을 촉구할 때 확실하게 이러한 전통 위에 있었다.[고후 8-9; cf. 갈 2:10], 다른 본문[약 2:15-16 및 요일 3:16-17]도 참조하라.

교회 생활에서의 본문

상부상조와 자선 행위

상호 도움은 기독교 교회의 시초부터 특징적 요소로 자리 잡았다. 외부의 관찰자들은 기독교 초기에 신자들이 서로 돕는 것은 물론 불신자까지 돕는 것을 보고 놀랐다. 그리스도인은 목숨을 내어놓고 병든 자와 가난한 자를 돌보았다. 자선 행위에 대한 충동이 교회의 영적 분위기에 따라 고조되거나 쇠퇴했다는 것은 놀라운 일이 아니다. 영적 갱신의 시기에는 교회적으로나 사회적으로 이웃을 불쌍히 여기는 마음이 풍성했다.

급진파 종교개혁은 서로 돕는 행위를 통해 그리스도인의 사랑을 드러내었다. 초기 아나뱁티스트는 새 신자가 세례를 받을 때 다른 지체가 어려움에 처하면 자신의 소유를 나누겠다는 서약을 했다. 이 운동의 후터라이트^{Hutterite} 집단은 지금까지 완전한 소유 공동체를 시행하고 있다. 메노나이트와 형제교회 전통의 아나뱁티스트 후손은 공식적, 비공식적으로 삶의 모든 영역에서 서로 돕는 전통에 대한 강조를 다양한 방식으로 유지해오고 있다. 그들은 그리스도의 이름으로 시행되는 자선 사역에 적극적이며 원근에 있는 이웃의 필요를 채워주고 있다. 이러한 사랑의 충동은 기독교 집단 사이에 광범위하게 확산하였으며, 많은 사회에서 강력한 그리스도의 임재와 함께 탁월한 박애주의 정신을 고취시켰다.

갈라디아서 6장 11-18절

갈라디아서에 대한 결론

사전검토

갈라디아 사람들에게 보내는 편지의 결론은 바울이 직접 썼다. 이것은 바울이 이름을 거명하지는 않았지만, 사실상 편지의 나머지 부분을 다른 사람이 대필했다는 뜻이다. 바울은 갈라디아서의 마지막 짧은 내용을 자신의 손으로 기록하면서 이것이 자신의 편지임을 확인한다. 이것은 고대의 서명에 해당한다. 심지어 바울은 자신의 관점을 확인하고 강조하기 위해 편지의 논증을 요약하여 기술한다. 그는 이 요약에서 자신과 대적이 가진 확신과 성품을 대조한다. 이 요약은 갈라디아서의 주요 관심사를 재진술한다는 점에서 중요하다. 끝으로, 바울은 관례적 축복과 함께 진술을 마친다. 그는 이 축복의 중간 부분에 마지막 부탁을 삽입한다.

개요

논증에 대한 재진술, 6:11-15
마지막 부탁 및 축복, 6:16-18

주석

논증에 대한 재진술6:11-15

"내 손으로 너희에게 이렇게 큰 글자로 쓴 것을 보라."6:11 바울은 일반적으로 편지를 기록하기 위해 서기관또는 대필가를 이용했다. 이러한 관행은 당시에 일반적이었다. 저자가 자신의 손으로 직접 쓴 기록을 덧붙이는 것도 관행이었다. 바울은 다른 서신에서도 그렇게 했다. 고전 16:21; 살후 3:17; 골 4:18 아마도 바울은 다른 서신을 기록할 때, 마지막 인사는 데살로니가후서 3장 17절과 이곳 갈라디아서 6장 11절에서 볼 수 있는 것과 같은 특별한 언급 없이, 직접 기록했을 것이다. 원래의 수신자는 글씨체가 다른 것을 보고 알았을 것이다

이러한 관습의 목적은 편지의 출처를 검증하기 위해서다. 바울의 다른 서신과 비교해보면, 이곳에서처럼 서신의 주제에 대한 긴 요약을 덧붙이는 것은 이례적이라는 사실을 알 수 있다. 이것은 바울이 편지의 저자라는 사실은 물론, 이슈에 대한 자신의 입장을 분명히 하고 싶어 했음을 보여준다. 바울이 큰 글자로 써서 주의를 끌었다는 것은 바울이 고통받고 있는 질환이 눈병이라는 주장에 힘을 싣는다. 위 4:13-14 참조 바울이 큰 글자로 쓴 것은 "보라"라는 단어와 함께, 이 편지를 모든 회중이 볼 수 있게 열람하기를 원했다는 사실을 보여준다. Dunn 1993: 335

"무릇 육체의 모양을 내려 하는 자들이 억지로 너희에게 할례를 받게 함은 그들이 그리스도의 십자가로 말미암아 박해를 면하려 함뿐이라."6:12 바울의 요약은 갈라디아의 대적에 대한 마지막 비판으로 시작한다. 바울은 그들이 다른 사람에 대한 공적인 이미지를 좋게 보이려고 외모에 관심을 가진다고 비판한다. 바울은 그들의 행동에서 사회적 지위에 대한 관심을 발견한다. 그는 4장 17절에서 유사한 비판을 한 적이 있다. 바울은 그런 태도를 거부한 바 있다.1:10 대적의 행동을 "육체"로 묘사한 데에는 그들이 세속적 가치와 인간적 관심사에 빠져 있다는 비판이 들어 있다. 이어지는 구절의 박해를 면하려 한다는 언급은 이러한 육체적 관점을 잘 보여준다.

육체적 관점은 인간 경험의 모든 영역에 영향을 미친다. 그러나 이 본문에서 바울은 특별히 할례에 대해 언급한다. 바울에 따르면, 대적의 할례를 주장하는 목적은 사회적 인정을 받기 위해서다.아래 참조 갈라디아서 전체에서 바울이 육체에 대해 언급할 때마다 그의 뇌리에는 할례가 자리 잡고 있다. 할례와 육체의 문제가 관련이 있다는 것은 명확하며, 그가 육체와 성령의 모티브를 이 서신에서 사용한 이유를 설명해준다. 바울은 할례로 인한 육체적 손상에 대해 육체의 모양을 내기 위한 것이라는 역설적 묘사까지 제시한다. 육체와 할례의 연결은 다음 절에서도 이어진다.6:13

갈라디아서 6장 12절은 대적이 갈라디아 이방인 그리스도인에게 할례를 강요한 사실을 가장 잘 보여주는 진술이다.5:2 참조 바울은 2장 3절의 예루살렘 방문을 다시 언급하면서 할례를 강요한 자들의 압력을 묘사하기 위해 사용했던 "억지로"라는 단어를 다시 사용한다. "억지로 받게 하려는 시도를 했다"라는 NRSV의 번역은 거짓 선생들이 설득에 성공하지

못하였음을 암시한다. 헬라어 동사에 대한 이런 번역은 가능하지만, 보다 정확한 번역은 "억지로 할례를 받게 한 자들"이다. 이 번역은 이러한 노력이 성공했는지 실패했는지에 대한 함축이 담기지 않는다.

바울은 대적의 행위를 박해를 면하기 위한 행위로 제시한다. 바울은 로마의 공적 권위에 의한 박해에 대해 언급하고 있는 것이 아니다. 유대인은 로마제국으로부터 공식적으로 종교를 인정받았기 때문에, 이방인 그리스도인이 할례를 통해 유대인으로 인정받는 것이 허용되었을 것이다. 그러나 그것은 이 구절의 배경이 아니다. 4장 29절과 5장 11절[1:13도 보라]에서 볼 수 있듯이, 갈라디아서에서 바울은 확실히 유대 공동체의 박해를 염두에 두고 있다. 이 박해는 율법보다 십자가에 못 박히신 메시아[그리스도]에게 더 큰 충성을 바치는 것[5:11 및 초점은 다르지만 고전 1:23의 언급처럼, 유대인에게는 걸림돌]에 대한 공격에 초점을 맞춘다. 바울의 대적이 유대 그리스도인이라면, 그들은 갈라디아와 예루살렘에 있는 유대 공동체로부터 존경까지는 아니더라도 인정을 받고 싶었을 것이다. 바울은 그들의 동기에 대한 자신의 해석을 강조하기 위해 효과적인 수단으로서 수사학적 과장["뿐이라"]을 사용한다.

"할례"와 "십자가"는 결론의 핵심 단어이다. 이것은 할례가 갈라디아서의 배후에 놓인 특정 이슈이며 십자가는 바울의 열정적 논증의 핵심이 되는 신학적 원천이라는 해석을 뒷받침한다. 갈라디아서에는 사실상 부활에 대한 언급이 나타나지 않는다는 것은 놀랍다. 부활은 서론[1:1]에 한번 나타나며 1장 16절과 2장 1-20절에 암시될 뿐이다. 한편 십자가와 십자가에 관련된 단어들은 자주 나타난다. 이것은 그리스도의 고난과 죽음이 바울 사상의 핵심 요소라는 부인할 수 없는 사실을 반영한다. 십자가는 예전의 질서를 끝내고 새로운 질서를 창조한다.[6:15의 "새로 지으심" 참조] 율법이 더 이상 삶의 권위가 될 수 없는 것은 이 때문이다.[2:19-21 참조] 그리스도의 십자가는 그리스도를 믿는 신자의 개인적 경험을 통해 재현된다. 또한 십자가는 신자가 새로운 창조에 대한 복음을 위해 고난을 받을 준비를 하게 한다.

고난을 받기 위한 준비는 복음에 대한 충성도를 확인하는 시험대이다. 바울서신에서 십자가의 탁월성은 십자가가 부활보다 더 큰 신학적 무게를 가진다는 말이 아니다.[고전 15장 참조] 십자가는 단지 바울의 교회의 구체적인 문제와 윤리적, 목회적 관련성이 더 클 뿐이다. 대부분 사람, 특히 자신을 십자가와 세상에 대해 못 박은 자들[6:14]의 일반적 성향은 그리스도를 따르는 데 수반된 희생을 피하려 한다는 것이다.

"할례를 받은 그들이라도 스스로 율법은 지키지 아니하고 너희에게 할례를 받게 하려 하는 것은 그들이 너희의 육체로 자랑하려 함이라."[6:13] 이곳의 "할례를 받은 그들"이라는 표현의 문자적 의미는 "할례를 받고 있는 그들"이다. 이것은 할례를 강요하는 거짓 선생들의 요구에 귀를 기울인 자들을 가리키는 것으로 보인다. 그러나 이곳의 문맥은 앞 절 및 이어지는 절과 동일한 주어인 "그들," 즉 거짓 선생들을 가리킨다. 따라서 바울은 이 거짓 선생들 스스로 율법을 지키지 않았다고 말한다. 이것은 그들이 유대교의 분파와 달리 엄격하지 않은 자들임을 보여주는 것일 수 있지만, 바울의 논증에 도움이 되지 않으므로 가능성이 없다. 그보다는 그들이 유대인의 자부심과 특권인 율법을 범했다는 언급으로 보인다.^{이어지} ^{는 문단 참조} 어쨌든, 바울의 요지는 거짓 선생들이 어떤 식으로든 율법을 지키지 못했다는 것이다. 아마도 그들은 율법준수에 태만했을 것이다. 그들은 주로 바울이 앞 절과 이어지는 절에서 암시하는^{5:3 주석 참조} 정치적, 사회적 목적 때문에 할례에 관심을 가졌다.

앞 절에서처럼, 바울은 대적이 갈라디아 사람들에게 할례를 요구하는 동기에 대해, "너희의 육체로 자랑하려 함"이라는 판단을 내린다. 자랑은 선한 행위가 아니다.^{고후 11:18; 갈 6:4,} ^{14와 대조해보라} 그것은 아마도 유사한 본문인 로마서 2장 17절, 23절에 언급된 자랑일 것이다. 이것은 유대의 민족적 정체성 및 도덕적 우월성에 대한 자랑을 가리킨다.^{Dunn 1993: 339} 유대교로 개종한 자가 육체를 자랑한다는 것은 이방인이 할례를 받아들였으며^{"육체"라는 단어가 암시하듯이}, 모든 사람에게 열린 새로운 하나님의 이스라엘^{6:16} 개념과 달리, 육체에 근거하여 인종적으로 분리된 백성이 되었다는 자부심으로 해석하는 것이 바람직해 보인다. 바울은 대적에게서 분파적 정신을 감지한다. 그들은 특정 집단의 삶의 방식^{유대교}을 받아들일 것을 촉구하며, 그 집단으로부터의 인정과 지위를 추구한다. 이 집단은 광범위한 유대 가정에 속하여 그들과 우호적인 관계를 맺음으로써 박해를 피하고 싶어 하는 유대 그리스도인으로 구성된 것이 분명하다.^{6:12}

"그러나 내게는 우리 주 예수 그리스도의 십자가 외에 결코 자랑할 것이 없으니 그리스도로 말미암아 세상이 나를 대하여 십자가에 못 박히고 내가 또한 세상을 대하여 그러하니라."^{6:14} 바울은 이곳과 6장 18절에서 "주 예수 그리스도"라는 완전한 호칭^{1:3에도 나타난다}을 사용함으로써, 자신의 진술에 공식적인 어조를 더한다. 대적의 거짓 자랑에 대해, 바울은 십자가에 대한 자신의 자랑을 나란히 제시한다. 바울의 자랑은 하나님과 그를 통해 이루시는 하나님의 사역에 대한 자랑뿐이다.^{6:4} 이러한 사상은 고린도전서 1장 31-2장 2절과 고린도후서 10장 17절^{빌 3:3}에서 발견된다. 특히 이곳에서는 오직 십자가에 대한 배타적 자랑이 강조된다. 이것은 자신을 죽이는 자랑이며^{2:19-20}, 따라서 이기적인 자랑이 아니다. 대조적으로, 대적의 자랑은 자기중심적이며 자기과장적이다.

앞서 6장 12절에 대한 주석에서 살펴보았듯이, 바울은 십자가를 근본적인 삶의 변화로 이해했다. 이것은 메시아 예수에게 삶과 죽음의 문제였지만, 이스라엘과 이스라엘의 율법, 그리고 개인과 사실상 온 세상을 위한 삶과 죽음의 문제이기도 하다. 여기서 "세상"이라는 단어는 인간과 자연, 물질계와 영계를 포함한 모든 피조 세계를 가리킨다. 세상은 하나님에 대한 반역과 죄를 특징으로 한다. 새로운 질서를 위해 이전 질서는 사라져야 한다. 바울에게 피조 세계 가운데 십자가의 영향을 받지 않는 것은 없다.

바울은 2장 19절에서 십자가에 못 박힌 사실에 대해 언급한다. 그는 그곳에서 자신이 "그리스도와 함께 십자가에 못 박혔다"는 사실을 확인한다. 바울은 두 본문에서 동일한 완료 시제를 사용한다. 이것은 과거의 사건이 계속해서 영향을 미치고 있음을 보여준다. 그러나 이곳에서 바울은 이 문제를 자신과 세상의 관계에 비추어 진술한다. 세상은 자신에 대해 "십자가에 못 박히고" 자신도 세상에 대해 그러하다는 것이다. 2장 19-20절에는 동일한 상호적 관계_{효과는 반대적이지만}가 제시된다. 바울은 내 안에 그리스도께서 사시는 것 같이 나도 그리스도 안에 산다고 선언한다. 마찬가지로, 여기서는 세상이 자신에 대해 죽은 것 같이 자신도 세상에 대해 죽었다고 선언한다. 첫 번째 언급은 십자가에 못 박힘을 개인의 내적 자아에 적용한다. 여기서는 십자가에 못 박힘을 개인의 사회적 우주적 상황에 적용한다.

한편으로 그리스도와 그리스도의 의미, 다른 한편으로는 세상과 세상의 의미라는 두 가지 요소 사이의 근본적인 양극성을 이처럼 확실하게 드러낸 것은 없다. 이것은 하나님이 없는 세상으로, 스스로 종교적 체계와 삶의 방식을 인도하는 가치관^{:4의 "이 악한 세대"와 4:1-11의 "초등학문"}을 만들어내었다. 바울은 자신이 이러한 세상에 대해 죽었다고 선언한다. 그는 또한 세상이 자기에 대해 죽었다고 말한다.

따라서 바울은 관계의 변화에 대해 언급하는 동시에, 행위자 자신의 변화에 대해 언급한다. 바울이 십자가를 통해 변화되었듯이^{2:19-20}, 십자가는 어느 면에서 모든 것을 우주적 단계_{인간을 넘어서는 영역; 고후 5:17}로 바꾸었다. 바울의 전체적 가르침은 인간 외부의 세상이 십자가의 영향을 받았다는 것이다. 이러한 사실은 골로새서 2장 15절에 잘 나타난다. 그리스도는 십자가로 권세들을 "무력화"했다. 바울과 신약성경 기자들은 이러한 새 창조의 실재^{이어지는 절 참조}는 그리스도와 성령의 사역을 통해 시작되었으며 장차 있을 최후의 완성을 기다린다.^{5:5 참조}

"할례나 무할례가 아무 것도 아니로되 오직 새로 지으심을 받는 것만이 중요하니라."^{6:15} 이곳의 접속사^{for}는 이 진술이 앞 절의 내용을 더욱 상세히 설명한다는 사실을 보여준다. 이것은 바울과 세상 사이의 죽음의 관계가 무엇을 의미하는지에 대해 진술한다. 그러나 이 연결은 "할례"라는 주제와 함께 13절까지 거슬러 올라간다. 이제 바울은 우리가 그리스도와 함께 죽은 세상의 한 부분은 율법 지향적 세상이라는 사실을 확인한다. 이 영역의 세상은 할례받은 자와 할례받지 아니한 자라는 관점에 비추어 실재를 규명한다. 이러한 실재는 그리스도의 죽음을 통해 세워진 새로운 세상에 속하지 않는다. "할례나 무할례가 아무 것도 아니로되"라는 구절은 5장 6절과 밀접하게 연결된다.5:6 참조; 고전 7:19; 롬 2:25–28도 보라 그곳의 초점은 할례나 무할례는 참된 의를 초래하지 못한다는 것이다. 이곳의 초점은 전적인 부정에 맞추어진다. 즉, 둘 다 아무것도 아니라는 것이다.

바울은 이제 자신이 죽은 세상을 대치하는 새로운 세상의 이름을 밝힌다.6:14 그것은 새 창조["새로 지으심을 받은 것"]다. 이 용어는 "새로운 피조물"이라는 뜻도 있지만 이것은 앞 문장의 세상과 분명히 대조되기 때문에 보다 포괄적인 개념인 "새 창조"가 바람직한 번역이다. 이것은 개별적 인간과 확장된 상황또는세상을 둘 다 포함한다. 그리스도를 통한 하나님의 치명적이고 생명적인 행위는 신자들 안에서, 신자들을 위한, 전적으로 새로운 창조로 귀결된다.

이 표현은 고린도후서 5장 17절에도 나타난다. "그런즉 누구든지 그리스도 안에 있으면 새로운 피조물이라"연결된 언어에 대해서는 엡 4:24; 골 3:10을 참조하라 바울은 확실히 새 창조가 그리스도 안에서 성령의 역사로 말미암아 시작되었다고 믿는다. 이 새롭게 됨은 신자와 공동체의 중심에 위치한다. 이것은 장차 모든 피조물을 포함하게 될 것이다.롬 8:18–23 하나님의 구원의 목적은 하나님의 원래적 창조와 같이 만물을 포괄하는 것이다. 이 구원은 자연의 질서와 사회적 질서와 개인을 회복한다. 따라서 교회의 선교는 동일한 범주의 관심을 가지려는 경향이 있다.TBC, "옛 창조와 새 창조" 참조

마지막 권면 및 축복6:16–18

"무릇 이 규례를 행하는 자에게와 하나님의 이스라엘에게 평강과 긍휼이 있을지어다."6:16 이 절은 요약과 결론을 연결한다. "이 규례"는 앞 두 절의 내용으로 되돌아간다. 바울은 그곳에서 자신의 신앙을 요약한다. 그러나 두 절은 전체 서신에 대한 요약이기 때문에, "규례"는 사실상 갈라디아서 전체의 가르침을 의미한다. "규례"라는 단어는 법규나 법을 의미하지 않는다. 그것은 판단을 위한 표준을 가리킨다. 바울은 교회의 표준으로서 진리라는 의미를 보존하면서 법이라는 개념을 피하려고 이 단어를 의도적으로 선택한 것으로 보인다.2:5, 14의 "복음의 진리"; 4:16; 5:7의 "진리" 참조 헬라어 단어는 문자적으로 "캐논"이다. 캐논은 교회를 위한 규례나 진리의 표준으로서 기독교의 경전을 의미하는 단어로 발전한다.

"규례"는 동반한 동사"행하는"와 조화를 이룬다. 후자는 5장 25절에 나오는 동사와 같은 단어로그곳 주석 참조 일정한 표준을 통해 삶의 질서를 세운다는 뜻이 있다. 바울은 신앙을 인도하

고 점검하는 법의 기능을 반대하지 않는다. 오히려 그는 예수 그리스도의 권위에 길을 내어준 표준율법을 고수하려는 태도와 싸운다. 그는 율법을 그리스도에 대한 믿음과 성령의 생명을 주는 사역의 대안으로 사용하는 것을 반대한다. 6:2의 "그리스도의 법" 참조

바울은 "평강과 긍휼"이라는 축복의 단어와 함께, 유대의 전통적 결론을 제시한다. "평강"은 서두의 인사말에 사용되었다.1:3 그러나 이곳에서 바울은 그곳의 "은혜"라는 단어 대신 "긍휼"이라는 단어를 사용한다. 긍휼은 언약적 관계 안에서 하나님의 은총과 신실하심을 의미하는 "헤세드"라는 히브리어 단어에 대한 가장 일반적인 헬라어 번역이다. 이러한 전통적 유대 개념을 감안할 때, 이 축복에 "하나님의 이스라엘"이라는 또 하나의 유대적 표현이 사용된 사실은 놀랍지 않다.

그러나 이 표현은 무엇을 의미하는가? 이 축복은 바울의 복음의 원리를 따르는 자들에 대한 복으로 시작한다. 그것은 분명한 사실이다. 그러나 "하나님의 이스라엘"이라는 구절은 무엇을 가리키는가? 이 구절은 인종적 이스라엘을 가리키는가? 그렇다면, 바울은 유대 대적에 대해 호의적 자세를 취하고 있다는 것이다. 아니면, 바울의 규례를 따르는 그리스도인에 대한 언급인가? 아마도 후자의 해석이 옳을 것이다. 바울은 하나님의 백성 전체, 이스라엘을 위한 축복의 상황과 함께 제시함으로써 특정 개인이나 집단에 대한 복을 비는 것으로 보인다. "그런 사람/집단에게와 하나님의 이스라엘에게"Buscemi: 627; betz: 321 이런 의미는 복음을 이스라엘의 특권과 연결된 진정한 확장으로 보는 이 서신의 전반적 주제와 일치한다. 또한 이 해석은 그리스도를 따르는 자는 이스라엘을 가리키는 "아브라함의 후손"이라는 3장의 가르침3:29과도 일치한다.

이것이 이곳의 의미라면, 바울은 예수를 따르는 유대인과 이방인의 새로운 공동체와 함께 하나님의 백성이 역사를 통해 계속된다는 사실을 강조하고 있다. 실제로 바울은 이러한 축복을 통해, 아브라함 언약에 합당한 참 이스라엘은 유대 민족뿐만 아니라 유대인과 모든 민족이방인을 포함한다는 자신의 확신을 의식적으로 드러낸다. 그렇다면, 이곳의 언어는 바울이 갈라디아서에서 제시한 새 창조의 표준을 따르는 전통적 유대 그리스도인과 이방인 그리스도인을 모두 포함한다.

"이 후로는 누구든지 나를 괴롭게 하지 말라 내가 내 몸에 예수의 흔적을 지니고 있노라."6:17 바울은 이 삽입구를 통해 공식적인 결론적 축복의 흐름을 끊는다. 이것은 우리에게 이 편지의 결론이 바울의 일반적 관례와 다르다는 사실을 상기시킨다. 이곳에는 바울이 관례적으로 사용하는 따뜻한 표현이 없다. 심지어 첫 번째 축복은 조건절까지 포함한다. 바울은 다른 신자들에 대한 문안을 하지 않으며, 다른 서신과 달리 감사와 찬양도 없다. 대신

에 바울은 엄격한 요구를 제시한다. 따라서 이 서신의 결말은 서두와 같은 어조를 가진다.

시작하는 구절은 "끝으로" 또는 "지금부터는"이라는 뜻이다. 어느 쪽이든, 이곳의 문맥과 일치한다. "괴롭게"라는 단어는 이 서신에서 처음 나온다. 이 괴로움은 구타나 힘든 노동이나 수고를 의미하거나고후 11:27 힘들게 한다는 의미가 있다. 따라서 괴롭게 하거나 귀찮게 한다는 뜻이다.눅 11:7; 18:5 이것은 이어지는 구절에서 암시하듯이 바울이 신체적으로 학대받은 흔적에 대한 의도적인 암시일 수도 있지만, 이곳의 문맥과 부합되는 해석은 후자의 의미다. "하지 말라"라는 동사의 정확한 뉘앙스는 행위를 멈추라는 명령이다. 즉, 자신을 괴롭히고 있는 행동을 그만두라는 것이다.

바울은 자신이 괴롭힘을 받아서는 안 되는 이유를 제시한다. 그는 자신의 몸에 "예수의 흔적"을 지녔다. "흔적"에 해당하는 단어는 노예의 표시나 신에게 바친 자임을 보여주는 신체적 표시를 가리킨다. 후자의 경우, 이 흔적은 신의 보호 아래 있음을 나타낸다.Longenecker: 300 이 의미는 이곳에 나타난 바울의 의도와 관련이 있다. 왜냐하면 바울은 이 언급을 통해 자신에 대한 악한 행위를 중단하게 하고 싶어 하기 때문이다. 어느 쪽이든 바울의 상황 및 자기 이해에 부합된다. "흔적"에 해당하는 헬라어 단어는 "성흔"stigmata으로 음역되어 기독교 언어와 역사에 들어왔다.TLC, "십자가와 제자도" 참조

바울은 "예수의 흔적"이라는 언급을 통해 다시 한번 예수의 십자가와 고난으로 관심을 돌리게 한다. 바울이 갈라디아서에서 자신의 고난을 십자가의 고난과 동일시했던 사실을 생각할 때, 그는 이 생생한 이미지를 통해 갈라디아 사람들에게 자신이 예수 그리스도를 위한 사역 때문에 당한 박해와 고통을 상기시키고 있는 것으로 볼 수 있다. 이것은 고린도후서 4장 7-12절의 유사한 경험에 대한 긴 묘사를 요약한다. 또한 그곳 본문에서도 바울은 "예수"라는 이름을 사용한다.

바울은 자신의 몸에 예수님처럼 십자가를 짊어진, 고난의 흔적을 가지고 있다. 이것은 그의 사역이 신실한 것임을 입증한다. 모든 사람은 바울이 그리스도의 참된 사도임을 인정하고 존중해야 한다. 이것이 본문의 의미라면, 갈라디아서는 이제 원점으로 돌아온 것이다. 끝으로, 바울은 처음과 마찬가지로 자신의 사도직을 변호한다.1:1; 1:102:14 참조

"형제들아 우리 주 예수 그리스도의 은혜가 너희 심령에 있을지어다."6:18 마지막 축복의 어법은 다른 바울 서신의 축복과 유사하다. "은혜"에 대한 언급은 갈라디아서의 광범위한 논증의 기초가 된다는 점에서 매우 강한 호소력을 가진다.그러나 1:6; 2:21; 5:4를 참조하라 "주 예수 그리스도"라는 언급은 어느 곳에서나 바울의 사고방식과 추론을 지배하는 그리스도 중심의 신학적 관점을 반영한다. "너희 심령"영이 사람의 정신을 가리키는 유일한 본문이다이라는 바울의 언급조차

성령의 사역이 핵심인 문헌에서 중요한 의미가 있다. 사람의 심령은 하나님의 영과 접촉이 이루어지는 곳이기 때문이다. 롬8:16

바울은 갈라디아서라는 긴 서신에서 마지막으로, "형제들아"4:12 참조라는 호칭을 사용한다. 바울은 현재의 위기로 말미암아 관계가 파괴되는 것을 미연에 방지하기 위해 마지막으로 최선을 다해 형제적 결속을 짜낸다. 이제 남은 것은 바울이 그렇게 되기를 바란다는 "아멘"이라는 언약적 확인으로 마치는 것이다. 여기에는 갈라디아 사람들에 대한 간절한 염원이 실제로 이루어지기를 바라는 바울의 모든 열정적 관심이 담겨 있다.

성서적 맥락에서의 본문

십자가의 의미

십자가는 이사야 53장의 고난의 종과 근접하지만, 확실히 예수께서 십자가에 못 박히신 독특한 사건에 기초한 신학적 개념이다. 이 종은 고난의 대표적 인물로, 다른 사람을 위해 죽는다. 그렇게 함으로써, 그는 그들의 죄와 고통을 대신 지고 그들에게 치유와 평안을 나누어준다. 신약성경 기자들은 종종 이 본문을 직접 인용하지 않지만, 본문의 이미지와 언어는 그들의 글에 깊이 스며있다. 이러한 흔적은 수난 기사와 사도행전 8장 32-35절 및 베드로전서 2장 21-25절과 같은 본문에 가장 잘 나타난다.

초기 그리스도인은 십자가를 하나님이 세상을 섭리하시는 과정에서 옛 시대로부터 새 시대로 넘어오는 두 가지 전환점십자가와 부활 가운데 첫 번째로 이해했다. 십자가는 지금까지 죄와 사망의 권세에 복종해왔던 옛 질서를 끝냈다. 부활과 성령을 부어주심은 새로운 질서의 시작을 보여주는 흔적이다. 새로운 길은 사망으로 인도하는 길의 끝에 놓여 있다. 예수님은 이러한 사실을 자신의 모범을 통해, 그리고 십자가를 지고 나를 따르라는 부르심을 통해 확인한다. 이러한 요지는 엠마오 도상에서 제자들에 대한 가르침에 분명히 나타난다. **"그리스도가 이런 고난을 받고 자기의 영광[부활과 승천]에 들어가야 할 것이 아니냐 하시고."**눅24:26 빌립보서 2장 6-11절에 나타난 초기의 고백은 그리스도의 비하와 승귀라는 두 단계를 중심으로 구성된다. 시간이 지나자 죽음과 부활이라는 주제가 초기 그리스도인의 사상적 구조를 지배하게 되었으며, 신앙과 행위의 모든 영역을 형성하게 되었다.

모든 사상과 행위를 십자가로 판단하겠다는 바울의 결심은 이러한 본질적 확신과 조화를 이룬다. 고전2:2; 갈2:21도 보라 십자가는 다양한 차원의 의미와 적용이 가능하다는 것은 충분히 이해할 수 있다. 그리스도인의 신앙과 삶은 십자 형태를 이루고 있다. 십자가는 하나님이 악한 권세를 물리치고 죄사함구원을 주시기 위해 역사에 개입하신 행위다. 또한 십자가는 그리스도인이 세상에서 그리스도의 모범을 따라 살아야 할제자도 규범이다.

그리스도께서 우리의 죄를 지고 십자가에 달려 고난받으심으로 신자들이 따라야 할 모범이 되셨다고 주장하는 베드로전서 2장 21-25절에는 이러한 사상이 잘 드러나 있다. 바울은 갈라디아서에서 이와 동일한 십자가의 역할을 주장한다. 그는 죄로부터의 구원1:4, "이 악한 세대"와 "세상의 초등학문"의 속박으로부터의 자유1:4; 4:3-5 KJV; 6:14, 자신의 모든 존재를 그리스도의 십자가와 일치시킴2:19-20에 대해 언급한다. 십자가에 대한 이처럼 완전한 관점만이 온 세상에 평화를 주시려는 하나님의 경륜에 부합되는 기초를 제공할 수 있다.

옛 창조와 새 창조

창조라는 말은 하나님이 천지를 만드신 창조주라는 구약성경의 믿음에서 나온 말이다. 하나님의 구원과 복의 특별한 대상인 이스라엘의 경험은 온 세상을 주관하시고 복을 주시는 하나님의 광범위한 틀의 일부에 지나지 않는다. 우리는 성경 이야기 전체에서 하나님이 시행하시는 특별하고 우주적인 행위의 상호작용을 볼 수 있다. 성경은 첫 번째 창조로 시작하여 새 하늘과 새 땅에서의 새로운 창조로 마친다.

성경의 창조 신학은 영적인 것과 물질적인 것의 분리에 대한 문을 영원히 닫는다. 따라서 영원한 가치는 물질적인 것이 아니라 영적인 것과 연결된다. 신약성경은 영적인 것을 강조하지만따라서 성령과 관련된다, 구약성경 못지않게 현재와 미래에 있을 물질적인 영역에도 관심을 가진다. 하나님의 목적은 피조세계 전체를 포괄한다.

새 창조와 관련된 언어는 새 하늘과 새 땅을 내다본 이사야65장을 보라의 예언에 기초한다. 제2성전 유대교의 묵시 사상은 전형적으로 이 세대와 장차 올 새로운 세대를 대조했다. 일부 유대인은 새 창조또는 거듭남라는 용어를 유대교로 개종한 것을 묘사하는 데 사용했다. 바울과 다른 기독교 저자들은 새 창조와 관련된 언어거듭남, 새로 지으심, 중생를 그리스도를 만남으로써 근본적으로 변화된 경험을 가리키는 용어로 사용했다.Davies: 119-21

그러나 예수를 따르는 그들은 새로운 실재를 단순한 희망이 아니라 현재적 실재로 믿었다.비록 완전한 성취는 미래적이지만 이 현재적 실재는 예수 그리스도의 사역과 성령의 임재와 능력에 기초한다. 그리스도의 부활과 성령을 부어주심은 새로운 창조가 역사적 사건 속에, 그리고 변화된 삶을 사는 개인적 경험 속에 작동 중인 사실을 입증한다. 바울 자신은 거듭남요 3:1-8; 벧전 1:3이라는 용어보다 새 창조새로 지으심라는 표현을 선호한다. 이것은 개인거듭남과 광범위한 상황적 요소들을 새 창조라는 용어로 묶으려는 그의 관심사를 반영한 것으로 보인다.

교회 생활에서의 본문

십자가와 제자도

십자가가 진정한 그리스도인의 삶을 보여주는 흔적이라면, 이 진리는 오랜 교회사를 통해 인정받지 못했던 것으로 보인다. 십자가 아래에서의 삶은 본질적으로 구원받지 못한 사회적 질서와 어느 정도의 차별성을 유지한다는 것을 의미한다. 이러한 차별성이나 거룩함은 기독교가 로마제국의 종교로 공인된 순간 근본적으로 훼손되고 말았다. 유럽 국가들이 기독교로 개종한 만큼, 기독교는 국가의 정책적 목적과 윤리에 맞추어 개조되었다. 콘스탄틴주의Constantinianism로 알려진 교회와 국가의 밀접한 일체화와 함께, 교회는 세상과의 차별화를 상실했다. 십자가는 그리스도에 대한 희생적 신실함의 길을 가리킬 능력을 잃어버렸다. 대신에, 십자가의 상징적 가치는 내적인 영적 투쟁으로 향했다. 이처럼 부자연스러운 반전으로 말미암아, 이제 십자가를 진다는 것은 더 이상 복음을 위한 고난의 상징이 아니라, 국가를 위한 군사적 승리의 상징이 되었다. 이런 상황에서 성흔stigmata으로 알려진 갈라디아서 6장 17절의 "예수의 흔적" 개념은, 교회에서는 여전히 중요한 개념으로 생각했지만, 다른 의미를 갖게 되었다. 이 거룩한 흔적은 이곳의 본문에서처럼 복음으로 말미암아 박해를 받은 신체적 흔적이 아니라, 십자가에 못 박히신 예수와 유사한 흔적을 신체에 가지고 있는 경건한 자나 초자연적 기원의 상징이 되었다.

이어지는 교회사에서, 소외된 비국교도 집단과 운동은 진정한 그리스도인의 삶의 전형으로서 십자가에 대한 신약성경의 이해를 재발견했다. 16세기의 급진적 개혁주의는 정확히 이 전통 위에 서 있다. 그리스도의 이름으로 십자가를 지는 것은 참된 신앙의 진정한 징표다. 레오나르드 쉬머Leonard Schiemer는 이것을 다음과 같이 표현한다. "십자가를 경험할 수 없다면, 우리는 하나님의 자녀가 된 것이 아니라 우리가 거짓 그리스도인이라는 증거를 가지고 있는 것이다"Verduin: 261에서 발췌 이러한 상황에서 자신의 몸에 박해와 순교로 인한 예수의 흔적을 가지고 있다는 것은, 적어도 바울에게는, 확실한 실재였다.

오늘날 세속적 사회에서, 교회는 점차 군소 집단으로 전락하고 있으며, 이것은 구원의 방법과 마찬가지로 삶의 방식으로서 십자가에 대한 이해를 재발견할 것을 촉구하게 한다. 이런 상황에서 하나님 나라의 가치는 세상 나라의 가치와 충돌한다. 하나님의 나라를 위해 분연히 일어서서 싸우면 반박을 초래하게 되며, 희생이 따를 수밖에 없다.

민주 사회처럼 분명하고 직접적인 박해가 은근한 경멸과 적대감으로 대치되는 곳에서는 십자가에 대한 성경적 이해가 쉽지 않다. 예수님은 제자들에게 십자가를 지고 따르라고 명령하시면서[막 8:34 및 병행구] 그들이 직면하게 될 박해에 대해서는 강조하지 않으셨다. 대신에, 예수님은 그들이 자신의 명분과 사역에 함께 하기 위해서는 큰 희생을 각오해야 하며 안락하고 특권적인 삶을 버리고 하나님 나라를 위해 자신을 희생적으로 헌신해야 한다는 사실을 깨닫기를 원하셨다. 중요한 것은 반대의 유형이나 정도가 아니라 오직 세상을 향한 하나님의 경륜이라는 한 가지 명분을 위해 자신과 자신이 가진 모든 것을 희생할 준비가 되었느냐는 것이다. 우리는 어떤 형태로든 박해를 각오해야 한다. 하나님의 통치는 악과 불의의 반대를 초래할 수밖에 없기 때문이다. 그러나 그리스도인의 제자도는 이러한 반대에 초점을 맞추지 않는다. 십자가는 우리를 위한 그리스도의 희생과 그리스도와 그의 나라를 위한 신자의 희생을 포함한다.

회심과 새 창조

바울이 사용하는 "새로 지으심"이라는 구절은 수 세기 동안 교회 언어에서 두드러진 위치를 차지하지 못했다. 교회가 선호한 언어는 "중생"이나 "거듭남"이나 "회심"과 같은 것이다. 앞서 TLC에서 살펴본 대로, 이런 용어조차, 십자가를 진다는 주제와 마찬가지로, 교회사적으로 복잡한 역사가 있다. 교회와 불신 사회의 구분을 모호하게 만든 크리스텐덤[기독교 세계]은 이러한 성경적 개념에 담긴 근본적 삶의 변화를 내적이고 영적인 차원으로 제한함으로써 둔화시켰다. 우리는 하나님의 가족으로 다시 태어난 것이 아니라 크리스텐덤으로 태어난 것이다.[갈 4:5-7]

그러나 자유 교회처럼 일반 사회와 교회의 구분이 확실하거나, 신자들의 교회처럼 자발적 인격적 신앙을 중요하게 생각하는 집단에서는 회심 개념이 중요하다. 종교개혁 시대의 아나뱁티스트에게는 회심과 중생[거듭남]을 중요시 했다. 변화되지 않는 삶은 참된 신앙이 아님을 말해줄 뿐이다. 따라서 필립스[Dirk Philips]는 "이곳[요 3:3, 5]에서 예수님은 중생하지 못한 모든 사람과 내적인 자아가 그의 형상으로 새롭게 지으심을 받지 않은 모든 자는 결코 하나님의 나라에 들어갈 수 없다고 말씀하신다"고 주장한다.[Williams and Mergal: 234] 아나뱁티스트는 회심의 윤리적 영역을 강조한다. 회심은 하나님과의 내적, 영적 만남에 뿌리를 둔다. 이 만남은 하나님의 뜻에 순종하는 것은 변화된 삶을 통해 꽃을 피우고 열매를 맺는다. 이 과정은 하나로 연결되어 있다. 그리스도 안에서의 삶은 내적, 외적으로 오직 그리스도를 닮아가는 삶이다.[갈 2:20-21]

바울의 "새로 지으심"의 온전한 의미는 오랜 세월 동안 간과되었다. 이러한 새 창조는 변화를 가져오는 개인적인 거듭남앞서 인용한 Dirk Philips 참조과, 새롭게 하나님의 백성이 된 신자 공동체의 변화된 삶을 가리킨다. 그뿐만 아니라 바울은 사람과 공동체의 새롭게 됨을 자연계를 포함한 만물의 새롭게 됨과 연결한다. 하나님이 이런 식으로 만물을 새롭게 하신다는 부분은 교회사에서 종종 간과되었다. 바울과 신약성경은 자연계의 새롭게 됨을 미래적 소망으로 다룬다.롬 8:21; 마 19:28; 행 3:21; 계 21:1-8 그러나 성경의 일반적 사상과 마찬가지로, 미래에 대한 교회의 소망 역시 교회의 현재적 사명을 보여준다. 우리는 새 하늘과 새 땅을 소망하기에, 자연계의 질서를 보존하는 것은 당연히 우리의 현재적 사명이 된다. 새 창조는 하나님의 원래적 창조와 마찬가지로 만물을 포함한다.

갈라디아서 개요

제2부: 권면: 진리에 대한 순종 4:12-6:18

사도들의 모범 4:12-20

바른 행위를 위한 성경적 사례 4:21-31

자유에 굳게 섬 5:1-12

    율법적 의의 멍에 5:1-4

    그리스도의 의의 자유 5:5-6

    행동을 촉구함 5:7-12

성령으로 육체를 극복함 5:13-24

    성령과 육체의 갈등, 5:13-18

    육체의 일과 그 결과, 5:19-21

    성령의 열매. 5:22-23

    육체를 십자가에 못 박음, 5:24

성령을 따라 행함 5:25-6:10

    신앙 공동체를 세우는 미덕, 5:25-6:6

    요약적 호소, 6:7-10

결론 6:11-18

논증에 대한 재진술, 6:11-15

마지막 부탁 및 축복, 6:16-18

에세이

예수 그리스도의 믿음

지난 수십 년간, "예수의 믿음" 또는 "예수 그리스도의 믿음"이라는 구절의 의미에 대해 활발한 논쟁이 있었다. 최근의 논쟁은 리차드 헤이스Richard Hays의 갈라디아서 3장에 관한 논문에 의해 촉발되었다. 그는 이 구절이 영역 성경의 일반적 번역인 그리스도에 대한 신자의 믿음이 아니라 그리스도 자신의 믿음이나 신실함을 가리킨다는 입장을 취했다.Hays 2002 그러나 우리는 이어지는 논쟁에서 헤이스가 바울의 모든 신학적 진술에서 이 의미를 찾으려는 풍조를 거부함으로써 중도적 입장으로 돌아섰다는 사실을 알아야 한다.

"그리스도의 믿음"은 "피스티스 투 크리스투"pistis tou christou라는 헬라어를 문자적으로 번역한 것이다. 이 표현은 갈라디아서 2장 16절두 차례과 2장 20절하나님의 아들 및 3장 22절에 나타난다. 다른 성경에는 로마서 3장 22절과 26절 및 빌립보서 3장 9절에 나타난다. 최근의 논쟁에서 이 구절을 해석하는 두 가지 중요한 방식은 "예수 그리스도의 믿음/신실함"이나 "예수 그리스도를 믿음"이다. 따라서 이곳의 인칭 명사예수 그리스도는 다른 명사믿음가 함축하는 행동의 행위자주어일 수도 있고 수신자목적어일 수도 있다.

예를 들면, "성령 세례"baptism of the Spirit라는 표현은 성령이 행하는 세례도 될 수 있고, 성령을 받는 세례라는 의미도 될 수 있다는 것이다. 헬라어 문법에서 이러한 대안들은 각각 주격 속격이나 목적격 속격으로 불린다. 결과적으로, 우리가 이 구절을 주어의 의미로 받아들인다면, 이 구절의 의미는 예수 그리스도께서 보여주시는 믿음이나 신실함이 된다. 그러나 목적어로 받아들일 경우, 예수 그리스도에 대한 믿음이 된다. 헬라어로는 어느 쪽 해석이든 가능하다. 사실 이 구절을 해석하는 방식은 두 가지만 있는 것이 아니다. 이런 언어적 모호성은 흔히 볼 수 있는 현상이다. 우리는 문맥이나 경험에 의지하여 바른 의미를 결정해야 한다. 가령, 바울이 고린도후서 5장 14절에서 "그리스도의 사랑이 우리를 강권하시는도다"라고 했을 때, 그는 "그리스도를 위한 우리의 사랑"목적격 속격이라는 의미로 말한 것인가, 아니면 "우리를 위한 그리스도의 사랑"^{주격 속격}이라는 뜻으로 말한 것인가? 헬라어 문법이나 영어 문법은 둘 다 어느 쪽 해석도 가능하다.

마틴 루터의 번역은 "예수 그리스도를 믿음"에 해당하는 독일어로 해석한 첫 번째 사례로 알려진다. 그 전의 번역은 모호성을 유지하는 축자적 번역을 선호하는 경향이 있었다. 이 구절에 대한 영어 번역의 역사는 흥미롭다. 킹제임스역은 이 구절을 "예수 그리스도의 믿음"이라는 문자적 번역을 취한다. 일반 독자가 번역을 어떻게 이해했는지는 확실히 알 수 없지만, 20세기 후반 이전까지의 주석가들은 대부분 "예수 그리스도에 대한 신자의 믿음"이라는 뜻으로 해석했다. 아마도 대중적 이해도 그런 것이었을 것이다. 나중에 "예수 그리스도를 믿음"은 보편화되었다. 최근에 와서야 "예수의 믿음"이라는 대안적 독법에 대한 주석을 달기 시작했다. 이런 이유로, 오늘날 영어권 독자들은 대부분 바울의 표현에 담긴 모호성을 모르고 있다.

이 문제에 덧붙여, 믿음에 해당하는 성경적 단어, 피스티스^{pistis}도 의미 영역이 다양하다. 이 단어는 믿음의 대상이라는 의미에서 "신뢰, 믿음, 신실함, 충성, 신앙"이라는 뜻이 있다. 이곳의 현안과 특히 관련이 있는 것은 무엇 또는 누군가를 신뢰한다는 것인가, 아니면 [가령, 복음 자체의/역주] 신실함이나 신뢰성을 가리키느냐는 것이다. 바울은 하나님과 관계하는 성향을 강조하는가^{신뢰한다는 의미에서의 믿음}, 아니면 하나님에 대한 충성심을 드러내는 행위^{신실함}를 강조하는가? 또한 바울이 예수 그리스도의 믿음^{주격 속격}을 염두에 두었다면, 그리스도는 다른 신자들처럼 하나님을 신뢰했다는 말인가, 아니면 자신의 삶이나 행위^{또는 둘 다}를 통해 하나님에 대한 신실함을 드러내었다는 말인가?

우리는 이 논쟁을 통해 왜 중요한 신학적 문제가 즉시 부상하는지를 알 수 있다. 바울의 의도는 무엇인가? 그는 예수 그리스도의 구원 사역이 그리스도 자신의 믿음이나 신실함에 기초한다는 사실을 강조하고자 하는가? 아니면, 신자는 예수 그리스도의 사역에 대한 자신의 믿음을 통해 구원받는다는 사실을 강조하려 하는가? 나아가, 바울은 구원^{믿음으로}과 윤리^{신실함} 가운데 어느 것에 직접적인 초점을 맞추는가? 혹은 둘 다 똑같이 강조하는가? 만일 믿음이 믿는 대상을 가리킨다면, 누가 행위의 주체냐는 문제는 요점을 벗어난 질문이 될 수밖에 없다는 것인가? 왜냐하면 이러한 강조는 행위자가 누구냐^{예수냐 신자냐}에 초점을 맞추는 것이 아니라 복음의 속성이 무엇이냐에 초점을 맞추기 때문이다. 이러한 근본적 신학적 이슈로 말미암아 이 논쟁은 지금도 활발히 진행되고 있다.

이러한 개념의 모호함에도 불구하고, 대부분 해석가는 이 논쟁의 어떤 대안도 바울 신학을 근본적으로 바꾸지는 못한다는 사실에 동의한다. 바울의 다른 글에는 그의 관점을 충분히 파악할 수 있는 증거가 나타난다. 그렇지만, 문맥마다 바울의 의미에 대해 정확히 평가한다면 그의 신학의 뉘앙스와 강조점을 판단하는 데 도움이 될 것이다.

바울을 연구하는 많은 학자는 그리스도의 믿음이나 신실함이라는 개념에 대해, 지금까지의 해석상의 문제에 대한 새로운 대안을 제시하거나 기존의 신앙고백적 관점을 강화하는 신선한 방식을 발견한다. 예를 들면, 믿음을 신실함으로 이해하는 관점은 그리스도의 죽음으로 인한 구원의 은혜를 그리스도인의 삶의 모델이나 모범으로서 그리스도의 삶과 연결할 수 있다는, 새로운 대안을 제시하는 것이다. 구원과 윤리가 밀접하게 연결될수록, 바울은 제자도와 거룩한 삶을 핵심으로 하는 본 주석 시리즈^{Toews의 로마서 주석 참조}에서 볼 수 있는 것과 같은 기독교 전통에 더욱 근접하게 된다. 그러나 하나님의 주권을 강조하는 전통은 신실함보다 믿음에 초점을 맞추며, 특히 믿음을 통한 신적 행위를 강조한다. 하나님은 그리스도를 통해 구원의 믿음을 공급하신다.^{Martyn의 갈라디아서 주석 참조} 이것은 "그리스도의 믿음^{신실함}"이라는 번역이 광범위한 신학적 스펙트럼의 대척점에 서게 된 이유를 설명해준다.

최근의 추세에 비추어볼 때, 그리스도 자신의 믿음이나 신실함이라는 번역의 장점에 대한 검증이 필요해 보인다. 이 번역이 잠재적으로 바울 사상에 대한 새로운 통찰력을 불러올 수 있다는 가능성에도 불구하고, 이것이 전적으로 새로운 영역을 도입한다는 주장은 찾아볼 수 없다. 이것은 정당한 평가를 받지 못한 바울의 다른 주제가 부각될 수 있도록 돕는다. 여기서 중요한 것은 그리스도의 순종으로, 신실함이라는 개념과 유사하다. 그리스도와 하나 됨의 본질은 예수 그리스도의 모범적 삶이다. 따라서 그리스도 자신의 믿음이라는 신학은 바울의 사상과 부합한다. 또한 이것은, 우리가 언어적 표현을 어떻게 이해할 것인가는 바울의 신학 전체를 어떻게 이해할 것인가를 결정하지 않는다는 사실을 보여준다.

"피스티스 투 크리스투"라는 구절을 그리스도 자신의 믿음이나 신실함으로 이해하는 관점의 장점이 무엇이든, 이 의미를 바울에게 적용하는 데에는 몇 가지 문제점이 있다.

첫째로, 바울은 어디서도 이곳의 특정 어휘를 사용하여 이런 관점에 대한 부가적 설명을 제시한 바 없다. 이 번역을 지지하는 자들이 이 구절에서 발견한 중요성이 실제로 존재한다면, 이 구절이 바울의 글에서 이런 식으로만 나타난다는 것은 놀랍다. 바울은 "믿음"이라는 명사나 "믿다"라는 동사나 그리스도에게 "신실한"이라는 형용사를 이 표현으로만 사용하며, 달리 사용한 적이 없다. 또한 바울은 이 개념에 대한 부가적 설명을 덧붙이지 않는다. 바울은 지금까지 순종이라는 용어를 이런 의미로 사용해왔지만^{빌 2:1-11; 롬 5:19}, 믿음을 예수 그리스도 자신의 행위로 확실하게 표명한 적이 없다는 사실은 이 구절이 예수 그리스도 자신의 믿음에 대한 언급이 아닐 가능성에 무게를 싣는다.

둘째로, 이 구절이 나타나는 갈라디아서와 로마서의 문맥에서, 바울은 자신의 주장을 뒷받침하기 위해 아브라함을 믿음의 모범적 사례로 제시한다. 갈라디아서 3장에서 바울은 아브라함의 믿음이 하나님의 약속이나 하나님의 신적 주도권에 대한 인간의 모범적 반응임을 보여준다. 이 장에서 "믿음"과 같은 계열인 "약속"에 대한 언급이 여러 차례 나타난다는 사실에 주목할 필요가 있다. 갈라디아서에 나타난 그리스도의 믿음이나 신실함이라는 개념을 뒷받침하기 위해 신실한 아브라함을 신실한 그리스도의 전형으로 만들려는 시도Hays 2002; Gorman 2009는 이 문맥과 부합하지 않는다. 바울은 그리스도를 아브라함의 자손으로 인용함으로써 그리스도가 아브라함에 대한 약속의 전통 위에 서 있다는 사실을 보여주지만3:16, 바울의 요점은 그리스도의 복음에 합당한 정신은 율법이 아니라 하나님의 약속이라는 것이다. 그리스도는 아브라함과 정확한 평행으로 볼 수 없다. 그리스도는 신적 약속에 대해 아브라함과 똑같은 방식의 믿음을 가진 것으로 언급되지 않는다. 반대로, 갈라디아서 3장에서 그리스도는 약속에 순종하는 자가 아니라, 약속에 대한 성취로 제시된다. 더구나 아브라함에 대한 바울의 호소는 신실함이나 순종이 아니라 하나님의 약속을 신뢰하고 받아들이는 믿음에 초점을 맞춘다. 로마서 4장도 마찬가지다. 이것은 갈라디아서 4장의 알레고리에도 적용된다. 이것은 바울의 사상에서 이 두 가지 의미를 분리해야 된다는 것이 아니다. 그러나 이 문맥에 나타난 바울의 논증을 자세히 들여다보면, 바울이 신실함보다 믿음을 더욱 강조한다는 사실을 알 수 있다. 갈라디아서의 믿음은 주로 하나님의 구원이나 성령의 은사에 대한 인간의 수용성을 가리킨다.

셋째로, 믿음에 대한 바울의 관점은 초기 교회의 논쟁거리였다. 야고보서는 이 논쟁을 보여준다. 흥미로운 것은 야고보서의 논쟁이 행위와 관련하여 믿음에 초점을 맞춘다는 것이다. 둘 다 신자의 행위자다. 확실히 이 논쟁은 신실함으로서의 믿음에 관한 것이 아니다. 그렇지 않다면 야고보가 행위를 강조할 이유가 없었을 것이다. 신실함이라는 개념은 그리스도를 신실하신 분으로 언급하는 히브리서와 요한계시록에 나타난다. 이 개념은 시험을 받는 신자의 인내를 요구하는 두 성경의 주제와 부합된다.

넷째로, 바울처럼 헬라어를 모국어로 사용하는 초기 주석가들이 이 구절을 그리스도 자신의 믿음에 대한 언급으로 이해했다는 어떤 증거도 없다. 이것은 중요한 관찰이다! 헬라 저자들의 글에 나타나는 동일한 표현은 대부분 바울의 글과 마찬가지로 이러한 모호성을 보여준다. 그러나 학자들은 믿음이 신자의 반응을 가리킨다는 사실에 대체로 동의한다. 확실하게 그리스도 자신의 믿음이나 신실함이라고 언급한 사례는 결코 없다.

다섯째로, 18세기 이전까지 이 구절을 그리스도 자신의 믿음으로 해석한 사례는 전혀 없다. ^{Bird and Sprinle: 15} **20**세기까지는 매우 드물게 제시되었다. 초기 세기부터 킹제임스 역본까지 이 구절을 다른 언어로 번역한 역본은 어떻게 해석할 것인가에 대한 언급 없이 "예수 그리스도의 믿음"에 해당하는 용어를 그대로 사용한다. 전근대적 시대의 번역가들은 거룩한 텍스트를 존중하여 가능한 문자적으로 번역한다. 이 표현을 어떻게 이해할 것이냐는 해석에 대한 분명한 논증이나 주석이나 설명을 통해 드러나야 한다. 그러나, 지금까지 이 언급이 그리스도의 믿음을 가리킨다는 사례는 한 번도 나타나지 않았다.

따라서 "피스티스 투 크리스투스"를 그리스도의 믿음으로 이해하는 관점은 문법적으로나 신학적으로 가능하며 매력적이지만, 바울이나 동시대 언어를 사용한 초기 해석가나 근대 이전의 어떤 해석가의 글에도 이러한 의미로 사용된 사례는 없다.

본 주석 시리즈의 『로마서』^{Toews} 독자들은 저자인 토우가 이 구절을 그리스도의 믿음으로 이해했다는 사실을 알 것이다. 그는 이러한 관점에 대해 네 가지 이유를 제시한다. 첫 번째 두 가지 이유는 언어적 용례와 관련된다. 토우는 신약성경 안팎에 나타난 헬라어 용례는 자신의 관점을 뒷받침한다고 진술한다. 그러나 그 후에 이어진 연구는 이 주장을 지지하지 않으며, 오늘날의 전형적인 관점은 언어적 용례에 대한 호소가 문제에 대한 해법이 될 수 없다는 것이다. 헬라어로는 주어적 의미와 목적적 의미가 둘 다 가능하다. ^{상세한 내용은 Bird and Sprinkle: 16-26 참조} 토우의 세 번째 이유는 이 구절을 "예수 그리스도의 믿음"으로 번역한 초기 해석이 자신의 입장을 뒷받침한다는 것이다. 그러나 앞서 다섯 번째 요지에서 밝힌 대로, 이것은 확실한 증거가 될 수 없다. 오히려 전체적인 증거는 반대적 관점을 가리킨다. 그가 마지막으로 제시하는 이유는 이 구절을 목적적 의미로 취할 경우, 바울의 텍스트에서 사람의 믿는 행위가 연속해서 두 차례 언급됨으로써 중복을 초래할 수 있다는 것이다. 그러나 모든 사람이 중복이라고 생각하는 것은 아니다. 이 문제는 아래의 관점을 통해 해소될 수 있을 것이다.

이제 그리스도와 그를 중심한 신적 약속에 대한 신자의 믿음이라는 전통적 의미에 대해 살펴보자. 이 독법은 이 구절이 나타나는 문학적 상황에서 훨씬 일관성 있는 의미로 제시된다. 이런 본문에서 복음에 대한 신자의 반응적 행위로서 믿음이 지배적으로 나타난다는 사실에는 누구나 공감한다. 따라서 확실히 입증할 수 있는 반론이 제시되지 않는 한, 바울이 의미를 혼합하지 않았을 것이라고 보는 것이 바람직하다. 앞서 언급했듯이, 신자의 신뢰적 반응은 갈라디아서의 주제와 부합될 뿐만 아니라 바울이 상기시키는 아브라함의 사례와도 부합된다.

이러한 전통적 이해에 대해 두 가지 반론은 주목할 필요가 있다. 첫째로, 갈라디아서와 로마서에서 "예수 그리스도의 믿음"이라는 구절 뒤에는 이 구절이 확인하는 진리를 받아들이는믿는 인간의 행위를 가리키는 것이 분명한 진술이 이어진다. 따라서 이 구절을 "예수 그리스도를 믿음"으로 해석할 경우, 외견상 같은 표현이 중복되는 문제점이 드러난다는 것이다. 이 반론은 특히 영어 성경의 번역처럼 이 구절을 믿음의 행위를 강조하는 것으로 받아들일 경우, 설득력을 가진다. 그러나 이 구절이 믿는 행위 자체보다 믿음의 대상을 강조한다면, 중복 문제는 사라질 것이다. 아래에서는 이 관점에 대해 살펴볼 것이다.

둘째로, 어떤 사람들은 전통적 의미에 대해 신학적으로 반박한다. 이 반론은 부정적인 면과 긍정적인 면이라는 두 가치 차원에서 이루어진다. 부정적인 차원에서는, 구원에 있어서 사람의 기여가 지나치게 많다는 것이다. 사실 바울의 논증에서는 바울이 비판하는 인간의 행위를 포함한 율법의 행위와 신적 행위로서 예수 그리스도의 믿음을 대조하는 것이 더 가치 있을 것이다. 심지어 목적적 의미는 '믿음'을 바울이 반대하는 '인간의 행위'로 만든다고 주장하는 사람들도 있다. 그러나 이 마지막 요지는 타당하지 않다. 로마서 4장 5절이 분명히 밝히듯이, 바울의 이해에서 믿음은 행위가 아니기 때문이다. 긍정적인 차원에서는, 그리스도 자신의 믿음이라는 주격 속격 개념이 그리스도의 구원 사역에 대한 바울의 관점을 마무리하기에 유익하다는 것이다.위논의 참조 우리는 아래에서 이 반론에 대해 살펴볼 것이다.

한 가지 방법은 행위를 나타내는 명사로서 "믿음"을 강조하는 것을 피하는 것이다. 믿음은 믿는 대상을 가리킬 수 있다는 것이다. 이것은 오늘날 우리가 말하는 "그리스도인의 믿음"이라는 표현에 잘 나타난다. 이 의미는 갈라디아서에서도 나타난다. 바울은 1장 23절에서 "전에 멸하려던 그 믿음을 지금 전한다"라고 했으며, 6장 10절에서는 교회를 "믿음의 가정"이라고 부른다. 확실히 이러한 진술들은 복음 메시지 전체를 가리킨다. 이것은 메시지의 일부로 전체를 나타내는 환유법에 해당한다. 갈라디아서 3장 23절과 25절에서 바울은 예수께서 오셨다는 역사적 사건을 "믿음"으로 제시한다. 이것은 예수 그리스도의 믿음이라는 표현을 이해하는 세 번째 대안이 존재한다는 것을 보여준다. 여기서 예수 그리스도는 믿음을 가진 자나 믿음을 받는 자를 가리키지 않는다. 오히려 이 이름은 믿음의 의미를 구체화하거나 규명한다. "믿음"은 단순한 신앙을 가리키는 것이 아니다. 그것은 어느 면에서 예수 그리스도를 통해 수식되고 규명된다. 저자, 원천, 소유를 나타내는 속격은 모두 이 세 번째 대안과 부합하지만, 일반적으로는 한정적 속격qualifying genitive으로 불린다. 여기서도 믿음의 "행위자"가 누구냐는 의문은 계속될 수 있지만, 중요한 문제는 아니며 바울의 요지도 아니다. 중요한 것은 믿음의 실체이며, 누가 믿음을 행사하느냐가 아니다.

이 구절은 주로 이런 의미로 해석하되 문맥에 따라 다양한 뉘앙스가 있을 수 있다는 사실을 인정하는 것이 바람직할 것이다. 이것은 새로운 주장은 아니지만, 최근까지 크게 부각된 적은 없다. "그리스도 믿음"이나 "그리스도적 믿음"이라는 주장도 제기되었지만, 부자연스럽다. 그보다는 예수 그리스도의 믿음이라는 문자적 의미를 유지하는 것이 나을 것이다. 우리는 앞서 타당한 근거에 의해 그리스도 자신의 믿음이나 신실함이라는 개념을 거부한 바 있기 때문에, 이 구절의 "믿음"은 이러한 배경적 개념과 함께 신자의 믿음 개념에서 나왔다고 생각할 수 있다. 그러나 현재의 구절에서 "믿음"은 사실상 예수 그리스도께서 성격을 규명하신 메시지에 [예수 그리스도라는/역주] 이름을 붙인다. 그러므로 이 구절은 바울의 그리스도 중심적 신학과 함께, 믿음은 하나님이 그리스도를 통해 베푸시는 것을 받을 수 있는 유일한 수단이라는 그의 확신을 반영한다.

따라서 "예수 그리스도의 믿음"이라는 표현은 바울이 자신의 복음을 간략히 규명한 요약적 진술이다. 이 복음은 바울이 할례에 대한 율법을 지키며 이방인 신자들에게도 같은 행위를 강요하는 자들과의 논쟁을 통해 중요한 관심사를 상기시키는 형식으로 전파한다. 바울은 반대자들의 주장을 요약한 "율법의 행위"와 이 구절을 대조한 2장 16절에서 정확히 이러한 요약적 방식을 사용한다. 두 구절은 특정 행위라기보다 광범위한 신학적 관점을 나타낸다.

이러한 주장은 그리스도가 복음의 중심이라는 바울의 확신을 간략히 들여다볼 수 있다는 장점만 있는 것이 아니다. 이것은 "그리스도를 믿음"이라는 전통적 의미에 대한 반대를 극복할 수 있다는 이점도 있다. 또한 이 해석은 바울의 문맥에 중복이 나타난다는 문제도 해소한다. 바울은 인간의 반응으로서 믿음에 대한 언급을 반복하지 않는다. 오히려 바울은 복음의 본질에 대해 언급하고 있다. 그는 이어지는 내용에서 믿음이 제시하는 내용을 받아들인 자의 행위에 대해 언급한다. 이 주장이 가진 또 하나의 장점은 전통적 번역이 구원에서 사람의 역할을 너무 강조하는 것이 아니냐는 논쟁을 해소하는 데 도움이 된다는 것이다. 바울은 이러한 요약적 해석을 통해 복음의 실체를 예수 그리스도를 중심으로 배타적으로 규명한다. 이 표현은 인간의 구원 행위에 초점을 맞추기보다 예수 그리스도의 인격과 사역을 통해 제공된 선물에 초점을 맞춘다.

결론적으로, 이 에세이는 바울의 신학에서 그리스도의 인격적 신실함이나 제자도와의 관련성을 경시하지 않는다. 이러한 강조는 바울에게 중요하지만, 그는 다른 언어와 개념으로 제시한다. 이 강조는 특히 그리스도와 하나 됨이라는 주제에 잘 나타난다.[2:20; 3:26-28; 4:19] 믿음이라는 단어의 사용은 다른 차원의 용례다.[이 논쟁에 대한 상세한 내용은 Hays 2002; Toews: 10810; *Bird and Sprinkle*를 참조하라]

바울 시대의 유대교

"유대교"[1:13-14]라는 단어는 종종 주전 2세기 이후 이스라엘 사람들을 가리키는 용어로 사용된다. 그러나 오늘날 학자들은 로마가 제2성전을 함락한 주후 70년까지의 광범위하고 다채로운 "초기 유대교"와 그 후에 발전된 단일신론적 유대교를 구분한다.

"유대교"라는 용어는 주전 167-164년경, 마카비 혁명 때 처음 나타난다. 그러나 초기 유대교는 포로기 이후 이스라엘의 특징을 유지했다. 이스라엘이 중요하게 생각했던 왕조는 바벨론 유수와 함께 사라졌다. 유대인은 주전 2세기 중엽부터 시작된 하스몬 왕조시대까지 독립된 국가 체제를 갖추지 못했다. 성전과 제의 시스템은 제2성전시대까지 영향력을 유지했다. 그러나 이스라엘이 일시적으로 영토를 상실하고 포로가 됨으로써, 모세 율법은 점차 포로기 및 포로기 이후 시대 유대인의 정체성을 형성하는 토대로 강조되었다. 이러한 추세에 발맞추어, 모세오경토라을 중심으로 권위 있는 신앙적 문헌에 대한 필사와 수집 및 인정하는 절차가 이루어졌다. 에스라서에 나타난 대로, 율법을 읽고 해석하는 일은 유대인의 신앙적 삶의 핵심으로 자리 잡았다. 그 결과, 제사장과 서기관은 종교 지도자로 전면에 부상했다. 오늘날 학자들은 제2성전 유대교를 예수와 바울이 사역했던 당시의 "초기 유대교"로 부른다.

근본적으로, 초기 유대교는 자신을 정치적으로 지배하고 문화적인 영향을 주었던 제국들과의 만남을 통해 형성되었다. 특히 헬라와 로마제국은 큰 영향을 미쳤다. 헬레니즘으로 알려진 헬라의 언어와 종교와 문화는 지중해 동쪽 세계에 광범위하게 확산했다. 안티오쿠스4세 에피파네스는 특별히 공격적인 방식으로 유대를 헬라화하고 종교의식을 금지했다. 안티오쿠스의 공격적 헬라화에 대한 유대인의 반발은 일사불란하지 못했다. 일부는 새로운 발전을 받아들이고 자신의 종교적 관습을 버렸다. 다른 사람들은 강한 반감을 드러내며 저항했으며, 비폭력적 수단다니엘이나 폭력적 수단-2마카비서을 사용하기도 했다.

저항하는 사람들은 정체성을 유지하기 위해 최선을 다했으며 율법에 충성했다. 율법을 지키려는 열정은 유산을 지키기 위한 노력으로 나타났을 뿐만 아니라 이러한 노력이 열정을 키우기도 했다. 바울이 예수의 초기 제자들을 박해한 것은 바로 이러한 열정에서 비롯된 것이다.갈1:13-14 이러한 상황에서, 할례처럼 유대인과 이방인을 구분하는 율법은 특히 중요하게 다루어졌다. 이러한 사실은 특정 방식으로 율법의 역할을 재규명한가령, 안식일 준수 예수 운동에 대한 유대교 내의 갈등이 치열했던 이유를 설명해준다. 갈라디아서 2장에 나오는 안디옥 사건에서 베드로가 보여준 타협적 자세는 동료 유대인과 평화롭게 지낼 방법에 대한 전략적 차이에 기인한 것으로 보인다.

초기 유대교의 내적, 외적 갈등의 중심에는 이처럼 다양한 관점과 파벌이 존재한다. 신약성경 독자들은 바리새파, 사두개인, 헤롯당과 같은 당시의 주요 분파들에 익숙하다. 또 하나의 분파는 사해 부근 쿰란 지역을 점령한 에세네파다. 후기 제2성전 유대교는 종교적 신실함에 대한 규명이나 다른 나라의 정치적 문화적 영향에 대처하는 방식이 매우 다양했다. 순수성은 수용성 및 생존과 대치했다.

초기 유대교의 다양성 가운데 두 가지 요소는 초기 제자들의 예수 운동을 이해하는 데 특히 중요하다. 이 시기에 제국의 압박으로부터 벗어나려는 유대인의 해방 욕구는 하나님의 평화와 공의의 통치로 인도하실 종말론적 구원자- 기름부음 받은 메시아- 에 대한 희망으로 가득했다. 때때로, 메시아로 자처하는 자들이 나타나 지지자들을 끌어들였다. 하나님의 나라에 대한 구별된 관점을 가르치신 예수님도 이러한 메시아적 소망을 제기했다.

이 시대의 두 번째 특징은 포로기 이후 시대에 수 세기 동안 발전되어 온 묵시적 세계관의 부상이다. 주후 1세기의 묵시주의는 예수와 바울을 포함하여 초기 유대교에 광범위하게 확산되었다. 포로에서 돌아온 이스라엘은 이러한 회복이 이사야의 예언이 약속한 영광에 대한 완전한 성취가 아니라는 사실을 알았다. 그러나 이사야의 비전에 대한 그들의 확신은 확고했으며, 그들의 소망은 묵시적 특징을 띄기 시작했다. 구체적으로, 그들은 지금이 악한 시대라고 생각했으며 이 악한 시대는 하나님이 더욱 완전한 미래를 세우심으로 회복될 것이라고 믿었다. 이러한 변화는 옛 시대를 파괴하고 새 시대를 세우는 가공할 만한 신적 개입을 요구한다. 바울 신학은 역사에 대한 묵시적 이해에 기초한다. 묵시 사상은 예수님을 하나님의 종말론적 대리인으로서 만물을 회복하실 메시아로 이해하는 틀을 제공한다. 따라서 바울은 약속한 새 시대가 예수님의 사역과 죽음과 부활을 통해 시작되었다고 가르친다. 새 시대의 능력으로서 성령의 임재는 기쁨과 소망과 낙관주의를 가능하게 한다.

이러한 유대교의 다양성은 랍비의 유대교가 부상할 때까지 지속되었다. 그러나 이러한 다양성 속에는 하나님이 이스라엘을 구별된 백성으로 불렀으며, 하나님과 이스라엘의 언약적 관계는 율법 준수에 달렸다는 인식에 대한 공감대가 형성되었다. 모든 유대인에게, 율법은 유대인 정체성의 중심에 위치한다. 관점의 차이는 주로 율법을 어떻게 해석하고 적용할 것이냐와 관련된다. 이처럼 넓은 의미에서, 바울의 동료 유대인은 매우 법적이었다. 즉, 그들은 율법으로 향했다. 그들은 성전 예배와 제의를 통해, 하나님이 과거에 이스라엘과 함께하시고 하나님과의 바른 관계를 회복하게 해 주신 것에 대해 찬양했다.

선민을 위한 하나님의 은혜와 하나님의 거룩하심의 표준에 대한 복종이라는 이중적 강조는 새롭게 발전된 예수 운동 안팎에서 후기 제2성전 유대교의 특징으로 자리 잡았다. 앞서 살펴본 대로 유대 성경은 약속과 은혜로 이스라엘을 택하신 하나님의 무조건적 선택과, 순종에 대한 보상과 불순종에 대한 형벌의 도덕적 원리를 동시에 강조한다. 그 결과 후기 제2성전 유대교는 무조건적 요소와 조건적 요소가 공존하게 되었다. 예수님과 바울을 포함하여 1세기의 유대인은 대부분 믿음과 순종을 중요하게 생각했다.

학자들은 후기 제2성전 유대교의 두 관점에 대해 문헌으로 증거하지만, 두 관점에 대한 상대적 중요성은 학자마다 다르며, 따라서 유대교에 대한 묘사도 다양한 방식으로 표현된다. 더구나 유대인과 그리스도인이 나뉘어 첨예하게 대립한 후에는, 유대교 내 신학적 긴장의 본질에 대한 공정하고 정확하며 풍성한 이해와 서술은 더욱 어렵게 되었다. 바울을 연구하는 일부 기독교 해석가는 이러한 현실에 충격을 받은 바울이 갈라디아서에서 공격한 대상이 유대교 또는 유대화 된 파벌이라는 사실은 자명하다는 결론을 내린다.

그렇다면, 우리는 어떻게 언약적 순종과 택함의 은혜를 조화시킬 것인가? 이 질문은 오랫동안 이어온 문제다. 이스라엘은 어느 한쪽을 무시함으로써 계속해서 실패해 왔다. 선지자들은 바로 이 부분에 비판의 초점을 맞추었다. 선지자적 인물인 예수와 바울이 당시 하나님 백성의 실패에 대해 언급했다는 것은 놀랍지 않다. 이스라엘은 성경적 믿음의 근본적 요소인 바른 관계를 존중하지 못함으로 실패했던 것이다. 하나님의 백성들 사이에 바른 관계가 무엇인지에 대한 논쟁이 지금까지도 계속되고 있다는 사실 역시 놀랍지 않다. 갈라디아서는 이 논쟁에 대해 잘 보여준다.

사도 바울을 해석할 때, 가장 먼저 염두에 두어야 할 것은 이것이다. 즉, 바울이 씨름한 문제는 악 대신 선을 행함으로써 구원을 얻을 수 있다는 순수한 율법주의가 아니라는 사실이다. 마틴 루터에 빚진 개혁주의 신학이 바울 시대 유대교를 율법주의에 초점을 맞추어 이해할 경우, 앞서 언급한 균형 잡히지 않은 해석을 하게 될 것이다. 예수님과 그의 제자들이 당시 유대인에 대해 비판한 것은 유대교 자체에 대한 것이 아니라, 진정한 유대교에서 벗어난 일탈에 대한 것이다. 모든 시대의 선지자들과 마찬가지로 그들의 비판은 종종 실제적인 삶과 입술의 고백이 일치하지 않는다는 사실에 초점을 맞춘다. 그러나 예수님이 율법을 해석하는 방법가령 안식일 준수은 종종 당시 사람들에게 놀라움을 주었다. 초기 기독교 운동은 모세 율법의 역할과 목적에 대해 재고하는 방식으로 말미암아, 주후 1세기의 유대 분파 안에서 특별한 주목을 받았다.

넓게는 유대교 내에서, 구체적으로는 유대교의 기독교적 흐름 안에서의 다양한 관점을 감안할 때, 그리고 노선을 달리한 후에 정착된 관점을 통해 유대교 내의 논쟁을 정확하고 공정하게 묘사하려는 도전이 많았다는 사실을 감안할 때, 이 광범위한 스펙트럼에 걸친 실제적 삶이나 신앙을 정확히 묘사한다는 것은 결코 가능해 보이지 않는다. 우리는 이 문제와 관련하여, 바울이 가장 완전하고 의미 있는 관점을 제시한다고 말할 수 있다. 또한 우리는 바울에게서 율법과 은혜의 관계에 대해 듣는 동안 그가 제기하는 관점들에 대한 확실한 정보를 많이 얻지 못하고 있다. 우리는 바울이 그리스도와 성령의 오심이 구속사의 획기적 분기점을 형성한다고 믿는다는 사실을 분명히 알고 있다. 바울은 그의 동료 유대 그리스도인 이상으로, 이러한 사건들의 함축에 대해 자신이 이해한 대로 묵상하고 실행하기 위해 최선을 다했다. 에세이. "갈라디아서에 나타난 바울의 율법관" 참조

갈라디아서의 문학적, 수사학적 특징

데이빗 아우네David Aune, 204에 따르면, 초기 기독교 서신은 두 부류로 나눌 수 있다. 상황적 서신은 특정 역사적 사건과 연결된다. 이 부류의 서신은 저자와 독자의 광범위한 관계와 대화 가운데 한순간을 포착하며, 메시지도 저자가 아는 특정 상황에 초점을 맞춘다. 상황적 서신은 이전 관계에서의 접촉점이나 현재적 상황에 대한 저자의 인식이 다른 후대의 독자들에게는 이해하기 어려울 수 있다. 그러나 일반적 서신은 특정 역사적 상황에 매이지 않으며, 내용도 구체적인 상황의 제약을 받지 않는다. 따라서 저자와 독자 사이에는 이중적 대화도 필요 없다. 저자는 특정 상황에 대해 모르거나 관심이 없다. 일반 서신은 개인에게 보낸 편지라 할지라도, 때로는 다수의 독자나 일반 대중을 염두에 두고 쓸 수 있다. 신약성경 가운데 일반 서신의 사례로는 에베소서, 베드로전서, 야고보서가 있다.

신약성경 서신서를 자세히 살펴보면, 기록 목적이나 수사학적 형식에 따라 여러 유형으로 나눌 수 있다는 사실을 알 수 있다. 신약성경은 기록 목적에 따라 우정, 고발, 변명, 추천, 부탁, 책망, 위로, 감사와 같은 유형으로 나눌 수 있다. 강화나 수사학의 형식이나 문체에 따른 분류는 내용이나 목적보다 저자가 독자의 반응을 촉구하기 위해 언어를 사용하는 방식에 초점을 맞춘다. 이 분류에 따르면 신약성경은 법정에서 고소나 변론을 위해 사용되는 법정적 형식judicial, 행동 방침을 설득하거나 단념시키기 위한 권면 형식exhortative, 여흥이나 축하 행사의 상황에서 칭찬하거나 비난하는 과시적 형식epideictic의 세 가지 유형으로 나뉜다. 두 가지 접근방식 모두 헬라나 로마 저자들의 묘사 방식에 기초한다. 고발과 변명은 법정적 형식이며, 책망과 부탁은 권면적 형식에 해당한다.

벳츠Hans D. Betz는 갈라디아서가 변증적 서신이라고 주장한다.1979: 14 이 서신의 목적은 사도 바울의 변명이나 자기변호라는 것이다. 강화의 형식은 법정적이다. 헬라 사회에서 이러한 변론은 고정된 형식과 구조를 갖추고 있다. 먼저, 저자는 서두에 문제가 된 쟁점을

제시한 후 사건에 대해 진술한다.narratio 이어서 저자는 자신의 입장에 대해 간략히 설명한다.propositio 다음으로, 저자는 자신의 주장을 뒷받침할 수 있는 증거를 제시하고probatio 반론에 대해 반박한다.refutatio 끝으로, 저자는 사건을 요약하고 결론을 제시한다.peroratio

갈라디아서는 이런 구조로 형성되지만, 바울은 예외적으로 상당한 분량의 실제적 조언이나 권면exhortatio을 덧붙이며, 그의 반박refutatio도 독립된 부분이 아니다. 벳츠는 갈라디아서의 개요를 다음과 같이 제시한다.

> I. 서간체 인사말Epistolary Prescript, 1:1-5
> II. 서문Exordium, 1:6-11
> III. 내레이션Narratio, 1:122:14
> IV. 자신의 입장Propositio, 2:15-21
> V. 증거 제시Probatio, 3:14:31
> VI. 권면Exhortatio, 5:16:10
> VII. 서간체 끝맺음 말Epistolary Postscript, 6:11-18
>
> 결론적 요약[Peroratio], 6:12-17

벳츠의 개요는 복잡한 논증의 흐름을 바로 잡아 주었기 때문에 환영을 받았다. 그의 관점은 특히 바울이 자신의 사도직을 변론하는 1-2장에 대한 분석에 도움이 된다. 3-4장의 구조는 덜 명확한 부분이 있다. 그러나 벳츠의 개요는 5-6장의 긴 권면 부분에서 중요한 약점을 드러낸다. 다른 변론 형식에는 이러한 사례를 찾아볼 수 없다. 충고나 권면은 법적 변론과 부합되지 않는다.

언어나 글에서 이러한 조언이나 충고는 강화 형식에 해당한다.위 내용 참조 따라서 벳츠의 개요에 대한 문제점을 고려하여, 갈라디아서를 변론적 요소를 가진 권면 서신이라고 주장하는 학자들도 있다.Aune: 207; also Kennedy: 14547; Hall: 27782 바울의 주요 관심사는 갈라디아 사람들의 생각과 행동을 바로 잡는 것이었다 그의 사도직에 대한 변론과 복음에 대한 관점은 바울에 대한 신뢰성을 강화하는 데 도움이 된다. 1-2장의 내러티브는 율법 문제에서 잘잘못을 따지고 명확히 규명하기 위해 과거에 대해 진술하지 않는다. 이 부분의 진술은 화자의 인격과 신뢰성을 정립하는 역할을 한다. 화자의 성품이나 신뢰성에토스의 중요성은 그리스-로마 사회에서 정상적인 수사학적 요소로 인정된다. 따라서 변론적법정적 요소는 권면이라는 광범위한 목적에 기여한다.

이러한 결론은 갈라디아서에 나타난 일정한 형식적 특징을 통해 재확인된다. 헬라어 서신의 일반적 관례는 이 서신의 본론을 시작하면서 놀라움을 나타낸 구문이다. "내가 이상하게 여겼노라"갈 1:6 이것은 책망을 시작하기 위한 일반적으로 사용하는 방식이다. 3장 1절의 강력한 분출"어리석도다 갈라디아 사람들아!"은 이러한 표현 방식을 유지한다. 갈라디아서의 첫 부분은 책망으로 묘사할 수 있다. 그러나 4장 12절부터 시작되는 또 하나의 서간체 특징부탁은 편지의 나머지 부분을 지배한다. 이 권면 형식은 4장 12절의 "형제들아 내가… 구하노라"라는 표현에 잘 드러난다. 따라서 갈라디아서의 두 번째 부분은 권면으로 볼 수 있다. 4장 12절 전에는 명령형식이 나타나지 않다가 그 후에 명령형이 이어진다는 사실 역시 이러한 구조에 부합된다. 3:7의 경우는 예외다

이러한 헬라어 서신의 문학적 구조에 기초하여, 갈라디아서는 책망과 부탁의 편지로 불린다. Longenecker: ciii; Martyn: 2427 롱제네커Longenecker는 이 구조를 자신의 갈라디아서 구조 분석에 이용한다. 인사말Salutation, 1:1–5

책망 부분Rebuke Section, 1:6–4:11

권면 부분Request Section, 4:12–6:10

결론Subscription, 6:11–18

갈라디아서를 강화권면로 볼 것인가, 서간체책망/부탁로 볼 것인가라는 두 개의 대안적 분석 방식은 사실상 양립할 수 있다. 책망과 권면은 헬라어 서신의 한 유형인 강화 형식에 해당한다. 따라서 갈라디아서는 수사학적 형식이라는 관점에서는 강화에 해당하지만, 문학적 형식의 관점에서는 책망과 부탁의 서신에 해당한다.

갈라디아서에 나타난 바울의 율법관

바울의 서신에서 모세 율법이하 율법의 위상은 복잡한 문제며, 활발한 논쟁의 주제가 된다. 한편으로 바울은 하나님의 계획에 대한 포괄적 관점을 가지고 있으며, 율법은 그 안에서 긍정적이고 중요한 역할을 한다. 다른 한편으로 바울은 그리스도와 율법을 엄격히 구별하며, 독자에게 두 가지 대안 가운데 하나를 택하라고 촉구한다. 갈라디아서의 논증에는 이것이냐 저것이냐라는 양자택일의 어조가 강하다. 바울의 관점에는 일관성이나 연속성이 있는가? 아니면 일부의 주장처럼, 그의 주장은 비논리적이며 궁극적으로 일관성이 없는가? 바울은 단지 갈라디아에서 영향력을 행사하는 반대자들을 정치적으로 제압할 목적뿐

인가? 바울의 주장에 일관성이 있다면, 그것을 어떻게 진술할 것인가?

여기에 덧붙여, 갈라디아서의 논박적 형식은 문제를 더욱 어렵게 한다. 바울은 독자를 특정 방향으로 설득하고 싶어 한다. 그는 이를 위해 용어 선택에 신중을 기한다. 바울은 자신의 목적을 달성하기 위해 광범위한 수사학적 방법을 동원한다. 따라서 그는 자신의 논증 가운데 우리의 관점에서 중요하다고 생각하는 이슈가 드러날지라도 그 문제를 다루거나 뉘앙스를 달리하여 공론화하지 않는다. 바울은 로마서라는 덜 논박적인 서신에서 이곳과 유사한 문제를 다룬다. 따라서 우리는 분명한 주장과 미묘한 단서를 근거로 바울 신학을 재구성할 때 이 부분을 고려해야 한다.

예수 그리스도께서 오신 후 율법의 역할에 대한 바울의 관점은 그리스도를 통해 이방인을 건지시려는 하나님의 구원 행위에 맞설 수 있는 것은 결코 없다는 확신을 통해 형성된다. 바울 신학에는 율법과 선지자를 이러한 계시의 진리를 뒷받침하기 위해 사용하려는 의도가 잘 나타난다. 나사렛 예수를 따르던 제자들을 포함하여 유대교의 다양한 분파는 해석관은 다르지만 율법을 존중한다는 공통점이 있다. 갈라디아서 해석가들은 바울을 이해하기 위해 그가 가진 관점에 대해 끊임없이 질문한다. 바울의 관점에 영향을 주었을 가능성이 있는 요소는 다음과 같다. 바울은 그의 새로운 확신이 바리새파 동료들과 마찰을 빚었음에도, 그는 바리새인이며 바리새파 신자에 해당한다.[행 23:6] 우리는 앞서 유대교 안에는 에세네파, 사두개인, 헤롯당 등 여러 집단이 존재한다는 사실을 살펴본 바 있다. 이러한 상황에서 율법에 대한 해석학적 공감대를 기대하기는 어렵다.

우리는 바울의 주장 가운데 논박적 목적 때문에 강조하지 못한 몇 가지 개념을 포함하여, 그의 율법관을 요약하여 규명하는 방식으로 시작할 것이다.

1. 율법은 신적 계시다. 바울은 갈라디아서 3장에서 바울은 더하여진 것이라고 주장한다. 언급되지는 않았지만, 이 행위의 주체는 하나님이시다. 율법은 천사들을 통하여 베푸신 것이라고 바울은 말한다.[3:19] 따라서 바울은 율법의 초자연적인 기원을 인정한다. 동시에, 이러한 율법의 중보적 속성은 하나님의 직접 개입성을 완화한다. 갈라디아서는 예수 그리스도만이 하나님의 직접 개입성을 온전히 보여주며, 사랑의 계명[5:14]은 하나님의 참된 뜻을 드러낸다는 사실을 보여준다.

2. 율법은 하나님의 구원 목적에 대한 이야기에서 중요한 역할을 한다. 율법은 범법함으로 더하여진 것이다.[3:19] 이 진술의 정확한 의미가 무엇이든[주석 참조], 바울은 율법을 주신

배후에는 신적 목적이 있다고 주장한다. 동시에, 율법은 믿음으로 받아들인 하나님의 근본적인 언약 안에서 자신의 목적에 기여한다. 이 언약은 아브라함과 함께 씨를 맺었으며, 예수 그리스도 안에서 완전한 꽃을 피웠다. 따라서 율법은 일종의 삽입구적이고 일시적인 속성이 있다. 율법이 하나님의 목적에 기여할 수 있는 긍정적^{비록 부차적인 것이지만} 기능은 약속과 믿음에 초점을 맞춘다. 따라서 율법은 하나님과의 관계를 구축하거나 유지하는 자율적 수단이 될 수 없다.

3. 율법은 그리스도에 종속적이다. 그리스도의 오심은 이스라엘과 열방에게 복을 주시겠다는 아브라함 언약에 반영된 하나님의 깊은 경륜이 성취되었음을 보여준다. 이것은 바울에게 그리스도는 교회의 절대적 권위가 되심을 보여준다. 이제 율법의 권위는 그리스도라는 보다 큰 권위에 의해 통제받는다. 율법은 그리스도보다 탁월하거나 대등한 관계가 아니다.

4. 율법은 예수 그리스도를 따르는 자들에 대해서도 지속성을 가진다. 이러한 사실은 바울의 해석을 통해서가 아니라 그의 모범을 통해서 제시된다. 바울은 갈라디아서 어디에서도 율법이 그리스도를 믿는 신자들에게 어떤 합법적 기능을 가지며, 그런 기능을 어떻게 수행하느냐에 대한 설명을 제시하지 않는다. 5장 14절에서 바울은 갈라디아 사람들이 서로 사랑으로 섬기는 것이 율법의 본질인 사랑의 계명을 성취하는 것이라는 진술을 통해 갈라디아 사람들에 대한 자신의 권면을 뒷받침한다. 심지어 바울은 이러한 도덕적 요구를 "그리스도의 법"^{6:2}이라고 부른다. 바울은 율법이 하나님으로부터 나왔다고 믿기 때문에 이러한 표현은 놀라운 것이 아니다. 율법은 하나님의 뜻을 드러내어야 하며, 실제로 드러낸다. 그러나 이 문제는 조심스럽게 접근해야 한다.

예수 그리스도와 성령의 오심과 바울의 율법에 대한 경험은 율법의 한계나 약점이 무엇인지 드러낸다. 바울은 갈라디아 사람들에게 율법에 복종하지 말라고 호소하면서 이러한 약점을 특별한 설명 없이 인용한다.

1. 율법은 하나님의 구원 계획 및 행위에 있어서 최종적 단계가 아니다. 이것은 율법과 관련된 구속사적 주장이다. 율법은 하나님의 백성의 신앙적 삶의 핵심이자 최종적 권위였다. 이제 바울과 초기 신자들에게 예수는 하나님의 최종적 구원과 계시를 수행하실 메

시아그리스도다. 갈4:4의 "때가 차매"와 관련된 주제 참조 다른 유대 신자들과 달리, 바울은 이 주제로부터 예수는 최종적 권위며 율법의 권위는 그의 권위에 복종해야 한다는 근본적인 함축을 끌어낸다. 예수의 인격과 가르침과 삶과 죽음을 중심으로 한 하나님의 뜻에 대한 계시와, 이 복음이 이방인에게 전파되어야 한다는 바울의 확신은, 율법에 대한 수정된 적용과 율법의 기능적 변화를 요구한다. 이 변화는 우리와 하나님의 관계를 중보하는 그리스도의 역할과, 교회를 인도하고 능력을 주시는 성령의 역할, 그리고 세상의 빛이 되어야 할 교회의 역할을 통해 결정된다. 바울은 그리스도가 구원 이야기에서 단순히 율법에 첨가되거나 율법을 보충하는 또 하나의 장이 되는 것을 용납하지 않는다. 그리스도는 이전의 모든 계시를 완성하신 완전하고 최종적인 권위다.

이 문제에 대해 특히 유익한 것은 충만 개념이다. 예수님은 산상수훈에서 율법이나 선지자를 폐하러 오신 것이 아니라 완전하게 하려 함이라고 말씀하신다.마5:17 그리스도는 율법을 성취하신다. "성취"라는 단어는 바울을 비롯한 신약성경 기자들의 일반적 관점을 잘 보여준다. 이 단어는 하나님의 과거 행위와 그리스도를 통한 행위 사이의 연속성과 불연속성을 보여준다. 그리스도는 옛것을 취하여 절정에 이르게 하신다. 그는 옛것을 버리지 않고, 그것을 강화하며 새로운 속성에 따라 변화시키신다. 바울은 더 이상 예전 형식의 옛것으로 돌아가지 않는다. 그리스도의 초기 제자들 가운데 바울은 믿음의 절대적 중심으로서 그리스도에 관한 급진적 함축을 보았다.

2. 율법은 하나님 안에 있는 완전한 삶을 제공할 수 없다. 이것은 율법에 관한 바울의 구원론적 주장이다. 바울은 3장 21절에서 만일 율법이 살게 할 수 있다면, 의가 율법으로 말미암았을 것이라고 주장한다. 그러나 율법은 사실상 생명을 주지 못한다. 마찬가지로, 바울은 2장 19절에서 율법 자체가 자신을 율법에 대해 죽게 했으며, 이는 하나님에 대해 살려함이라고 주장한다. 바울과 율법의 관계는 영적 죽음으로 설명할 수 있다.롬7:4 이 죽음은 하나님 안에 있는 생명으로 향하는 길을 연다. 바울은 즉시 이 생명이란 자기 안에 살아계신 그리스도의 삶아계신 임재를 가리킨다고 말한다.2:20 그리스도와 하나가 됨으로써 그리스도의 생명이 바울 안에서 역사한다는 것이다. 이것은 바울이 3장 11절에서 증거 구절로 인용한 하박국 2장 4절의 생명에 대한 언급이 이런 의미를 포함하는 것으로 이해한다는 사실을 보여준다. 율법은 하나님과의 삶의 진정한 특징에 대해 규명하지만, 영성의 핵심이자 경건한 삶의 기초인 하나님과의 살아 있는 관계를 조성할 능력은 없다. 이것은 신명기나 시편처럼, 진정한 삶을 율법준수와 연계한 구약성경의 주장과 모순되는 것

처럼 보인다. 그러나 신명기는 율법에 대한 순종이 따르는 하나님 사랑은 생명의 핵심이라고 말한다.신30:6-20 따라서 이곳에서조차 율법은 생명을 주지 않는다. 따라서 바울에게 있어서 그리스도 안의 삶은 새롭고 전례 없는 차원의 영역에 도달한다.

3. 율법은 거룩한 삶의 능력을 주지 못한다. 이것은 바울의 윤리적 주장이다. 갈라디아서에서 바울은 생명을 하나님과의 살아 있는 관계와 하나님의 뜻에 합당한 행위로 생각한다. 이러한 관점은 확실히 바울의 유대적 유산과 훈련에 기인한 것이 분명하다. 이곳의 핵심 요소는 성령이 갈라디아서의 핵심 주제라는 것이다. 성령은 능력의 행위자며, 하나님의 뜻을 이행할 수 있게 하신다. 갈라디아서 3장 앞부분은 갈라디아 사람들의 영적 깨우침의 기초로서 성령을 강조한다. 성령의 역사는 율법의 행위에서 나오는 것이 아니라, 하나님이 그리스도를 통해 제공하시는 믿음에서 나온다. 이 문맥에서 성령의 역사에 대한 증거는 갈라디아 교회에 일어난 기적에 있다. 율법은 하나님이 신자들에게 의도하시고 제공하신 것을 이룰 수 있는 능력이 없다는 것은 분명한 사실이다.

바울은 5장에서 성령과 율법에 대한 이러한 대조를 윤리에 구체적으로 적용한다. 바울은 여기서 그리스도인의 삶을 성령 안에서의 삶, 성령을 따라 행하는 삶, 성령이 인도하시는 삶으로 제시한다. 성령은 신자들 안에 경건한 미덕의 열매를 맺게 한다.5:22-23 따라서 성령은 율법에 어울리는 것을 획득한다.5:23b; 롬 8:4 이런 이유로, 성령의 인도하시는 바가 된 자는 율법의 지배를 받지 아니한다.갈5:18 성령은 육체나 육체의 소욕과 맞서 싸울 수 있지만5:17, 성령과 무관하게 율법을 지키려는 행위는 순종의 능력이 없는 육체에 의존하는 것이다. 율법과 육체의 행위를 평행 관계로 제시한 3:2-3을 보라. cf. 롬 7장

그러나 바울은 율법과 육체를 동일시하지 않는다. 그는 율법을 지키는 것은 죄의 지배를 받기 쉬운 연약한 자원육체에 기초한다는 주장을 위해 율법과 육체를 연결했을 뿐이다. 이것은 도덕적 실패를 위한 공식이다. 바울은 로마서 7장에서 이러한 논지에 관해 설명한다. 또한 바울은 이 율법을 세상의 초등학문으로 규명한다.갈4:3, 9 KJV 이런 율법은 연약하고 초라하며, 자유가 아니라 종살이를 나타낸다. 다시 한번 말하지만, 바울은 율법 자체를 악으로 보지 않는다. 오히려 바울은 자유가 아니라 종이 되게 하는 율법도 독보적인 삶의 근본적인 원리라고 말한다.

4. 율법을 지키라는 요구는 그리스도를 통해 유대인과 이방인의 벽을 허문 하나님의 구원 행위를 부인하는 것이다. 그리스도를 통한 하나님의 사역은 그리스도에 대한 믿음이

라는 동일한 기준을 통해 모든 나라의 사람들을 하나님의 백성이 되게 한다. 이것은 교회론적 주장이다. 갈라디아서 2-3장 전체에는 이방인 독자가 자신이 유대 신자와 하나이며 똑같은 신자라는 사실을 깨닫기를 바라는 바울의 마음이 잘 나타난다. 3장 28절은 고전적 진술이다. 바울은 베드로에게 그리스도와의 만남은 유대인도 이방 죄인과 똑같은 죄인임을 드러낸다는 사실을 상기시킴으로써 이러한 논지를 분명히 한다.[2:15, 17] 바울은 기독교 공동체 안에서 이방인의 자유에 대해 열정적으로 변호한다.[2:4-6] 그에게 할례나 제의처럼 유대인의 정체성을 보여주는 표지들은 새로운 하나님 백성의 연합을 저해한다. 정체성의 표지로서 이러한 관습들은 유대인과 이방인 신자를 구분하는 장벽을 조성할 뿐이다. 이방인이 할례를 받아들여야만 완전한 유대인이 될 수 있다면, 더 이상 대등한 조건이라고 할 수 없다. 유대인과 이방인은 함께 예수 그리스도께 복종해야 한다. 교회의 포괄성에 대한 바울의 열정적 변론은 갈라디아서의 핵심 이슈다. 이방인 신자가 율법에 복종하는 것은 그들을 2류 시민이 되게 함으로써 교회의 하나 됨을 저해할 것이며, 그들의 자유는 위기에 처할 것이다.

갈라디아서에 나타난 바울의 율법관은 갈라디아 교회들의 상황과 무관치 않다. 따라서 우리는 이 서신의 부정적 어조에 지나친 의미를 두지 않아야 한다. 바울은 자신을 반대하는 선생들이 믿음과 성령에 기초한 입장을 떠나 행위와 육체에 기초한 입장에 의지했다고 믿는다. 그들의 율법에 대한 통찰력이나 율법을 지키는 방식은 사실상 성령과 믿음을 부인하고 인간의 능력육체으로 대체한다. 그 결과 율법은 여전히 완전하고 최종적인 권위로 남았다. 바울은 여기서 성령과 믿음이라는 근본적인 원리를 훼손하지 않으면서 율법을 존중하고 사용할 수 있는 방법이 있는지, 있다면 구체적으로 어떤 것인지에 대해 언급하지 않는다. 5장 14절의 율법에 대한 호소나 갈라디아서 전체는 실제로 바울이 그런 방법이 있다고 믿는다는 것을 보여준다. 그러나 바울은 그리스도 대신 율법의 절대적 권위를 인정하는 어떤 경향에 대해서도 반대한다. 바울은 율법이 그리스도와 성령을 통한 하나님의 위대하신 행위를 훼손하는 것을 용납하지 않는다.

교회사를 통해, 특히 종교개혁 이후, 바울의 율법관은 하나님과의 바른 관계는 선한 행위를 통해 얻을 수 있다는 관점과 비교되어 왔다. 그들은 이것이 당시 유대교의 관점이라고 믿는다. 고전적 개신교 신학은 전형적으로, 갈라디아서에서 바울은 구원은 율법을 지킴으로 얻는다는 행위 구원을 믿는 "유대교"와 맞서 싸웠다고 주장한다. 바울의 대안적 복음은 믿음으로 얻는 구원이라는 것이다. 지난 25년간, 주로 스텐달Krister Stendahl과 샌더스E. P. Sanders에 의해 시작된 연구는 예수님 시대와 바울 시대의 유대인은 스스로 구원을 얻을 수 있다고 생각하지 않았다는 사실을 분명히 보여준다. 그들에게 하나님의 은혜로우신 선택은 구약성경에서와 마찬가지로 선물이며 구원의 기초라고 생각한다. 율법준수는 바른 관계를 유지하게 하지만, 그러한 관계의 기초는 아니라는 것이다. 그러나 이것이 유대교에 대한 표준적 관점이라면, 바울은 왜 자신의 논증에서 율법을 반대했는가?

바울의 관심사는 두 가지로 요약할 수 있다. 첫째로, 하나님의 종말론적 메시아로서 예수의 계시는 하나님의 뜻을 드러낸다는 것이다. 그리스도를 통한 하나님의 계시는 율법을 계승하며 본질적인 조화를 이룬다. 동시에 그리스도는 율법을 오늘날에 적용하는 방법을 바꾸신다. 그리스도를 통한 하나님의 계시는 율법의 영원성을 인정하지만, 실천에 초점을 맞추지는 않는다. 갈라디아서에서 이러한 사실이 잘 드러난 사례는 이방인을 위한 선교사역이다. 바울은 하나님이 아브라함에게 이방의 복이 되라고 하신 부르심에서 이러한 사역을 발견한다. 이 사역은 할례와 같은 율법의 요구에 의해 방해를 받는다. 이러한 요구는 유대인과 이방인 사이에 벽을 세우고, 모든 나라를 포괄하는 하나님의 백성에 대한 비전을 훼손한다. 초기 그리스도인은 그리스도께서 옛 언약을 대체하신다는 사실을 알았다. 예를 들면, 예수의 죽음은 동물 제사를 끝냈다. 그리스도의 궁극성에 대한 강조는 교회사를 통해 지속되었으며, 때로는 논란이 되기도 했다. 역사적 평화 교회들은 원수를 사랑하라는 예수의 명령마 5:44-47을, 구약성경의 전쟁 사례가 오늘날의 전쟁을 정당화하지 않는다는 근거로 제시한다. 갈라디아서에서 바울은 신자들이 그리스도의 권위를 무시하거나 축소하는 방식으로 율법을 받아들임으로써 복음이나 자유를 훼손하지 않을까 염려한다.

바울은 성령의 오심은 그리스도를 닮은 의로운 삶을 가능하게 한다고 주장한다. 이 삶은 율법을 잘못 사용함으로써 쉽게 훼손될 수 있다. 바울의 주장은 성령이 신자가 율법과 배치되지 않으면서 그것을 넘어서게 인도하실 수 있다는 의미로 보인다.5:23b 바울의 핵심 요지는 율법은 참되지만 그것의 성취를 위해서는 외부의 힘에 의존할 수밖에 없다는 것이다. 이 외부적 힘의 원천은 인간의 의지나 노력즉 육체, 또는 성령이다. 육체는 열정과 소욕이 거룩함보다 죄의 지배를 받기 때문에 부적합하다. 육체의 연약함을 극복하고 의를 행하게 하는 것은 성령뿐이다. 따라서 바울은 율법 자체를 비판하지 않는다. 그러나 그는 거짓 선생들의 율법에 대한 강조가 갈라디아 사람들의 관심을 성령에서 떠나 율법으로 향하게 하지나 않을까 염려한다. 또한 율법은 연약한 육체에 취약하므로 갈라디아 사람들도 마찬가지다.

바울이 스스로 인정했듯이 율법과 성령 사이에 본질적으로 양립할 수 없는 요소는 없다. 바울 자신은 율법5:14과 일반적 규례6:2 및 고전 9:21의 "그리스도의 법"에 호소한다. 그렇다면, 우리는 바울을 어떻게 이해해야 하는가? 확실히 바울은 주변에서 하나님에 대한 진정한 사랑 없이 겉으로만 따르는 위선을 목도한 이스라엘의 선지자들[16 참조] 및 예수와 같은 관점을 가지고 있다. 선지자로서 바울의 관점에서 볼 때, 이스라엘은 다시 한번 율법의 의례적인 요구와 실천을 형식적으로 고수하는 위험에 빠질 수 있다. 바울은 갈라디아서에서 동료 유대인을 이런 혐의로 분명하게 비난한 적이 없지만, 율법의 행위로 구원을 얻는다는 주장에 대한 비판을 통해 그들을 간접적으로 비판한다.

고전적 개신교와 대조적으로, 우리는 바울 시대의 유대교가 행위 구원을 믿었다고 생각하지 않는다. 그러나 바울은 실제로 동료 유대 그리스도인이 율법에 대한 형식적 준수를 지나치게 강조하는 경향이 있음을 보았다. 바울은 예수님처럼, 당시 하나님의 백성이 입술로는 고백하면서 그것을 지키지는 않는다는 사실을 알았다. 디모데후서[3:5] 저자는 이러한 상황에 대해 "경건의 모양은 있으나 경건의 능력은 부인하니"라고 표현한다. 바울은 이러한 경향에 맞서, 가능하게 된 "하나님과의 진정한 관계"를 촉구한다. 우리는 이러한 성령 시대를 맞아 그리스도로 말미암아 하나님과 더욱 깊은 관계, 열매 맺는 삶을 갈망해야 한다.

요약하면, 바울은 율법 자체를 선한 것으로 본다.[롬 7:12] 그러나 문제가 되는 것은 (1) 예수 그리스도의 온전한 진리에 복종함이 없이 율법을 최종적 권위로 받아들일 때, (2) 그리스도의 영으로부터 오는 신적 능력과 무관하게 율법의 권위를 받아들일 때, (3) 율법준수가 유대인과 이방인을 구분하는 영역 표지를 주장할 때이다.

관련서적 Bibliography

Aune, David E.
   1987 *The New Testament in Its Literary Environment.* Philadelphia:Westminster.
Barclay, John M. G.
   1991 *Obeying the Truth: Paul's Ethics in Galatians.* Minneapolis: Fortress.
Betz, Hans Dieter
   1979 *Galatians: A Commentary on Paul's Letter to the Churches in Galatia.* Hermeneia. Philadelphia:
      Fortress.
Bird, Michael, and Preston Sprinkle, eds.
   2009 *The Faith of Jesus Christ: Exegetical, Biblical, and Theological Studies.* Peabody, MA: Hendrickson.
Bruce, Frederick Fyvie
   1982 *The Epistle to the Galatians: A Commentary on the Greek Text.* New International Greek Testament
      Commentary. Grand Rapids: Eerdmans.
Burton, Ernest DeWitt
   1921 *A Critical and Exegetical Commentary on the Epistle to the Galatians.* International Critical
      Commentary. Edinburgh: T & T Clark.
Buscemi, Alfio Marcello
   2004 *Lettera ai Galati: Commentario esegetico.* Jerusalem: Franciscan Printing Press.
Campbell, Constantine
   2012 *Paul and Union with Christ: An Exegetical and Theological Study.* Grand Rapids: Zondervan.
Cosgrove, Charles H.
   1988 *The Cross and the Spirit: A Study in the Argument and Theology of Galatians.* Macon, GA: Mercer
      University Press.
Davies, W. D.
   1980 *Paul and Rabbinic Judaism.* 4th ed. New York: Harper & Row.
Dunn, James D. G.
   1990 *Jesus, Paul, and the Law: Studies in Mark and Galatians.* Louisville, KY: Westminster John Knox.
   1993 *The Epistle to the Galatians. Black's New Testament Commentary.* Peabody, MA: Hendrickson.
   1998 *The Theology of the Apostle.* Grand Rapids: Eerdmans.
Elias, Jacob W.
   2006 *Remember the Future: The Pastoral Theology of Paul the Apostle.* Scottdale, PA: Herald Press.
Furnish, Victor Paul
   2009 *Theology and Ethics in Paul. Louisville,* KY: Westminster John Knox.
Gorman, Michael J.
   2001 *Cruciformity: Paul's Narrative Spirituality of the Cross.* Grand Rapids: Eerdmans.
   2009 *Inhabiting the Cruciform God: Kenosis, Justification, and Theosis in Paul's Narrative Soteriology.*
      Grand Rapids: Eerdmans.

Hall, Robert G.

  1987 "The Rhetorical Outline of Galatians: A Reconsideration." *Journal of Biblical Literature* 106:277–87.

Hansen, G. Walter

  1989 *Abraham in Galatians: Epistolary and Rhetorical Contexts.* Sheffield: Sheffield Academic Press.

Harrisville, Roy A.

  1994 "Pistis Christou: Witness of the Fathers." *Novum Testamentum* 36:233–41.

Hays, Richard B.

  2000 "The Letter to the Galatians." *The New Interpreter's Bible*, 11:181–348. Nashville: Abingdon.

  2002 *The Faith of Jesus Christ: The Narrative Substructure of Galatians 3:1– 4:11.* 2nd ed. Grand Rapids: Eerdmans.

Kennedy, George A.

  1984 *New Testament Interpretation through Rhetorical Criticism.* Chapel Hill, NC: University of North Carolina Press.

Kenneson, Philip D.

  1999 *Life on the Vine: Cultivating the Fruit of the Spirit in Christian Community.* Downers Grove, IL: InterVarsity.

Koperski, Veronica

  2001 *What Are They Saying about Paul and the Law?* Mahwah, NJ: Paulist Press.

Kuiper, Frits

  1947 *De ware vrijheid.* Haarlem, Netherlands: H. D. Tjeenk Willink & Zoon.

Lightfoot, J. B.

  1986 *Saint Paul's Epistle to the Galatians.* Reprint of 10th ed., 1890. London: Macmillan.

Longenecker, Richard N.

  1990 *Galatians.* Word Biblical Commentary 41. Dallas: Word Books.

Luther, Martin

  1953 *A Commentary on St. Paul's Epistle to the Galatians.* Westwood, NJ: Fleming Revell.

Martin, Troy

  2003 "The Covenant of Circumcision (Genesis 17:9-14) and the Situational Antitheses in Galatians 3:28." *Journal of Biblical Literature* 122:111–25.

Martyn, J. Louis

  1997 *Galatians.* Anchor Bible. New York: Doubleday.

Sanders, E. P.

  1983 *Paul, the Law, and the Jewish People.* Philadelphia: Fortress.

Riches, John

  2008 *Galatians through the Centuries.* Oxford: Blackwell.

Swartley, Willard M.

  2006 *Covenant of Peace: The Missing Piece in New Testament Theology and Ethics.* Grand Rapids: Eerdmans.

Toews, John E.

  2004 *Romans.* Believers Church Bible Commentary. Scottdale, PA: Herald Press.

Verduin, Leonard

  1964 *The Reformers and Their Step-Children.* Grand Rapids: Eerdmans.

Westerholm, Stephen

  2004a *Perspectives Old and New on Paul: The "Lutheran" Paul and His Critics.* Grand Rapids: Eerdmans.

  2004b *Understanding Paul: The Early Christian Worldview of the Letter to the Romans.* 2nd ed. Grand

Rapids: Baker Academic.

Williams, George, and Angel Mergal

1957 *Spiritual and Anabaptist Writers.* Library of Christian Classics 25. Philadelphia: Westminster.

Witherington III, Ben

1998 *Grace in Galatia: A Commentary on Paul's Letter to the Galatians.* Grand Rapids: Eerdmans.

Wright, N. Thomas

1991 *The Climax of the Covenant: Christ and Law in Pauline Theology.* Edinburgh: T&T Clark.

1997 *What Saint Paul Really Said.* Grand Rapids: Eerdmans.

2013 *Paul and the Faithfulness of God.* Vols. 1–2. Minneapolis: Fortress Press.

Yoder, John H.

1973 *The Legacy of Michael Sattler.* Classics of the Reformation. Scottdale, PA: Herald Press.

2009 "The Apostle's Apology Revisited." In *To Hear the Word*, 3–24. 2nd ed. Eugene, OR: Cascade Books.

Young, Norman

1998 "Who's Cursed—and Why? (Galatians 3:10-14)." *Journal of Biblical Literature* 117:79–92.

추가적인 자료들

Dunn, James D. G. The Epistle to the Galatians. Black's New Testament Commentary. Peabody, MA: Hendrickson, 1993. An accessible commentary from a leading New Testament scholar, promoting what he was the first to identify as the New Perspective on Paul.

———. The Theology of Paul the Apostle. Grand Rapids: Eerdmans, 1998. A comprehensive treatment of Paul's theology across his writings, organized for easy use as a reference work on particular aspects of Paul's thought.

Gorman, Michael J. Cruciformity: Paul's Narrative Spirituality of the Cross. Grand Rapids: Eerdmans, 2001. Highlights the theme of Christ's crucifixion in its salvific, spiritual, and ethical implications, a theme crucial in the letter to the Galatians. Makes Paul's perspective deeply compatible with the discipleship concerns of the believers church tradition.

———. Reading Paul. Cascade Companions. Eugene, OR: Cascade Books, 2008. A compact and readable summary of Paul's understanding of the gospel, reflecting contemporary discussion about the issues. Of particular interest is Gorman's emphasis on peace and nonviolence in Paul.

Longenecker, Richard N. Galatians. Word Biblical Commentary 41. Dallas, TX: Word Books, 1990. A thorough and masterful treatment by an evangelical scholar of Paul's letter to the Galatians, giving attention to its historical and literary aspects as well as its theological claims. Based directly on the Greek text but usable for all readers.

Martyn, J. Louis. Galatians. Anchor Bible 33A. New York: Doubleday, 1997. An advanced-level commentary, offering a detailed reconstruction of the conflict in Galatia. The commentary accents the apocalyptic viewpoint of the letter, characterizing the event of Jesus Christ as an intervention of God that creates a pronounced break with the time of the Law. The traditional Protestant emphasis on salvation by grace alone is vigorously defended.

Wright, N. Thomas. Paul and the Faithfulness of God. 2 vols. Minneapolis: Fortress, 2013. This massive and masterful work on Paul's theology is currently the touchstone with which to assent or dissent in the study of Paul. Although challenging for its wordiness, the style makes for interesting reading. As the title suggests, Wright makes the faithfulness of God the organizing theme of Paul's thought, seeing in the life and work of Jesus Christ an extension of that faithfulness.

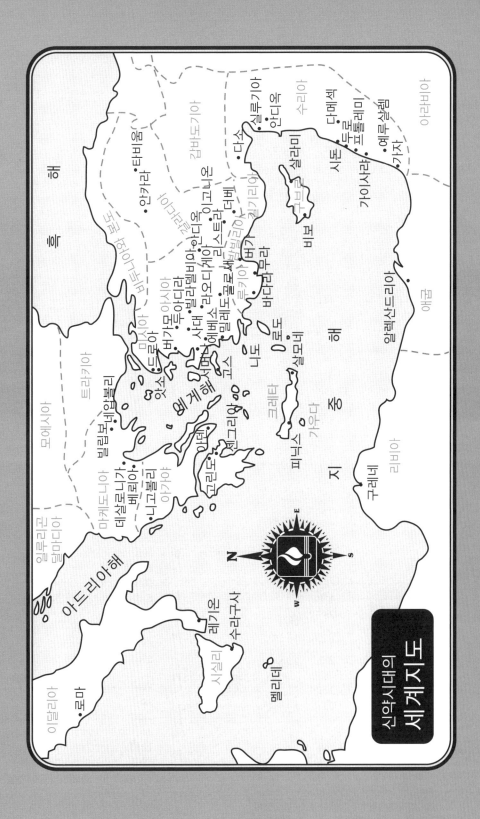

신약시대의 **세계지도**

성구색인